Die rechtliche Behandlung ausreisewilliger Staatsbürger in der DDR

Rechtshistorische Reihe

Band 348

Peter Lang
Frankfurt am Main · Berlin · Bern · Bruxelles · New York · Oxford · Wien

Lasse O. Johannsen

Die rechtliche Behandlung ausreisewilliger Staatsbürger in der DDR

Peter Lang
Europäischer Verlag der Wissenschaften

Bibliografische Information der Deutschen Nationalbibliothek
Die Deutsche Nationalbibliothek verzeichnet diese Publikation in der Deutschen Nationalbibliografie; detaillierte bibliografische Daten sind im Internet über <http://www.d-nb.de> abrufbar.

Zugl.: Kiel, Univ., Diss., 2006

Diese Arbeit wurde von
Herrn Prof. Dr. Rudolf Meyer-Pritzl
zur Aufnahme in diese Reihe empfohlen.

Umschlagabbildung:
Justitia – Sinnbild der Gerechtigkeit.
Dieser Bildausschnitt wurde einem Buch
aus dem 17. Jahrhundert entnommen.

D 8
ISSN 0344-290X
ISBN 978-3-631-56542-1

www.peterlang.de

„Die Mauer wird so lange bleiben, wie die Bedingungen nicht geändert werden, die zu ihrer Errichtung geführt haben.“

(Erich Honecker am 19. Januar 1989 in Ost-Berlin)

Meinen Eltern

Vorwort

Die Idee, die rechtliche Behandlung ausreisewilliger Staatsbürger in der DDR zu behandeln, entstand im Gespräch mit Prof. Dr. iur. Jörn Eckert (†), welcher sich im Sommersemester 2001 bereit erklärte, mich als seinen Doktoranden bei der Anfertigung dieser Arbeit zu unterstützen. In der folgenden Zeit erhielt ich von ihm viele wertvolle Anregungen und darüber hinaus die nötige Motivation, ohne welche diese Arbeit nicht hätte entstehen können.

Prof. Dr. Eckert erkrankte, während ich diese Arbeit anfertigte und verstarb, noch bevor sie fertig wurde. Ich habe mich bemüht, die Arbeit in seinem Sinne zu beenden. Ich habe ihm viel zu verdanken.

Zu großem Dank bin ich Herrn Prof. Dr. iur. Meyer-Pritzl verpflichtet, da er auf meine Bitte hin sofort sehr engagiert die weitere Betreuung meines Promotionsvorhabens übernahm. Insbesondere für die die zügige Erstellung des Erstgutachtens bin ich sehr dankbar. Ebensolcher Dank gebührt an dieser Stelle Herrn Prof. Dr. iur. Schubert für die zügige Erstellung des Zweitgutachtens.

Ich möchte mich außerdem bei Frau Rachow und Frau Schade von der Behörde der Bundesbeauftragten für die Unterlagen des Staatssicherheitsdienstes der ehemaligen Deutschen Demokratischen Republik (BStU) in Berlin für ihre Unterstützung bedanken. Insbesondere Frau Rachow hat mich über die gesamte Zeit des Entstehens dieser Arbeit mit vielen nützlichen Hinweisen bedacht und so manches Mal die Weiterarbeit beschleunigt.

Herr Oberstudienrat Bernd Geyer hat die mühevolle Arbeit auf sich genommen, die gesamte Arbeit zu lektorieren, wofür ich ihm sehr dankbar bin.

Ebenso danke ich meiner Verlobten Rike für die ideelle Unterstützung, welche ebenfalls maßgeblich zum Gelingen dieser Arbeit beigetragen hat.

Der größte Dank aber gebührt meinen Eltern. Sie haben mir Studium und Promotion ermöglicht und mich stets in allen Bereichen meines Lebens unterstützt, wenn es nötig war. Ihnen ist dieses Buch gewidmet.

Inhalt

Abkürzungen

ADN	Allgemeiner Deutscher Nachrichtendienst (DDR)
AEMR	Allgemeine Erklärung der Menschenrechte
AfNS	Amt für Nationale Sicherheit (Nachfolger des MfS)
AGB	Arbeitsgesetzbuch (DDR)
AöR	Archiv des öffentlichen Rechts (Zeitschrift)
BArch	Bundesarchiv
BF	Abteilung Bildung und Forschung beim BStU
BGBl.	Bundesgesetzblatt
BGH	Bundesgerichtshof
BGHSt	Amtliche Sammlung des BGH in Strafsachen
BGHZ	Amtliche Sammlung des BGH in Zivilsachen
BKG	Bezirkskoordinierungsgruppe „Bekämpfung von Flucht und Übersiedlung“ im MfS
BPO	Betriebsparteiorganisation
BStU	Bundesbeauftragte für die Unterlagen des Staatssicherheitsdienstes der ehemaligen DDR
BVerfG	Bundesverfassungsgericht
BVerfGE	Amtliche Sammlung des Bundesverfassungsgerichts
BVerwG	Bundesverwaltungsgericht
BVerwGE	Amtliche Sammlung des Bundesverwaltungsgerichts
DA	Deutschland Archiv (Zeitschrift)
DEFA	Deutsche Film AG
DöV	Die öffentliche Verwaltung (Zeitschrift)
DRiZ	Deutsche Richterzeitung (Zeitschrift)
DVBl	Deusches Verwaltungsblatt (Zeitschrift)
DVP	Deutsche Volkspolizei

EGBGB	Einführungsgesetz zum Bürgerlichen Gesetzbuch
EKD	Evangelische Kirche Deutschland
EuGRZ	Europäische Grundrechte-Zeitschrift
FDGB	Freier Deutscher Gewerkschaftsbund (DDR)
FDJ	Freie Deutsche Jugend
FGB	Familiengesetzbuch (DDR)
FSU	Friedrich-Schiller-Universität Jena
GBl. d. DDR	Gesetzblatt der DDR
GG	Grundgesetz der Bundesrepublik Deutschland
GMS	Gesellschaftlicher Mitarbeiter Sicherheit (des MfS)
GST	Gesellschaft für Sport und Technik
HA	Hauptabteilung (beim MfS)
HvD	Hilferufe von Drüben (Hilfsorganisation)
IGH	Internationaler Gerichtshof der Vereinten Nationen
IGfM	Internationale Gesellschaft für Menschenrechte
IM	Inoffizieller Mitarbeiter des MfS (teilweise findet man auch die Bezeichnung „informeller Mitarbeiter“
IPBPR	Internationaler Pakt über bürgerliche und politische Rechte
JA	Juristische Arbeitsblätter (Zeitschrift)
JiR	Jahrbuch für internationales Recht (Zeitschrift)
JöR	Jahrbuch des öffentlichen Rechts der Gegenwart (Zeitschrift)
Jura	Juristische Ausbildung (Zeitschrift)
JuS	Juristische Schulung (Zeitschrift)
JZ	Juristenzeitung (Zeitschrift)
KD	Kreisdienststelle des MfS
KSZE	Konferenz für Sicherheit und Zusammenarbeit in Europa
MdI	Ministerium des Innern
MDR	Monatsschrift für Deutsches Recht
MfS	Ministerium für Staatssicherheit (=„Stasi“)

MRM	MenschenRechtsMagazin (Zeitschrift)
NJ	Neue Justiz (Zeitschrift DDR)
NJW	Neue Juristische Wochenschrift (Zeitschrift)
NSA	Nichtsozialistisches Ausland (MfS-Bezeichnung)
NVA	Nationale Volksarmee
OPK	Operative Personenkontrolle
OV	Operativer Vorgang
PM 12	Polizeiliche Meldebescheinigung 12 (Ersatz-Ausweis)
RA	Rechtsanwalt
ROW	Recht in Ost und West (Zeitschrift)
RuP	Recht und Praxis (Zeitschrift)
RuStAG	Reichs- und Staatsangehörigkeitsgesetz vom 22. Juli 1913
SAPMO	Stiftung Archiv der Parteien und Massenorganisationen der DDR im Bundesarchiv
SED	Sozialistische Einheitspartei Deutschland
SMAD	Sowjetische Militäradministration für Deutschland
Stasi	Staatssicherheit (Ministerium für-)
StVE	Strafvollzugseinrichtung (DDR)
StuR	Staat und Recht (Zeitschrift DDR)
UN	United Nations (Vereinte Nationen)
UNO	United Nations Organisation (Vereinte Nationen)
VEB	Volkseigener Betrieb
VN	Vereinte Nationen (Zeitschrift)
VO	Verordnung
VPG	Volkspolizeigesetz
VPKA	Volkspolizeikreisamt
VVDStRL	Veröffentlichungen der Vereinigung deutscher Staatsrechtslehrer (Zeitschrift)
WDG	Wehrdienstgesetz (DDR)

ZA	Zentralabteilung (bei der BStU)
ZAIG	Zentrale Auswertungs- und Informationsgruppe
ZaöRV	Zeitschrift für ausländisches öffentliches Recht und Völkerrecht
ZDF	Zweites Deutsches Fernsehen
ZfA	Zeitschrift für Ausländerrecht und Ausländerpolitik
ZfRV	Zeitschrift für Rechtsvergleichung
ZGB	Zivilgesetzbuch (DDR)
ZK	Zentralkomitee der SED
ZKG	Zentrale Koordinierungsgruppe Bekämpfung von Flucht und Übersiedlung
ZRP	Zeitschrift für Rechtspolitik
ZStW	Zeitschrift für die gesamte Strafrechtswissenschaft

1. Teil: Historischer Abriss der Ausreisebewegung

A. Einleitung

Abhandlungen über das Verlassen der Deutschen Demokratischen Republik beschäftigen sich zumeist mit Versuchen, die Staatsgrenze im Verborgenen zu übertreten. Diese oftmals spektakulären Fluchtversuche verdeutlichen am anschaulichsten, wie sehr sich die Betroffenen nach Freiheit sehnten. Durch die Schilderung tragisch gescheiterter Versuche lässt sich die Grausamkeit des Umgangs der DDR mit „Republikflüchtigen“ eindrucksvoll darstellen. Daneben führen die vielen Fälle ein Schattendasein in der Literatur, in denen DDR-Bürger versucht haben, ihre Ausreise auf dem Behördenweg durchzusetzen.

Insbesondere bei der wissenschaftlichen Aufarbeitung der Ausreisebewegung ist darüber hinaus auffällig, dass sich wohl Historiker, Politologen und Soziologen des Themas angenommen haben, rechtswissenschaftliche Betrachtungen hingegen meist nur im Zusammenhang mit Detailfragen der Ausreise angestellt worden sind.[1] Da nicht zuletzt die Ausreisebewegung zum Zusammenbruch der DDR beitrug, ist es bemerkenswert, dass eine rechtshistorische Auseinandersetzung mit dem Thema noch nicht stattgefunden hat. Diese Lücke soll durch die vorliegende Arbeit geschlossen werden.

Eine Betrachtung der rechtlichen Behandlung von Ausreiseantragstellern in der DDR aus rechtshistorischer Sicht erscheint zudem im Hinblick auf die Rechtsprechung des Bundesgerichtshofes geboten. Der 5. Strafsenat hat in seinem Urteil vom 22. April 1998[2] in Fortführung der bisherigen BGH-Rechtsprechung festgestellt, dass bei der strafrechtlichen Beurteilung von Ausreisesachverhalten der rechtsstaatliche Vertrauensschutz im Hinblick auf das Rückwirkungsverbot des Art. 103 II GG es gebiete, grundsätzlich das zur Tatzeit geltende Recht der

[1] An dieser Stelle sei exemplarisch auf drei juristische Dissertationen hingewiesen, deren Titel bereits deutlich machen, dass die Ausreise als solche nicht im Mittelpunkt der Betrachtung steht: *Matthias Bath*, Notwehr und Notstand bei der Flucht aus der DDR; *Heidrun Budde*, Voyeure im Namen des Sozialismus – Ehe Ost-West nach 1972; *Martin Liebernickel*, Erpressung ausreisewilliger DDR-Bürger – Die strafrechtliche Bewertung staatlichen Zwangs zur Grundstücksveräußerung zur Erlangung der Ausreise aus der DDR.

[2] BGH NJW 1998, S. 2612 ff. Bei dem Urteil handelt es sich um den rechtskräftigen Abschluss der beim 5. Strafsenat des BGH anhängigen Strafverfahren gegen einen früheren Ost-Berliner Rechtsanwalt der Kanzlei Prof. Dr. Wolfgang Vogel. Der BGH hat dessen Verurteilung durch das LG Berlin, soweit die den Vorwurf der Erpressung betraf, aufgehoben. Der Rechtsanwalt hatte die Vermittlung der Übersiedlung eines Ehepaares aus der DDR davon abhängig gemacht, dass die Mandanten ein Ost-Berliner Hausgrundstück an ihn veräußerten.

DDR zugrunde zu legen, sofern es sich bei der fraglichen Rechtsvorschrift nicht um extremes Unrecht handele.[3] In dieser Entscheidung wurde dargelegt, dass die DDR ihren Bürgern kein Recht auf Ausreise gewährte. Hierin sah der BGH zwar eine Menschenrechtsverletzung, nicht jedoch derart extremes Unrecht, dass das Ausreiseverbot bei der heutigen Anwendung des DDR-Strafrechts als grundsätzlich unbeachtlich angesehen werden dürfe.[4] Diese Rechtsprechung des BGH stimmt nachdenklich und nicht zuletzt bei den Betroffenen könnte der Eindruck entstehen, dass hier die Justiz vor einer praktisch kaum zu bewältigenden Aufarbeitung unzähliger Eigentumsfragen und Straftaten kapituliert hat.

Die Frage, ob das in der DDR praktizierte Ausreiseverbot extremes Unrecht darstellte und mithin bei der heutigen Bewertung der Ausreisesachverhalte zu vernachlässigen wäre, könnte aus rechtshistorischer Sicht anders zu beantworten sein. Denn hierbei sind gesellschaftliche und politische Entwicklungen ebenso zu berücksichtigen wie Vergleiche mit anderen Rechtskreisen. Neben die Betrachtung des geschriebenen Rechts tritt zudem die Erforschung der Rechtswirklichkeit, soweit diese noch feststellbar ist. Kurz, der Rechtshistoriker hat die faktischen Verhältnisse in der DDR bei seiner Bewertung des Rechts zu ergründen und zu berücksichtigen, was die Justiz naturgemäß nicht in gleichem Umfang leisten kann.

Aus diesem Grund ist fraglich, ob das Ergebnis einer rechtshistorischen Aufarbeitung der *Behandlung ausreisewilliger Bürger durch die DDR* mit dem des BGH übereinstimmt. Damit ist diese Untersuchung notwendiger Bestandteil einer vollständigen Aufarbeitung der jüngeren deutschen Rechtsgeschichte.

[3] Nach ständiger Rechtsprechung des BGH stellen Rechtsvorschriften ungeachtet ihrer Herkunft und ihrer innerstaatlichen Gültigkeit stets dann einen Verstoß gegen höherrangiges Recht dar, wenn „ein offensichtlicher grober Verstoß gegen die Grundgedanken der Gerechtigkeit und Menschlichkeit vorliegt“ (BGHSt 39, 15 f.). Dann sind sie für eine Entscheidung des BGH nicht beachtlich. Mit dieser Ausführung bezieht sich der BGH auf die „Radbruchsche Formel“, nach der „der Widerspruch des positiven Gesetzes zur Gerechtigkeit ein so unerträgliches Maß erreicht, dass das Gesetz als „unrichtiges Recht“ der Gerechtigkeit zu weichen hat“. Vgl. *Gustav Radbruch*, Gesetzliches Unrecht und übergesetzliches Recht, S. 89.

[4] BGH NJW 1998, S. 2613. Der BGH wies in diesem Urteil allerdings darauf hin, dass die Abwägung Menschenrechtsschutz contra Vertrauensschutz im Fall der sogenannten „Mauerschützenprozesse“ anders auszufallen habe. Dort stand die heutige Anwendbarkeit des § 27 Abs. 2 Satz 1 Grenzgesetz der DDR im Mittelpunkt. Nach diesem war der tödliche Einsatz von Schusswaffen gerechtfertigt, um die unmittelbar bevorstehende Ausführung einer Straftat zu verhindern, die sich den Umständen nach als ein Verbrechen darstellte. In dieser Vorschrift sah der BGH entsprechend extremes Unrecht, da die Missachtung des betroffene Menschenrechts „Leben“ keinen Vertrauensschutz mehr beanspruchen könne.

B. Historischer Abriss der Ausreisebewegung aus der DDR

Seit der Gründung der DDR am 7. Oktober 1949 war die Zahl derer, die ihren Staat verließen, so hoch, dass sie das Maß einer gewöhnlichen Bevölkerungsabwanderung deutlich überstieg.[5] Bis zum Mauerbau 1961 verließen rund 2,6 Millionen Bürger[6] die DDR in Richtung Westen.[7] Nach dem Mauerbau bis Ende 1988, noch vor den Massenfluchten in den Westen, zog es rund 625.000 Bürger der DDR[8] in die Bundesrepublik.[9]

War das Verlassen der DDR ab 1949 zunächst ohne größere Schwierigkeiten möglich,[10] so änderte sich das abrupt mit der Absperrung der Grenze 1952, deren Befestigungsanlagen später zu den effektivsten der Welt zählten. Trotzdem versuchten „Sperrbrecher“[11] immer wieder, diese Anlagen zu überwinden.[12]

5 Auf den Punkt gebracht hat dies *Günter Jeschonnek* in seiner Abhandlung Ausreise – Das Dilemma des ersten deutschen Arbeiter-und-Bauern-Staates, S. 237: „Das Thema der DDR-Ausreise ist so alt, wie der Staat der DDR selbst. Seit dem 7. Oktober 1949, Gründungstag der DDR, verlassen Menschen legal oder illegal das Land.“

6 Nach Angaben der DDR-Statistik waren es zwischen dem 1.1.1950 und dem Bau der Berliner Mauer am 13.8.1961 rund 2,1 Millionen, vgl. Matthias Judt, DDR-Geschichte in Dokumenten, S. 545.

7 Vgl. die Zahlen bei *Hartmut Wendt*, Die deutsch-deutschen Wanderungen – Bilanz einer 40jährigen Geschichte von Flucht und Ausreise, DA 1991, S. 390, abgedruckt im Anhang dieser Arbeit.

8 Nach Angaben der DDR-Statistik waren es rund 555.000, vgl. *Helmut Schultze*, Vom Flüchtlingsstrom zur Massenflucht, S. 34.

9 Vgl. die Zahlen bei *Hartmut Wendt*, Die deutsch-deutschen Wanderungen – Bilanz einer 40jährigen Geschichte von Flucht und Ausreise, DA 1991, S. 390, abgedruckt im Anhang dieser Arbeit.

10 Vgl. exemplarisch für die Region Harz die ausführlichen Darstellungen bei *Alois Buckler*, Grenzgänger.

11 „Sperrbrecher“ sind Flüchtlinge, die unter Gefahr für Leib und Leben unmittelbar die Grenzsperren überwunden haben, die offizielle DDR-Bezeichnung war „Grenzverletzer“, vgl. *Peter Joachim Lapp*, Gefechtsdienst im Frieden – Das Grenzregime der DDR, S. 88.

12 In den Jahren bis zum Mauerbau wurden 9 Opfer von gezielten Schüssen an der deutsch-deutschen Grenze registriert, vgl. *Matthias Bath*, Es wird weitergeschossen – Zur Normgenese des Schießbefehls, DA 1985, S. 959, unter Hinweis auf Pressemitteilung des Bundesministeriums für innerdeutsche Beziehungen 37/35 v. 26.11.1975, nach den Erkenntnissen der Zentralen Erfassungsstelle Salzgitter wird von 12 Opfern des Schießbefehls vor dem 13.8.1961 ausgegangen, vgl. *Hans-Jürgen Grasemann*, Fluchtgeschichten aus der zentralen Erfassungsstelle Salzgitter, S. 28 ff.; bei *Peter Joachim Lapp*, Gefechtsdienst im Frieden – Das Grenzregime der DDR (der jüngsten Quelle), findet sich auf S. 231 die Angabe von 16 Toten an der Berliner Grenze vor dem 13.8.1961 zuzüglich 100 Toter an der übrigen innerdeutschen Grenze. Bei dieser Aufstellung handelt es sich um das Untersuchungsergebnis der „Arbeitsgemeinschaft 13. August“ aus Berlin. Nach dem Mauerbau bis Ende 1988 versuchten 40.000 Sperrbrecher

Durch den Mauerbau 1961 wurde das letzte Schlupfloch in der innerdeutschen Grenze geschlossen. Die Grenze war nun auch tatsächlich abgeriegelt, wer das Land verlassen konnte und wer nicht, lag von da an einzig in der Hand der Staatsführung. Erst in den siebziger Jahren - im Rahmen des Bemühens der DDR um internationale diplomatische Anerkennung - kam wieder Bewegung in die Ausreisefrage. In dieser Zeit ging die DDR zahlreiche internationale Verpflichtungen ein, auf welche sich nun vermehrt auch Ausreiseantragsteller beriefen.

I. Begriff des Betrachtungsgegenstandes

Wenn im Folgenden die Geschichte der Ausreisebewegung aus der DDR dargestellt werden soll, ist zunächst dieser Begriff näher zu definieren. Grundsätzlich sollen alle Bürger der DDR erfasst werden, die aus eigenem Entschluss ihren Staat verließen.[13] Dabei scheinen sich im Wesentlichen Ausreise und Flucht gegenüberzustehen. Bei näherer Betrachtung erscheint jedoch fraglich, ob überhaupt zwischen Ausreise und Flucht unterschieden werden kann, und wenn das der Fall sein sollte, unter welchen Voraussetzungen das Verlassen der DDR als Ausreise und unter welchen als Flucht zu bezeichnen ist.

War noch in den fünfziger Jahren die Bezeichnung der verschiedenen Zuwanderer aus dem Osten (illegale Grenzgänger, Zuwanderer, „Hierbleiber" oder Flüchtlinge) vor dem Hintergrund einer Abgrenzung zu den Heimatvertriebenen aus den deutschen Ostgebieten eine Unterscheidung von großer politischer Bedeutung,[14] hat diese Frage in der jüngeren Literatur zur DDR-Forschung bisher keine Beachtung gefunden.[15]

die Grenze zu überwinden, vgl. die Zahlen bei *Hartmut Wendt*, Die deutsch-deutschen Wanderungen – Bilanz einer 40jährigen Geschichte von Flucht und Ausreise, DA 1991, S. 390, abgedruckt im Anhang dieser Arbeit. Insgesamt wird von 938 Todesopfern der innerdeutschen Grenze ausgegangen, vgl. *Peter Joachim Lapp* a.a.O. Unberücksichtigt bleiben hierbei allerdings jene Opfer, die auf der Flucht über den Seeweg ihr Leben ließen, siehe die Ausführungen bei *Christine* und *Bodo Müller*, Über die Ostsee in die Freiheit, S. 59 ff. und bei *Frank Petzold*, Die „Staatsgrenze Nord", S. 472 f.

13 Im Gegensatz zu den Zwangsausgesiedelten. Schwierig und hier unbeachtet bleibt die Einordnung der freigekauften politischen Häftlinge, die teilweise gegen ihren Willen die DDR verlassen mussten, teilweise aber gerade wegen gestellter Ausreiseanträge inhaftiert wurden.

14 Vgl. hierzu die ausführliche Darstellung aus politikwissenschaftlicher Sicht bei *Helge Heidemeyer*, Flucht und Zuwanderung aus der SBZ/DDR 1945/49-1961.

15 Einzig *Hartmut Wendt*, Die deutsch-deutschen Wanderungen – Bilanz einer 40jährigen Geschichte von Flucht und Ausreise, DA 1991, S. 387, stellt die in seinem Beitrag verwendeten Begrifflichkeiten klar, hierzu näher unten.

Gängigerweise wird heute die Gesamtheit der Ausreiseantragsteller als Ausreisebewegung bezeichnet und die Gesamtheit der Sperrbrecher als Fluchtbewegung.[16] Eine solche Unterscheidung ist sinnvoll bei der ausschließlichen Betrachtung des Zeitraumes ab 1975, als sich ausreisewillige DDR-Bürger tatsächlich zu einer Bewegung formierten. Sie vermag hingegen insbesondere im Hinblick auf die frühen Jahre der DDR insofern nicht zu überzeugen, als es sowohl mangels lückenlos befestigter Grenzanlagen keine Sperrbrecher im eigentlichen Sinne, als auch mangels gesetzlicher Grundlage keine Ausreiseantragsteller gab.[17] Obwohl die Zahl der Übersiedler in die Westsektoren zu dieser Zeit naturgemäß am größten war, wird in der Literatur zu dieser Epoche uneinheitlich von Flüchtlingen oder Ausreisenden geschrieben.[18]

Für die vorliegende Arbeit soll jedoch eine Definition gefunden werden, die auf alle Epochen der DDR-Geschichte gleichermaßen klar angewendet werden kann.

1. Allgemeiner Sprachgebrauch

Nach allgemeinem Sprachgebrauch versteht man unter „Flüchtling“ den Sammelbegriff für alle Personen, die durch Krieg oder politische Maßnahmen veranlasst wurden, ihre Heimat zu verlassen. Eine Unterscheidung in Ausreisebewegung und Fluchtbewegung wäre nach dieser Definition nicht möglich.

Im besonderen Fall der DDR mischt sich zur Bedeutung des Begriffes Flucht im allgemeinen die Assoziation vom entgegenstehenden Willen des verlassenen Staates. Zur Flucht gehörte dann die Überwindung dieses Widerstandes.

Abgesehen von der brisanten Frage der Zweistaatlichkeit Deutschlands kann von einer solchen Überwindung sinnvollerweise erst ab der Schließung der

16 Siehe z.B. *Bernd Eisenfeld*, Die Zentrale Koordinierungsgruppe – Bekämpfung von Flucht und Ausreise, S. 6 f.

17 Die ersten genehmigten Ausreisen tauchen ab 1962 in den Statistiken auf, vgl. die Zahlen bei *Hartmut Wendt*, Die deutsch-deutschen Wanderungen – Bilanz einer 40jährigen Geschichte von Flucht und Ausreise, DA 1991, S. 390, abgedruckt im Anhang dieser Arbeit.

18 Anders hingegen in der zeitgenössischen Literatur selbst. So findet sich bei *Johannes Kurt Klein*, Ursachen und Motive der Abwanderung aus der Sowjetzone Deutschlands, in: Aus Politik und Zeitgeschichte 1955, S. 370, die Definition: „Flüchtlinge sind Personen, die aus der SBZ flüchten mussten, um sich einer von ihnen nicht verschuldeten, „zu vertretenden“ und durch die politischen Verhältnisse bedingten besonderen Zwangslage zu entziehen. Sie dürfen nicht in der SBZ gegen die Grundsätze der Menschlichkeit oder Rechtsstaatlichkeit verstoßen haben. Eine besondere Zwangslage ist besonders dann gegeben, wenn eine unmittelbare Gefahr für Leib und Leben oder die persönliche Freiheit vorgelegen hat.“ Klein grenzt Flüchtlinge 1955 gegen Zugewanderte und Hier gebliebene ab.

Grenze zur Bundesrepublik gesprochen werden. Die Befestigung der Grenzanlagen kann jedoch nicht an einem Tag, einer Woche oder einem Monat festgemacht werden, wie noch zu zeigen sein wird. Eine klare Abgrenzung ist auf diese Weise folglich nicht möglich.

Bei einem „geglückten" Ausreiseverfahren könnte man nach dieser Definition des allgemeinen Sprachgebrauchs andererseits annehmen, dass ein gegenseitiges Einvernehmen zwischen Staat und ausreisendem Bürger bestand. Denn wenn es an den genannten Voraussetzungen einer Flucht fehlt, liegt gerade keine Überwindung eines staatlichen Widerstandes vor.

Es wird in der wissenschaftlichen Literatur auch teilweise behauptet, dass die Ausreise aus der DDR eine Option für Unzufriedene gewesen sei, sich den Verhältnissen zu entziehen.[19] Tatsächlich aber gilt das nur für die Jahre bis zum Mauerbau. Denn danach war das Überwinden der Staatsgrenze kaum mehr möglich. Bei Betrachtung der förmlichen Ausreiseverfahren ab Mitte der siebziger Jahre wird deutlich, dass die DDR alles daran setzte, die Ausreisebegehren „zurückzudrängen".[20] Wurden sie doch genehmigt, so spielten handfeste Interessen der Staatsführung eine Rolle, wie zum Beispiel Devisenbeschaffung im Wege von Freikauf inhaftierter Antragsteller durch die Bundesrepublik.[21] Trotzdem lagen die Erfolgsaussichten in Bezug auf die Genehmigung eines Ausreiseantrags - auf die gesamte Dauer des Bestehens der DDR gerechnet - bei nur ca. 9%.[22] Folglich kann kaum von einer einvernehmlichen Trennung zwischen Staat und Ausreisenden oder gar von der Option einer Ausreise als Ventil für unzufriedene Bürger gesprochen werden.

Der allgemeine Sprachgebrauch ist mithin wenig hilfreich für die gesuchte Antwort.

19 So insbesondere der deutschstämmige amerikanische Ökonom *Albert O. Hirschmann*, Abwanderung, Widerspruch und das Schicksal der DDR, in: Leviathan, Zeitschrift für soziale Wissenschaften, S. 335 ff., der auf „die offene Grenze zur Bundesrepublik" seine These stützt, dass die DDR sich im Gegensatz zu den anderen Ostblockstaaten als „relativ stabil" erwiesen hat. Kritisch hierzu *Patrik Major*, Abwanderung, Widerspruch und Loyalität: Die DDR und die offene Grenze vor dem Mauerbau, S. 200.

20 So z.B. der Wortlaut einer Ordnung des Ministers des Innern und Chefs der Deutschen Volkspolizei: „Über das Vorgehen bei der [...] Zurückdrängung von Versuchen von Bürgern der DDR, die Übersiedlung nach der BRD oder nach Westberlin zu erreichen [...]", die noch in der 11. Änderung vom 24. März 1988 diesen Titel trug.

21 Vgl. das Kapitel „Freikauf aus der Haft durch die Bundesrepublik", 3. Teil, B., XIII.

22 *Eckhard Jesse*, Artikulationsformen und Zielsetzungen von widerständigem Verhalten in der Deutschen Demokratischen Republik, S. 1018.

2. Gesetzestexte

Eine Definition des Flüchtlingsbegriffs findet sich zunächst in Art. 1 A Nr. 2. des Abkommens über die Rechtstellung der Flüchtlinge von 1951.[23] Mit der Änderung des Protokolls vom 31.1.1967[24], Art. 1 Abs. 2, ist danach Flüchtling:

„[...] jede Person, die aus der begründeten Furcht vor Verfolgung wegen ihrer Rasse, Religion, Nationalität, Zugehörigkeit zu einer bestimmten sozialen Gruppe oder wegen ihrer politischen Überzeugung sich außerhalb des Landes befindet, dessen Staatsangehörigkeit sie besitzt, und den Schutz dieses Landes nicht in Anspruch nehmen kann oder wegen dieser Befürchtungen nicht in Anspruch nehmen will; oder die sich als Staatenlose infolge solcher Ereignisse außerhalb des Landes befindet, in welchem sie ihren gewöhnlichen Aufenthalt hatte, und nicht dorthin zurückkehren kann oder wegen der erwähnten Befürchtungen nicht dorthin zurückkehren will. [...]"

Die Konvention stellte den Versuch dar, das Flüchtlingsaufkommen in Folge der nach dem zweiten Weltkrieg im Ostblock entstandenen totalitären Regime rechtlich zu bewältigen.[25] Die Konvention sollte daher entstehungsgeschichtlich auf alle Personen anwendbar sein, die aufgrund von Ereignissen, die vor dem 1. Januar 1951 eingetreten waren, unter die Definition des Art. 1 der Konvention zu fassen waren. Das traf gleichermaßen auf Ausreiseantragsteller und Sperrbrecher zu, da in der Konvention nicht darauf abgestellt wird, wie ein Flüchtling sein Land verlassen hat, sondern warum.

Der deutsche Gesetzgeber hat sich zwar auch nicht mit der Abgrenzung zwischen Ausreiseantragstellern und Sperrbrechern auseinandergesetzt, in § 3 des Bundesvertriebenengesetzes (BVFG)[26] hat er jedoch den Begriff des Sowjetzonenflüchtlings in Abgrenzung zu Vertriebenen (§ 1 BVFG) und Heimatvertriebenen (§ 2 BVFG) definiert:

„ Sowjetzonenflüchtling ist ein deutscher Staatsangehöriger oder deutscher Volkszugehöriger, der seinen Wohnsitz in der sowjetischen Besatzungszone oder im sowjetisch besetzten Sektor von Berlin hat oder gehabt hat und von dort vor dem 1. Juli 1990 geflüchtet ist, um sich einer von ihm nicht zu vertretenden und durch die politischen Verhältnisse bedingten besonderen Zwangslage zu entziehen. Eine besondere Zwangslage ist vor allem dann gegeben, wenn eine unmittelbare Gefahr für Leib und Leben oder die persönliche Freiheit vorgelegen hat. Eine besondere Zwangslage ist auch bei einem schweren Gewissenskonflikt gegeben. [...]"

23 Genfer Flüchtlingskonvention, für die Bundesrepublik Deutschland in Kraft getreten am 22.4.1954, innerstaatlich bereits am 24.12.1953, BGBl. 1953, Teil II, S. 560-586.

24 BGBl. 1969, Teil II, S. 1294-1298.

25 *Kay Hailbronner*, Der Flüchtlingsbegriff der Genfer Flüchtlingskonvention und die Rechtstellung von De-facto-Flüchtlingen, ZfA 1993, S. 3.

26 vom 19. Mai 1953, BGBl. 1953, Teil I, S. 201-221, in der Fassung der Bekanntmachung vom 2. Juni 1993, BGBl. 1993, Teil I, S. 829-844, zuletzt geändert durch Gesetz zur Reform des Staatsangehörigkeitsrechts vom 15. Juli 1999, BGBl. 1999, Teil I, S. 1618-1623.

Nach dieser weiten Definition könnten alle bis zum Ende der DDR ausgereisten Bürger als Flüchtlinge bezeichnet werden, sofern sie sich in einer Zwangslage befunden haben, die durch die politischen Verhältnisse der DDR bedingt war. Obschon dieser Ansatz die einzige Aussage des Gesetzgebers zum Flüchtlingsbegriff ist, darf nicht darüber hinweggesehen werden, dass in § 3 BVFG in erster Linie eine Abgrenzung zwischen SBZ-Flüchtlingen und Heimatvertriebenen vorgenommen wird. Der Aussagewert des § 3 BVFG für eine Abgrenzung der Ausreiseantragsteller von den Sperrbrechern ist folglich vergleichsweise gering.

3. Juristisches Schrifttum

In der rechtswissenschaftlichen Literatur wird danach unterschieden, ob das Verlassen des Landes illegal (Flucht) oder legal (Ausreise) erfolgte.[27] Der Vorteil dieser Abgrenzung ist ihre Deutlichkeit, die andererseits nur unter der höchst bedenklichen Einschränkung gegeben ist, dass sich der Legalitätsbegriff nicht nach internationalen Regeln oder an den Menschenrechten orientiert, sondern einzig an dem innerstaatlichen Recht der DDR.[28]

Problematisch ist dann vor allem die damit einhergehende Aussage, dass eine genehmigte Ausreise mangels Illegalität keine Flucht sein kann.[29] Dem ist nämlich entgegenzuhalten, dass der Genehmigung eine Antragstellung voranging. Das Stellen des Ausreiseantrags war wiederum bis 1988 ein aus der Sicht der DDR-Behörden illegaler Akt,[30] der allein schon häufig zu erheblichen strafrechtlichen Konsequenzen führte, worauf noch intensiv einzugehen sein wird. Der Ausreisende war also zunächst gezwungen, etwas Ungesetzliches zu tun. Nach dieser Definition dürfte man konsequenterweise lediglich den letzten Akt, die genehmigte Ausreise selbst, als gesetzlich bezeichnen. Das ändert aber nichts daran, dass die Antragsteller gezwungen und auch bereit dazu waren,

27 Vgl. *Bernd Eisenfeld*, Die Ausreisebewegung – Eine Erscheinungsform widerständigen Verhaltens, S. 193; und *ders.*, Die Verfolgung der Antragsteller auf Ausreise, S. 117, der allerdings aaO, S. 119, einräumt, dass, wer als antragsberechtigter Bürger zurückgewiesen wurde und dennoch auf seine Ausreise bestand, bis Ende 1988 als „gesetzwidriger Antragsteller" abgestempelt wurde. *Hans-Herrmann Lochen* unterscheidet in seinem Vortrag vor der Enquete-Kommission zwischen legaler Übersiedlung und illegaler Flucht, wobei er zwischen Sperrbrechern und solchen Flüchtlingen unterscheidet, die zwar illegal, aber ohne Gefahr für Leib und Leben das Staatsgebiet verließen, vgl. *Hans-Herrmann Lochen*, Das Vorgehen gegen Ausreisewillige, S. 272.

28 Tatsächlich legen die zitierten Autoren konsequenterweise für die Frage der „Legalität" das zur Zeit des betreffenden Sachverhalts gültige Recht der DDR zugrunde.

29 Wie wenig konsequent diese Trennung jedoch gehandhabt wird, zeigen Aussagen wie „Fluchtbewegung mittels Ausreiseantrag", vgl. *Johannes Raschka*, Justizpolitik im SED-Staat, S. 91.

30 Zwischen 1968 und Januar 1989 existierte kein in den DDR-Gesetzen geschriebenes, allgemeines Recht auf Ausreise, vgl. das Kapitel „Verordnungen vom 30.11.1988", 2. Teil, B., III., 3., b), 1), (b).

daran, dass die Antragsteller gezwungen und auch bereit dazu waren, zunächst Gesetze der DDR zu brechen, um ihr Land zu verlassen.[31] Man müsste die Ausreiseantragsteller also nach dieser Definition konsequenterweise als Flüchtlinge bezeichnen, womit sie sich ad absurdum führt.

Dieser Unterscheidung ist ferner entgegenzuhalten, dass die Gruppe der Ausreiseantragsteller ab 1983 bis 1988 in zwei Untergruppen eingeteilt werden kann.[32] Einerseits gab es jene Antragsteller, welche die Voraussetzungen der einschlägigen Verordnungen[33] erfüllten. Andererseits gab es die Gruppe derer, die ihren Wunsch auf dauerhafte Ausreise gegen die gesetzlichen Bestimmungen durchzusetzen versuchten. Damit erweist sich insbesondere für diese Epoche die im juristischen Schrifttum verbreitete Unterscheidung in illegale Flucht und legale Ausreise als zu wenig distanziert.

4. Die Terminologie dieser Arbeit

Es zeigt sich nach alledem, dass eine klare Trennung zwischen den Begriffen „Ausreise“ und „Flucht“ im speziellen Fall der Abwanderung aus der DDR kaum möglich ist. Dafür spricht im Übrigen, dass die Motive der Ausreiseantragsteller sich kaum von denen der Sperrbrecher unterschieden[34] und beide Gruppen die DDR dauerhaft verlassen wollten.[35]

Insofern soll in dieser Arbeit davon ausgegangen werden, dass Sperrbrecher[36] und Ausreiseantragsteller unter einem gemeinsamen Überbegriff zusammengefasst werden können. Davon wird vielfach auch im Schrifttum ausgegangen und auf die Bezeichnung „Übersiedler“ zurückgegriffen.[37] Diesen Terminus halte ich für unglücklich, da er der offiziellen DDR-Behördenbezeichnung ab 1983 ent-

31 Gewiss beriefen sich die Antragsteller darauf, dass diese DDR-Gesetze gegen höherrangiges Recht verstießen.

32 Hierauf weist zutreffend *Bernd Eisenfeld*, Die Ausreisebewegung – Eine Erscheinungsform widerständigen Verhaltens, S. 200, hin.

33 Vor allem die „Verordnung zur Regelung von Fragen der Familienzusammenführung und der Eheschließung zwischen Bürgern der DDR und Ausländern“ vom 15. September 1983 und deren erste Durchführungsbestimmung.

34 Vgl. *Helmut R. Külz*, Die Flüchtlinge aus der sowjetischen Besatzungszone, S. 11-15; *Helge Heidemeyer*, Flucht und Zuwanderung aus der SBZ/DDR 1945/49-1961; *Richard Hilmer*, Motive und Hintergründe von Flucht und Ausreise aus der DDR, S. 322 ff.

35 Allerdings weist *Patrik Major*, Abwanderung, Widerspruch und Loyalität: Die DDR und die offene Grenze vor dem Mauerbau, S. 203, darauf hin, dass in der Zeit vor dem Mauerbau etwa jeder zehnte „Republikflüchtige“ wieder in die DDR zurückkehrte; vgl. auch die Zahlen bei *Hoffmann / Schmidt / Skyba*, Die DDR vor dem Mauerbau, S. 351.

36 Hiermit sind auch jene Flüchtlinge gemeint, die über die Grenzen von Drittstaaten flohen.

37 Vgl. *Hartmut Wendt*, Die deutsch-deutschen Wanderungen – Bilanz einer 40jährigen Geschichte von Flucht und Ausreise, DA 1991, S. 387.

spricht.[38] In dieser Arbeit soll vielmehr davon ausgegangen werden, dass der Begriff der Flucht den Überbegriff darstellt, unter welchem die Gruppe der Antragsteller **neben** der Gruppe der Sperrbrecher steht.

Das macht schließlich deutlich, warum eine Schilderung der gesamten Bevölkerungsabwanderung aus der DDR seit der Staatsgründung den Anfang der Betrachtung bilden muss.

II. Gründung der DDR am 7. Oktober 1949

Als die DDR gegründet wurde, stand ihr Staatsgebiet, bedingt durch die Aufteilung des Deutschen Reiches,[39] bereits fest. Nach den ersten Divergenzen der Alliierten, vornehmlich in wirtschaftlichen- und damit Wiederaufbaufragen,[40] war der freie Reiseverkehr zu den Westzonen auf Wunsch der sowjetischen Behörden schon 1946 eingeschränkt worden. Bewohner der sowjetisch besetzten Zone mussten für die Ausreise einen Interzonenpass beantragen,[41] mit dem sie ihre Zone nur an bestimmten Kontrollpunkten verlassen durften. Wem dieser Interzonenpass verweigert wurde, der konnte jedoch entweder über die schlecht gesicherte Grenze oder über Berlin in den Westen fliehen, wo zunächst noch keinerlei Beschränkungen für den Grenzverkehr bestanden.

In den Jahren *vor* Gründung der DDR sind mindestens 732.100, wahrscheinlich aber über 800.000 Menschen aus der Sowjetischen Besatzungszone (SBZ) geflohen.[42] Das waren belastete Nationalsozialisten, enteignete Grundbesitzerfamilien, wirtschaftliche Führungskräfte der Schlüsselindustrien; es folgten Verwaltungsbeamte, die sich dem Druck widersetzten, in die Sozialistische Einheitspartei Deutschlands (SED) einzutreten, sowie Privatunternehmer und Einzelhändler, die nach Einführung der HO 1948 wegen Schwarzmarktgeschäften verdäch-

38 Vgl. *Bernd Eisenfeld*, Die Ausreisebewegung – Eine Erscheinungsform widerständigen Verhaltens, S. 195. Bis 1983 wurden Antragsteller auf dauerhafte Ausreise als „rechtswidrige Antragsteller“ bezeichnet, danach als „Übersiedler“. Vgl. außerdem *Hansjörg Geiger*, Materialien der Enquete-Kommission „Aufarbeitung von Geschichte und Folgen der SED-Diktatur in Deutschland“ des Deutschen Bundestages, Band VII 1, S. 316.

39 Vorbehaltlich der endgültigen Festlegung seiner Grenzen hatten die vier Mächte in der Berliner Deklaration am 5.6.1945 das Territorium des Deutschen Reiches nach dem Stand vom 31.12.1937 in vier Besatzungszonen und Berlin in vier Sektoren aufgeteilt, ohne allerdings eine Spaltung in Ost und West zu bezwecken.

40 Die Sowjetunion hatte der von ihr besetzten Zone die Teilnahme am Marshallplan 1947 untersagt, in Ost und West waren 1948 unterschiedliche Währungen eingeführt worden.

41 Der Interzonenpass war für 30 Tage gültig, konnte aber von der zuständigen Behörde auch verweigert werden.

42 Statistisches Bundesamt (Hrsg.), Vertriebene und Deutsche aus der sowjetischen Besatzungszone und dem Sowjetsektor von Berlin am 6. Juni 1961 nach dem Jahr des Zuzugs in das Bundesgebiet, in: Wirtschaft und Statistik 1966, S. 35.

tig wurden.[43] Auch SPD-Mitglieder, die der neuen Einheitspartei nicht beitreten wollten, gingen weg, viele von ihnen nach längerer Haft.[44]

Den größten Teil der Flüchtlinge *nach* Staatsgründung der DDR machten in den ersten Jahren „weiterwandernde" Heimatvertriebene aus den deutschen Ostgebieten einerseits und politische Flüchtlinge andererseits aus, die wegen früherer gesellschaftlicher bzw. politischer Betätigung mit Verfolgung und Enteignung zu rechnen hatten. Im Übrigen waren es Menschen, die von den beiden konkurrierenden Wirtschaftssystemen auf deutschem Boden dem westlichen eine bessere Chance einräumten. Nach Antragstellung konnten DDR-Bürger offiziell am Bundesnotaufnahmeverfahren teilnehmen.[45] Angesichts der bis 1953 üblichen hohen Ablehnungsquote verzichteten jedoch viele Flüchtlinge auf diese Möglichkeit, reisten in die Bundesrepublik ein und stellten erst später den Antrag, um ihren Bleibestatus nicht zu gefährden.[46]

Zur Steuerung und Drosselung des Flüchtlingsstroms aus Mitteldeutschland[47] war in den Uelzener Beschlüssen vom 11.07.1949 für die britische und amerikanische (später auch für die französische) Besatzungszone eine Aufnahmequote von 2840 Flüchtlingen pro Monat festgelegt und ein Verteilerschlüssel auf die Länder bestimmt worden. Wer jedoch die Aufnahmevoraussetzungen nicht erfüllte, verblieb illegal im Westen.[48]

43 *Johannes Kurt Klein*, Ursachen und Motive der Abwanderung aus der Sowjetzone Deutschlands, in: Aus Politik und Zeitgeschichte 1955, S. 365.

44 Vgl. *Karl Wilhelm Fricke*, Politik und Justiz in der DDR – Zur Geschichte der politischen Verfolgung 1945-1968, S. 568.

45 Nach dem Gesetz über die Notaufnahme von Deutschen in das Bundesgebiet vom 22.8.1950, BGBl. 1950, S. 367, und Durchführungsverordnung vom 11.7.1951, BGBl. 1951, S. 381, durfte Deutschen aus der SBZ und dem sowjetisch besetzten Sektor Berlins, die wegen einer politisch bedingten und von ihnen nicht zu vertretenden besonderen Zwangslage flüchten mussten, die Erlaubnis zum ständigen Aufenthalt in der Bundesrepublik oder West-Berlin nicht verweigert werden. Das Verfahren regelte Unterbringung, Verteilung und Betreuung der Flüchtlinge.

46 *Karl F. Schumann*, Flucht und Ausreise aus der DDR insbesondere im Jahrzehnt ihres Untergangs, S. 2361.

47 Unter Mitteldeutschland wurde 1949 das Gebiet der sowjetischen Besatzungszone verstanden. In Bemühung um eine einheitliche Terminologie wird der Begriff auch in dieser Arbeit verwendet.

48 *Karl F. Schumann*, Flucht und Ausreise aus der DDR insbesondere im Jahrzehnt ihres Untergangs, S. 2362.

III. Sicherung der Interzonengrenze 1952

Die erste Verfassung vom 07.10.1949[49] gewährte jedem Bürger der DDR in Art. 10 Abs. 3 ausdrücklich das Recht, auszuwandern.[50] Die Wirklichkeit sah hingegen anders aus. Bereits am 26.05.1952, zweieinhalb Jahre nach Staatsgründung, beschloss der Ministerrat der DDR die „Sicherung" der Grenze durch einen 500 m breiten „Schutz-" streifen und ein 5 km breites Sperrgebiet vor der Grenze. Darüber hinaus wurde beschlossen, das „illegale" Überqueren der Grenze unter Strafe zu stellen.[51] Die unmittelbare Folge war ein Anstieg der genehmigten Aufenthaltserlaubnisse in der Bundesrepublik auf 78,7 %. Bis 1958 wuchs die Quote auf 99 %.[52]

Bis 1961 kamen Flüchtlinge zu Hunderttausenden in den Westen. Je weiter die Befestigung der Grenzanlagen fortschritt, desto mehr verlagerten sich die Fluchten nach Berlin, wo die Grenze ja bis zum 13.08.1961 immer noch offen war.[53] Die Staatsführung der DDR musste hilflos zusehen und versuchte erfolglos verschiedenste Gegenmaßnahmen:

Während in den ersten Jahren eine konfrontative Linie eingeschlagen wurde, ging man im Rahmen der Entstalinisierungswelle 1956 kurzzeitig zu dem Gegenteil über. Rückkehrer wurden mit Straffreiheit geworben und immer mehr Reisevisen für einen Aufenthalt in der Bundesrepublik wurden ausgestellt, was laut Innenministerium „wesentlich zur Beruhigung der Lage in der Bevölkerung geführt" habe.[54] Allein der erhoffte Erfolg blieb aus. 1957 beispielsweise erfolgten 56,3 % aller Fluchten mit Reisevisum.[55] Am Ende des Jahres 1957 kehrte

[49] GBl. d. DDR 1949, S. 4.

[50] „Jeder Bürger ist berechtigt, auszuwandern. Dieses Recht kann nur durch Gesetz der Republik beschränkt werden.".

[51] Laut „Verordnung über Maßnahmen an der Demarkationslinie zwischen der DDR und den westlichen Besatzungszonen Deutschlands" vom 26.5.1952, GBl. d. DDR 1952, S. 405, zunächst i.V.m. der (unveröffentlichten) Polizeiverordnung über die Einführung einer besonderen Ordnung an der Demarkationslinie vom 27.5.1952, später i.V.m. § 3 AO über die Neuregelung der Maßnahmen an der Demarkationslinie zwischen der DDR und Westdeutschland vom 18.6.1954 (ZBl. S. 266) und schließlich § 4 der Verordnung zum Schutze der Staatsgrenze der DDR vom 19.3.1964, GBl. d. DDR 1964, Band II, S. 255.

[52] *Karl F. Schumann*, Flucht und Ausreise aus der DDR insbesondere im Jahrzehnt ihres Untergangs, S. 2362.

[53] *Hartmut Wendt*, Die deutsch-deutschen Wanderungen – Bilanz einer 40jährigen Geschichte von Flucht und Ausreise, DA 1991, S. 387.

[54] HVDVP (Hauptabt. PM), „Vermerk", 13.3.1957, BAB, DO-1/11/964, Bl. 93-8, zitiert nach Patrik Major, Abwanderung, Widerspruch und Loyalität: Die DDR und die offene Grenze vor dem Mauerbau, S. 202.

[55] Ebenda.

das Innenministerium daher zu seiner harten Linie zurück, die Ausgabe der Reisevisen wurde drastisch reduziert.

Die Intelligenz hingegen wurde in den gesamten Jahren bis zum Mauerbau hofiert. Rar und schlecht zu ersetzen, waren diese Leute wegen der krassen Unterschiede zu westlichen Verhältnissen besonders „anfällig“ für eine Flucht in den Westen. Üblicherweise versuchte man, mit einer Mischung aus Wohnraumbegünstigung, Gehaltserhöhung und öffentlichen Würdigungen die Abwanderung von Ärzten, Ingenieuren und Lehrern zu verhindern. 1958 beispielsweise wurde Ärzten das Recht eingeräumt, Privatpraxen weiterzuführen. Auf diese Weise sollten diese Berufsgruppen von der Überlegenheit des Sozialismus überzeugt werden.[56] Prominente Fälle wurden mit Autos, Wohnungen und Reisevisa regelrecht bestochen.[57]

IV. Der Mauerbau am 13. August 1961

Wirtschaftliche Schwierigkeiten, die überstürzte Kollektivierung der Landwirtschaft und ein härterer Kurs der SED beim „Aufbau des Sozialismus“ führten 1960/61 zu einem drastischen Anstieg der Flüchtlingszahlen.[58] Der Schluss lag nahe, die Staatsführung werde das Ausbluten der jungen Republik zu verhindern versuchen, indem das letzte Loch der DDR, die Berliner Sektorengrenze, gestopft würde. Solche Gerüchte über eine Abtrennung des Ostteils vom Westteil der Stadt bestanden spätestens seit der internationalen Pressekonferenz mit Walter Ulbricht[59] am 15. Juni 1961. Auf die Frage einer Journalistin der „Frankfurter Rundschau“, ob die DDR plane, eine „Staatsgrenze am Brandenburger Tor“ zu errichten, hatte dieser geantwortet:

> „Ich verstehe Ihre Frage so, dass es in Westdeutschland Menschen gibt, die wünschen, dass wir die Bauarbeiter der Hauptstadt der DDR dazu mobilisieren, eine Mauer aufzurichten. Mir ist nicht bekannt, dass eine solche Absicht besteht. [...] Niemand hat die Absicht, eine Mauer zu errichten.“[60]

56 *Kurt Hager*, Entwurf einer Vorlage an das Politbüro beim Zentralkomitee der SED, 1.11.1960, SAPMO-BA, DY 30/IV 2/9.05/143, Bl.198-220, zitiert nach Patrik Major, Abwanderung, Widerspruch und Loyalität: Die DDR und die offene Grenze vor dem Mauerbau, S. 202.

57 Ebenda, S. 204.

58 Vgl. „Tabelle der Flüchtlingszahlen“ im Anhang.

59 Walter Ulbricht: 30.6.1893-1.8.1973; 1949-1955 Stellvertreter, 1955-1960 Erster Stellvertreter des Vorsitzenden des Ministerrates der DDR; von Juli 1950-Juli 1953 Generalsekretär des Zentralkomitees der SED; nach seiner Absetzung ab 3.5.1971 Ehren-Vorsitzender der SED; 11.2.1960-3.5.1971 Vorsitzender des Nationalen Verteidigungsrates; vom 12.9.1960 bis zum Tod Vorsitzender des Staatsrates.

60 Zitiert nach Ulrich Mählert, Geschichte der DDR, S. 36.

Viele Bürger der DDR flohen in den folgenden Tagen aus Angst davor, die letzte Öffnung der Staatsgrenze werde nicht mehr lange bestehen. Zusätzlich wurde die Flüchtlingslawine dadurch unterstützt, dass sowohl Ost-Berlin als auch Moskau im Sommer 1961 einen Friedensvertrag für „unaufschiebbar" erklärten und eine Friedensregelung „noch in diesem Jahr" angekündigt hatten. Viele DDR-Bürger gewannen den Eindruck, eine Flucht werde bald nicht mehr möglich sein.

Selbstverständlich versuchte die DDR-Führung, etwas gegen die Massenfluchten zu unternehmen. Nach missglückter Flucht festgenommene DDR-Bürger wurden zu drakonischen Strafen verurteilt. Grenzgänger[61] mussten ihre Miete in Westmark bezahlen und wurden registriert. Diese harte Politik führte jedoch ihrerseits zu einer Steigerung des Flüchtlingsstroms. Die Situation eskalierte. Im Juli 1961 stieg die Zahl der Flüchtlinge auf 30.415, in den ersten beiden Wochen des Monats August sogar auf 47.433 an.[62] Am 13. August 1961 wurde daraufhin die Berliner Mauer errichtet. Das „Plebiszit der wandernden Füße" war beendet. Trotzdem fanden 1961 insgesamt 51.624 und im Folgejahr immerhin noch 16.741 Flüchtlinge den Weg über die anfangs schlecht gesicherte Zonengrenze in Berlin. Hierzu wurden Tunnel und Wasserwege, Bahnlinien und Straßenübergänge als Fluchtmöglichkeit genutzt. Allerdings nur etwa jeder zehnte Fluchtversuch soll in jener Zeit gelungen sein.[63]

Häufig ist in der Literatur die Behauptung zu finden, dem Mauerbau sei eine Art Biedermeierepoche gefolgt, eine Zeit, in der sich die DDR-Bevölkerung mit dem System arrangierte, sich in der DDR „einrichtete" und gar nicht mehr an Ausreise dachte.[64] Bei genauerer Betrachtung wird deutlich, dass diese Verallgemeinerung nicht angemessen ist. Tatsache ist, dass die Bevölkerung von nun an zum Verbleib in der DDR gezwungen war und infolgedessen die Flüchtlingszahlen rapide abnahmen. Bis 1975 waren Alters- und Invaliditätsrentner die einzigen Personengruppen, für die nach DDR-Recht überhaupt die Möglichkeit be-

61 Unter Grenzgängern sind jene DDR-Bürger zu verstehen, die im Osten wohnten und im Westen arbeiteten. Das kam ab 1952 (Sicherung der Zonengrenze) nur noch in Berlin vor.

62 *Ulrich Mählert*, Geschichte der DDR, S. 36. Vgl. die ausführliche Darstellung der Fluchtmotive zu dieser Zeit bei *Patrik Major*, Torschlusspanik und Mauerbau, S. 222 ff.

63 *Karl F. Schumann*, Flucht und Ausreise aus der DDR insbesondere im Jahrzehnt ihres Untergangs, S. 2366.

64 Vgl. *Karl F. Schumann*, Flucht und Ausreise aus der DDR insbesondere im Jahrzehnt ihres Untergangs, S. 2367; ähnlich *Hubertus Knabe*, Opposition in einem halben Land – Die Besonderheiten kritischer Bewegungen in der DDR im Vergleich zu anderen Staaten des ehemaligen Warschauer Paktes, in: Forschungsjournal Neue Soziale Bewegungen Nr. 1992, S. 11; etwas distanzierter *Ulrich Mählert*, Geschichte der DDR, S. 41 ff. und *Michael Richter*, 1961-1970: Stabilisierung des SED-Regimes, in: Informationen für politische Bildung Nr. 231, S. 18.

stand, ihr Land zu verlassen.[65] Bereits 1963 hatte ihr Anteil an den ausgereisten DDR-Bürgern 83,6 % betragen.[66] Seit 1964 waren den Rentnern dann offiziell Besuchsreisen in die Bundesrepublik gestattet, von denen viele nicht in die DDR zurückkehrten.

Dass der Mauerbau jedoch keine plötzliche Abnahme der Reiselust in der DDR-Bevölkerung bewirkte, sieht man an Folgendem: Die DDR kannte den Beschwerdeweg der „Eingabe an das Staatsoberhaupt". Diese Protestform war vorgesehen, um Missstimmungen in der Bevölkerung zu kanalisieren und um ein Ventil zu schaffen. Insbesondere die Eingaben über die Reise nach Westdeutschland hielten nach dem Mauerbau unverändert an.[67]

Die geschlossene Grenze bewirkte im Gegenteil das vermehrte Zusammenschließen politisch anders denkender DDR-Bürger:[68]

V. Das DDR-Staatsbürgerschaftsgesetz von 1967

Im Jahr 1967 hob die DDR das bis dahin gültige „Reichs- und Staatsangehörigkeitsgesetz" von 1913 (RuStAG)[69] auf und ersetzte es durch das „Gesetz über die Staatsbürgerschaft der Deutschen Demokratischen Republik", kurz: „Staatsbürgerschaftsgesetz".[70]

65 *Karl F. Schumann*, Flucht und Ausreise aus der DDR insbesondere im Jahrzehnt ihres Untergangs, S. 2368.

66 Vgl. die Zahlen bei *Hartmut Wendt*, Die deutsch-deutschen Wanderungen – Bilanz einer 40jährigen Geschichte von Flucht und Ausreise, DA 1991, S. 390, abgedruckt im Anhang dieser Arbeit. Bei *Helmut Schultze*, Vom Flüchtlingsstrom zur Massenflucht, S. 34, findet sich der Hinweis, dass zwischen Mitte August 1961 und 1975 rund 305.000 Personen aus der DDR ausreisen durften, wobei es sich fast ausschließlich um Rentner gehandelt habe.

67 *Patrik Major*, Abwanderung, Widerspruch und Loyalität: Die DDR und die offene Grenze vor dem Mauerbau, S. 206.

68 *Karl F. Schumann*, Flucht und Ausreise aus der DDR insbesondere im Jahrzehnt ihres Untergangs, S. 2367; vgl. stellvertretend für zahlreiche Publikationen über die Opposition in der DDR die sehr ausführliche Darstellung von *Ehrhart Neubert*, Geschichte der Opposition in der DDR.

69 In der Bundesrepublik behielt das Gesetz mit einigen Änderungen noch über das Ende der DDR Gültigkeit. Zu dem unterschiedlichen Verständnis von deutscher Staatsbürgerschaft vgl. das Kapitel „Personeller Schutzbereich" 2. Teil, B., I., 1., a).

70 GBl. d. DDR 1967, Band I, S. 3.

Dieses sah in § 10 vor:[71]

„(1) Ein Staatsbürger der Deutschen Demokratischen Republik kann auf seinen Antrag aus der Staatsbürgerschaft der Deutschen Demokratischen Republik entlassen werden, **wenn er seinen Wohnsitz mit Genehmigung der zuständigen staatlichen Organe der Deutschen Demokratischen Republik außerhalb der Deutschen Demokratischen Republik** hat oder **nehmen will**, er eine andere Staatsbürgerschaft besitzt oder zu erwerben beabsichtigt und der Entlassung aus der Staatsbürgerschaft der Deutschen Demokratischen Republik keine zwingenden Gründe entgegenstehen.
(2) Über die Entlassung aus der Staatsbürgerschaft der Deutschen Demokratischen Republik wird eine Urkunde ausgehändigt.“

Das Gesetz stellte, natürlich vom Gesetzgeber unbeabsichtigt, die Geburtsstunde der Anträge auf dauerhafte Ausreise dar. Denn erstmals existierte nun ein einfaches Gesetz, in dem die Wohnsitznahme außerhalb der DDR erwähnt wurde. Ausreisewillige DDR-Bürger gingen dazu über, unter Berufung auf diese Vorschrift ihre Entlassung aus der Staatsbürgerschaft zu beantragen, was als illegal angesehen wurde und nicht selten strafrechtlich verfolgt wurde.[72]

Die Zuständigkeit für solche Gesuche lag beim Innenminister. Dieser reagierte auf die Anträge im November 1967 mit einer Anweisung,[73] die zwar den Abschnitt

„II. Bearbeitung von Anträgen auf Entlassung aus der Staatsbürgerschaft der Deutschen Demokratischen Republik“

enthielt, allerdings genau regelte, dass es dazu gar nicht erst kommen sollte:

„(2) Bürger der Deutschen Demokratischen Republik, die nach genehmigter ständiger Ausreise aus der Deutschen Demokratischen Republik die Staatsbürgerschaft bzw. die Staatsangehörigkeit des künftigen Aufenthaltsstaates erwerben wollen, können vor ihrer Ausreise einen Antrag auf Entlassung aus der Staatsbürgerschaft der Deutschen Demokratischen Republik bei dem für ihren Wohnsitz zuständigen Rat des Kreises, Abteilung Innere Angelegenheiten, stellen.“

Das Dilemma ist offensichtlich: Der Entlassung aus der Staatsbürgerschaft hatte die Genehmigung einer ständigen Ausreise voranzugehen, die es bis dato in der

[71] Bei Fettdruck in allen im Folgenden zitierten Texten handelt es sich um Hervorhebungen durch den Verfasser.

[72] *Karl F. Schumann*, Flucht und Ausreise aus der DDR insbesondere im Jahrzehnt ihres Untergangs, S. 2369.

[73] MdI-Anweisung Nr. 24/67 „Über die Bearbeitung von Anträgen auf Verleihung der Staatsbürgerschaft, Entlassung aus der Staatsbürgerschaft, Widerruf der Verleihung aus der Staatsbürgerschaft und Aberkennung der Staatsbürgerschaft der DDR“ vom 15.11.1967. Abgedruckt in: Hans-Herrmann Lochen / Christian Meyer-Seitz: Die geheimen Anweisungen zur Diskriminierung Ausreisewilliger, S. 257-307.

DDR-Gesetzgebung gar nicht gab, ausgenommen für Rentner. Darüber hinaus hieß es in der Anweisung weiter:

„(3) Bürger der Deutschen Demokratischen Republik, die mit Genehmigung der zuständigen staatlichen Organe ihren Wohnsitz in der westdeutschen Bundesrepublik oder der selbständigen politischen Einheit Westberlin genommen haben oder nehmen werden, können keinen Antrag auf Entlassung aus der Deutschen Demokratischen Republik stellen."

Vereinzelt wird darauf hingewiesen, dass Antragsteller zu dieser Zeit die Möglichkeit hatten, die DDR im Wege des Freikaufs durch die Bundesrepublik legal zu verlassen.[74] In diesem Zusammenhang von der „Möglichkeit einer legalen Ausreise" zu sprechen, ist jedoch verfehlt, da dem Freikauf regelmäßig eine politische Haft vorausging.[75] Von einer legalen Ausreisemöglichkeit auf Antrag kann folglich nicht die Rede sein.

VI. Grundlagenvertrag vom 21. Dezember 1972

Das Ende der „Ära Ulbricht" wurde mit dessen Absetzung am 3. Mai 1971 eingeläutet. Sein Nachfolger wurde Erich Honecker.[76] Zur gleichen Zeit ging man in Bonn, nach der Bildung der großen Koalition 1966, an eine Entspannungspolitik. Der bisher behauptete Alleinvertretungsanspruch[77] der Bundesrepublik wurde aufgegeben. Bis zur Bildung der sozial-liberalen Koalition 1969 war die

74 So *Bernd Eisenfeld*, Die Ausreisebewegung – Eine Erscheinungsform widerständigen Verhaltens, S. 196, der jedoch an anderer Stelle (Die Verfolgung der Antragsteller auf Ausreise, S. 118) klarer formuliert: „Die neue Verfassung der DDR von 1968 wurde der Realität angepasst: Das Recht auf Auswanderung verschwand von der Bildfläche. Seitdem gab es in der DDR bis zum Inkrafttreten einer neuen Reiseverordnung im Januar 1989 keinerlei gesetzliche Grundlage, die ein generelles Antragsrecht auf Ausreise rechtfertigte".

75 Zu den Ausnahmen siehe *Günter Jeschonnek*, Die Selbstorganisation von Ausreiseantragstellern in den 80er Jahren in der DDR, S. 398.

76 Erich Honecker: 25.8.1912-29.5.1994; ab 3.5.1971 erster Sekretär des Zentralkomitees (ZK) der SED; ab 1976 dessen Generalsekretär; seit Juni 1971 Vorsitzender des Nationalen Verteidigungsrates der DDR; ab 1971 Mitglied und ab Oktober 1976 Vorsitzender des Staatsrates; am 18.10.1989 Rücktritt von allen Ämtern; 3.12.1989 Ausschluss aus der SED.

77 1949 formulierte der damalige Bundeskanzler, *Dr. Konrad Adenauer*, „Ich stelle Folgendes fest. In der Sowjetzone gibt es keinen freien Willen der deutschen Bevölkerung. Das, was jetzt dort geschieht, wird nicht von der Bevölkerung getragen und damit legitimiert. [...] Die Bundesrepublik Deutschland fühlt sich auch verantwortlich für das Schicksal der 18 Millionen Deutschen, die in der Sowjetzone leben. [...] Die Bundesrepublik Deutschland ist allein befugt, für das deutsche Volk zu sprechen. Sie erkennt Erklärungen der Sowjetzone nicht als verbindlich für das deutsche Volk an." (Aus der Erklärung der Bundesregierung, abgegeben von Bundeskanzler Adenauer vor dem Deutschen Bundestag zur Bildung der Deutschen Demokratischen Republik und zur Frage Berlins vom 21.10.1949, zitiert nach Ingo von Münch, Dokumente I, S. 202-205).

DDR von der Bundesrepublik nicht als Staat angesehen worden.[78] Erstmals sprach der damalige Bundeskanzler Brandt in seiner Regierungserklärung vom 28. Oktober 1969 von der DDR als „Staat“,[79] wobei er jedoch gleichzeitig eine völkerrechtliche Anerkennung ausschloss:

„Eine völkerrechtliche Anerkennung der DDR durch die Bundesrepublik kann nicht in Betracht kommen. Auch wenn zwei Staaten in Deutschland existieren, sind sie doch für einander nicht Ausland; ihre Beziehungen zueinander können nur von besonderer Art sein.“[80]

Die DDR reagierte mit einer Kehrtwende. Hatte sie bisher „Deutsche an einen Tisch“ gefordert, betonte sie nun die Zweistaatlichkeit[81] und rang um internationale Anerkennung. Der unter Ulbricht betonte Begriff der „Deutschen Nation“[82] wich der Bezeichnung „DDR“. Am deutlichsten wurde der Wandel in der Verfassung der DDR selbst. Hatte Art. 1 Abs. 1 Satz 1 1949 noch geheißen:

„Deutschland ist eine unteilbare demokratische Republik.“,

sprach die neue Verfassung von 1968 nicht mehr von „Deutschland“ im Zusammenhang mit der DDR:

78 *Siegfried Mampel*, Die sozialistische Verfassung der DDR – Kommentar, Art. 1 Rn 62: „Dafür waren nicht nur politische Gründe maßgebend, sondern es gab gute juristische Gründe dafür. Denn es war [...] zweifelhaft, ob die Staatsgewalt der DDR als Staatsgewalt des auf dem betreffenden Gebiet lebenden Volkes gelten kann oder als fremde Staatsgewalt angesehen werden muss“.

79 Ebenda, Art. 1 Rn. 63.

80 Regierungserklärung von Bundeskanzler Brandt vom 28.10.1969, zitiert nach Ingo von Münch, Dokumente II, S. 167-169.

81 Die „Abgrenzungspolitik“ beschrieb Erich Honecker in seiner vielzitierten Rede vor Soldaten der Nationalen Volksarmee auf der Insel Rügen am 6.1.1972: „Unsere Politik ist darauf gerichtet – das möchte ich hier noch einmal betonen – wie mit allen anderen Staaten, so auch mit der BRD normale Beziehungen herzustellen, Beziehungen, wie sie zwischen souveränen voneinander unabhängigen Staaten üblich sind. Es ist also völlig sinnlos, wenn manche Leute in der BRD immer wieder die Platte von irgendwelchen sogenannten innerdeutschen Beziehungen auflegen. Von solchen seltsamen „Beziehungen“ kann keine Rede sein [...] . Die Dinge liegen zueinander wie jeder von Ihnen zu einem anderen dritten Staat. Die BRD ist somit Ausland, und noch mehr: sie ist imperialistisches Ausland.“ Archiv der Gegenwart 1972, S. 16809.

82 Unter dem Begriff „Nation“ verstand die deutsche Romantik eine wesentlich kulturelle, an einer gemeinsamen Sprache und einem gemeinsamen Volkstum orientierte Gesamtheit. Im Bericht der Bundesregierung „Über die Lage der Nation“ vom 14. Januar 1970 wurde dazu ausgeführt: „Im Begriff der Nation sind geschichtliche Wirklichkeit und politischer Wille vereint. Nation umfasst und bedeutet mehr als gemeinsame Sprache und Kultur, als Staat und Gesellschaftsordnung. Die Nation gründet sich auf das fortdauernde Zusammengehörigkeitsgefühl der Menschen eines Volkes“. Vgl. *Ingo von Münch*, Staatsrecht Band 1, Rn. 67, FN. 31.

„Die Deutsche Demokratische Republik ist ein sozialistischer Staat deutscher Nation".[83]

Nach einer Verfassungsänderung 1974 verschwand dann auch der Begriff der „Deutschen Nation". Art. 1 Abs. 1 Satz 1 lautete nunmehr:

„ Die Deutsche Demokratische Republik ist ein sozialistischer Staat der Arbeiter und Bauern."[84]

Vor diesem Hintergrund wird deutlich, dass beide Staaten zu dieser Zeit ein gesteigertes Interesse daran hatten, eine Regelung zu schaffen, wie in Zukunft miteinander umzugehen sei. Im Zuge dieser Politik versuchte die DDR 1972 im Grundlagenvertrag[85] die völkerrechtliche Anerkennung durch die Bundesrepublik zu erreichen. Die betreffenden Einigungen lauteten schließlich:

Art. 1:

„Die Deutsche Demokratische Republik und die Bundesrepublik Deutschland entwickeln normale gutnachbarliche Beziehungen zueinander auf der Grundlage der **Gleichberechtigung**."

Art. 2:

„Die Deutsche Demokratische Republik und die Bundesrepublik Deutschland werden sich von den Zielen und Prinzipien leiten lassen, die in der Charta der Vereinten Nationen niedergelegt sind, insbesondere der **souveränen Gleichheit aller Staaten**, der Achtung der Unabhängigkeit, Selbständigkeit und territorialen Integrität, dem Selbstbestimmungsrecht, der Wahrung der Menschenrechte und der Nichtdiskriminierung."

Art. 6:

„Die Deutsche Demokratische Republik und die Bundesrepublik Deutschland gehen von dem Grundsatz aus, dass die Hoheitsgewalt jedes der beiden Staaten sich auf sein Staatsgebiet beschränkt. Sie respektieren die **Unabhängigkeit** und **Selbständigkeit** jedes der beiden Staaten in seinen inneren und äußeren Angelegenheiten."

Mag es zwar der Wille der Bundesregierung gewesen sein, eine völkerrechtliche Anerkennung zu umgehen, wurde der Inhalt des Vertrages, insbesondere die Formulierung „gleichberechtigt" in Art. 1, bald als Anerkennung der DDR als Völkerrechtssubjekt interpretiert. War die Bundesrepublik bisher nämlich als Völkerrechtssubjekt aufgetreten und anerkannt worden, gestand sie das nun auch der DDR zu.[86]

83 Art. 1 Abs. 1 der Verfassung der DDR vom 7.10.1949, GBl. d. DDR 1949, S. 4.

84 Art. 1 Abs. 1 der Verfassung der DDR vom 6.4.1968,GBl. d. DDR 1968, Band I, S. 199.

85 „Vertrag über die Grundlagen der Beziehungen beider deutscher Staaten", BGBl. 1973, Teil II, S. 423; GBl. d. DDR 1973, Band II, S. 26.

86 Abgesehen von den fortbestehenden besatzungsrechtlichen Vorbehalten und dem fortbestehenden Viermächte-Statuts für Deutschland als Ganzes, Vgl. *Georg Ress*, Die

Mit der Verfassungsmäßigkeit des Grundlagenvertrages beschäftigte sich bereits kurz nach dessen Abschluss das Bundesverfassungsgericht.[87] Über den Teil des Urteils, in dem das Gericht auf die völkerrechtliche Anerkennung eingegangen war, wurde in der Literatur heftig gestritten.[88] Das Bundesverfassungsgericht räumte zwar ein, dass es sich um einen völkerrechtlichen Vertrag handelte, aus dem der Bundesrepublik Pflichten erwachsen, kategorisierte diese jedoch nicht als völkerrechtliche Pflichten, sondern als Regelungen einer inter-se-Beziehung eigener Art. Wenn de iure also auch zunächst umstritten, so war die DDR nach Vertragsschluss doch de facto völkerrechtlich von der Bundesrepublik anerkannt.

Eine unmittelbare Auswirkung auf die Ausreisebewegung hatte der Vertrag indes nicht. Er war aber die Voraussetzung für die internationale Anerkennung der DDR,[89] die ihrerseits zu zahlreichen Abkommen geführt hat, die für die Ausreiseantragsteller relevant wurden.

Rechtslage Deutschlands nach dem Grundlagenvertrag vom 21. Dezember 1972, S.214 f.

87 Die Bayerische Staatsregierung war der Auffassung, der Grundlagenvertrag verletze u.a. das Gebot der Wahrung der staatlichen Einheit Deutschlands, das Wiedervereinigungsgebot und die Schutz- und Fürsorgepflicht gegenüber den Deutschen in der DDR. Sie rief daher im Wege der abstrakten Normenkontrolle das Bundesverfassungsgericht an. Dieses erklärte den Grundlagenvertrag für verfassungsgemäß, vgl. BVerfGE 36, 1.

88 Zu diesem Streit vgl. *Otto Kimminich*, Fluchthilfe und Flucht aus der DDR in die Bundesrepublik Deutschland, S. 35 ff.; *Martin Kriele*, Der Streit um die Rechtslage Deutschlands und die völkerrechtliche Anerkennung der DDR, ZRP 1971, S. 261 ff.; *Hans Heinrich Mahnke*, Die besonderen Beziehungen zwischen den beiden deutschen Staaten – Eine Übersicht über die im Schrifttum vertretenen Auffassungen, ROW 1979, S. 137 ff.; *Thomas Oppermann*, Anmerkung zu BVerfGE 36, 1, JZ 1973, S. 595 ff.; *Georg Ress*, Die Rechtslage Deutschlands nach dem Grundlagenvertrag vom 21. Dezember 1972, S.214 ff.; *Ulrich Scheuner*, Die staatsrechtliche Stellung der Bundesrepublik – Zum Karlsruher Urteil über den Grundlagenvertrag, DöV 1973, S. 583 f.; *Kay Michael Wilke*, Die Bundesrepublik Deutschland und die Deutsche Demokratische Republik, S. 133 ff.

89 *Siegfried Mampel*, Die sozialistische Verfassung der DDR – Kommentar, Präambel, Rn. 69.; *ders.*, a.a.O., Art. 1 Rn. 60 f.: „Als Staat wurde die DDR zunächst nur von den kommunistisch beherrschten Staaten anerkannt: Union der sozialistischen Sowjetrepubliken, Volksrepublik Polen, Tschechoslowakische Republik, Ungarische Volksrepublik, Sozialistische Republik Rumänien, Volksrepublik Bulgarien, Volksrepublik China, Koreanische Volksdemokratische Republik, Demokratische Republik Vietnam (Nordvietnam), Volksrepublik Albanien, Mongolische Volksrepublik, Republik Kuba, Sozialistische Föderative Republik Jugoslawien. Bis zum 30.6.1971 folgten: Königreich Kambodscha, Republik Irak, Demokratische Republik Sudan, Syrische Arabische Republik, Volksrepublik Südjemen, Vereinigte Arabische Republik, Volksrepublik Kongo, Demokratische Republik Somalia, Zentralafrikanische Republik, Demokratische Volksrepublik Algerien, Republik der Malediven, Ceylon, Republik Guinea, Republik Chile, Republik Äquatorial Guinea, Tschad. Schon während der Verhandlungen über den

Im Zusammenhang mit dem Grundlagenvertrag findet man häufig einen Hinweis auf die „Sonderanträge auf Genehmigung einer Übersiedlung“.[90] Damit ist die interne Anweisung 42/71 des Innenministers vom 15.1.1971 gemeint, die im Zuge der Verhandlungen zum Grundlagenvertrag erging.[91] Hier war in Ziffer 11. die Möglichkeit vorgesehen, dass der Leiter der Hauptabteilung Innere Angelegenheiten des Innenministeriums Sonderanträgen auf Übersiedlung zustimmte, falls dies „im Interesse der Sicherheit“ der DDR lag oder „andere schwerwiegende Gründe“ gegeben waren. Dabei handelte es sich aber nicht um die Genehmigung des Ausreiseantrags eines DDR-Bürgers, sondern um Sonderanträge, welche die Deutsche Volkspolizei, die Abteilungen Inneres der Kreise bzw. kreisfreien Städte oder das Ministerium für Staatssicherheit (MfS) beim Innenministerium einreichten. Die Zielgruppe wurde in der 4. Änderung dieser Anweisung genauer beschrieben. Gemeint waren Personen, die „durch permanent negatives, renitentes oder feindliches Auftreten eine Ausreise aus der DDR zu erzwingen“ versuchten oder „durch wiederholte Grenzverletzungen bzw. durch provokative Demonstrativhandlungen in Erscheinung“ traten.[92] Wurden solche Anträge genehmigt, erfolgte die Zwangsausbürgerung. Damit lag dann zwar ein Verlassen der DDR nach den Vorschriften der innerstaatlichen Rechtsordnung, also eine „legale Ausreise“, vor. Es handelte sich aber keineswegs um die Inanspruchnahme eines Ausreiserechts durch ausreisewillige DDR-Bürger.

Die Anweisung Nr. 42/71 des Innenministers sah schließlich auch die Möglichkeit vor, dauerhafte Ausreisen zur Eheschließung mit Westdeutschen, zur Zusammenführung von Minderjährigen mit ihren Eltern sowie mit im Westen lebenden Ehegatten zu gestatten, sofern diese mit Genehmigung der mitteldeut-

Grundlagenvertrag stieg die Zahl der anerkennenden Staaten. Nach dem Abschluss des Grundlagenvertrages wurde die DDR weltweit anerkannt“.

90 Vgl. *Johannes Raschka*, Justizpolitik im SED-Staat, S. 90 und *Bernd Eisenfeld*, Die Ausreisebewegung – Eine Erscheinungsform widerständigen Verhaltens, S. 196: „Doch gab es für die Antragsteller dennoch Möglichkeiten, der DDR auf legalem Wege den Rücken zu kehren. Neben dem seit 1963 praktizierten Freikauf politischer Häftlinge durch die Bundesrepublik Deutschland konnten Ausreisewillige [...] „im Interesse der inneren Sicherheit der DDR“ oder aus anderen „schwerwiegenden“ Gründen ausgebürgert und aus der DDR ausgewiesen werden [...]“.

91 MdI-Anweisung Nr. 42/71 „Über die Bearbeitung von Anträgen auf Übersiedlung von Bürgern der Deutschen Demokratischen Republik in die BRD und nach Westberlin“ vom 15.1.1971, in der Fassung vom 6.6.1973, abgedruckt in: Hans-Herrmann Lochen / Christian Meyer-Seitz, Die geheimen Anweisungen zur Diskriminierung Ausreisewilliger, S. 321-345.

92 4. Änderung zur MdI-Anweisung Nr. 42/71 „Über die Bearbeitung von Anträgen auf Übersiedlung von Bürgern der Deutschen Demokratischen Republik in die BRD und nach Westberlin“ vom 15.7.1975, BStU, ZA, DSt-201129, Bl. 9 (MdI-Zählung), zitiert nach Bernd Eisenfeld, Die Ausreisebewegung – Eine Erscheinungsform widerständigen Verhaltens, S. 194.

schen Behörden übergesiedelt waren. Das bezog sich jedoch insbesondere auf Familienangehörige freigekaufter politischer Häftlinge.

Nach alledem bleibt festzuhalten, dass auch nach Entstehung des Grundlagenvertrages für andere Personen als Rentner keine generelle Möglichkeit einer dauerhaften Ausreise bestand.

VII. Ratifizierung des „internationalen Paktes über bürgerliche und politische Rechte der Vereinten Nationen" im November 1973[93] und Unterzeichnung der KSZE Schlussakte 1975[94] durch die DDR

Am 2. November 1973 ratifizierte die DDR durch ihren Staatsratsvorsitzenden den „Internationalen Pakt über bürgerliche und politische Rechte der Vereinten Nationen" (IPBPR),[95] im September 1974 wurden sowohl die Bundesrepublik als auch die DDR in die Vereinten Nationen aufgenommen. Zur gleichen Zeit nahmen beide Staaten gleichberechtigt an den Verhandlungen der Konferenz über Sicherheit und Zusammenarbeit in Europa (KSZE) in Helsinki teil, deren Schlussakte auch die DDR 1975 unterschrieb. Bis 1978 erfolgte die völkerrechtliche Anerkennung der DDR durch 123 Staaten.

Diese Auftritte auf internationalem Parkett und die eingegangenen Verpflichtungen setzten die DDR außen- wie innenpolitisch unter Druck, das Ausreiserecht ihrer Staatsbürger anzuerkennen und für dessen Umsetzung zu sorgen. Es begann die Entwicklung einer regelrechten Ausreisebewegung in der DDR. Vornehmlich über westliche Medien wurde den DDR-Bürgern verdeutlicht, welche rechtliche Grundlage die DDR für ihre Ausreise wider Willen selbst geschaffen hatte.[96] Statt eine beschwerliche Flucht zumeist über die weniger gesicherten Grenzen benachbarter Drittstaaten zu riskieren,[97] gingen ausreisewillige Bürger vermehrt dazu über, sich im Rahmen eines Ausreiseantrags, den es offiziell immer noch nicht gab, auf die KSZE-Schlussakte und auf den IPBPR zu berufen, dessen Art. 12 Absatz 2 lautet:

„Jedermann steht es frei, jedes Land, einschließlich seines eigenen, zu verlassen."

93 In Kraft getreten am 23. März 1976.

94 Europa-Archiv 1975. Dokumente S. 437 ff.

95 GBl. d. DDR 1974, Band II, S. 57.

96 Laut Vermerk der HA IX vom 1.11.1976 zu den „vom Gegner als angebliche rechtliche Grundlagen für die Antragstellung auf Entlassung aus der Staatsbürgerschaft lancierten Bestimmungen", BStU, ZA, HA IX-182, Bl.1-8 (BStU-Zählung), war das insbesondere das ZDF-Magazin von Gerhard Löwenthal.

97 Vgl. *Monika Tantzscher*, Die verlängerte Mauer – Die Zusammenarbeit der Sicherheitsdienste bei der Verhinderung von „Republikflucht" über andere Ostblockstaaten, S. 91 ff.

Diese Entwicklung barg für die DDR eine große Gefahr. Eine unmittelbare Reaktion auf die veränderte Lage lieferte das MfS 1976 durch die Bildung der Zentralen Koordinierungsgruppe zur Bekämpfung von Flucht und Ausreise (ZKG) und der gleichnamigen Bezirkskoordinierungsgruppen (BKG) auf Bezirksebene. Ziel war es, ein abgestimmtes Verhalten aller MfS-Dienststellen zu gewährleisten. Das sollte durch Koordination der Kontrollmaßnahmen gegen Antragsteller erreicht werden, immer mit dem Ziel, Ausreisen möglichst zu verhindern.[98] 1976 registrierte die ZKG einen Zuwachs der Anträge auf dauerhafte Ausreise um 70 % gegenüber dem Vorjahr.[99] Darüber hinaus wurden durch die ZKG erstmals „Tendenzen des Zusammenschlusses von Ausreisewilligen" in mehreren Städten der DDR registriert.[100]

Die Staatsführung begegnete den Anträgen mit der Kriminalisierung der Antragsteller. So fasste das Sekretariat des Zentralkomitees (ZK) der SED vom 16. Februar 1977 einen Beschluss „zur Gewährleistung eines einheitlichen, abgestimmten Vorgehens der staats- und wirtschaftsleitenden Organe, Betriebe, Kombinate und Einrichtungen sowie gesellschaftlichen Organisationen zur Unterbindung rechtswidriger Versuche von Bürgern der DDR, die Übersiedlung nach nichtsozialistischen Staaten und Westberlin zu erreichen".[101] Dieser Beschluss stellte klar, dass es nach dem Recht der DDR keinen Anspruch auf Übersiedlung in westliche Staaten gab. „Rechtswidrige" Antragsteller seien daher „zurückzuweisen" und in differenzierter Weise mit strafrechtlichen, arbeitsrechtlichen und „anderen Mitteln" zu belangen.[102]

In der Praxis sah die Taktik der staatlichen Stellen gegenüber den Ausreiseantragstellern so aus, dass ihre Behandlung gänzlich unkalkulierbar sein sollte. Ganz bewusst setzte der Chef des MfS, Erich Mielke,[103] darauf, durch eine

98 *Bernd Eisenfeld*, Die Zentrale Koordinierungsgruppe – Bekämpfung von Flucht und Ausreise, S. 3.

99 „Die Zahl der Übersiedlungswilligen ist aufgrund der massiven Hetz- und Verleumdungskampagne des Gegners besonders im Jahre 1976 erheblich angestiegen. Während 1975 für 12.652 arbeitsfähige Erwachsene und Kinder Ersuchen gestellt wurden, waren es 1976 19.521 Bürger". Jahresanalyse der ZKG für das Jahr 1976 vom 24.1.1977, S. 26, BStU, ZA, ZKG-2164, zitiert nach Bernd Eisenfeld, Die Ausreisebewegung – Eine Erscheinungsform widerständigen Verhaltens, S. 211.

100 Ebenda.

101 Befehl 6/77, S. 4, BStU, ZA, DSt-102331, zitiert nach Bernd Eisenfeld, Die Zentrale Koordinierungsgruppe – Bekämpfung von Flucht und Ausreise, S. 23.

102 Anlage 2 zum Protokoll der Sitzung des Sekretariats des ZK am 16.2.1977; SAPMO-BA, ZPA, J IV 2/3/2555, Bl. 8 ff., zitiert nach Bernd Eisenfeld, Die Ausreisebewegung – Eine Erscheinungsform widerständigen Verhaltens, S. 211.

103 Erich Mielke: 28.12.1907-21.5.2000; 1950-1989 Mitglied des ZK der SED, 1950-1953 Staatssekretär im MfS: 1953-1955 stellvertretender Staatssekretär; 1955-1957 stellvertretender Minister für Staatssicherheit; seit November 1957 Minister für Staatssicher-

streng geheime, sich ständig ändernde Strategie die Unberechenbarkeit der Reaktion von MfS und MdI auf Ausreiseanträge selbst als Mittel der Repression zu nutzen, Angst zu schüren und abzuschrecken.[104] Tatsächlich berichteten Antragsteller später, dass man sich den Kopf zerbrochen habe, nach welchen Kriterien die Anträge behandelt werden würden.[105] Es entstand auf diese Weise schon durch das völlig willkürliche Verwaltungshandeln eine zermürbende Situation.

VIII. Madrider Abschlussdokument,[106] die Anordnung „über Regelungen zum Reiseverkehr von Bürgern der DDR“ vom 15. Februar 1982 und die Verordnung „zur Regelung von Fragen der Familienzusammenführung und der Eheschließung zwischen Bürgern der DDR und Ausländern“ vom 15. September 1983

Von 1980 bis 1983 fand in Madrid die zweite KSZE-Folgekonferenz statt, deren Ziel unter anderem der Versuch einer Liberalisierung in Osteuropa war.[107] Das Abschlussdokument wurde von den Teilnehmern am 6. September 1983 unterzeichnet. Es verpflichtete die Teilnehmerstaaten unter anderem dazu,

> „die wirksame Ausübung der Menschenrechte und Grundfreiheiten [...] zu fördern [...] und spürbare Fortschritte in Übereinstimmung mit der Schlussakte zu sichern“.[108]

Um eine Reaktion zu zeigen, wurde die „Anordnung über Regelungen zum Reiseverkehr von Bürgern der DDR“[109] und die „Verordnung zur Regelung von Fragen der Familienzusammenführung und der Eheschließung zwischen Bürgern der DDR und Ausländern“[110] geschaffen. Dadurch wurde erstmals ein An-

heit; 1958-1989 Abgeordneter der Volkskammer; 7.11.1989 Rücktritt als Minister mit der Regierung Willi Stoph, 8.11.1989 Rücktritt als Politbüromitglied; 17.11.1989 Aufhebung des Abgeordnetenmandats, 3.12.1989 Ausschluss aus ZK und SED; ab 7.12.1989 U-Haft (mit kurzzeitiger Unterbrechung März 1990), 26.10.1993 Verurteilung zu sechs Jahren Gefängnis wegen der Polizistenmorde am Bülowplatz 1931, 1.8.1995 vorzeitige Haftentlassung auf Bewährung; gestorben in einem Altersheim in Hohenschönhausen.

104 Vgl. das Kapitel „Einschränkungen der Ausreisefreiheit im Recht der DDR“, 2. Teil, B., III., 3. und das Kapitel „Repressionen“, 3. Teil, B.

105 Vgl. z.B. die Ausführungen von *Heidi Gester*, Materialien der Enquete-Kommission „Aufarbeitung von Geschichte und Folgen der SED-Diktatur in Deutschland“ des Deutschen Bundestages, Band IV, S. 283.

106 Vom 6. September 1983, Bulletin des Presse- und Informationsamtes der Bundesregierung 1983, S. 820 ff.

107 *Peter Schlotter*, Die KSZE im Ost-West-Konflikt, S. 77.

108 Ebenda.

109 GBl. d. DDR 1982, Band I, S. 187.

110 Verordnung zur Regelung von Fragen der Familienzusammenführung und der Eheschließung zwischen Bürgern der DDR und Ausländern vom 15.9.1983 und die dazugehörige 1. Durchführungsbestimmung, GBl. d. DDR 1983, Band I, S. 254 ff.

tragsrecht auf Ausreise im Recht der DDR festgeschrieben. allerdings nur für Kinder, deren Eltern außerhalb der DDR wohnten und für Eheschließende, sofern die Ehe mit Zustimmung der staatlichen Stellen der DDR geschlossen wurde.[111] Dieser Personenkreis, und als Ausnahme Rentner,[112] betraf jedoch Fälle, die ohnehin schon vor 1983 einer „humanitären Lösung" zugeführt worden waren.[113] Und auch für diesen kleinen Personenkreis enthielt die Verordnung starke Vorbehalte. „Wohnsitzänderungen" durften die „Rechte der Bürger und andere gesellschaftliche Interessen der Deutschen Demokratischen Republik" nicht beeinträchtigen.[114] Solche lagen unter anderem vor, wenn Sicherheitsinteressen der SED im Wege standen,[115] wenn es sich um die Zusammenführung von Antragstellern mit „Republikflüchtigen" handelte und wenn offene Vermögensfragen bestanden, wie z.B. Schulden oder bestehendes Grundstückseigentum.[116]

Innenpolitisch hatte das SED-Regime Anfang der achtziger Jahre mit wachsender Unzufriedenheit in der Bevölkerung zu kämpfen. Die Regierung versuchte, dem Problem mit sozialpolitischen Programmen und dem stärkeren Einsatz des Überwachungs- und Repressionsapparates Herr zu werden. Diese Mittel konnten

111 Ebenda, § 7 Abs. 3.

112 Anlage 2 zum Protokoll Nr. 15 vom 16.2.1977 der Sitzung des Sekretariats des ZK vom 16.2.1977; SAPMO-BA, ZPA, J IV 2/3/2355, S. 3 f., zitiert nach Bernd Eisenfeld, Die Zentrale Koordinierungsgruppe – Bekämpfung von Flucht und Ausreise, S. 23.

113 *Bernd Eisenfeld*, Die Verfolgung der Antragsteller auf Ausreise, S. 119.

114 Verordnung zur Regelung von Fragen der Familienzusammenführung und der Eheschließung zwischen Bürgern der DDR und Ausländern vom 15.9.1983, § 8.

115 Dazu zählten laut MdI-Anweisung Nr. 042/71 „Über die Bearbeitung und Entscheidung von Anträgen auf Übersiedlung von Bürgern der Deutschen Demokratischen Republik in die BRD und nach Westberlin" vom 15.1.1971 „Kenntnisse[...], die im Interesse der Sicherheit und Stärkung der DDR oder der Festigung der sozialistischen Staatengemeinschaft oder wegen ihrer volkswirtschaftlichen Bedeutung zu schützen sind" sowie „enge Beziehungen zu Geheimnisträgern", im Jahre 1975 wurde der Kreis auf Wehrpflichtige und gediente Soldaten ausgedehnt. Bei den gedienten Soldaten wurden, je nach Dienstgrad, Sperrfristen zwischen sechs und 15 Jahren nach dem Tag der Entlassung festgelegt. Außerdem setzte eine „Übersiedlung" generell die Schuldenfreiheit des Antragstellers voraus, vgl. 4. Änderung zur MdI-Anweisung Nr. 042/71 vom 15.7.1975, BStU, ZA, DSt-201129, Bl. 3 f. (BStU-Zählung) und das Einweisungsmaterial des MdI zu den neuen Regelungen, BStU, ZA, ZKG-1747, Anlage 1, Bl. 37 f. (BStU-Zählung), zitiert nach Bernd Eisenfeld, Die Ausreisebewegung – Eine Erscheinungsform widerständigen Verhaltens, S. 194.

116 Hierzu war eine Erklärung von Eigentümern/Miteigentümern von Grundstücken und Gebäuden erforderlich, die den Nachweis zu liefern hatte, „dass vor Erteilung der Genehmigung zur Ausreise die betreffende Person eine ordnungsgemäße Regelung ihrer Grundstücksangelegenheiten" sicherstellte, vgl. die 5. Änderung zur Anweisung Nr. 042/71 vom 15.7.1975, BStU, ZA, DSt-201129, Anlage 5, Bl. 2 f. (BStU-Zählung), zitiert nach Bernd Eisenfeld, Die Ausreisebewegung – Eine Erscheinungsform widerständigen Verhaltens, S. 194.

das Entstehen und Ausbreiten oppositioneller- sowie von Ausreisegruppen jedoch nicht eindämmen.[117]

1. Die Ausreisewelle im Frühjahr 1984

Während die Entstehung der ersten Gruppierungen Ausreisewilliger bereits in den 70er Jahren zu beobachten war,[118] traten sie erst in den 80er Jahren zunehmend öffentlichkeitswirksam auf.[119] Das Repertoire reichte von Abzeichen, die an der Straßenkleidung getragen wurden, z.B. ein „A" oder ein gebrochenes rotes Herz, dessen Blutstropfen der Zahl der Jahre seit dem ersten Antrag entsprachen, über brennende Kerzen im Fenster, weiße Bändchen an der Autoradioantenne und später auch vereinzelte Antragsteller-Demonstrationen.[120] Im Sommer 1983 fanden Demonstrationen in Jena statt, in Ost-Berlin wurden am 1. September „Mahnwachen" der autonomen Friedensbewegung abgehalten.[121]

Die Staatsführung versuchte im Frühjahr 1984, den innenpolitischen Druck durch die schlagartige Genehmigung von rund 35.000 Ausreisen abzubauen.[122] Das Besondere an diesen Ausreisen war neben dem quantitativen Ausmaß die Tatsache, dass es sich nicht um Rentner handelte, sondern um Personen mittleren Alters.[123] Bei den bisher üblichen 10.000 bis 20.000 „Wohnsitzänderungen" pro Jahr[124] hatte es sich ja zumeist um Rentner gehandelt, die von einer Westreise nicht zurückgekehrt waren.[125] Nun aber wurde erstmals werktätigen Bürgern der Weg in den Westen auf Antrag genehmigt.

Doch die Hoffnung der Machthaber, durch diese Aktion die vorhandene Unzufriedenheit endgültig zu beseitigen, ging fehl.[126] Die Tatsache, dass die DDR

[117] Vgl. die Ausführungen bei *Klaus Schroeder / Steffen Arlisch*, Der SED-Staat – Partei, Staat und Gesellschaft 1949-1990, S. 274 ff.

[118] Vgl. das Kapitel „Ratifizierung des IPBPR", 1. Teil, B., VII.

[119] Vgl. das Kapitel „Protestaktionen in der Wartezeit", 3. Teil, C., II.

[120] Beispiele entnommen bei *Karl F. Schumann*, Flucht und Ausreise aus der DDR insbesondere im Jahrzehnt ihres Untergangs, S. 2370.

[121] *Eckhard Jesse*, Artikulationsformen und Zielsetzungen von widerständigem Verhalten in der DDR, S. 1019.

[122] Ebenda.

[123] Siehe die ausführliche Untersuchung der Ausreisewelle des Frühjahres 1984 bei *Volker Ronge*, Von drüben nach hüben – DDR-Bürger im Westen.

[124] Vgl. die Tabelle „Statistik der Ausreiseanträge" im Anhang.

[125] Vgl. auch *Volker Ronge*, Von drüben nach hüben – DDR-Bürger im Westen, Vorwort.

[126] In der ZKG folgerte man im Oktober 1987 in einem Hinweis: „Es ist erwiesen, dass [...] die Lage auf diesem Gebiet nicht durch mehr Übersiedlungsgenehmigungen zum Positiven verändert werden kann. Zwischen Übersiedlungen im größeren Umfang und dem sprunghaften Ansteigen der Erstersuchen um ein Vielfaches besteht ein kausaler Zusammenhang", BStU, ZA, ZKG-105, Bl. 7 (BStU-Zählung), zitiert nach Bernd Eisenfeld, Die Zentrale Koordinierungsgruppe – Bekämpfung von Flucht und Ausreise, S. 46.

nun offiziell Fälle anerkannte, in denen eine Ausreise genehmigt werden konnte, und die große Zahl genehmigter Ausreisen im Frühjahr 1984 sorgten für ein verändertes Bewusstsein in der Bevölkerung. Vornehmlich durch westliche Medien wurde die DDR-Bevölkerung über die Geschehnisse und deren Hintergründe auf dem Laufenden gehalten. Viele DDR-Bürger fragten sich wieder wie in den fünfziger Jahren: „Warum bleibe ich eigentlich?“[127]

2. die Botschaftsbesetzungen in den achtziger Jahren

Schließlich kam es schon vor den Massenfluchten über die westdeutschen Botschaften im Jahre 1989 immer wieder zu Besetzungen westlicher Botschaften, deren Höhepunkt auf das Jahr 1984 fällt.[128] Dabei setzten die Betreffenden auf den internationalen Druck, der zumeist durch Anwesenheit westlicher Medien entstand, und nicht selten war die sofortige Ausweisung in die Bundesrepublik die Folge.[129] Im Jahr 1984 besetzten nach Einschätzung durch die ZKG 607 Personen westliche Botschaften.[130] Bis 1988 blieb die Zahl danach unter 100. 1988 stieg sie auf 273[131] und bis März 1989 auf 779 Personen.[132] Es folgten die Massenfluchten über die bundesdeutschen Botschaften in Prag, Budapest und Warschau.

3. Die regimekritischen Proteste bei der Luxemburg-Liebknecht Demonstration am 17. Januar 1988 in Ost-Berlin

Um die eskalierende Ausreisebewegung wieder einzudämmen, wurden in den Jahren 1985 bis 1987 deutlich weniger Ausreisen genehmigt. Das führte jedoch lediglich zu dem erneuten Entstehen eines innenpolitischen Drucks. Die organisierten Ausreisegruppen suchten Anschluss an die unter dem Patronat der Kirchen aktiven Friedens- und Menschenrechtsbewegung. Im November 1987 nahmen erstmals an der Mahnwache der Berliner Zionskirche in größerem Um-

127 Vgl. die Ausführungen bei *Günter Jeschonnek*, Ausreise – Das Dilemma des ersten deutschen Arbeiter-und Bauernstaates, S. 238 und bei *Karl F. Schumann*, Flucht und Ausreise aus der DDR insbesondere im Jahrzehnt ihres Untergangs, S. 2372.

128 Exemplarisch für die verschiedenen Darstellungen sei hier auf die ausführliche Abhandlung der Botschaftsbesetzungen durch Wolfgang Mayer verwiesen, in der er ausführlich seine Besetzung der Dänischen Botschaft 1988 in Ost-Berlin schildert: *Wolfgang Mayer*, Dänen von Sinnen; *ders.*, Die mit dem Storch zogen – Die kriminellen Dokumente zu „Dänen von Sinnen“; *ders.*, Flucht und Ausreise – Botschaftsbesetzungen als Form des Widerstandes gegen die politische Verfolgung in der DDR.

129 Vgl. die Darstellung bei *Stefan Wolle*, Die heile Welt der Diktatur, S. 287 f.

130 Vgl. die „Einschätzung der politisch-operativen Lage“ durch die ZKG vom April 1989; BStU, ZA, ZKG-2024, Bl. 596 (BStU-Zählung), zitiert nach Bernd Eisenfeld, Die Ausreisebewegung – Eine Erscheinungsform widerständigen Verhaltens, S. 195.

131 Ebenda.

132 Ebenda.

fang Ausreiseantragsteller teil. Es bildete sich die „Arbeitsgruppe Staatsbürgerschaftsrecht", die zum Tag der Menschenrechte am 6. Dezember 1987 erstmals mit einer Proklamation an die Öffentlichkeit treten wollte. Kurz vorher erhielten die Organisatoren jedoch ihre Ausreisepapiere. Das verschaffte der Gruppe großen Zulauf.[133]

Die Situation eskalierte während der alljährlich stattfindenden „Kampfdemonstration zu Ehren von Rosa Luxemburg und Karl Liebknecht" am 17. Januar 1988 in Ost-Berlin. Die Berliner „Arbeitsgruppe Staatsbürgerschaftsrecht der DDR"[134] hatte auf einer Versammlung am 9. Januar 1988 in der Zionskirche bei den oppositionellen Gruppen angeregt, sich an der Demonstration mit der Forderung nach Ausreise zu beteiligen. Bevor es zur Demonstration kommen konnte, wurden rund 100 vermeintliche Teilnehmer vom gut informierten Staatssicherheitsministerium festgenommen und bis zum 29. Januar wurden 55 von ihnen mit 41 Familienangehörigen nach West-Berlin abgeschoben.[135]

133 Vgl. die ausführliche Darstellung bei *Armin Mitter / Stefan Wolle*, Untergang auf Raten – Unbekannte Kapitel der DDR-Geschichte, S. 528.

134 Bei dieser Gruppe handelte es sich um eine Berliner Gruppe von Ausreisewilligen, vgl. die Ausführungen des damaligen Mitgliedes der Gruppe, *Günter Jeschonnek*, Die Selbstorganisation von Ausreiseantragstellern in den 80er Jahren in der DDR, S. 397. Ausführlich zu den einzelnen oppositionellen Gruppen der DDR *Ehrhart Neubert*, Geschichte der Opposition in der DDR 1949-1989; zur „Arbeitsgruppe Staatsbürgerschaftsrecht der DDR" ausführlich auf S. 672 ff. Eine Darstellung der wissenschaftlichen Literatur über die Oppositionsbewegung in der DDR befindet sich bei *Eckard Jesse*, Artikulationsformen und Zielsetzungen von widerständigem Verhalten in der Deutschen Demokratischen Republik, S. 989.

135 *Johannes Raschka*, Zwischen Überwachung und Repression – Politische Verfolgung in der DDR, S. 107. Bei *Ehrhart Neubert*, Geschichte der Opposition in der DDR 1949-1989, S. 697 findet sich gar die Angabe von 160 Festgenommenen, von denen „der überwiegende Teil in den nächsten Tagen direkt aus dem Gefängnis in den Westen abgeschoben wurde".

IX. Wiener Abschlussdokument vom 15. Januar 1989[136] und die Verordnung „über Reisen von Bürgern der DDR nach dem Ausland“[137]

Im November 1988 wurde mit der „Verordnung über Reisen von Bürgern der DDR nach dem Ausland“ erstmals ein allgemeines Antragsrecht auf Ausreise eingeführt.[138] Die Verordnung trat am 1. Januar 1989 in Kraft. Damit verbunden war die Möglichkeit, Entscheidungen über solche Anträge gerichtlich nachprüfen zu lassen. Das entsprechende Gesetz dazu trat am 1. Juli 1989 in Kraft, wurde aber kaum mehr praktisch relevant.[139]

Die neue Reiseverordnung war ein offensichtliches Zugeständnis der DDR an die Wiener KSZE-Nachfolgekonferenz, blieb aber weit hinter den dort beschlossenen Forderungen zurück, die nationalen Gesetze den KSZE-Normen anzupassen. Zwar sah diese Regelung nun auch die Zusammenführung von Eltern mit ihren minderjährigen Kindern[140] sowie die Zusammenführung „aus anderen humanitären Gründen“ vor.[141]

[136] Abgedruckt in: EuGRZ 1989, S. 85 ff.

[137] „Verordnung über Reisen von Bürgern der Deutschen Demokratischen Republik nach dem Ausland“ vom 30.11.1988 und „Verordnung zur Gewährung des ständigen Wohnsitzes für Ausländer in der Deutschen Demokratischen Republik und zur Eheschließung von Bürgern der Deutschen Demokratischen Republik mit Ausländern“ vom 30.11.1988, GBl. d. DDR 1988, Band I, S. 271 ff. Die Verordnungen traten am 1. Januar 1989 in Kraft.

[138] Zwar begründete auch die „Verordnung zur Regelung von Fragen der Familienzusammenführung und der Eheschließung von Bürgern der DDR und Ausländern“ von 1983 ein Antragsrecht, jedoch nur für eine stark eingegrenzte Personengruppe, vgl. *Bernd Eisenfeld*, Die Ausreisebewegung – Eine Erscheinungsform widerständigen Verhaltens, S. 193 f.

[139] *Hans-Hermann Lochen*, Das Vorgehen gegen Ausreisewillige, S. 272.

[140] „Verordnung über Reisen von Bürgern der Deutschen Demokratischen Republik nach dem Ausland“ vom 30.11.1988, § 10, GBl. d. DDR 1988, Band I, S. 272.

[141] Einweisungsmaterial des MdI zu den neuen Regelungen über ständige Ausreisen von Bürgern der DDR nach dem Ausland, BStU, ZA, ZKG-1747, Anlage 1, S. 32 (MdI-Zählung), zitiert nach Bernd Eisenfeld, Die Ausreisebewegung – Eine Erscheinungsform widerständigen Verhaltens, S. 194. Nach dem Einweisungsmaterial des MdI zur VO vom 30.11.1988 waren unter „humanitären Fällen“ besondere familiäre „Zusammenführungsbestreben“ (z.B. getrennte Ehen infolge von Flucht sowie Übernahme von Pflege bei Verwandten 1. Grades) zu verstehen. Die „außergewöhnlichen humanitären Gründe“ betrafen dauerhafte Ausreisen von Personen, die dem Ideal des sozialistischen Staatsbürgers widersprachen oder dem Staat zur Last fielen, z.B. die Ausreise von Alleinstehenden zu Pflegeeltern, „echte gleichgeschlechtliche Liebesbeziehungen von Bürgern, deren familiäre Bindungen in der DDR zerbrochen sind“, sowie „alleinstehende christliche Bürger, die entsprechend ihrem Glauben caritativ im Ausland tätig werden wollen“.

Einerseits enthielt aber auch diese Verordnung umfangreiche Ausschlussgründe,[142] andererseits lag der Abteilung Sicherheitsfragen des ZK der SED schon im Frühjahr 1988 die Erkenntnis vor, dass die „Zahl der genehmigten Übersiedlungen und die Erweiterung von Reisemöglichkeiten nicht zur Reduzierung der Gesamtzahl der Übersiedlungsersuchenden führten", sondern durch „erhebliche Rückwirkungen" weitere Bürger anregten, Ausreiseanträge zu stellen.[143] Als ernst gemeinte Möglichkeit, den Antragstellern die Ausreise zu ermöglichen, war die Verordnung folglich nicht zu verstehen.

X. Die „Vorläufige Reiseverordnung" vom 9. November 1989 und der Fall der Mauer

Das Ende des Ausreiseverbots läutete ein Zufall ein und es bedeutete auch den Anfang vom Ende der DDR. Im Rahmen einer am 9. November 1989 routinemäßig durch das Politbüro der SED im „Internationalen Pressezentrum" abgehaltenen Pressekonferenz teilte Günter Schabowski, 1. Sekretär der SED-Bezirksleitung Berlin,[144] vor laufenden Kameras mit, das Politbüro habe beschlossen,[145]

[142] „Verordnung über Reisen von Bürgern der Deutschen Demokratischen Republik nach dem Ausland" vom 30.11.1988, § 14 Abs. 2 a), GBl. d. DDR 1988, Band I, S. 273. Zu den einzelnen Ausschlussgründen vgl. die Darstellungen im 2. Teil.

[143] Vgl. die „Information der Abteilung für Sicherheitsfragen des ZK vom 7.3.1988 über die Vorbeugung und Zurückdrängung von Übersiedlungsersuchen nach der BRD und nach Berlin (West)", SAPMO-BA, ZPA IV 2./2.039.308, S. 6., zitiert nach *Bernd Eisenfeld*, Die Verfolgung der Antragsteller auf Ausreise, S. 134.

[144] *Günter Schabowski*: 4.1.1929; September 1968 stellvertretender, ab 1974 1. Stellvertreter, ab März 1978 bis November 1985 Chefredakteur des „Neuen Deutschland"; 1981-11.1.1990 Abgeordneter der Volkskammer; 1981-3.12.1989 Mitglied des ZK der SED, ab 1986 Sekretär; 1981 Kandidat, 1984-3.12.1989 Mitglied des SED-Politbüros; 1985-31.10.1989 1. Sekretär der SED-Bezirksleitung Berlin; 8.11.1989 Rücktritt mit dem Politbüro, 14.11.1989 Wiederwahl; 31.12. Rücktritt mit dem ZK der SED; 21.1.1990 Parteiausschluss. 1993 Verfahren wegen „Fälschung der Ergebnisse der DDR-Kommunalwahlen", im November 1997 eingestellt; Frühjahr 1995 Anklage und 13.11.1995 Prozeßbeginn vor dem Berliner Landgericht wegen „Totschlag und Mitverantwortung für das Grenzregime der DDR", 25.8. Verurteilung zu drei Jahren Gefängnis, Revision eingelegt; November 1999 Haftantritt in der JVA Hakenfelde in Berlin-Spandau.

[145] Originaltext der vorläufigen Reiseverordnung vom 9. November 1989:
1. Privatreisen nach dem Ausland können ohne Vorliegen von Voraussetzungen, Reiseanlässe und Verwandtschaftsverhältnisse, beantragt werden. Die Genehmigungen werden von den zuständigen Abteilungen Paß- und Meldewesen der Volkspolizeikreisämter kurzfristig erteilt. Versagungsgründe werden nur in besonderen Ausnahmefällen angewandt.
2. Die zuständigen Abteilungen Paß- und Meldewesen der Volkspolizeikreisämter in der DDR sind angewiesen, Visa zur ständigen Ausreise unverzüglich zu erteilen, ohne dass

„[...] heute...äh...eine Regelung zu treffen, die es jedem Bürger der DDR möglich macht...äh...über Grenzübergangspunkte der DDR...äh...auszureisen [...]".

In der augenblicklich eingetretenen Aufregung wurde gefragt:

„Heißt das, jeder DDR-Bürger kann jetzt frei in den Westen fahren?".

Auf diese Frage kratzte Schabowski sich am Kopf, ordnete seine Unterlagen und setzte seine Brille auf:

„Also, Genossen, mir ist das hier also mitgeteilt worden: Privatreisen nach dem Ausland können ohne Vorliegen von Voraussetzungen – Reiseanlässe und Verwandtschaftsverhältnisse – beantragt werden."

Nach weiteren Ausführungen zu den Passformalitäten hakte ein Journalist nach, wann diese neue Regelung denn in Kraft trete. Schabowski fingerte in seinen Papieren und entgegnete schließlich:

„Das tritt nach meiner Kenntnis...ist das sofort, unverzüglich."

In das nun folgende Stimmengewirr entgegnete er noch einmal:

„Ja, ich habe nichts Gegenteiliges gehört. Ich drücke mich nur so vorsichtig aus, weil ich nun in der Frage nicht, also, ständig auf dem Laufenden bin, sondern kurz bevor ich rüberkam, diese Information in die Hand gedrückt bekam."

Das war um 19.07 Uhr. In Folge der Übertragung dieser Pressekonferenz strömten die Ost-Berliner zu den Grenzübergangsstellen, wo die Beamten keine solche Regelung kannten. Die Schlagbäume öffneten sich dann doch schon wegen der bedrohlich anwachsenden Menschenmenge. Gegen 21.20 Uhr passierten die ersten DDR-Bürger mit Stempel im Ausweis die Bornholmer Brücke.[146]

dabei noch geltende Voraussetzungen für eine ständige Ausreise vorliegen müssen. Die Antragstellung auf ständige Ausreise ist wie bisher bei den Abteilungen Innere Angelegenheiten möglich.
3. Ständige Ausreisen können über alle Grenzübergangsstellen der DDR zur BRD bzw. zu Berlin (West) erfolgen.
4. Damit entfällt die vorübergehende Erteilung von Genehmigungen in Auslandsvertretungen der DDR bzw. die ständige Ausreise mit dem Personalausweis der DDR über Drittstaaten.
(„Neues Deutschland" vom 10. November 1989)

146 Vgl. die ausführliche Darstellung der Geschehnisse des 9. November 1989 bei *Hans-Hermann Hertle*, Der Fall der Mauer – Die unbeabsichtigte Selbstauflösung des SED-Staates, Köln 1996.

C. Zur Motivation der Ausreiseantragsteller

Die rechtliche Behandlung der Antragsteller durch Behörden und Justiz der DDR hing nicht zuletzt von der Begründung des Antrages ab. Das macht an dieser Stelle einen Blick auf die Ausreisemotive notwendig. Anhaltspunkte liefern wissenschaftlich ausgewertete Erhebungen, zumeist Ausreiserbefragungen direkt in den einzelnen Aufnahmelagern.[147] Während sich in den frühen Jahren der Ausreisewunsch durch alle Bevölkerungsschichten zog, ist festzustellen, dass es sich in den achtziger Jahren um einen bestimmbaren Personenkreis handelte. Es waren überwiegend männliche DDR-Bürger, die überdurchschnittlich jung waren.[148] Sie verfügten über eine gute durchschnittliche schulische Ausbildung und hatten fast alle eine abgeschlossene Lehre. Die große Mehrheit wurde von der Ehefrau begleitet und mehr als die Hälfte brachte Kinder mit. Über 90 % von ihnen war in der DDR berufstätig gewesen. Sie stammten aus den unterschiedlichsten Industriebereichen, waren zumeist hochmotiviert und leistungsbereit. Vor diesem Hintergrund werden die einzelnen Motive für die Ausreise verständlich:

In den fünfziger Jahren spielten die extremen politischen Veränderungen eine große Rolle: Zwangskollektivierung, Bodenreform, Zwangsverpflichtungen zum Eintritt in die Volkspolizei, den Uranbergbau und zu besonderen Rüstungsaufgaben.

In den sechziger Jahren trat der Wettkampf der beiden deutschen Staaten um materiellen Wohlstand in den Vordergrund, den die DDR zu verlieren schien. War im westlichen Rundfunk täglich vom „Wirtschaftswunder“ die Rede, dominierten in der DDR-Planwirtschaft Themen wie Normerhöhung und Plansollerfüllung. Den Glauben daran, dass es der Bevölkerung stetig besser gehen sollte, hatte man weitgehend verloren.

147 Vgl. *Johannes Kurt Klein*, Ursachen und Motive der Abwanderung aus der Sowjetzone Deutschlands, in: Aus Politik und Zeitgeschichte 1955, S. 361 ff.; *Karl F. Schumann*, Flucht und Ausreise aus der DDR insbesondere im Jahrzehnt ihres Untergangs, S. 2359 ff., unter dessen Leitung eine Untersuchung des Bremer Sonderforschungsbereichs 186 über den Zeitraum von 1983-1986 stattfand; *Volker Ronge*, Von drüben nach hüben – DDR-Bürger im Westen, eine sozialwissenschaftliche Integrationsstudie zum Thema, die auf der Zusammenarbeit mit Infratest, insbesondere einer Erhebung aus 1984, basiert; *Richard Hilmer*, Motive und Hintergründe von Flucht und Ausreise aus der DDR, S. 324, der als Bereichsleiter in der Abteilung DDR-Forschung bei Infratest in den Jahren 1984 bis 1989 sich auf die Studie aus 1984 und weiteren Erhebungen aus den Jahren 1984 und 1989 bezieht.

148 Ebenda, das ist demnach in den 70er Jahren jedoch anders gewesen.

War in den 70er Jahren die Familienzusammenführung das dominierende Ausreisemotiv,[149] gaben 1984 zwei Drittel der Befragten politische Motive an, wie etwa die fehlende Meinungsfreiheit und die ständige Bevormundung und Gängelung durch den Staat.[150]

1989 traten materielle Gesichtspunkte stärker in den Vordergrund. Die schlechte Versorgungslage beispielsweise,[151] aber auch die Reisebeschränkungen, die vor dem Hintergrund der Reformen in anderen Ostblockstaaten als immer untragbarer empfunden wurden.[152]

Schließlich darf nicht vergessen werden, dass die DDR-Flüchtlinge sich durch die Bundesrepublik stark angezogen fühlten. So rechnete 1984 und 1989 jeder Befragte mit einer erheblichen positiven Veränderung seiner materiellen Situation durch die Ausreise. Auch wurde angenommen, dass sich die Arbeitssituation, die sehr stark kritisiert wurde, deutlich verbessern würde, und außerdem, dass sich weitaus bessere Aufstiegsmöglichkeiten ergeben würden.[153] Seit der Öffnung der MfS-Archive erschließt sich auch, wie man dort die Motivlage eingeschätzt hat. Interessant ist, dass man intern durchaus offen über diese Frage sprach und sich um eine realistische Einschätzung der Lage bemühte, wie das Protokoll einer Dienstbesprechung der ZKG mit Erich Mielke vom 12.02.1987[154] ausweist:

„[...] Waren 1983 und 1984 für die Begründung von Übersiedlungsersuchen solche Motivationen und Argumente charakteristisch, dass

- in der DDR die persönlichen Freiheiten, insbesondere die Möglichkeiten des uneingeschränkten Reisens in Länder des NSA nicht gegeben sind

- die von der DDR verfolgte Friedenspolitik, insbesondere im Hinblick auf die Erziehung der Jugend zur Verteidigungsbereitschaft in der Schule und Berufsausbildung abzulehnen sei,

führt ein Großteil der 1985/86 in Erscheinung tretende(n) Übersiedlungsersuchenden offen die Ablehnung der gesellschaftlichen Verhältnisse in der DDR an.

149 Das mag daran liegen, dass nach dem Wortlaut der ersten DDR-Rechtsvorschriften eine „Familienzusammenführung" die größte Aussicht auf eine genehmigte Ausreise hatte.

150 *Richard Hilmer*, Motive und Hintergründe von Flucht und Ausreise aus der DDR, S. 325.

151 Vgl. die anschaulichen Ausführungen bei *Siegfried Grundmann*, Der DDR-Alltag im Jahre 1987, dargestellt auf Grundlage der soziologischen Untersuchung „Sozialstruktur und Lebensweise in Städten und Dörfern" aus dem Jahre 1987, einer Untersuchung vom Institut für Soziologie an der Akademie für Gesellschaftswissenschaften beim ZK der SED; *ders.*, Zur Un-/Zufriedenheit der DDR-Bevölkerung.

152 *Richard Hilmer*, Motive und Hintergründe von Flucht und Ausreise aus der DDR, S. 324.

153 Ebenda, S. 326.

154 BStU, ZA, ZKG-5504, Bl. 1-277 (BStU-Zählung).

Ihre, die gesellschaftlichen Verhältnisse in der DDR ablehnende Haltung begründen sie mit Nichteinverständnis zum Kurs der SED, Negierung der durch die Wirtschafts- und Sozialpolitik erreichten Ergebnisse, Abwertung der Lohn/Preispolitik, angeblichen Einschränkungen in der Persönlichkeitsentwicklung, der Reisemöglichkeiten sowie von Kontaktbeziehungen.

Die [...] Erkenntnisse bestätigen, dass in den wenigsten Fällen von Familienzusammenführungen tatsächlich humanitäre Gründe, die Übersiedlungsersuchen bestimmen, sondern die wahren Motive durch Vorstellungen und Erwartungen geprägt sind, in der BRD bzw. Westberlin angeblich bessere allgemeine Lebensverhältnisse vorzufinden. [...]"[155]

Wie sah nun aber die quantitative Abgrenzung der Motive aus? Es muss wohl davon ausgegangen werden, dass in aller Regel ein ganzes Motivbündel zur Ausreise geführt hat. Ausdrucksvoll wird dieser Umstand in dem Zitat von Jens Reich beschrieben:

„Wie jeder DDR-Mensch weiß auch ich aus Hunderten von Fällen aus der eigenen Lebenswelt, dass die Flucht aus der Heimat niemals eindeutig politisch oder unpolitisch motiviert war: Es war stets eine Mischung aus politischem Protest, aus Resignation, aus Trauer um den Verlust der Tradition, um die deutsche Spaltung, aus Angst um die Zukunft der Kinder, aus Wut über die Hemmung der kreativen und unternehmerischen Entfaltung, auch aus erwartungsvoller Konsumfreude, aus Freiheitsdrang und Lebensfreude. Es ist unmöglich, das auseinander zu sortieren [...]. So mancher Familien- und Freundeskreis ist über die Beurteilung eines Ausreisewillens und seiner kompromißlosen Verfolgung zerbrochen; viele Dissidentengruppen wurden gesprengt durch die gegenseitigen Vorwürfe von Dableibern und Ausreisern (Anpassung gegen Konsumgier)"[156]

Gleichwohl wird in der empirischen Sozialforschung einhellig davon ausgegangen, dass sich verschiedene Motivgruppen herausstellen lassen.[157] Diese Motivgruppen werden grob eingeteilt in:[158]

Familienzusammenführung (32%),

Repressionsopfer (26 %),

politische Gründe, wirtschaftliche Gründe, Reisefreiheit (26 %),

das eigene Leben selbst gestalten wollen/bessere Zukunft für die Kinder (16 %).

155 Ebenda, Bl. 244 f.

156 „Die Zeit", 9.4.1993.

157 Vgl. die angegebenen Untersuchungen, wobei ein deutliches Abweichen der Methoden festzustellen ist, wie eine solche Gruppenbildung erfolgt. Da die Ergebnisse vergleichbar sind, soll hier nicht näher auf diese Frage eingegangen werden.

158 Zur genauen Zusammensetzung siehe die tabellarische Darstellung der maßgeblichen Motive des Weggangs aus der DDR betreffend den Zeitraum 1983-1989 im Anhang.

In den Fällen der Familienzusammenführung wird von einer durch diesen Kontakt erzeugten „Sogwirkung“ nach Westen ausgegangen. Das Spektrum der familiären Verbindungen reichte dabei von dem innigen Wunsch, mit Familienangehörigen zusammenzuleben, bis zum Benutzen von Angehörigen als präsentabler Ausreisebegründung.

Unter Repressionsopfern versteht man Fälle, in denen das dominante Motiv in erlebten Konflikten wie Repressionen, Benachteiligungen, Avancen seitens der Staatssicherheit und beruflichen Diskriminierungen lag.

Die dritte Motivgruppe betrifft Kritik an den politischen und wirtschaftlichen Verhältnissen in der DDR. Solche Gründe, wie etwa eine bessere medizinische Versorgung, sind nur schwer von der vierten Gruppe der sehr persönlichen Motive unterscheidbar. Gemeinsam ist beiden Gruppen die fehlende Bereitschaft, die individuellen Interessen den bestehenden Verhältnissen unterzuordnen. Wie noch zu zeigen sein wird, lag in dieser dem Sozialismus konträren Grundhaltung auch gerade die Rechtfertigung des Staates für seinen Umgang mit den Antragstellern.

Zahlreich waren schließlich die Fälle, in denen sowohl die Motivgruppe „gewünschte Familienzusammenführung“ als auch „erlebte Repressionen“ einschlägig war. Das lag an Benachteiligungen, die man in der DDR erfuhr, wenn man am Kontakt zur Westverwandtschaft festhielt. In diesen Fällen kann folglich keine eindeutige Zuordnung zu einer Motivgruppe erfolgen.

Abschließend sei angemerkt, dass es sich hier lediglich um die Erhebung der Motive jener Antragsteller handelt, deren Ausreise von den DDR-Behörden genehmigt wurde. Die Zahlen können zur Verteilung der Motive bei der Gesamtheit aller Antragsteller daher nichts aussagen.

D. Das Verhältnis Ausreisewilliger zur innerstaatlichen Opposition

Die Frage, ob Ausreiseantragsteller als Teil der DDR-Opposition angesehen werden können[159] oder ob sie sich gegenüberstehen „wie Feuer und Wasser“,[160] nimmt in der neueren wissenschaftlichen Literatur zur DDR-Forschung breiten Raum ein. Auch bei ihrer rechtlichen Behandlung stellt sich diese Frage. Dafür bestehen vornehmlich zwei Gründe:

Wie bereits angeklungen ist und noch näher zu schildern sein wird,[161] begann die hier zu untersuchende rechtliche Behandlung durch Behörden und Justiz der DDR unmittelbar mit der Antragstellung. Bis zur Genehmigung, sofern überhaupt eine erfolgte,[162] verstrich häufig eine lange Zeit. Bereits Mitte der siebziger Jahre fanden die ersten Zusammenschlüsse der wartenden Antragsteller statt,[163] die in zunehmendem Maße versuchten, öffentlich auf sich aufmerksam zu machen. Das geschah häufig in Zusammenarbeit mit oppositionellen Gruppen.[164] In solchen Fällen ist von Interesse, ob bei staatlichem Einschreiten eine rechtliche Gleichbehandlung stattfand.

159 So etwa *Bernd Eisenfeld*, Die Ausreisebewegung – Eine Erscheinungsform widerständigen Verhaltens, S. 222; *Dieter Rink*, Ausreiser, Kirchengruppen, Kulturopposition und Reformer – Zu Differenzen und Gemeinsamkeiten in Opposition und Widerstand in der DDR in den 70er und 80er Jahren, S. 67 ff.; *Eckhard Jesse*, Artikulationsformen und Zielsetzungen von widerständigem Verhalten in der Deutschen Demokratischen Republik, S. 1019.

160 So ausdrücklich *Werner Hilse*, Die Flucht- und Ausreiseproblematik als innenpolitischer Konfliktstoff in der DDR und innerhalb der DDR-Opposition, S. 394; ähnlich *Stefan Wolle*, Die heile Welt der Diktatur, S. 289; bei *Lothar Fritze*, Innenansichten eines Ruins – Gedanken zum Untergang der DDR, S. 20, findet sich gar der Begriff „Absetzbewegung in den Westen“.

161 Vgl. das Kapitel „Das Ausreiseantragsverfahren“, 3. Teil, A.

162 An dieser Stelle sei nochmals darauf hingewiesen, dass die Erfolgsaussichten einer genehmigten Ausreise – auf die Dauer des Bestehens der DDR gerechnet – nur bei ca. 9% lagen, vgl. *Eckhard Jesse*, Artikulationsformen und Zielsetzungen von widerständigem Verhalten in der Deutschen Demokratischen Republik, S. 1018.

163 Vgl. das Kapitel „Ratifizierung des IPBPR der Vereinten Nationen“, 1.Teil, B., VII.

164 Obwohl heute von den ehemaligen Oppositionellen zu Recht darauf hingewiesen wird, dass die Mehrheit der politisch alternativen Gruppen sich gegen eine zu enge Zusammenarbeit mit den Ausreisewilligen aussprach, vgl. etwa *Detlef Pollak*, Politischer Protest – Politisch alternative Gruppen in der DDR, S. 196 oder *Ulrike Poppe*, Der Weg ist das Ziel – Zum Selbstverständnis und der politischen Rolle oppositioneller Gruppen der achtziger Jahre, S. 264, kann die Zusammenarbeit in vielen Fällen nicht abgestritten werden. Besonders auffallend war das in den Städten Leipzig (Arbeitskreis Gerechtigkeit, Arbeitskreis solidarische Kirche, Initiativgruppe Leben, Gesprächskreis Hoffnung für Ausreisewillige an der Nikolaikirche) und Berlin (Grünes Netzwerk Arche, Initiative Absage an Praxis und Prinzip der Abgrenzung), vgl. *Detlef Pollak*, a.a.O. und *Ehrhard*

Der zweite Grund wird bei Betrachtung des Endes der DDR deutlich: Wie will man hier hinsichtlich der (fehlenden) staatlichen Reaktionen auf die Geschehnisse unterscheiden? Gingen die Reaktionen bzw. die Lähmung der Verantwortlichen in erster Linie auf die sich formierende Opposition im Land oder auf die enorme Ausreisewelle zurück? Die in der DDR-Forschung vertretenen Positionen sind schnell erläutert:

Die Vertreter der Auffassung, Ausreisebewegung und Opposition seien strikt zu trennen, stellen darauf ab, die Ausreisewilligen hätten ihren Staat gerade nicht mehr verändern, sondern verlassen wollen.[165] An der Arbeit der oppositionellen Gruppen hätten sie sich nur insoweit beteiligen wollen, als es ihrem Anliegen genützt hätte.[166] Auch die oppositionellen Gruppen hätten Reisefreiheit gefordert, sie hätten darüber hinaus aber auch noch andere Reformen in der DDR herbeiführen wollen. Schließlich sei 1989 auf dem Hof der Leipziger Nikolaikirche dem allwöchentlichen Sprechchor „Wir wollen raus!" der einen das laute „Wir bleiben hier!" der anderen gefolgt.[167]

Die Vertreter der Gegenauffassung, auch Ausreiseantragsteller seien ein Teil der Opposition gewesen, meinen, dass die Ausreiseantragsteller am deutlichsten ihre Ablehnung gegenüber dem Regime bekundet hätten. Durch erfolgte Ausreisen wäre nicht etwa die Opposition in der DDR kleiner geworden,[168] die Ausreisen hätten vielmehr eine Sogwirkung erzeugt und die Ausgereisten hätten durch bestehenden Kontakt zu Freunden und Verwandten auch weiterhin oppositionell in der DDR gewirkt.[169]

Neubert, Geschichte der Opposition in der DDR 1949-1989, S. 671 ff., der schließlich auch darauf hinweist, dass in vielen der Gruppen schon seit Anfang der achtziger Jahre eine Trennung von den Antragstellern gar nicht mehr möglich war, weil oppositionelle Gruppenmitglieder selbst Antrag auf Ausreise gestellt hatten. Ab 1987 sei es dann fast überall zu einem organisierten Zusammengehen von Antragstellern mit der Opposition gekommen.

165 Vgl. *Werner Hilse*, Die Flucht- und Ausreiseproblematik als innenpolitischer Konfliktstoff in der DDR und innerhalb der DDR-Opposition, S. 390 ff.

166 *Stefan Wolle*, Die heile Welt der Diktatur, S. 289.

167 Ebenda.

168 Dieses viel bemühte Argument, vgl. etwa *Ulrike Poppe*, Der Weg ist das Ziel – Zum Selbstverständnis und der politischen Rolle oppositioneller Gruppen der 80iger Jahre, S. 264, vermag schon deswegen nicht zu überzeugen, weil die Zahl der genehmigten Ausreisen gegenüber den ungenehmigten schwindend gering war.

169 So v.a. *Bernd Eisenfeld*, Die Ausreisebewegung – Eine Erscheinungsform widerständigen Verhaltens, S. 222. Eine eindrucksvolle Schilderung einer solchen Oppositionsarbeit findet sich bei *Günter Jeschonnek*, Die Selbstorganisation von Ausreiseantragstellern in den 80er Jahren in der DDR, S. 403: „Als ich dann 1987 im Westen war und dort die Möglichkeit hatte, über die Medien, das Fernsehen, etwas zur DDR zu sagen, zu dem, was dort stattfindet innerhalb der Opposition, hatte ich vorher immer nachgefragt in Berlin (Ost, d. Verf.). „Was ist euch wichtig, ich habe Möglichkeiten im Fernsehen

Schließlich habe nicht zuletzt die Ausreisebewegung den größeren Erfolg gehabt, indem sie im Spätsommer durch mehr als 50.000 erstrittene Ausreisegenehmigungen den Stein der großen Reformen in der DDR ins Rollen gebracht habe.[170]

Für beide Auffassungen streiten starke Argumente. Bei genauerer Betrachtung handelt es sich hier jedoch nur um die Frage, ob für die Zurechnung der Ausreiseantragsteller zur innerstaatlichen Opposition auf subjektive oder auf objektive Kriterien abzustellen ist. Geht es um das subjektiv Gewollte, kann man wohl im Schwerpunkt nicht von oppositioneller Arbeit sprechen; geht es um den objektiven Erfolg, so wird niemand den Antragstellern ernsthaft in Abrede stellen, dass sie politische Veränderungen herbeigeführt, also erfolgreich oppositionelle Arbeit geleistet haben. Diese Feststellung macht endlich eine Stellungnahme aus rechtshistorischer Sicht möglich:

Der ersten Auffassung ist insoweit zuzustimmen, als die Ausreiseantragsteller sich tatsächlich nicht mehr in erster Linie engagierten, um den Staat für die Allgemeinheit seiner Bürger einer besseren Zukunft zuzuführen. Sie hatten vielmehr resigniert und das politische Engagement nach der Antragstellung ist vielfach auf die Einstellung: „Ich kann jetzt nichts mehr verlieren“ zurückzuführen.[171]

Der vielfach aufrechterhaltene Hinweis jedoch, mit Stellung des Antrags habe man sich neben die Gemeinschaft gestellt und die Solidarität mit den Bürgern der DDR aufgekündigt, führt in der Sache nicht weiter, zumal er nur die gängigsten Phrasen des SED-Regimes selbst wiederholt.[172]

(das war das „Heute-Journal“ oder auch mal die „Tagesschau“) etwas zum Thema zu sagen [...]“.

170 *Dieter Rink*, Ausreiser, Kirchengruppen, Kulturopposition und Reformer – Zu Differenzen und Gemeinsamkeiten in Opposition und Widerstand in der DDR in den 70er und 80er Jahren, S. 68.

171 Vgl. die Ausführungen von *Jonathan Grix*, Erscheinungsformen widerständigen Verhaltens im Alltag der DDR, S. 161. Gleichwohl darf an dieser Stelle nicht daran vorbeigesehen werden, dass die Forderungen der organisierten Antragsteller an die Staatsführung sich häufig nicht auf die Umsetzung des Rechts auf Ausreise beschränkten. Bei *Günter Jeschonnek*, Die Selbstorganisation von Ausreiseantragstellern in den 80er Jahren in der DDR, S. 405, findet sich eine Schilderung der Forderungen, die von der Berliner „Arbeitsgruppe Staatsbürgerschaftsrecht der DDR“, einer reinen Antragstellergruppe, am 10. Dezember 1987 an die Regierung übergeben wurde.

172 Vgl. etwa die Ansprache von *Jochen Läßig* im Friedensgebet vom 14.11.1988 in der Leipziger Nikolaikirche, zitiert bei Detlef Pollak, Politischer Protest – Politisch alternative Gruppen in der DDR, S. 114. Zu dem Problem vgl. auch die Ausführungen bei *Christian Dietrich*, Fallstudie Leipzig, in: Materialien der Enquete-Kommission „Aufarbeitung von Geschichte und Folgen der SED-Diktatur in Deutschland“ des Deutschen Bundestages, Band VII 1, S. 610 f.

Auch die viel bemühte Aussage, Oppositionelle handelten politisch, Antragsteller jedoch handelten privat,[173] stellt lediglich auf die Motivation ab.

Im Gegenteil kann man jedoch sagen, dass sich die subjektive Willensäußerung der Antragstellung mit der Verweigerung der Ausreise in einen Sachverhalt von öffentlichem Interesse gewandelt hatte,[174] und zwar auch dem Interesse der Oppositionellen, die den Staat nicht verlassen wollten.[175] Denn die Forderung nach dem Recht auf Ausreise war ihnen gemeinsam. Der Ausreisewillige war vom Zeitpunkt der Antragstellung an aber zum politischen Widerspruch gezwungen. Ein Abstellen auf das subjektiv Gewollte macht daher während der Wartezeit, in welcher der Antrag bearbeitet wurde, wenig Sinn. Anders wäre es gewesen, wenn die Antragsteller den Verlauf der Wartezeit hätten vorhersehen können. In dem Fall ließe sich auf die Antragstellung als subjektive Willensäußerung, die ja die bevorstehenden Ereignisse eingeschlossen hätte, verweisen. Das war jedoch zu keiner Zeit der DDR-Geschichte der Fall. Man wusste schlicht nicht, was einem nach der Antragstellung bevorstand. Spätestens seit den Zusammenschlüssen der Antragsteller, die gemeinsam und offenkundig diesen politischen Widerspruch leisteten, ist daher mit einer objektiven Betrachtung auch von einem Bestandteil der innerstaatlichen Opposition zu sprechen.[176]

173 *Vgl. Ulrike Poppe*, Der Weg ist das Ziel – Zum Selbstverständnis und der politischen Rolle oppositioneller Gruppen der achtziger Jahre, S. 264, vgl. ferner die Ansprache von *Jochen Läßig* im Friedensgebet vom 14.11.1988 in der Leipziger Nikolaikirche, zitiert bei Detlef Pollak, Politischer Protest – Politisch alternative Gruppen in der DDR, S. 114.

174 So auch *Falco Werkentin*, Zur Dimension politischer Inhaftierungen in der DDR 1949-1989, S. 147.

175 Noch weitergehender *Jonathan Grix*, Erscheinungsformen widerständigen Verhaltens im Alltag der DDR, S. 161, der im Engagement der Antragsteller in den achtziger Jahren einen Wandel vom individuellen und privaten zum kollektiven und öffentlichen Handeln sieht.

176 Nebenbei die zahlenmäßig mit Abstand stärkste Gruppe, 1988 machten die Antragsteller doch ca. 70% bis 80% der Anwesenden bei den Friedensgebeten aus, vgl. die Ausführungen von *Jonathan Grix*, Erscheinungsformen widerständigen Verhaltens im Alltag der DDR, S. 161. Noch deutlicher äußert dies *Günter Jeschonnek*, Die Selbstorganisation von Ausreiseantragstellern in den 80er Jahren in der DDR, S. 398, wo er die Opposition im Vergleich zur Ausreisebewegung als unbedeutend einstuft. Zu den genauen Zahlenverhältnissen vgl. *Bernd Eisenfeld*, Widerständiges Verhalten im Spiegel von Statistiken und Analysen des MfS.

2. Teil: Der rechtliche Hintergrund

Der geschichtliche Abriss der Ausreisebewegung hat bereits gezeigt, dass ein DDR-Bürger zu keiner Zeit den Verlauf seines Ausreiseverfahrens vorhersehen konnte. Gleichwohl gab es einen rechtlichen Hintergrund für den Umgang mit Ausreisewilligen. Gemeint ist die Gesamtheit aller Vorschriften, die zur Anwendung kamen, die angewendet werden konnten oder die angewendet hätten werden müssen. Hierbei ist innerstaatliches Recht der DDR von internationalem Recht zu unterscheiden.

A. Grundzüge des Rechts in der DDR

Zunächst ist es jedoch angezeigt, einige Grundzüge des Rechts der DDR zu erläutern. Das Rechtsverständnis sozialistischer Staaten weist per se einige gravierende Unterschiede zu dem der „westlichen" Rechtskreise auf. Wenn eine vollständige Darstellung des DDR-Rechts hier auch nicht erfolgen kann,[177] so soll an dieser Stelle doch der Versuch unternommen werden, die prägnantesten Unterschiede der Rechtsordnungen beider deutscher Staaten aufzuzeigen. Von Interesse sind vor allem jene Rechtsgrundsätze, die das Verständnis für den rechtlichen Umgang der DDR mit den Ausreisewilligen fördern.

I. Verhältnis von Rechtsordnung und Rechtswissenschaft zur Gesellschaftsordnung und zur Politik

Der erste signifikante Unterschied zwischen den zwei deutschen Staaten war der Stellenwert des Rechts in der Staatsordnung. Gemäß dem Grundgesetz der Bundesrepublik steht das Recht losgelöst von der Politik über dem Handeln sowohl der Bürger als auch der vollziehenden (Regierung und Verwaltung) und der rechtsprechenden Gewalt.[178] Nach der marxistisch-leninistischen Auffassung hingegen bildete das Recht keine eigene und konstant bleibende Wertordnung. Der Weg zur angestrebten kommunistischen Gesellschaft führte nach Marx' Theorie zwangsläufig über verschiedene gesellschaftliche Entwicklungsstufen. Jede der Stufen hatte nach dieser Auffassung auch ihr eigenes Recht und ihre eigene Rechtsanschauung,[179] die als der „zum Gesetz erhobene Wille der Arbei-

[177] Hierzu wird auf die Publikationen von *Georg Brunner*, Einführung in das Recht der DDR, und *Norbert Reich*, Einführung in das sozialistische Recht, verwiesen.

[178] Präambel und Art. 20 Abs. 3 Grundgesetz der Bundesrepublik Deutschland vom 23. Mai 1949, BGBl. 1949, S. 1.

[179] Vgl. *Helmut Oberländer*, Einführung in die Rechtswissenschaft, Jena 1973, S. 26, wo er formuliert, dass die marxistische Rechtstheorie rechtliche Anschauungen, Theorien oder auch Normen nie für die Wirklichkeit des Rechts nehme. Sie begreife das Recht nicht aus sich heraus, verstehe es aber „als Ausdruck historisch gegebener gesellschaftlicher Zustände, als Erscheinungsform, Produkt und Bedingung der Handlung der Menschen.".

terklasse und aller Werktätigen" bezeichnet wurde.[180] Dem jeweils herrschenden Recht wurde eine entscheidende Rolle bei der Verwirklichung der entsprechend nächsten Entwicklungsstufe zugesprochen, es war

„ein wichtiges Instrument [...], um die gesellschaftliche Entwicklung zu organisieren".[181]

Zwar band auch die DDR-Verfassung die vollziehende Gewalt und die Rechtsprechung an Recht und Gesetz.[182] Damit war aber nicht die Bindung an eine unabhängige Wertordnung, sondern an den Willen der SED gemeint, denn die Volkskammer war bei der Gesetzgebung dem politischen Willen der SED unterworfen. Die DDR-Verfassung sah vor, dass

„alle Macht von den Werktätigen unter Führung der Arbeiterklasse und ihrer marxistisch-leninistischen Partei"

ausgeübt werden sollte.[183] Die SED wiederum verstand sich darüber hinaus als

„der bewusste und organisierte Vortrupp des Volkes"[184]

und beanspruchte damit das alleinige Erkenntnis- und Entscheidungsmonopol hinsichtlich der Gesetzmäßigkeit der gesellschaftlichen Entwicklung.[185] Einzig und allein ihre Führung war folgerichtig in der Lage zu entscheiden, was derzeit gültiges Recht der DDR war. Hierzu bediente sich die Parteispitze verschiedener Vorgehensweisen. Sie konnte mit Verordnungen, Anordnungen oder Durchführungsverordnungen selbst Rechtsnormen einsetzen. Sie konnte die staatliche Rechtsetzung in der Weise steuern, dass sie direkte Anweisung an die Volkskammer erließ, bestimmte Gesetze zu erarbeiten und zu erlassen. Schließlich war es in der Rechtspraxis der DDR unumstritten, dass dem Parteiprogramm und den Parteibeschlüssen stets absoluter Vorrang gegenüber bestehenden Rechtsnormen und sogar der Verfassung eingeräumt wurde.[186]

[180] *Gerwin Udke*, in: *Autorenkollektiv*, Sozialistisches Recht – Lehrbuch für das Grundlagenfach, S. 9.

[181] Erlass des Staatsrates über die grundsätzlichen Aufgaben und die Arbeitsweise der Organe der Rechtspflege vom 4. April 1973, GBl. d. DDR 1973, Teil I, S. 21, zitiert nach: Erika Lieser-Triebnigg, Recht in der DDR – Einführung und Dokumentation, S. 8.

[182] Abschnitt IV DDR-Verfassung in der Fassung vom 7. Oktober 1974.

[183] Art. 1 S. 2 und Art. 2 Abs. 1 S. 1 DDR-Verfassung in der Fassung vom 7. Oktober 1974.

[184] Statut der SED vom 22. Mai 1976, in: Protokoll der Verhandlungen des IX. Parteitages der SED, Berlin 1976, Band 2, S. 145 und 267 ff., zitiert nach: Erika Lieser-Triebnigg, Recht in der DDR – Einführung und Dokumentation, S. 8.

[185] Vgl. *Erika Lieser-Triebnigg*, Recht in der DDR – Einführung und Dokumentation, S. 8.

[186] Ebenda, S. 11. Diese Tatsache führte in der Praxis zu sogenannten „Schubladengesetzen", unveröffentlichte Ministerratsbeschlüsse, zwingend anzuwendende unveröffentlichte Richtlinien und Urteile des Obersten Gerichts bzw. der Instanzgerichte, Informationen der Generalstaatsanwaltschaft, des Obersten Gerichts und des Ministeriums der

Daraus folgte, dass Recht und Gesetz in der DDR keinen von der Politik unabhängigen Wert darstellten, sondern umgekehrt zur bewussten Durchsetzung der ideologischen Ziele von der politischen Führung eingesetzt wurden. Dieses Fehlen jeglicher Gewaltenteilung erklärte die Rechtswissenschaft damit, dass die „frei gewählte Volksvertretung" laut Verfassung die Kontrolle über die Rechtspflege und deren Organe ausübte. Nach marxistisch-leninistischer Staats- und Rechtstheorie wäre es unvereinbar gewesen, sie dabei durch andere Staatsorgane einzuengen.[187]

II. Funktion des Rechts in der DDR

Dass es sich bei der Unterordnung des Rechts unter die Politik um eine verordnete Praxis handelte, wurde bereits 1958 auf der „Staats- und Rechtswissenschaftlichen Konferenz" am 2. und 3. April in Babelsberg („Babelsberger Konferenz") deutlich. Walter Ulbricht selbst räumte in einer Grundsatzrede mit der „bürgerlichen Auffassung von der Unabhängigkeit der Rechtswissenschaft" auf:

> „Einigen unserer Genossen Rechtswissenschaftler ist noch nicht klar, dass sie ihre wissenschaftliche Arbeit als Mitglieder unserer Partei, als bewusste und für den Aufbau des Sozialismus kämpfende Genossen zu leisten haben. Manche befinden sich noch in der Situation einer Art »gespaltenen Persönlichkeit«, bei der sich der sogenannte Wissenschaftler von dem Mitglied der Partei der Arbeiterklasse löst und dabei gar nicht merkt, dass er damit zugleich aufhört, Wissenschaftler zu sein. [...] Es gibt zwar viele Wissenschaftler, die von der Erkenntnis durchdrungen sind, dass jeder Beschluss der Partei einen Schritt in der Entwicklung zum Sozialismus vorwärts bedeutet, aber es gibt nicht viele Wissenschaftler, die sich darüber Klarheit verschaffen, dass damit auch die staatlichen und rechtlichen Fragen einer Entwicklung unterworfen sind, die sie zu erforschen und deren allgemeine Gesetzmäßigkeit sie zu erarbeiten haben. So betreffen die Beschlüsse der Partei ihr persönliches Verhalten und ihre politische Einstellung, nicht aber die Wissenschaft. In Wahrheit aber schaffen die Beschlüsse der Partei die Grundlagen der Staats- und Rechtswissenschaft. Sie ergeben eine lückenlose Kette unserer ganzen gesellschaftlichen Entwicklung, die das Fundament ist, auf der allein die Entwicklung der Staatsmacht und damit unseres Staates und Rechts erarbeitet werden kann. [...]"[188]

Ulbrichts Beiträgen auf der Konferenz kann deutlich entnommen werden, dass nach seiner Vorstellung das Recht vor allem zur Festigung und zum Erhalt der Machtposition der Einheitspartei zu dienen habe. Erstmals trat durch Ulbrichts Konferenzbeiträge ein unauflösbarer Widerspruch offen zu Tage: Ulbrichts Thesen bewegten sich im Kategorienwerk der marxistischen Dialektik, welches

Justiz, die „nur für den Dienstgebrauch" eingestuft wurden. Vgl. *Dieter Graef*, Im Namen der SED, S. 28.

187 Vgl. *Gerhard Stiller*, in: *Autorenkollektiv*, Marxistisch-leninistische Staats- und Rechtstheorie – Lehrbuch, S. 576 ff.

188 *Walter Ulbricht*, Die Staatslehre des Marxismus-Leninismus und ihre Anwendung in Deutschland, S. 38 f.

sich grundlegend vom Begriffssystem der allgemeinen Rechtstheorie unterscheidet.[189] Ulbricht vertrat einen radikal instrumentalistischen Rechtsbegriff und forderte die Übernahme dieses Verständnisses in der Rechtswissenschaft der DDR:[190]

„Das Kriterium für die Wissenschaftlichkeit unserer Staats- und Rechtslehre ist ihr Nutzen für die Praxis des sozialistischen Aufbaus."[191]

Die Babelsberger Konferenz prägte das Rechtsverständnis in der DDR nachhaltig.[192] Sie trug dazu bei, dass der Regelcharakter des Rechts aufgelöst und subjektive, einklagbare Rechte des Bürgers gegenüber dem Staat bedeutungslos wurden. Konsequenterweise wurde in ihrem Gefolge das Verwaltungsrecht, das die Rechtsbeziehungen zwischen Staat und Bürgern zu regeln beansprucht, aufgehoben.[193] Sieben Jahre nach der Konferenz wurde die Aufgabe des Rechts im Parteiprogramm der SED wie folgt beschrieben:

„[...] die objektiven Gesetzmäßigkeiten der gesellschaftlichen Entwicklung durchzusetzen, die sozialistischen Produktionsverhältnisse und Produktivkräfte planmäßig zu entfalten, alle Bürger im Geiste des Sozialismus zu erziehen und die Staatsordnung der DDR gegen Anschläge ihrer Feinde zu schützen."[194]

Hinter der Durchsetzung der „objektiven Gesetzmäßigkeiten der gesellschaftlichen Entwicklung" verbarg sich die Erwartung, dass das Recht die Beziehungen zwischen den sozialistischen Bürgern zu regeln habe. Gesetze sollten Verhaltensregeln sein, Rechte und Pflichten zuteilen und gesellschaftliche Ziele formulieren. Das Recht war, so formulierte es die SED, „Ausdrucksform des gesellschaftlichen Bewusstseins". Damit kam dem Recht gleichzeitig eine starke Erziehungsfunktion zu. Rechtspflege, so die SED, war Führung und Erziehung eines jeden Menschen während des Aufbaus des Sozialismus. Der Staatsbürger sollte zu einem aktiven Mitglied der Gemeinschaft geformt werden, einer „sozi-

189 *Robert Alexy*, Walter Ulbrichts Rechtsbegriff, S. 191.

190 Ebenda.

191 *Walter Ulbricht*, Die Staatslehre des Marxismus-Leninismus und ihre Anwendung in Deutschland, S. 30.

192 Vgl. Kurt Wünsche, Grundlagen der Rechtspflege, Berlin 1983, S. 17, wo die „bürgerliche Idee" von der Rechtsstaatslehre als „illusionäre Vorstellung über Staat, Recht und Justiz" bezeichnet wird. Vgl. *Horst Schröder*, Die Stellung und die Bedeutung der Staats- und Rechtswissenschaftlichen Konferenz in Babelsberg in der Staats- und Rechtsgeschichte der DDR, S. 113 f.

193 *Ralph Jessen*, Justiz und Verwaltung im Dienste der Staatspartei, S. 41.

194 *Walter Ulbricht*, Das Programm des Sozialismus und die geschichtliche Aufgabe der Sozialistischen Einheitspartei Deutschlands (Programm der SED), S. 275 ff. (vgl. S. 357 „Die sozialistische Rechtsordnung").

alistischen Persönlichkeit".[195] Das wurde auch von der Rechtspraxis verlangt. So sollte der Straftäter durch das Urteil in erster Linie überzeugt werden und an sein zukünftiges Verhalten in der Gemeinschaft appelliert werden. Im Zivilgesetzbuch war mehrfach festgeschrieben, dass das Zivilrecht „der Entwicklung der Bürger zu allseitig gebildeten Persönlichkeiten" diene.[196] Das Arbeitsgesetzbuch formulierte, dass das Arbeitsrecht „die allseitige Entwicklung der sozialistischen Persönlichkeit" zu fördern habe.[197]

Wenn auch die Inhalte der Konferenz im Lauf der Jahre immer mehr in den Hintergrund traten, so zog sich der dogmatische Geist der Konferenz durch das Rechtsverständnis bis zum Ende der DDR.[198]

III. „Sozialistische Gesetzlichkeit"

Die Rolle des Rechts in der DDR als Instrument der politischen Führung kam in dem *Grundprinzip der sozialistischen Gesetzlichkeit* zum Ausdruck, welches aus zwei Elementen bestand. Zum einen bedeutete es die strikte Beachtung der Rechtsnormen. Zum anderen umfasste es die sogenannte Parteilichkeit, womit die Beachtung der von der SED erklärten Ziele gemeint war. Diese Parteilichkeit der Rechtsanwendung wurde dem Rechtsstaatsprinzip gegenübergestellt. In der DDR ein unparteiliches oder klassenneutrales Recht zu setzen oder das Recht der DDR unparteilich anzuwenden, hätte die Verletzung des Grundprinzips der *sozialistischen Gesetzlichkeit* bedeutet.[199]

Laut Statut der SED kämpfte „jedes Parteimitglied konsequent um die Einhaltung der *sozialistischen Gesetzlichkeit* von Ordnung, Disziplin und Sicherheit."[200] Gemäß Art. 87 der DDR-Verfassung wurde die *sozialistische Gesetzlichkeit* durch die Einbeziehung der Bürger und ihrer Gemeinschaften in die Rechtspflege und in die gesellschaftliche und staatliche Kontrolle über die Einhaltung des sozialistischen Rechts gewährleistet:

195 Vgl. die Ausführungen zur „Sowjetisierung" der Rechtsordnung in den 50er-Jahren bei *Georg Brunner*, Karl Marx und die Grundrechte in der DDR, S. 57 ff.

196 § 1 Abs. 1, 3, 17 Abs. 2, 22 Abs. 2 Zivilgesetzbuch der DDR vom 19.06.1975, in Kraft seit dem 1. Januar 1976; GBl. d. DDR 1975, Band I, S. 465.

197 § 2 Abs. 5 Arbeitsgesetzbuch der DDR vom 16. Juni 1977; GBl. d. DDR 1977, Band I, S. 185.

198 Vgl. *Jörn Eckert*, Die Babelsberger Konferenz vom 2. und 3. April 1958 – Legende und Wirklichkeit, in: Der Staat 1994, S. 71 f.

199 *Dieter Graef*, Im Namen der SED, S. 15. In der DDR-Rechtsliteratur sprach man gar vom Recht als einer „Willensäußerung des Staates", vgl. *Hermann Klenner*, Der Marxismus-Leninismus über das Wesen des Rechts, S. 43 f.

200 Statut der SED, Berlin 1982, I. 2. h), S. 15.

„Gesellschaft und Staat gewährleisten Gesetzlichkeit durch die Einbeziehung der Bürger und ihrer Gemeinschaften in die Rechtspflege und in die gesellschaftliche und staatliche Kontrolle über die Einhaltung des sozialistischen Rechts.“[201]

Diese Gewährleistung sollte dadurch umgesetzt werden, dass die Rechtspflegeorgane in der Verfassung auf die Einhaltung des *Prinzips der sozialistischen Gesetzlichkeit* verpflichtet wurden:

„Die Rechtspflege dient der Durchführung der sozialistischen Gesetzlichkeit, dem Schutz und der Entwicklung der Deutschen Demokratischen Republik und ihrer Staats- und Gesellschaftsordnung. Sie schützt die Freiheit, das friedliche Leben, die Rechte und die Würde der Menschen.“[202]

Vom Richter in der DDR wurde erwartet, dass er die geltenden Gesetze strikt beachtet, sich bei seiner Urteilsbildung an den Beschlüssen der SED orientiert, um mit seiner Rechtsprechung zur Festigung der sozialistischen Ordnung beizutragen. Die Einheit von sozialistischer Gesetzlichkeit und Parteilichkeit ließ den Willen der SED zu geltendem Recht werden.[203]

IV. Beschaffenheit der Rechtsnormen

Aus dem beschriebenen Charakter des Rechts resultierte eine eigenartige Beschaffenheit der Normen. Da sie in erster Linie dazu dienten, Rechte und Pflichten der Adressaten zu regeln, waren Interessenentscheidungen durch das geschriebene Recht nachrangig. Die wenigen, die in den Gesetzen der DDR vorkamen, orientierten sich an den gesamtgesellschaftlichen Belangen.[204]

Zunächst kam zwar in der DDR das Bürgerliche Gesetzbuch von 1900 und ein mit dem der Bundesrepublik teilweise identisches Strafgesetzbuch zur Anwendung. Im Rahmen der Abgrenzungspolitik wurden jedoch auch neue Rechtsquellen geschaffen.[205] Die neuen Gesetze hatten dabei dem Rechtsverständnis der Partei Rechnung zu tragen. Um seinem Erziehungsauftrag nachkommen zu können, sollte sozialistisches Recht die Sprache der werktätigen Menschen benutzen. Der Regelungsumfang wurde auf ein Minimum beschränkt. Es sollte möglich sein, sich auch ohne juristische Kenntnisse in den wichtigsten Regelungsbereichen des Zivil-, Familien- oder Arbeitsrechts zurechtzufinden.[206]

201 Ebenda.
202 Art. 90 Abs. 1 der Verfassung der DDR.
203 *Dieter Graef*, Im Namen der SED, S. 14.
204 Vgl. die Ausführungen bei *Erika Lieser-Triebnigg*, Recht in der DDR – Einführung und Dokumentation, S. 10.
205 Familiengesetzbuch (FGB) 1965, Strafgesetzbuch (StGB) 1968, Zivilgesetzbuch (ZGB) 1976, Arbeitsgesetzbuch (AGB) 1977.
206 *Reinhard Nissel*, Recht im Bewusstsein der Bürger, S. 75.

V. Stellung des Staatsbürgers in der Rechtsordnung

Während die freiheitliche demokratische Grundordnung den einzelnen Rechtskreisteilnehmer und dessen grundsätzlich freie Entfaltung in den Mittelpunkt stellt,[207] stand in der Rechtsordnung der DDR an dieser Stelle das Kollektiv. Dieser Umstand fand seine Begründung in der Grundentscheidung für ein Volkseigentum an den Produktionsmitteln.[208] Ideologisch gesehen war damit jeder Einzelne Teilhaber am kollektiven Eigentum. Damit war nach dem DDR-Verfassungsverständnis im Umkehrschluss aber auch verbunden, dass der Einzelne lediglich als Teil des Kollektivs Bedeutung erlangen konnte. Die individuellen Bedürfnisse des Staatsbürgers interessierten folglich nur, wenn sie im Einklang mit den Zielen der Partei standen, die ja im Wege der Planung und Leitung über das Volkseigentum verfügte, und wenn sie Bedeutung für das gesamtgesellschaftliche Kollektiv hatten. Daraus folgte, dass es nicht als Aufgabe der Rechtsordnung angesehen wurde, einen umfassenden Individualrechtsschutz zu gewährleisten.

Diese Grundüberzeugung zog sich durch alle Lebensbereiche. In der Verfassung war zwar normiert:

„Was des Volkes Hände schaffen, ist des Volkes Eigen."[209]

Einen Rechtsanspruch des Einzelnen auf dieses „Eigen" gab es in der Verfassung hingegen nicht. Es war vielmehr vorgesehen, das „sozialistische Prinzip" :

„[...] »Jeder nach seinen Fähigkeiten, jedem nach seiner Leistung« [...]"[210]

207 Vgl. die Definition der freiheitlichen demokratischen Grundordnung des Bundesverfassungsgerichts, BVerfGE 2, S. 1 (Verbot der Sozialistischen Reichspartei). Die freiheitliche demokratische Grundordnung „ist eine Ordnung, die unter Ausschluss jeglicher Gewalt- und Willkürherrschaft eine rechtsstaatliche Herrschaftsordnung auf der Grundlage der Selbstbestimmung des Volkes nach dem Willen der jeweiligen Mehrheit und der Freiheit und Gleichheit darstellt. Zu den grundlegenden Prinzipien dieser Ordnung sind mindestens zu rechnen: *die Achtung vor den im Grundgesetz konkretisierten Menschenrechten, vor allem vor dem Recht der Persönlichkeit auf Leben und freie Entfaltung,* die Volkssouveränität, die Gewaltenteilung, die Verantwortlichkeit der Regierung, die Gesetzmäßigkeit der Verwaltung, die Unabhängigkeit der Gerichte, das Mehrparteienprinzip und die Chancengleichheit für alle politischen Parteien mit dem Recht auf verfassungsmäßige Bildung und Ausübung der Opposition."

208 DDR-Verfassung, Art. 2 Abs.1, S. 2: „Der Mensch steht im Mittelpunkt aller Bemühungen der sozialistischen Gesellschaft und ihres Staates".

209 DDR-Verfassung, Art. 2 Abs. 3, S. 2.

210 Ebenda, Art. 2 Abs. 3, S. 3.

zu verwirklichen. Damit stand dem Staatsbürger ein seiner Leistung entsprechender Lohn zu. Was der Leistung hingegen entsprach, bestimmte konsequenterweise nicht das Kollektiv, sondern die Partei.

VI. Das Grundrechtsverständnis im Recht der DDR

Den eigentlichen Schlüssel zum Verständnis des rechtlichen Umgangs der DDR mit den Antragstellern liefert die genauere Betrachtung des in der DDR vorherrschenden Grundrechtsverständnisses. Dabei ist zu berücksichtigen, dass sich dieses, anders als das Grundrechtsverständnis in der Bundesrepublik, im Laufe der Zeit grundlegend gewandelt hat. Am deutlichsten werden die Merkmale dieses Grundrechtsverständnisses vor dem Hintergrund der Grundrechtskonzeption des Grundgesetzes der Bundesrepublik Deutschland.

1. Grundrechtskonzeption des Grundgesetzes

Die Väter des „Bonner Grundgesetzes" gingen bei der Abfassung des Grundrechtskatalogs[211] davon aus, dass jeder Mensch schon aufgrund seiner Persönlichkeit Inhaber grundlegender Individualrechte ist.[212] Diese Annahme fußt auf der christlichen Naturrechtslehre.[213] Nach ihr ist die Würde des Menschen ein von Gott gegebener Wert, der von jeder menschlichen Rechtsordnung zu beachten ist.[214] Daraus ergibt sich die Annahme von Grundrechten als angeborenen, unveräußerlichen und über den staatlichen Gesetzen stehenden Rechten eines jeden Menschen.[215] Staatliche Gesetze mögen hiernach zwar im Einzelfall Individualrechte einschränken, doch dürfen sie nicht deren Wesensgehalt antasten.[216]

211 Art. 1-19 GG.

212 Das kommt bereits in Art. 1 zum Ausdruck, der in Abs. 1 festlegt: „Die Würde des Menschen ist unantastbar. Sie zu achten und zu schützen ist Verpflichtung aller staatlichen Gewalt." und dessen Art. 2 manifestiert: „Das Deutsche Volk bekennt sich [...] zu unverletzlichen und unveräußerlichen Menschenrechten als Grundlage jeder menschlichen Gemeinschaft, [...]".

213 Da ein Hinweis auf Gott als den Urgrund alles Geschaffenen nicht durchgesetzt werden konnte, hat sich der Grundgesetzgeber zum sittlichen Wert der Menschenwürde bekannt, vgl. *Theodor Maunz / Günter Dürig*, Kommentar zum Grundgesetz, Art. 1, Rn. 1.

214 *Theodor Maunz / Günter Dürig*, Kommentar zum Grundgesetz, Art. 1 Nr. 1.

215 Obschon zahlreiche verschiedene Naturrechtslehren bestehen, ist allem naturrechtlichen Denken gemeinsam, dass aus dem Wesen des Menschen und der Gemeinschaft ein vorstaatliches, nichtpositives Recht entwickelt wird, welches einen höheren Rang als alles positive Recht besitzt, an dem also alles staatliche Recht auf seine „Richtigkeit" hin gemessen werden muss. Vgl. Albert Bleckmann, Staatsrecht II – Die Grundrechte, S. 75.

216 Diese „Wesensgehaltstheorie" hat in Art. 19 II GG Ausdruck gefunden: „In keinem Fall darf ein Grundrecht in seinem Wesensgehalt angetastet werden".

Dieser Gedanke führte erstmals 1776 zur Positivierung von Naturrecht mit Verfassungscharakter im modernen Sinn. In Art. 1 der „Virginia Bill of Rights" vom 12.6.1776 hieß es:[217]

„ Alle Menschen sind von Natur aus gleichermaßen frei und unabhängig und besitzen gewisse angeborene Rechte, deren sie, wenn sie den Status einer Gesellschaft annehmen, durch keine Abmachung ihre Nachkommenschaft berauben oder entkleiden können, nämlich den Genuss von Leben und Freiheit, mit den Mitteln zum Erwerb von Besitz und Eigentum und zum Streben und der Erlangung von Glück und Sicherheit."[218]

Art. 8 bis 11 enthielten verfahrensrechtliche Normen zum Schutz des Angeklagten im Strafprozess, Art. 12 erklärt die Pressefreiheit zu „einem der großen Bollwerke der Freiheit", Art. 16 bestimmte, dass „alle Menschen gleichermaßen zur freien Ausübung der Religion gemäß den Geboten des Gewissens berechtigt" sind.

Die amerikanische Entwicklung wirkte sich wenig später auf die französische Revolution aus. Die „Déclaration des droits de l'homme et du citoyen" aus dem Jahre 1789 erklärte die Erhaltung der natürlichen und unabdingbaren Menschenrechte zum Endzweck jeder politischen Vereinigung. Zu diesen Rechten zählte die „Déclaration": Freiheit, Eigentum, Sicherheit und den Widerstand gegen Unterdrückung.

Für ganz Deutschland vorgesehene Grundrechte fanden erstmals in der nie in Kraft getretenen Frankfurter Paulskirchenverfassung vom 28.3.1849 Erwähnung. Die im Abschnitt VI enthaltenen „Grundrechte des deutschen Volkes" waren dann jedoch 1919 Vorbild für die „Grundrechte und Grundpflichten der Deutschen" im zweiten Hauptteil der Weimarer Reichsverfassung.[219] Deren ersten beiden von fünf Abschnitten enthielten die klassisch-liberalen, bürgerlichen Freiheitsrechte.[220] Hinzu traten in den folgenden Abschnitten weitere soziale und ökonomische Grundrechte.[221] Der Staat sollte die Gesellschaft dahingehend entwickeln, dass die Bürger gleichermaßen am Fortschritt teilhaben könnten.[222]

217 Zitiert nach Jörn Ipsen, Staatsrecht II, Grundrechte, Rn. 14.

218 Mit dieser Formulierung sollte die Diskrepanz zwischen der Idee der natürlichen Freiheit und Gleichheit aller Menschen und der Realität der in Virginia existierenden Sklaverei überwunden werden. Vgl. dazu *Gerald Stourzh*, Die Konstitutionalisierung der Individualrechte – Zum 200. Jahrestag der „Declaration of Rights" von Virginia vom 12. Juni 1776, JZ 1976, S. 399.

219 Weimarer Reichsverfassung von 1919, Art. 109-165.

220 Gleichheitssatz, Freizügigkeit, Auswanderungsfreiheit, Freiheit der Person, Unverletzlichkeit der Wohnung, Briefgeheimnis, Meinungs-, Versammlungs- und Vereinigungsfreiheit, Petitionsrecht.

221 Vgl. *Bodo Pieroth / Bernhard Schlink*, Staatsrecht II – Grundrechte, S. 11.

222 Beispiele sind die Garantie der Sozialversicherung und Arbeitslosenunterstützung, Unentgeltlichkeit der Schule, Bindung des Eigentums.

In dieser langen Tradition wird der Grundrechtskatalog des Grundgesetzes von 1949 gesehen. Art. 1 II GG spricht von

„[...] unverletzlichen und unveräußerlichen Menschenrechten jeder menschlichen Gemeinschaft, des Friedens und der Gerechtigkeit in der Welt [...] “.

Er lässt damit deutlich erkennen, dass es sich bei den Grundrechten des Grundgesetzes ebenfalls um positiviertes Naturrecht handelt.[223] Dabei darf natürlich nicht übersehen werden, dass positivierte Grundrechte nicht in vollem Umfang Naturrecht enthalten, sondern der Naturrechtsgehalt bei der Normierung um positiv gesetztes Recht erweitert wurde.[224] Daraus ergibt sich, dass der Grundrechtskatalog des Grundgesetzes sowohl naturrechtliche Menschenrechte als auch positiv gesetzte Bürgerrechte (im Folgenden „Deutschenrechte“ genannt)[225] und Staatszielbestimmungen enthält.[226]

2. Sozialistische Grundrechtskonzeption

Die Haltung Marx' und Engels' zu den Menschenrechtsforderungen ihrer Zeit war von der Überzeugung geprägt, dass es weder von Natur angeborene noch von Gott verliehene, immer geltende Rechte gebe.[227] Die ideologische Erklärung hierfür lieferte später die sogenannte Basis-Überbau-Lehre des historischen Materialismus. Danach gehörte zu einer Gesellschaft ein ideologischer Überbau, zu dem auch die Rechtsordnung zählte. Die Basis hingegen bestand aus den Pro-

223 Nach dem Ende des Nationalsozialismus kam es in Deutschland zu einem Wiederaufleben des Naturrechtsdenkens. Insbesondere die Gerichte haben in zahlreichen Entscheidungen hierauf zurückgegriffen. Nur so konnte man die Nichtigkeit menschenrechtswidriger Akte der nationalsozialistischen Machthaber begründen. Nach langjähriger Entwicklung von Grundrechtsdogmatik und Rechtsprechung gelten die im Grundgesetz positivierten Grundrechte inzwischen selbst als konkretisierter Maßstab für die Gerechtigkeit. Das Bundesverfassungsgericht stellte für die Auslegung der Grundrechte klar: „Die verfassungsrechtliche Prüfung an diesen Vorstellungen zu orientieren, verbietet sich [...] schon durch die Vielfalt der Naturrechtslehren, die zutage tritt, sobald der Bereich fundamentaler Rechtsgrundsätze verlassen wird, und die sich vor allem bei der Erörterung der innerhalb der naturrechtlichen Diskussion selbst sehr bestrittenen Frage des Verhältnisses »Naturrecht und Geschichtlichkeit«, »Naturrecht und positives Recht« zeigt.“; vgl. *Albert Bleckmann*, Staatsrecht II – Die Grundrechte, S. 78.

224 Ebenda.

225 Wie noch darzustellen sein wird, wurde der Begriff der Bürgerrechte in der Rechtslehre der DDR als Terminus technicus für bestimmte Verfassungsnormen benutzt. In Abgrenzung dazu wird hier für die Bürgerrechte des „Bonner Grundgesetzes“ die Bezeichnung „Deutschenrechte“ verwendet.

226 Dabei ist davon auszugehen, dass jedes Grundrecht, Menschen- wie Deutschenrechte, einen naturrechtlichen Kern und einen positiven Hof besitzt.

227 Vgl. die Ausführungen bei *Hermann Klenner*, Menschenrechte – Klassenrechte, NJ 1978, S. 284.

duktivkräften und den ökonomischen Produktionsverhältnissen. Die Beziehung von Basis und Überbau wurde nun so beschrieben, dass der Überbau, also auch das Recht, durch die Entwicklung der Basis bestimmt wurde. Diese Entwicklung wiederum wurde als determiniert angesehen und sollte quasi gesetzmäßig zu einer kommunistischen Gesellschaftsordnung führen. Dementsprechend waren Grundrechte gesetzmäßig sich verändernde Erscheinungen.[228] Nach der Basis-Überbau-Lehre ging man daher von der Legitimation des Gesetzgebers aus, unter Berufung auf gesellschaftliche Veränderungen jederzeit die gesamte Rechtsordnung verändern zu dürfen, ja man setzte dies als notwendig voraus.

Hieraus wird nun deutlich, dass nach sozialistischer Auffassung auch Grundrechte lediglich Instrumente zur Durchsetzung der jeweils nächsten Epoche auf dem Weg zum Kommunismus waren. Zwar hatte auch Marx dem Sinn nach gefordert, dass Freiheits- und Gleichheitsrechte durchzusetzen seien;[229] das geschah aber in der Überzeugung, dass diese Rechte erst in der sozialistischen Entwicklungsphase gewährleistet sein könnten.[230] Seine Forderung war somit gleichsam die Forderung einer neuen Gesellschaftsform. Engels formulierte das so, dass

> „unter Umständen die Arbeiterklasse den Kampf für die von der Bourgeoisie verratenen bürgerlichen Freiheitsrechte selbst würde führen müssen."[231]

Konsequenterweise waren in der sozialistischen Rechtstheorie die Freiheits- und Gleichheitsrechte daher keine „Menschenrechte", sondern „Klassenrechte". Solche Rechte dienten ja nicht allgemeinen menschlichen Belangen, sondern der gesellschaftlichen Entwicklung und hier in erster Linie der Emanzipation der Arbeiterklasse.[232] Allerdings gingen ihre „Klassenrechtsforderungen" weiter als die der bürgerlich-liberalen Menschenrechte.[233]

> „Keines der sogenannten Menschenrechte geht über den egoistischen Menschen hinaus, über den Menschen wie er Mitglied der bürgerlichen Gesellschaft, nämlich auf sich, auf sein Pri-

[228] Vgl. *Georg Brunner / Eckart Klein*, Internationale Menschenrechtsverpflichtungen der DDR, S. 22.

[229] *Karl Marx* in seiner 1844 veröffentlichten ersten Abhandlung zur Judenfrage, Marx/Engels-Werke Band 1 S. 347-377.

[230] Vgl. *Georg Brunner / Eckart Klein*, Internationale Menschenrechtsverpflichtungen der DDR, S. 22.

[231] Vgl. Hermann Klenner, Menschenrechte – Klassenrechte, NJ 1978, S. 286.

[232] Vgl. *Hermann Klenner*, in: *Autorenkollektiv*, Marxistisch-leninistische Staats- und Rechtstheorie – Lehrbuch, S. 417 f.

[233] Man denke nur an die Aneignung der Produktionsmittel durch das Proletariat, die bei *Hermann Klenner*, Menschenrechte – Klassenrechte, NJ 1978, S. 286, als erste echte Menschenrechtsforderung bezeichnet wird, weil das Klassenanliegen des Proletariats letztlich ein Menschheitsanliegen sei.

vatinteresse und seine Privatwillkür zurückgezogenes und vom Gemeinwesen abgesondertes Individuum ist.“[234]

Aus all dem folgerte man zum einen, dass keine Abwehrrechte gegen den sozialistischen Staat bestehen konnten, weil der Staat, unter Umständen mittels Verletzung bestehender Rechte, der Durchsetzung des Kommunismus zu dienen hatte, und im Kommunismus schließlich Abwehrrechte überflüssig wären, da diese Gesellschaftsform alle Bedürfnisse des Menschen erfüllen würde.

Zum anderen folgte aus der Negation der Existenz von Naturrecht, dass nur staatlich gesetztes Recht existieren konnte. Umgekehrt kann nach einem solchen Verständnis der Staat subjektive Rechte, die ja nur er selbst gewährt, auch jederzeit widerrufen. Das war zur Durchsetzung politischer Inhalte auch durchaus so vorgesehen. Die „Klassenrechte“ waren demnach von der derzeitigen Gesellschaftsordnung und deren Entwicklungsstand abhängig und somit abänderbares, staatlich zu setzendes Recht.[235] Grundrechte im bürgerlich-liberalen Sinne konnte es mithin schon mangels Bestandsgarantie nicht geben.

3. Grundrechte in der DDR-Verfassung von 1949

Der Grundrechtskatalog in der ersten Verfassung der DDR[236] orientierte sich deutlich erkennbar am Wortlaut der Weimarer Reichsverfassung. Das resultierte daraus, dass, obwohl die Initiative zur Entstehung der DDR-Verfassung von der SED ausging, diese jedoch durchaus nicht die alleinige politische Kraft war.[237] So war denn auch die Auffassung, Grundrechte seien Gestaltungsrechte,[238] im Verfassungsausschuss umstritten.[239]

Mit dem schließlich beschlossenen Grundrechtskatalog konnte man 1949 zwar auf eine stolze Verfassungstradition verweisen, stand aber Anfang der fünfziger Jahre nach dem Machtausbau der SED vor einem ideologischen Dilemma. Denn

234 *Karl Marx*, Marx/Engels-Werke, Band 1, S. 366.

235 *Angelika Zschiedrich* in: *Autorenkollektiv*, Grundrechte des Bürgers in der sozialistischen Gesellschaft, S. 90 ff.

236 Verfassung der DDR vom 7.10.1949, GBl. d. DDR 1949, S. 4.

237 Vgl. *Reinhold Zippelius*, Kleine deutsche Verfassungsgeschichte, S. 149.

238 Vgl. das Kapitel „Verhältnis von Rechtsordnung und Rechtswissenschaft zur Gesellschaftsordnung und zur Politik“, 2. Teil, A., I. Diese Lehre ist von Karl Polak entwickelt worden: „Die „Rechte“ der Bürger gehen darum in dieser Verfassung weit über die individuellen Freiheitsrechte hinaus. Neben die persönlichen Freiheitsrechte auf Abwehr der Staatswillkür treten hier die Gestaltungsrechte. Der Bürger hat nicht nur das Recht auf Sicherung seiner persönlichen Existenz, er hat das Recht auf Gestaltung des staatlichen und gesellschaftlichen Ganzen.“, vgl. *Karl Polak*, Volkssouveränität und Staatsgestaltung im kommenden Deutschland, NJ 1948, S. 243.

239 *Herwig Roggemann*, Die DDR-Verfassungen – Einführung in das Verfassungsrecht der DDR, S. 48.

ein großer Teil der Grundrechte in der Weimarer Reichsverfassung entsprang einer bürgerlich-liberalen Grundrechtsauffassung.[240]

Zwar stand bereits in der ersten DDR-Verfassung die soziale Funktion der Grundrechte klar im Vordergrund,[241] aber in Anlehnung an die Weimarer Reichsverfassung bestimmte der zweite Abschnitt „Inhalt und Grenzen der Staatsgewalt" und damit eben auch Abwehrrechte gegen den Staat. Diese standen jedoch im Widerspruch zur marxistischen Rechtsauffassung:

Erstens, weil der sozialistische Staat ja als Instrument der Arbeiterklasse zur Errichtung des Sozialismus diente und deshalb letztlich stets im Interesse des Gemeinwohls und in Übereinstimmung mit den „objektiven Gesetzlichkeiten der Geschichte" handelte.[242]

Zweitens, weil subjektive Rechte nach marxistischem Rechtsverständnis nur im Zusammenhang mit kollektiven Interessen existierten.[243]

So wich dann auch die Verfassungswirklichkeit sehr bald nach Inkrafttreten der DDR-Verfassung vom geschriebenen Wort ab. 1952 beschloss die SED offiziell den endgültigen Aufbau des Sozialismus und die völlige Zentralisierung der Verwaltung. Dieser Strukturwandel wurde – contra legem – vorwiegend durch einfache „verfassungsdurchbrechende" Gesetze vollzogen und schlug sich lange Zeit nicht im Wortlaut der Verfassung nieder.

Die Veränderungen des politischen Systems auf dem Weg zum Sozialismus führten dazu, dass einige der verfassungsrechtlich garantierten Grundrechte[244]

240 Vgl. das Kapitel „Grundrechtskonzeption des GG", 2. Teil, A., VI., 1.

241 In Anlehnung an die Weimarer Reichsverfassung und im Gegensatz zum Bonner Grundgesetz waren eine Vielzahl sozialer Gewährleistungen durch den Staat normiert: das Recht auf Arbeit, Art. 15; das Recht auf Erholung, Urlaub und soziale Vorsorge, Art. 16; das Recht auf leistungsentsprechendes Arbeitsentgelt und gleichen Lohn für Mann und Frau bei gleicher Arbeit, Art. 18 Abs. 3, 4; das Recht auf eine bedürfnisgerechte Wohnung, Art. 26 Abs. 2; das Recht auf soziale Fürsorge für die Mutterschaft, Art. 32; der Anspruch auf Schulgeld- und Lehrmittelfreiheit, Art. 39.

242 Vgl. das Kapitel „Verhältnis von Rechtsordnung und Rechtswissenschaft zur Gesellschaftsordnung und zur Politik", 2. Teil, A., I.

243 Ebenda. Zu beachten ist hierbei allerdings die Tatsache, dass die Frage, ob „in der sozialistischen Ordnung überhaupt Grundrechte und Grundpflichten als spezifische Grundpflichten vonnöten" seien, von der Rechtswissenschaft in der DDR nach einem Streit Anfang der sechziger Jahre schließlich überwiegend bejaht und der Schutzzweck von Grundrechten als subjektiven Rechten im Sozialismus anerkannt wurde. Vgl. hierzu *Eberhard Poppe / Rolf Schüsseler*, Sozialistische Grundrechte und Grundpflichten der Bürger, StuR 1963, S. 216 ff.; *Willi Büchner-Uhde / Eberhard Poppe / Rolf Schüsseler*, Grundrechte und Grundpflichten der Bürger in der DDR – Zur staatstheoretischen und staatsrechtlichen Grundrechtsforschung, StuR 1966, S. 570 f.

gegenstandslos wurden.[245] Das war möglich, weil der Stellenwert der Verfassung in der neu gegründeten DDR nicht mit dem in der Bundesrepublik vergleichbar hoch war. Sie galt lediglich als Übergangsordnung auf dem Weg zum Sozialismus.[246]

Dass die politisch Verantwortlichen nicht beabsichtigten, sich dauerhaft an die selbst gegebene Verfassung zu binden, macht nachvollziehbar, warum die Grundrechte der ersten DDR-Verfassung in der Rechtswirklichkeit wenig Beachtung fanden. Dazu kam, dass die Grundrechte mangels Verfassungsgerichtsbarkeit nicht einklagbar waren. Auch hatte die SED bereits im Verfassungsausschuss eine Garantie des Wesensgehalts sowie der Unabänderlichkeit bestimmter Grundrechte als unvereinbar mit der Volkssouveränität abgelehnt.[247]

4. Grundrechte in der DDR-Verfassung von 1968/1974[248]

Am 9. April 1968 trat die zweite DDR-Verfassung in Kraft. Durch sie sollte das Verfassungsrecht an die Rechtswirklichkeit angepasst werden:

„Während sich in der Verfassung von 1949 das bestimmende Neue teilweise noch mit bürgerlich-demokratischen Formelementen, insbesondere der Weimarer Verfassung, verband – man denke nur an den Abschnitt über Inhalt und Grenzen der Staatsgewalt - , hat die geltende Ver-

244 Z.B. das Widerstandrecht (Art. 4 Abs. 1); das Streikrecht (Art. 14 Abs. 1); die als Einrichtung garantierten Betriebsräte (Art. 17 Abs. 2); das Auswanderungsrecht (Art. 10 Abs. 2), vgl. das Kapitel „Ausreise aus der DDR nach innerstaatlichem Recht“, 2. Teil, B., III.; das bäuerliche Privateigentum am Boden (Art. 24 Abs. 5); die wirtschaftliche Freiheit des einzelnen (Art. 19 Abs. 3); Steuerprivileg und Unterrichtsrecht der Religionsgemeinschaften (Art. 43 Abs. 4; 44).

245 Vgl. *Herwig Roggemann*, Die DDR-Verfassungen – Einführung in das Verfassungsrecht der DDR, S. 55.

246 Vgl. *Karl Polak*, Staatsform und Verfassungsstruktur der Volksdemokratie, NJ 1950, S. 291 ff.; 327 ff.; 381 ff.

247 „... Denn wenn die gesellschaftlichen Zustände sich so geändert haben, dass auch diese grundlegenden Bestimmungen unterhöhlt sind, dann können sie ruhig in ihre Verfassung hineinschreiben, dass sie der Änderung entzogen sind, die Wirklichkeit wird die Vorsicht über die Unabänderlichkeit der Unabänderlichkeit entziehen“, so die Kritik Peter Alfons Steinigers am entsprechenden Art. 79 Abs. 3 des Bonner Grundgesetzes, zitiert nach Detlev Ahlhardt Travers, Entwicklung und ideologische Hintergründe der Verfassungsarbeiten in der Sowjetischen Besatzungszone Deutschlands bis zur Gründung der „Deutschen Demokratischen Republik“, S. 73.

248 Die 1974 erfolgte Änderung der zweiten Verfassung erstreckte sich nicht auf den Grundrechtskatalog, vgl. das Gesetz zur Ergänzung und Änderung der Verfassung der Deutschen Demokratischen Republik vom 7. Oktober 1974, GBl. d. DDR 1974, S. 425-431. Die einzige Änderung, vgl. § 15 des Gesetzes, betraf das passive Wahlrecht zur Volkskammerwahl in Art. 22 Abs. 2, welches von 21 auf 18 Jahre heruntergesetzt wurde.

fassung ein System und eine Sprache, die von der marxistisch-leninistischen Staatstheorie beherrscht sind."[249]

Der Grundrechtskatalog,[250] das erste Kapitel in Abschnitt II der zweiten DDR-Verfassung, beinhaltete an erster Stelle die Teilhaberechte,[251] die das politische, wie auch das gesellschaftliche Leben regelten, aber unter einem allgemeinen Verfassungsvorbehalt standen.

Den zweiten Komplex bildeten die sozialen Leistungsrechte,[252] deren materielle Garantien durch gesellschaftliche Erfordernisse, volkswirtschaftliche Möglichkeiten, persönliche Qualifikation und dergleichen eingeschränkt wurden.

Weiter wurden Freiheitsrechte aufgezählt,[253] die jedoch fast alle unter einfachem Gesetzesvorbehalt standen. So wurde ihr Inhalt erst von der Gesetzgebung konkretisierbar.

Schließlich kannte die Verfassung Einrichtungsgarantien wie das Eigentum, welches jedoch gegenständlich begrenzt und funktional gebunden war.[254] Demgegenüber standen zahlreiche Pflichten, die verfassungssystematisch das Korrelat zu den Rechten bildeten.[255] Offen ließ die Verfassung, welche dieser Pflichten rechtlicher und welche rein moralischer Natur sein sollten.[256]

249 *Gerhard Riege*, in: *Autorenkollektiv*, Staatsrecht der DDR – Lehrbuch, S. 84.

250 Art. 19 bis 40.

251 Allgemeines Mitbestimmungs- und Mitgestaltungsrecht (Art. 21), Freiheit der Meinungsäußerung, der Presse, des Rundfunks und des Fernsehens (Art. 27), Versammlungsfreiheit (Art. 28) und die Vereinigungsfreiheit (Art. 29).

252 Recht auf Arbeit (Art. 24), Recht auf Bildung (Art. 25), Recht auf Teilnahme am kulturellen Leben (Art. 26), Recht auf Freizeit und Erholung (Art. 34), Recht auf Schutz der Gesundheit und Arbeitskraft (Art. 35), Recht auf Fürsorge (Art. 36), Recht auf Wohnraum (Art. 37).

253 Freiheit der Person (Art. 30), Post- und Fernmeldegeheimnis (Art. 31), Freizügigkeit innerhalb des Staatsgebiets der DDR (Art. 32), Unverletzlichkeit der Wohnung (Art. 37 Abs. 3), Gewissens- und Glaubensfreiheit (Art. 20 Abs. 1 Satz 2), religiöse Bekenntnis- und Handlungsfreiheit (Art. 39 Abs. 1).

254 Darüber hinaus wurde in Art. 38 der Schutz von Ehe, Familie und Mutterschaft mit dem Erziehungsrecht der Eltern garantiert.

255 Wehrdienst- und sonstige Leistungen zu Verteidigungszwecken (Art. 23 Abs. 1 Satz 2), Schul- und Berufsausbildungspflicht (Art. 25 Abs. 4), Erziehungspflicht der Eltern (Art. 38 Abs. 4).

256 Die Pflicht zur Arbeit könnte als rein moralische Pflicht zu verstehen gewesen sein, die allgemeine Mitbestimmungs- und Mitgestaltungspflicht wurde als solche angesehen, vgl. *Georg Brunner / Eckart Klein*, Internationale Menschenrechtsverpflichtungen der DDR, S. 24.

a) Aus Grundrechten werden „sozialistische Persönlichkeitsrechte“

Der in der Rechtslehre der DDR vorherrschende, positivistische Standpunkt, Recht (und damit auch Grundrechte) könne nur durch den Staat geschaffen werden, führte in der zweiten Verfassung der DDR konsequenterweise zu der neuen Formulierung, dass die Grundrechte nur den „Bürgern der Deutschen Demokratischen Republik“ zuständen. Die Staatsangehörigkeit war mithin Voraussetzung der Grundrechtssubjektivität, die Grundrechte waren reine Bürgerrechte geworden.

Damit wurde die Verfassung allerdings lediglich an die Rechtspraxis angepasst: Bereits 1961 war im Rahmen einer Arbeitstagung der Akademie für Staat und Recht in Potsdam-Babelsberg der durch Walter Ulbricht geprägte Begriff der „sozialistischen Persönlichkeitsrechte“ als Abgrenzung zu den „bürgerlichen Grundrechten“ diskutiert worden. Die Funktion sozialistischer Persönlichkeitsrechte wurde in der „Vergesellschaftung des Menschen“ gesehen. Ziel war die Heranbildung „sozialistischer Persönlichkeiten“.[257] Eine immanente Schranke für alle Grundrechte bildeten daher die „gesellschaftlichen Interessen“, die ihrerseits von der SED bestimmt wurden. So konnte letztlich nur die Partei den jeweiligen Grundrechtsinhalt festlegen.

b) Lehrsatz der Einheitsthese

Die Konzeption der Bürgerrechte als Regelwerk zur Gestaltung der sozialistischen Gemeinschaft durch die Staatsbürger der DDR beinhaltete neben der Gewährleistung bzw. Beschränkung individueller Rechte die Forderung aktiver Mitgestaltung. So korrelierten mit Rechten jeweils weitreichende Pflichten. Nur in deren Rahmen waren die Freiheiten der Einzelnen gewährleistet.[258]

Diese „Einheit von Rechten und Pflichten“ tauchte in verschiedensten Ausprägungen auf. Neben der bloßen Erfüllung einer normierten Pflicht konnte sie auch die Pflicht zur gesellschaftskonformen Wahrnehmung eines jeden Grundrechts oder gar die Rechtfertigung für die Vorenthaltung staatlicher Leistung bei Aufsässigkeit bedeuten.[259] Auf diese Weise sollte der Staatsbürger angeleitet werden, sich nach dem Willen der Einheitspartei zu verhalten, die ja schließlich nichts anderes darstellte als den Willen der Werktätigen.

„[...] Weil aber unter sozialistischen Bedingungen die Macht der Werktätigen auch den Inhalt der Grundrechte und Grundpflichten, ihre Verankerung, Verwirklichung und Gewährleistung

[257] *Georg Brunner*, Karl Marx und die Grundrechte in der DDR, S. 57 f.
[258] Vgl. *Reinhold Zippelius*, Kleine deutsche Verfassungsgeschichte, S. 151.
[259] Vgl. *Georg Brunner / Eckart Klein*, Internationale Menschenrechtsverpflichtungen der DDR, S. 25.

bestimmt, widerspiegeln auch sie in ihrer Gesamtheit alle wesentlichen Seiten der Stellung des Bürgers in der sozialistischen Gesellschaft. [...]

So zeigt und verbürgt der Verfassungsentwurf mit den Grundrechten und Grundpflichten jedem Bürger reale Wege, wie er durch sein bewusstes Handeln gleichermaßen zur Entwicklung der Gesellschaft und seiner Persönlichkeit beitragen kann und soll. Jedes Grundrecht und jede Grundpflicht verkörpert ein objektives Erfordernis für diese sich wechselseitig bedingende Entwicklung. [...]"[260]

Im Lehrbuch „Staatsrecht der DDR"[261] wurde die Notwendigkeit der Erzwingung systemkonformen Verhaltens durch Grundpflichten unverhohlen mit der Unfähigkeit der Bevölkerung erklärt, die Errungenschaften des Sozialismus zu sichern. Dieser fehlten die Einsicht und das Bewusstsein, dass die Entwicklung des Sozialismus unantastbar sei.[262] Zur Bekräftigung wurde an gleicher Stelle behauptet, dass bürgerliche Verfassungsordnungen auf Pflichten nur verzichten könnten, weil ein systemkonformes Verhalten ohnehin durch die vorherrschenden Sachzwänge wie Ausbeutung, Arbeitslosigkeit, Krisenfurcht, Bildungsschranken, Aussperrung und Gastarbeiterkonkurrenz erreicht würde.[263]

c) Zusammenfassung

Zusammenfassend lassen sich Theorie und Praxis der Grundrechte in der DDR nach deren Normierung in der zweiten Verfassung nicht treffender beschreiben, als Otto Luchterhand dies mit folgenden Worten getan hat:

„Die Grundrechtskonzeption der DDR-Verfassung läuft darauf hinaus, dass die DDR-Staatsbürgerschaft ein Amt darstellt, das als ein zweck- und inhaltsbestimmter Kompetenzkomplex dem einzelnen Bürger zur organschaftlichen Ausübung zugewiesen ist."[264]

260 *Eberhard Poppe*, Der Verfassungsentwurf und die Grundrechte und Grundpflichten der Bürger, StuR 1968, S. 533.

261 *Autorenkollektiv*, Staatsrecht der DDR – Lehrbuch, Staatsverlag der DDR, 2. Auflage, Berlin 1984.

262 Vgl. *Eberhard Poppe*, in: *Autorenkollektiv*, Staatsrecht der DDR – Lehrbuch, S. 185 f.

263 Ebenda, S. 186.

264 *Otto Luchterhand*, Der verstaatlichte Mensch – Die Grundrechte und Grundpflichten des Bürgers in der DDR, S. 245 ff., insbesondere S. 270 f.

B. Die Ausreisefreiheit als geschütztes Rechtsgut

Sachlich betrachtet war eine Ausreise aus der DDR in die Bundesrepublik Deutschland zu Beginn der DDR nichts anderes als das Verlegen des Wohnsitzes.[265] Im Bewusstsein der Deutschen in der Nachkriegszeit handelte es sich hierbei auch nicht um ein Verlassen ihres Landes, sondern vielmehr um einen „Umzug“ innerhalb Deutschlands. Das änderte sich mit zunehmender Befestigung der Grenze und drastisch 1961 mit dem Mauerbau. Spätestens seit dem Grundlagenvertrag jedoch muss man wohl auch objektiv von der Siedlung in einen anderen Staat sprechen.

In der Rechtsgeschichte ist die Möglichkeit, dem eigenen Staat den Rücken zu kehren, nicht eben selbstverständlich gewesen. Im Mittelalter stand im Reich nur den Freien und den Städtern der Wegzug frei.[266] Erste sichere Erwähnung fand der „frye Zug“ für den „gemain man“ im Tübinger Vertrag von 1514[267] und für religiöse Minderheiten im Augsburger Religionsfrieden von 1555.[268] Absolutismus duldete kein freies Auswandern, unter Friedrich dem Großen war das unerlaubte Ausreisen unter Androhung von Strafe verboten.[269] Weitgehend Ausreisefreiheit brachte das Preußische Allgemeine Landrecht.[270]

Die Freiheit des Ziehens spielt eine gewichtige Rolle in der Verfassungsgeschichte der Neuzeit, denn mit ihr war das Ende der Leibeigenschaft verknüpft. Das Zeitalter der Aufklärung brachte außerdem eine philosophische Begründung des Ausreiserechts hervor. Eine Voraussetzung der Legitimation eines Staates wurde in dessen Bemühung um die Zustimmung der Bevölkerung zum staatlichen Handeln gesehen. Ein so staatsbürgerlich orientiertes Staatswesen sei nur durch ein Ausreiserecht gesichert: Nur wenn die Menschen ein Ausreiserecht hätten, sei der Staat gezwungen, sich so zu gerieren, dass sie freiwillig bleiben.[271] Immanuel Kant sah in der Freizügigkeit einen der Grundsteine neuzeitli-

[265] Da diese Arbeit sich mit den Antragstellern einer dauerhaften Ausreise beschäftigt, ist hier vor allem die dauerhafte Ausreise gemeint. Gleichwohl treffen die folgenden Ausführungen auch auf die vorübergehende Ausreise zu.

[266] *Dieter-Dirk Hartmann*, Ausreisefreiheit, JöR 1968, S. 450.

[267] Vgl. *Reyscher*, Sammlung der württembergischen Gesetze, Band II, 1829, S. 40 ff. bei Dürig, Gesetze des Landes Baden-Württemberg, Anh. Nr. 1.: „Damit auch der gemain man, den Last so uil lydenlicher vnnd williger tragen, So soll Inen Hertzog Vlrich ainen fryen Zug gnediglich vergönnden Und zulassen...wer nach den Zwainzig Jaren hinuß zühet, der soll für den Abzug zu geben nichtz schuldig Sonnder alßdann fry sein.“

[268] Vgl. den rechtsgeschichtlichen Überblick bei *Adolf Zycha*, Die wirtschaftsliberalen Reformen: Grunderwerbsfreiheit, Gewerbe- und Vertragsfreiheit, S. 380 f.

[269] Vgl. *Dieter-Dirk Hartmann*, Ausreisefreiheit, JöR 1968, S. 450 m.w.N.

[270] Ebenda.

[271] Vgl. *Martin Kriele*, Die Menschenrechte zwischen Ost und West, S. 34 m. w. N.

chen Staatsrechts, denn der Staat könnte den Bürger nicht als sein Eigentum zurückhalten.[272]

Die ursprünglich fällige Nachsteuer bei Staatenwechsel wurde in Baden 1783 aufgehoben, Preußen folgte 1807 und Bayern 1808. Im 19. Jahrhundert war der Erhalt der Freizügigkeit darüber hinaus mit wirtschaftlichen Bedürfnissen verbunden. Die Möglichkeit des Ortswechsels bedeutete eine größere Betätigungsfreiheit, die Möglichkeit der Eheschließung andernorts und nicht zuletzt das Betreiben von Handel.

Verfassungsrang erhielt die Freizügigkeit erstmals in den frühkonstitutionellen Verfassungen der süddeutschen Staaten, Bayern, Württemberg, Hessen und Baden[273]. Sie fand 1848 Eingang in die Paulskirchenverfassung,[274] welche zwar nie in Kraft trat, nach deren Vorbild die übrigen deutschen Bundesstaaten die Auswanderungsfreiheit jedoch unter die Grundrechte in ihre Verfassungen aufnahmen. Verfassungsrang erlangte die Freizügigkeit schließlich auch durch die Verfassung des Norddeutschen Bundes vom 24. Juni 1864, deren Art. 4 Nr. 1 sie garantierte. Zur Umsetzung dieser Verfassungsgarantie wurde wenig später das Freizügigkeitsgesetz erlassen.[275]

I. Die Ausreise aus der Perspektive bundesdeutschen Rechts

Im Grundgesetz der Bundesrepublik Deutschland wird die Freizügigkeit durch Art. 11 Abs. 1 geschützt. Bereits Art. 111 Satz 1 der Weimarer Reichsverfassung enthielt eine dem Art. 11 Abs. 1 GG gleichende Formulierung.

Der sachliche Schutzbereich des Art. 11 Abs. 1 GG stellt ein sehr eigenartiges Grundrecht dar.[276] Denn einerseits ist die Freizügigkeit ein Teilbereich der körperlichen Bewegungsfreiheit, die ihrerseits durch Art. 2 Abs. 2 Satz 2 GG geschützt wird, andererseits ist die Freizügigkeit Voraussetzung für die Ausübung vieler weiterer Freiheitsrechte.

In einer Grundrechtsordnung, die unter Freiheit die größtmögliche Chance auf Entfaltung des Einzelnen versteht, nimmt ein solches Recht naturgemäß einen sehr hohen Stellenwert ein.[277]

[272] *Immanuel Kant*, Metaphysik der Sitten, Teil 1: Metaphysische Anfangsgründe der Rechtslehre, § 50.

[273] *Ernst Rudolf Huber*, Deutsche Verfassungsgeschichte seit 1789, Band I, S. 355 f.

[274] *Ernst Rudolf Huber*, Deutsche Verfassungsgeschichte seit 1789, Band II, S. 777 f.

[275] Bundesgesetzblatt des Norddeutschen Bundes 1867, S. 55.

[276] Zum sachlichen Schutzbereich des Art. 11 GG näher *Bodo Pieroth*, Das Grundrecht der Freizügigkeit, JuS 1985, S. 83.

[277] Zu diesem Freiheitsverständnis vgl. *Eberhard Grabitz*, Freiheit und Verfassungsrecht, 1976.

1. Art. 11 Abs. 1 GG der Bundesrepublik Deutschland

Zu prüfen ist, ob die Bürger der DDR ein subjektives Recht auf Ausreise aus Art. 11 Abs. 1 Grundgesetz hatten, und wenn das der Fall war, ob ein solches Recht durchsetzbar gewesen wäre. Art. 11 Abs. 1 GG lautet:

„Alle Deutschen genießen Freizügigkeit im ganzen Bundesgebiet."

a) Personeller Schutzbereich

Zunächst müsste der personelle Schutzbereich betroffen gewesen sein, was der Fall gewesen wäre, wenn es sich bei den Bürgern der DDR um „Deutsche" im Sinne des Grundgesetzes gehandelt hätte. Wer darunter fiel, regelte das Grundgesetz in Art. 116 Abs. 1:

„Deutscher [...] ist [...], wer die deutsche Staatsangehörigkeit besitzt oder als Flüchtling oder Vertriebener deutscher Volkszugehörigkeit [...] in dem Gebiete des Deutschen Reiches nach dem Stand vom 31. Dezember 1937 Aufnahme gefunden hat."[278]

Die DDR-Bürger müssten also die deutsche Staatsangehörigkeit besessen haben. Der Erwerb der deutschen Staatsangehörigkeit wurde während der Dauer des Bestehens der DDR im „Reichs- und Staatsangehörigkeitsgesetz vom 22. Juli 1913" (RuStAG) geregelt und erfolgte gemäß § 3 RuStAG durch Geburt,[279] Legitimation, durch Annahme als Kind oder durch Einbürgerung. Durch die Geburt erwarb ein Kind laut § 4 RuStAG die deutsche Staatsangehörigkeit, wenn ein Elternteil die deutsche Staatsangehörigkeit besaß.[280]

Zunächst ging man in der Bundesrepublik nach der „Identitätstheorie" davon aus, dass das Deutsche Reich weiterbestand[281] und die Bundesrepublik rechtlich mit ihm identisch war.[282] Eine geographische Identität wurde hingegen abgelehnt. Vielmehr wurde das Gebiet der DDR hinzugezählt, die Bundesrepublik

278 Der Wortlaut des Art. 116 Abs. 1 GG blieb vom Inkrafttreten bis zum Ende der DDR unverändert.

279 Beim Erwerb durch Geburt unterscheidet man zwischen dem Abstammungsprinzip, „ius sanguinis", und dem Geburtslandprinzip, „ius soli". Im RuStAG war während der Dauer des Bestehens der DDR das Abstammungsprinzip verankert, wonach sich die Staatsangehörigkeit nach der des Vaters bzw. bei nichtehelichen Kindern nach der der Mutter richtete.

280 Vgl. zur Frage der Staatsbürgerschaft *Kay Hailbronner*, Deutsche Staatsangehörigkeit und DDR-Staatsbürgerschaft, JuS 1981, S. 712 m.w.N.

281 Es sei jedoch mangels institutionalisierter Organe nicht handlungsfähig.

282 BVerfGE 1, 351 (368); 2, 266 (277); 3, 288 (315 f.); 5, 85 (126); 6, 309 (336); BGH NJW 1952, S. 463 (464); *Klaus Stern*, Das Staatsrecht der Bundesrepublik Deutschland, Band I, S. 239 m.w.N.

sah man dementsprechend als „teilidentisch“ an.[283] Die deutsche Staatsangehörigkeit hatte sich folglich aus bundesdeutscher Sicht in der DDR ebenso durch Geburt fortgesetzt, wie das in der Bundesrepublik Deutschland der Fall gewesen war.[284] Infolge dessen sah man die Bürger der DDR als „Deutsche“ i. S. d. Grundgesetzes der Bundesrepublik Deutschland an.[285]

Fraglich ist, ob diese Eigenschaft durch den Grundlagenvertrag eingeschränkt wurde.[286] Diese Frage stellt sich, weil die Bundesrepublik durch den Vertrag verpflichtet war, die DDR völkerrechtlich anzuerkennen.[287] In der DDR galt jedoch mittlerweile das Staatsbürgerschaftsgesetz von 1967.[288] Nach diesem war die Staatsbürgerschaft der DDR mit der Eigenschaft „Deutscher im Sinne des Grundgesetzes“ nicht vereinbar.[289] Das Bundesverfassungsgericht hat 1973 in seinem Urteil zum Grundlagenvertrag zu dieser Frage ausdrücklich Stellung genommen:

283 BVerfGE 36, 1 (16).

284 Vgl. BVerfGE 36, 1 (30).

285 Vgl. BVerfG E 36, 1 (30 f.), *Kay Hailbronner*, Deutsche Staatsangehörigkeit und DDR-Staatsbürgerschaft, JuS 1981, S. 712 ff.

286 Zum Grundlagenvertrag vgl. das Kapitel „Grundlagenvertrag vom 21. Dezember 1972“, 1. Teil, B., IV. Bereits in der juristischen Literatur der Jahre 1971 und 1972 war im Zusammenhang mit den „Ostverträgen“ die Frage nach dem Aufrechterhalten der Identitätstheorie aufgeflammt. Die Bundesregierung hatte über den Abschluss der Ostverträge geäußert, sie habe nur für die Bundesrepublik gehandelt und es müsse klar zwischen der „Bundesrepublik“ und „Deutschland“ unterschieden werden. Zu dieser Äußerung sah die Regierung sich gezwungen, weil die Ostverträge (der Moskauer Vertrag in Art. 3, der Warschauer Vertrag in Art. 1) endgültige Grenzregelungen enthielten, die gegen das Potsdamer Abkommen verstießen, in welchem nämlich die endgültige Grenzfestlegung einem Friedensvertrag mit „Deutschland“ vorbehalten war. Vgl. zu dieser Thematik *Otto Kimminich*, Fluchthilfe und Flucht aus der DDR in die Bundesrepublik Deutschland, S. 31 f.; *Wolfgang Fikentscher/Thomas Oppermann*, Unbemerkte Anerkennung – Partielle Ausbürgerung, AöR 1971, S. 423 ff. Der Streit fand sein Ende mit dem Urteil des Bundesverfassungsgerichts zum Grundlagenvertrag, siehe im folgenden Text.

287 Vgl. zu dieser Fragestellung *Rainer Hofmann*, Staatsangehörigkeit im geteilten Deutschland, ZaöRV 1989, S. 257 ff.; *Karl Matthias Meessen*, Verfassungsrechtliche Grenzen einer Neuregelung der Staatsangehörigkeit im geteilten Deutschland, JZ 1972, S. 673 ff.; *ders.*, Das Problem der deutschen Staatsangehörigkeit nach dem Grundvertrag, in: Europa-Archiv 1973, S. 515 ff.

288 Vgl. das Kapitel „Das DDR-Staatsbürgerschaftsgesetz von 1967“, 1. Teil, B., V.

289 Die einheitliche deutsche Staatsangehörigkeit wurde zunächst auch in der DDR angenommen. Art. 1 Abs. 5 der DDR-Verfassung von 1949 bestimmte: „Es gibt nur eine deutsche Staatsangehörigkeit“.

„Was die Vereinbarkeit des Vertrags mit den grundgesetzlichen Regelungen der Staatsangehörigkeit in Art. 16 und 116 Abs. 1 GG angeht, so gilt folgendes: [...]

Art. 16 GG geht davon aus, dass die „deutsche Staatsangehörigkeit", die auch in Art. 116 Abs. 1 GG in Bezug genommen ist, zugleich die Staatsangehörigkeit der Bundesrepublik Deutschland ist. Deutscher Staatsbürger im Sinne des Grundgesetzes ist also nicht nur der Bürger der Bundesrepublik Deutschland. Für die Bundesrepublik Deutschland verliert ein Deutscher diese deutsche Staatsangehörigkeit nicht dadurch, dass sie ein anderer Staat aberkennt. Eine solche Aberkennung darf die Bundesrepublik Deutschland nicht rechtlich anerkennen; sie ist für sie ohne Wirkung. [...]

Müsste der Vertrag dahin verstanden werden, dass die Bürger der Deutschen Demokratischen Republik im Geltungsbereich des Grundgesetzes nicht mehr als Deutsche im Sinne des Art. 16 und des Art. 116 Abs. 1 GG behandelt werden dürften, so stünde er eindeutig im Widerspruch zum Grundgesetz."

Der Grundlagenvertrag von 1972 hat die Eigenschaft der DDR-Bürger, Deutsche im Sinne der Art. 16 und 116 Abs. 1 GG zu sein, nach höchstrichterlicher Rechtsprechung der Bundesrepublik Deutschland mithin nicht beeinträchtigt.

In der Literatur fand dieser Teil des Urteils Zustimmung:[290] Zwar habe die Bundesrepublik Deutschland die DDR nicht dazu zwingen können, sich ebenfalls als teilidentisch mit dem fortexistierenden Deutschen Reich anzusehen; auch habe die Bundesrepublik seit Inkrafttreten des Grundlagenvertrages das DDR-Staatsbürgerschaftsgesetz anzuerkennen gehabt, nach dem es keine einheitliche deutsche Staatsbürgerschaft gab. Dem habe nach völkerrechtlichen Grundsätzen aber nicht entgegengestanden, wenn DDR-Bürger mit Grenzübertritt als Deutsche im Sinne des Grundgesetzes angesehen worden seien. Das Völkerrecht stelle es jedem souveränen Staat frei, selbst zu bestimmen, zu welchem Zeitpunkt und unter welchen Voraussetzungen Einwanderer aus einem anderen Land die Staatsbürgerschaft erwerben.[291] Folglich war der personelle Schutzbereich des Art. 11 Abs. 1 GG betroffen.

b) Sachlicher Schutzbereich

Des Weiteren müsste der sachliche Schutzbereich des Art. 11 Abs. 1 GG betroffen gewesen sein. Weitgehend Einigkeit besteht darüber, dass neben dem „freien Ziehen" von „Deutschen" innerhalb der Bundesrepublik wohl deren Einreise in

[290] Aus der neueren Literatur vgl. die Abhandlung von *Rainer Hofmann*, Völkerrechtliche Aspekte der Übersiedlung von Bürgern der DDR über Drittländer in die BRD, ZaöRV 1990, S. 4 ff. m.w.N.

[291] *Otto Kimminich*, Fluchthilfe und Flucht aus der DDR in die Bundesrepublik Deutschland, S. 50.

die Bundesrepublik,[292] nicht jedoch deren Ausreise[293] aus dieser von Art. 11 Abs. 1 GG geschützt ist.[294] Warum Art. 11 Abs. 1 GG explizit ein Einreiserecht für jene Deutschen enthielt, die sich außerhalb des Geltungsbereichs des Grundgesetzes befanden, führte das Bundesverfassungsgericht bereits 1953 im Urteil zum Bundesnotaufnahmegesetz aus:

„Das Grundrecht der Freizügigkeit haben alle Deutschen und damit auch die Deutschen in der sowjetischen Besatzungszone und in Ost-Berlin. [...] Für den Besitz des Grundrechts ist es ohne Bedeutung, dass die Bewohner der sowjetischen Besatzungszone es während des Aufenthaltes in dieser Besatzungszone praktisch nicht ausüben können. Der Wesenskern des Grundrechts liegt in der Zusicherung, dass seine Ausübung von der Staatsgewalt der BRD nicht behindert wird. [...] Inhalt des Grundrechts ist nicht nur die Freizügigkeit *im Bundesgebiet,* sondern auch die Freizügigkeit *in das Bundesgebiet,* [...].“[295]

Daraus folgte, dass jedem DDR-Bürger aus Art. 11 Abs. 1 GG das Recht zustand, in die Bundesrepublik Deutschland einzureisen, um an der dort herrschenden innerstaatlichen Freizügigkeit teilzuhaben.[296] Selbst Bundesgesetze hätten die Wesensgehaltsklausel des Art. 19 Abs. II GG verletzt, wenn sie so weitreichend gewesen wären, dass sie zu einer grundsätzlichen Aufhebung dieses Einreiserechts geführt hätten.[297]

Fraglich ist jedoch, ob mit dem Anspruch auf Einreise in die Bundesrepublik aus Art. 11 Abs. 1 GG auch ein Anspruch auf Ausreise aus der DDR einherging, wie vereinzelt angenommen wurde.[298] Dafür wurde folgendes Argument genannt: Die Einreise eines DDR-Bewohners in die Bundesrepublik habe zwangsläufig mit der Ausreise aus der DDR korrespondiert. Da die Einreise von der bundesdeutschen Rechtsordnung ausdrücklich geschützt worden sei, habe diese gleichzeitig den Anspruch auf Ausreise aus dem bislang bewohnten Gebiet akzeptiert.

Diese Feststellung mag denklogisch aus der Garantie des Art. 11 Abs. 1 folgen, wenn man die bundesdeutsche Auffassung von der „Verantwortlichkeit für das

292 BVerfG E 2, 266 (273); BVerwG E 3, 130 (132); 3, 308 (312); BGHZ 69, 295 (297); *Theodor Maunz / Günter Dürig*, Kommentar zum Grundgesetz, Art. 11, Rn. 92 ff.

293 Die Ausreisefreiheit fällt nach der Rechtsprechung unter Art. 2 Abs. 1 GG, Vgl. BVerfG E 6, 32 (36) = NJW 1957, 297 (297 f.); BVerwG, DöV 1969, 74 (74); Im Schrifttum sind die Meinungen geteilt, vgl. die Gegenüberstellung bei *Hans-Uwe Erichsen*, Staatsrecht und Verfassungsgerichtsbarkeit, Band I, 3. Auflage 1982, S. 135 f.

294 Vgl. *Bodo Pieroth*, Das Grundrecht der Freizügigkeit, JuS 1985, S. 82 ff.

295 BVerfGE 2, 266 (273).

296 *Matthias Bath*, Notwehr und Notstand bei der Flucht aus der DDR, S. 8.

297 *Otto Kimminich*, Fluchthilfe und Flucht aus der DDR in die Bundesrepublik Deutschland, S. 12 f; Vgl. aber bereits die kritischen Ausführungen zum Bundesnotaufnahmegesetz von *Hans Schröder*, Die Beschränkung der Freizügigkeit für die Deutschen aus der Ostzone, DVBl 1951, S. 10 ff.

298 *Matthias Bath*, Notwehr und Notstand bei der Flucht aus der DDR, S. 9.

ganze Deutschland“ zugrunde legt.[299] Aus rechtshistorischer Sicht wäre eine Erörterung jedoch wenig ergiebig, da die Bundesrepublik Deutschland ihre staatsrechtliche Hoheitsgewalt und damit die Garantie der Grundrechtsgewährung stets auf den Geltungsbereich des Grundgesetzes beschränkt hat.[300] Insofern bestand stets Einigkeit darüber, dass das Grundrecht aus Art. 11 GG für Bewohner der DDR nicht durchsetzbar war, solange sie nicht in den Geltungsbereich des Grundgesetzes gelangten.[301]

2. Ergebnis

Die Berufung auf das Grundrecht der Freizügigkeit aus Art. 11 Abs. II Grundgesetz der Bundesrepublik Deutschland stand jedem Deutschen offen und damit auch den Bewohnern der DDR.

Daraus ergab sich das Recht auf Einreise in die Bundesrepublik Deutschland für alle Deutschen, die sich außerhalb des Geltungsbereiches des Grundgesetzes aufhielten.

Das Grundrecht aus Art. 11 Abs. 1 GG stand unter dem einfachen Gesetzesvorbehalt des Abs. 2, ein einschränkendes Gesetz hätte jedoch die Wesensgehaltsklausel des Art. 19 Abs. II GG verletzt, wenn es zu einer grundsätzlichen Aufhebung des Einreiserechts geführt hätte.

Anwendbar war das Grundrecht jedoch nur im Geltungsbereich der Bundesrepublik.

Ungeachtet der Frage, ob aus Art. 11 Abs. 1 ein Recht auf Ausreise aus der DDR herzuleiten war, wäre es jedenfalls nicht durchsetzbar gewesen.

299 Präambel des Grundgesetzes der Bundesrepublik Deutschland vom 23. Mai 1949.

300 Vgl. das Urteil zum Grundlagenvertrag, BVerfGE 36, 1 (16).

301 BVerfGE 2, 266 (273); *Hans Schröder*, Die Beschränkung der Freizügigkeit für die Deutschen aus der Ostzone, DVBl 1951, S. 10 ff.; *Bodo Pieroth*, Das Grundrecht der Freizügigkeit, JuS 1985, S. 84.

II. Ausreise aus der DDR nach internationalem Recht

Zu prüfen ist ferner, ob die Ausreise aus der DDR nach internationalem Recht geschützt war.[302] Grundsätzlich regelt das Völkerrecht Rechtsbeziehungen der Staaten untereinander und nicht die Rechtsbeziehungen von Individuen zu Staaten. Subjekte des Völkerrechts sind daher auch die Staaten selbst. Ihre Bürger sind lediglich Objekte des Völkerrechts, es erwachsen ihnen unmittelbar aus diesem keine eigenen Rechte. Typischerweise aber wird durch Völkerrecht die Verpflichtung begründet, dem einzelnen Bürger subjektive Rechte einzuräumen.[303] Darüber hinaus sind jedoch auch Ausnahmefälle anerkannt, in denen das Völkerrecht dem Einzelnen subjektive Rechte einräumt.[304]

Daher ist zu unterscheiden zwischen internationalen Verpflichtungen der DDR, ihren Bürgern das betreffende Recht einzuräumen, und solchen Regeln des Völkerrechts, die den Angehörigen der betreffenden Staaten selbst ein subjektives Recht gewährten.

1. Artikel 2 des Grundlagenvertrages zwischen der Bundesrepublik Deutschland und der DDR von 1972

Über die oben bereits geschilderten Auswirkungen des Grundlagenvertrages hinaus[305] kann man die Überlegung anstellen, ob aus ihm ein subjektives Recht auf Ausreise hervorging. Artikel 2 des Grundlagenvertrages lautete nämlich:

> „Die Deutsche Demokratische Republik und die Bundesrepublik Deutschland werden sich von den Zielen und Prinzipien leiten lassen, die in der Charta der Vereinten Nationen niedergelegt sind, insbesondere [...] der Wahrung der Menschenrechte [...].“

Der Menschenrechtsschutz war in Art. 1 der Charta der Vereinten Nationen verankert und wurde inhaltlich durch die Allgemeine Erklärung der Menschenrechte ausgestaltet. Nach deren Art. 13 Abs. 2 gehörte hierzu auch die Freizügigkeit.

In der Einigung auf den Wortlaut des Art. 2 ist zumindest ein Bekenntnis der DDR zur Menschenrechtskonvention der Vereinten Nationen und damit zur Gewährung der Freizügigkeit zu sehen. Die Klärung der Frage, ob dadurch ein subjektives Recht entstanden war, ist jedoch insofern entbehrlich, als die DDR wenig später den Vereinten Nationen und damit der Menschenrechtserklärung selbst beitrat.

302 Zur Rechtsstellung des Einzelnen im Völkerrecht hinsichtlich der Menschenrechte vgl. *Hans Heinrich Mahnke*, Menschenrechte und nationales Interesse, ROW 1978, S. 194 f.

303 *Knut Ipsen*, Völkerrecht, S. 54.

304 Ebenda, S. 79 ff.

305 Vgl. das Kapitel „Ratifizierung des IPBPR der Vereinten Nationen“, 1. Teil, B., VII. und „Personeller Schutzbereich“, 2. Teil, B., I., 1., a).

Von Interesse ist an dieser Stelle allerdings die Feststellung, dass die DDR bei Abschluss des Grundlagenvertrages trotz des Bekenntnisses zu den Menschenrechten in Art. 2 offensichtlich nicht bereit war, ihren Bewohnern tatsächlich ein Recht auf Freizügigkeit zu gewähren.[306]

2. Beitritt der DDR zu den Vereinten Nationen[307]

Nach der Unterzeichnung des Grundlagenvertrages mit der Bundesrepublik war der Weg in die Vereinten Nationen (VN) geebnet.[308] Eines der wichtigsten Anliegen der VN war der Schutz und die Durchsetzung der Menschenrechte.[309] Das wird an verschiedenen Stellen aus der Charta der VN deutlich. Bereits in der Präambel wird die Existenz von Grundrechten vorausgesetzt:

> „Wir, die Völker der vereinten Nationen – fest entschlossen [...] unseren Glauben an die Grundrechte des Menschen [...] erneut zu bekräftigen“.

Im ersten Artikel der Charta wird zum Ziel erklärt

> „[...] eine internationale Zusammenarbeit herbeizuführen, um [...] die Achtung vor den Menschenrechten und Grundfreiheiten [...] zu fördern und zu festigen; [...]“.

Konkrete Menschenrechte wurden in der Charta indes nicht genannt.

Der Schutz der Menschenrechte durch die VN sollte in drei Schritten umgesetzt werden. Zunächst war die Schaffung eines einheitlichen Katalogs vorgesehen, welcher bereits 1948 mit der „Allgemeinen Erklärung der Menschenrechte“ (AEMR) vorlag. Zur Durchsetzung sollte ein völkerrechtlich verbindliches Instrument installiert werden und schließlich war dessen völkerrechtlich überwachte Durchführung vorgesehen.[310] Tatsächlich war dieses ehrgeizige Vorhaben zum Zeitpunkt des Beitritts der DDR zu den Vereinten Nationen bereits sehr weit fortgeschritten. Am 19.12. 1966 waren der „Internationale Pakt über bürgerliche und politische Rechte“ und der „Internationale Pakt über wirtschaftliche, soziale und kulturelle Rechte“ von der Generalversammlung der VN verabschiedet worden, die allerdings erst zehn Jahre später in Kraft traten.[311] Darüber

[306] Die DDR sah hierin nach „marxistisch-leninistischer Grundrechtsauffassung“ keinen Widerspruch, worauf unten noch näher eingegangen werden wird.

[307] Die DDR war am 18.9.1973 in die Vereinten Nationen aufgenommen worden.

[308] Vgl. das Kapitel „Grundlagenvertrag vom 21. Dezember 1972“, 1. Teil, B., VI.

[309] Das Bestreben, einen umfassenden Menschenrechtsschutz durch die Völkerrechtsgemeinschaft zu gewährleisten, war eine der Triebfedern bei der Gründung der Vereinten Nationen 1945. Das war maßgeblich auf die Erfahrungen mit dem nationalsozialistischen Deutschen Reich zurückzuführen. Vgl. *Felix Ermacora*, Menschenrechte in der sich wandelnden Welt, Band I, S. 532 ff.

[310] *Eckart Klein*, Die völkerrechtliche Lage, S. 16.

[311] Vgl. das Kapitel „Ratifizierung des IPBPR der Vereinten Nationen“, 1. Teil, B., VII.

hinaus bestanden zahlreiche menschenrechtsrelevante völkerrechtliche Verträge.[312]

Die DDR trat mithin einer Völkerrechtsgemeinschaft bei, welche sich zur Gewährung des Rechts auf Freizügigkeit bekannte. Aus diesem Umstand ergibt sich die Frage, ob bereits die Beitrittserklärung ein Recht auf Freizügigkeit statuierte. Das wäre der Fall gewesen, wenn die Charta der Vereinten Nationen nicht nur ein gemeinsames Bekenntnis zu den in ihr statuierten Menschenrechten, sondern rechtlich verbindliche Menschenrechtsbestimmungen enthalten hätte. Über diese Frage wurde schon seit 1946 wissenschaftlich gestritten.[313]

Der Internationale Gerichtshof hat die Frage in seinem Rechtsgutachten über die „Legal Consequences for States of the Continued Presence of South Afrika in Namibia (South West Africa)"[314] bejaht:

„To establish [...], and to enforce, distinctions, exclusions, restrictions and limitations exclusively based on grounds of race, colour, descent or national or ethnic origin which constitute a denial of fundamental human rights is a flagrant violation of the purpose and principles of the Charter."[315]

Wenn man die Auffassung des IGH teilt, bestand für die DDR mit Beitritt zu den VN die Verpflichtung, ihren Bürgern das Recht auf Ausreise einzuräumen.[316] Dann ergibt sich aber ein weiteres Problem: Neben den Menschenrechtsbestimmungen enthielt die Charta in Art. 2 Ziff. 1 das Prinzip, dass die

„Organisation auf dem Grundsatz der souveränen Gleichheit aller ihrer Mitglieder"

beruhte, in Art. 2 Ziff. 7 den Grundsatz, dass

312 Zu erwähnen ist an dieser Stelle, dass bereits am 4.1.1969, also vor Inkrafttreten des IPBPR, eine „Konvention zur Beseitigung jeder Form von Rassendiskriminierung", BGBl. 1969, Teil II, S. 961, in Kraft getreten ist. Schon nach dieser Konvention waren die Vertragsstaaten, zu denen nach ihrem Beitritt auch die DDR zählte, gehalten, sämtliche Maßnahmen zu unterlassen, die geeignet waren, Menschen u.a. aufgrund ihrer Herkunft, also des nationalen Ursprungs bzw. der Volkstumszugehörigkeit, in der Ausübung ihrer Freiheitsrechte zu beeinträchtigen. Das Recht auf Freizügigkeit sowie das Recht, sein Land zu verlassen und dorthin wieder zurückzukehren, nannte die Konvention ausdrücklich.

313 Vgl. die Darstellung des Streits mit einem Überblick über die wesentlichen Autoren zum Zeitpunkt des Jahres 1978 bei *Hans Heinrich Mahnke*, Menschenrechte und nationales Interesse, ROW 1978, S. 199.

314 *International Court of Justice*, Report of Judgements, Advisory Opinions and Orders 1971, S. 16 ff.

315 Ebenda, S. 57.

316 Im Rahmen einer solchen Auffassung ist aber zu bedenken, dass die Charta keinen besonderen Rechtsmechanismus kannte, der Verletzungen von Menschenrechten geahndet hätte.

„[...] eine Befugnis der Vereinten Nationen zum Eingreifen in Angelegenheiten, die ihrem Wesen nach zur inneren Zuständigkeit eines Staates gehören, oder eine Verpflichtung der Mitglieder, solche Angelegenheiten einer Regelung auf Grund dieser Charta zu unterwerfen“

aus ihr nicht abgeleitet werden konnte.

Darauf gestützt hat die DDR eine obligatorische Gerichtsbarkeit des IGH nie anerkannt.[317] Im Ergebnis hat der Beitritt zu den Vereinten Nationen den Bürgern der DDR daher de facto kein durchsetzbares Recht auf Ausreise gebracht.

3. Die Allgemeine Erklärung der Menschenrechte von 1948

Als die DDR in die Vereinten Nationen aufgenommen wurde, hatte deren Vollversammlung schon 24 Jahre zuvor die AEMR in Form einer Resolution vom 10. Dezember 1948 verabschiedet. Mit ihr war die erste völkerrechtliche Vereinbarung über den Schutz inhaltlich bestimmter Menschenrechte geschaffen worden.[318] Der Beitritt zu den Vereinten Nationen bedeutete also gleichzeitig das Bekenntnis des Beitrittsstaates zu den in der AEMR genannten Rechten.

a) Recht auf Freizügigkeit aus der Erklärung selbst

Art. 13 Abs. 2 der Menschenrechtserklärung lautete:

„Jeder Mensch hat das Recht, jedes Land, einschließlich seines eigenen, zu verlassen sowie in sein Land zurückzukehren.”

Die Ausreisefreiheit wurde nach diesem Wortlaut ohne besondere Einschränkung gewährt. Die Entstehungsgeschichte der Vorschrift macht aber deutlich, dass die beteiligten Staaten die Einschränkungsmöglichkeiten des Art. 29 der Konvention auch für die Ausreisefreiheit als notwendig erachteten.[319] Art. 29 regelte:

„ 1. Jeder Mensch hat Pflichten gegenüber der Gemeinschaft, in der allein die freie und volle Entwicklung seiner Persönlichkeit möglich ist.

2. Jeder Mensch ist in Ausübung seiner Rechte und Freiheiten nur den Beschränkungen unterworfen, die das Gesetz ausschließlich zu dem Zwecke vorsieht, um die Anerkennung und Achtung der Rechte und Freiheiten der anderen zu gewährleisten und der gerechten Anforderungen der Moral, der öffentlichen Ordnung und der allgemeinen Wohlfahrt in einer demokratischen Gesellschaft zu genügen.

317 Nähere Ausführungen zur Einstellung der sozialistischen Staaten zur Gerichtsbarkeit des IGH bei *Hans Heinrich Mahnke*, Menschenrechte und nationales Interesse, ROW 1978, S. 194.

318 *Matthias Bath*, Notwehr und Notstand bei der Flucht aus der DDR, S. 16.

319 Eingehend hierzu *Rainer Hofmann*, Die Ausreisefreiheit nach Völkerrecht und staatlichem Recht, S. 32 ff. m.w.N.

3. Rechte und Freiheiten dürfen in keinem Fall im Widerspruch zu den Zielen und Grundsätzen der Vereinten Nationen ausgeübt werden.“

Die DDR hat sich jedoch zu keiner Zeit gegenüber ihren Bürgern oder gegenüber der internationalen Öffentlichkeit auf diese Schranken berufen. Es ergab sich ein viel grundlegenderes Problem:

Die Menschenrechtskonzeption der AEMR folgte der bürgerlich-liberalen Auffassung von unveräußerlichen, angeborenen Rechten des Menschen.[320] Sie stand somit in demselben Konflikt zur sozialistischen Grundrechtsauffassung, wie das bezüglich der oben dargestellten[321] Grundrechtsauffassung des Grundgesetzes der Fall war. Daraus, dass die AEMR vom vorstaatlichen Charakter der Menschenrechte ausging, wurde geschlossen, dass sie keinen rechtsbegründenden Charakter haben konnte. Vielmehr wurde die verbindliche Erklärung der Anerkennung überpositiver Rechte des Menschen als ausreichend angesehen, die erklärenden Staaten an die Gewährleistung der Menschenrechte zu binden.[322] Damit hatte die AEMR aber aus der Sicht der DDR für diese keine Bindungswirkung. Hier herrschte ja ein gegenteiliges Menschenrechtsverständnis, nach dem die „sozialistischen Grundrechte“ nur bestanden, solange der Staat solche eigenständig setzte und gewährte.[323] Einen Widerspruch zwischen dem Grundrechtskatalog der DDR-Verfassung und der Erklärung sah man indes nicht, da die Erfüllung sämtlicher in der AEMR positivierter Rechte fester Bestandteil des angestrebten kommunistischen Staates sein würde, dessen Herbeiführung die Verfassung zu dienen bestimmt war.[324]

320 Vgl. das Kapitel „Grundrechtskonzeption des Grundgesetzes“, 2. Teil, A., VI., 1.

321 Ebenda.

322 Vgl. *Hans Heinrich Mahnke*, Menschenrechte und nationales Interesse, ROW 1978, S. 197.

323 Vgl. das Kapitel „Sozialistische Grundrechtskonzeption“, 2. Teil, A., VI., 2.

324 Vgl. das Kapitel „Sozialistische Grundrechtskonzeption“, 2. Teil, A., VII., 2. Dieses Argument taugte natürlich nur bedingt zur Rechtfertigung der eigenartigen Grundrechtspraxis der DDR vor der internationalen Öffentlichkeit. Daher bemühten sich die Rechtswissenschaftler der DDR, nachzuweisen, dass kein Widerspruch zwischen den Menschenrechten der AEMR und den „sozialistischen Grundrechten“ bestand: *Eberhard Poppe* interpretierte die Erklärung einfach im marxistisch-leninistischen Sinne, vgl. *Eberhard Poppe*, Die DDR und die Menschenrechte, in: Deutsche Außenpolitik 1967, S. 1041 ff.; *ders.*, Die Menschenrechtsdeklaration der UN in der Verfassungswirklichkeit der DDR, in: Deutsche Außenpolitik 1968, S. 397 ff. Das stieß in der DDR zunächst auf Kritik, insbesondere im Hinblick auf die Freiheitsrechte, vgl. *Hermann Klenner*, Menschenrechte – Klassenrechte, NJ 1978, S. 284 ff. Das staatsrechtliche Schrifttum behauptete am Ende dieser Entwicklung, die sozialistischen Grundrechte stellten ein „Mehr“ gegenüber den Menschenrechten der Vereinten Nationen dar, da nur sie echte Freiheit und Gleichheit gewährleisteten, vgl. *Eberhard Poppe*, in: *Autorenkollektiv*, Staatsrecht der DDR – Lehrbuch, S. 180.; *ders.*, Demokratie, Freiheit und Menschenrechte in der sozialistischen Gesellschaft der DDR, S. 7 ff. Im Ergebnis ist mit

Wenn auch die westlichen Verfassungsstaaten rechtsstaatlicher Prägung in der AEMR eine Verpflichtung zur Gewährung der in ihr beschriebenen Menschenrechte verstanden, so stellte sie aus völkerrechtlicher Sicht doch nicht mehr als eine Erklärung dar, eine „Sammlung von Prinzipien".[325] Völkerrechtlich verbindliche Normen enthielt sie hingegen nicht.[326]

b) Erstarken der Erklärung zu Völkergewohnheitsrecht

Im Lauf der Zeit mehrten sich Stimmen, welche die These vertraten, aus der AEMR sei Völkergewohnheitsrecht entstanden.[327] Das hätte zur Konsequenz gehabt, dass das Recht auf Freizügigkeit zur völkerrechtlich verbindlichen Norm erstarkt wäre.[328]

Doch auch nach dieser Auffassung wäre nicht die Erklärung selbst als völkerrechtlich verbindliches Dokument, sondern vielmehr als Verkörperung allgemein anerkannter Vorstellungen von Menschenrechten anzusehen gewesen.[329]

Die Frage, ob die AEMR zur Herausbildung eines völkergewohnheitsrechtlichen Anspruchs auf Freizügigkeit geführt hat, kann jedoch dahinstehen, wenn die infolge der AEMR geschlossenen völkerrechtlichen Verträge zur Begründung eines solchen Rechts geführt haben, was im Folgenden noch eingehend zu untersuchen ist.

c) Ergebnis

Damit bleibt als Ergebnis festzuhalten, dass die AEMR selbst kein subjektives Recht auf Ausreise begründete und die Mitgliedsstaaten der Vereinten Nationen allein aufgrund der AEMR auch nicht rechtlich verpflichtet waren, die in ihr statuierten Menschenrechte innerstaatlich zu gewähren.

Hannes Kaschkat, Die sozialistischen Grundrechte in der DDR, S. 265 ff., der Gehalt dieser in der DDR lautstark geführten Diskussion als gering einzustufen und der Grund in ihrer beabsichtigten Auslandswirksamkeit zu suchen.

325 So *Rainer Hofmann*, Die Ausreisefreiheit nach Völkerrecht und staatlichem Recht, S. 37.

326 *Hans Kelsen*, The Law of the United Nations, S. 39.

327 So z.B. Juan Carillo Salcedo, Human Rights, universal Declaration, in: Encyclopaedia of Public International Law, Volume II, S. 926.

328 Damit wäre allerdings noch nicht die Frage beantwortet, ob es sich um eine vollzugsfähige („self-executing") Norm gehandelt hätte, die ohne einen staatlichen Umsetzungsakt unmittelbare Rechtswirkung für die DDR-Bürger gehabt hätte.

329 Vgl. *Humphrey Waldock*, „General course on public international law", in : Recueil des Cours 1962 II, S. 198 f.

4. KSZE-Schlussakte vom 1. August 1975 und die Abschlussdokumente der Nachfolgekonferenzen

Mit der Teilnahme der DDR an der Konferenz über Sicherheit und Zusammenarbeit in Europa[330] war auch die Unterzeichnung der Schlussakte von Helsinki[331] verbunden. Diese enthielt zwei für den Menschenrechtsschutz relevante Abschnitte, den „Korb 1" und den „Korb 3".

Im sogenannten „Korb 1" wurden zehn Prinzipien aufgestellt, welche die Beziehungen zwischen den Teilnehmerstaaten leiten sollten. Das siebente dieser Prinzipien betonte die Achtung der Teilnehmerstaaten vor den Menschenrechten:

„Die Teilnehmerstaaten werden die **Menschenrechte und Grundfreiheiten** [...] für alle ohne Unterschied der Rasse, des Geschlechts, der Sprache oder der Religion **achten**. Sie werden die wirksame Ausübung der zivilen, politischen, wirtschaftlichen, sozialen, kulturellen sowie der anderen **Freiheiten, die sich aus der dem Menschen innewohnenden Würde ergeben** und für seine freie und volle Entfaltung wesentlich sind, fördern und ermutigen. In diesem Rahmen werden die Teilnehmerstaaten **die Freiheit des Individuums** anerkennen und achten, [...].

Die Teilnehmerstaaten [...] bestätigen **das Recht des Individuums, seine Rechte und Pflichten auf diesem Gebiet zu kennen** und auszuüben. Auf dem Gebiet der Menschenrechte und Grundfreiheiten werden die Teilnehmerstaaten **in Übereinstimmung mit den Zielen und Grundsätzen der Charta der Vereinten Nationen und mit der Allgemeinen Erklärung der Menschenrechte** handeln. [...]"

Auffallend waren insbesondere die Betonung der „Freiheit des Individuums" und der Hinweis darauf, „dass die politischen Bürgerrechte, aber auch die wirtschaftlichen, sozialen und kulturellen Rechte sich alle aus der dem Menschen innewohnenden Würde ergeben".

Der „Korb 3" lautete „Zusammenarbeit in humanitären und anderen Bereichen". Der erste Unterabschnitt des Korbs 3 behandelte „menschliche Kontakte". Dazu zählten unter anderem:

Kontakte und regelmäßige Begegnungen auf der Grundlage familiärer Bindungen;

Familienzusammenführung;

Eheschließung zwischen Bürgern verschiedener Staaten;

Reisen aus persönlichen oder beruflichen Gründen;

[330] Vgl. das Kapitel „ Ratifizierung des IPBPR der Vereinten Nationen und Unterzeichnung der KSZE-Schlussakte", 1. Teil, B., VII.

[331] Europa-Archiv 1975, Dokumente, S. 437 ff.

Verbesserung der Bedingungen für den Tourismus auf individueller oder kollektiver Grundlage;

Begegnungen der Jugend.

Im Hinblick auf die Ausreisefreiheit ist festzustellen, dass sie zwar an keiner Stelle der Schlussakte erwähnt wird, die inhaltlichen Aspekte in Korb 3 zusammengenommen aber den materiellen Schutzbereich der Ausreisefreiheit abdecken.[332] Hatte die DDR in der Konferenzteilnahme zunächst ein wichtiges Mittel gesehen, die diplomatische Anerkennung einerseits und die internationale Gleichberechtigung mit der Bundesrepublik andererseits zu erreichen, lehnte sie die Forderungen zur Ausreise in Korb 3 ab. Hierin sah man seitens der DDR ein „Einmischen in Innere Angelegenheiten".[333] Das wirft die Frage auf, ob die zahlreichen Bekenntnisse zur Gewährleistung der Freiheitsrechte in der Schlussakte von Helsinki eine rechtliche Verbindlichkeit begründeten.

Dem steht entgegen, dass die Teilnehmerstaaten nie die Absicht hatten, durch die Schlussakte einen völkerrechtlichen Vertrag oder eine völkerrechtliche Konvention zu schaffen.[334] Der nicht-juristische Charakter der Schlussakte[335] schlug sich in ihrer Bezeichnung, den verwendeten Formulierungen, der Vermeidung der typischen Form eines völkerrechtlichen Vertrages und dem ausdrücklichen Ausschluss ihrer Registrierung nach Art. 102 der Charta der Vereinten Nationen nieder.[336] Wenn auch der Schlussakte von Helsinki aus politisch-moralischer Sicht eine große Bedeutung zukam, waren ihre Bestimmungen doch reine Absichtserklärungen und für die Teilnehmerstaaten rechtlich nicht verbindlich.[337]

332 Vgl. *Rainer Hofmann*, Die Ausreisefreiheit nach Völkerrecht und staatlichem Recht, S. 47 f.

333 *Peter Schlotter*, Die KSZE im Ost-West-Konflikt, S. 71.

334 *Theodor Schweißfurth*, Zur Frage der Rechtsnatur, Verbindlichkeit und völkerrechtlichen Relevanz der KSZE-Schlussakte, ZaöRV 1977, S. 688 ff.

335 *Klaus Blech*, Die Prinzipienerklärung der KSZE-Schlussakte, in: Europa-Archiv 1976, S. 259; *Hans-Joachim Schütz*, Zur Rationalität des Zielkatalogs und des Friedensinstrumentariums der Schlussakte der Konferenz für Sicherheit und Zusammenarbeit in Europa, JiR 1975, S. 149 ff.; *Theodor Schweißfurth*, Zur Frage der Rechtsnatur, Verbindlichkeit und völkerrechtlichen Relevanz der KSZE-Schlussakte, ZaöRV 1977, S. 684 ff.

336 *Hans Heinrich Mahnke*, Die Prinzipienerklärung der KSZE-Schlussakte und das Völkerrecht – Völkerrechtliche Aspekte der deutschen Frage, ROW 1977, S. 46 f.; *Matthias Herdegen*, Europarecht, Rn. 479.

337 Zur Rechtlichen Bedeutung der Schlussakte von Helsinki: *Harold S. Russell*, The Helsinki Declaration: Brobdingnac Or Liliput?, in: The American Journal of International Law 1976, S. 242 ff.; *Hans Heinrich Mahnke*, Die Prinzipienerklärung der KSZE-Schlussakte und das Völkerrecht – Völkerrechtliche Aspekte der deutschen Frage, ROW 1977, S. 111 ff.; *Theodor Schweißfurth*, Zur Frage der Rechtsnatur, Verbindlichkeit und völkerrechtlichen Relevanz der KSZE-Schlussakte, ZaöRV 1977, S. 681 ff.

Absichtserklärungen dieser Art sind aus rechtlicher Sicht jedoch nicht völlig ohne Belang: Zunächst ist festzustellen, dass die DDR-Regierung die Schlussakte in dem Bewusstsein unterzeichnete, sich zumindest politisch zu binden. Denn auf das Verhalten von Staaten kann nicht nur mit Mitteln des Rechts eingewirkt werden. Da die Teilnehmerstaaten durch die Unterzeichnung der Schlussakte die Absicht erklärt haben, sich nach Maßgabe derselben zu verhalten, wären bei Verstößen politische Repressionen denkbar gewesen.

Darüber hinaus muss daran erinnert werden, dass die Teilnehmerstaaten bei der Unterzeichnung davon ausgehen mussten, dass aus der Schlussakte Völkergewohnheitsrecht erwachsen könnte. Zwar ist anerkannt, dass sich ein Völkerrechtssubjekt durch permanentes Widersetzen der rechtlichen Bindung einer völkergewohnheitsrechtlichen Norm entziehen kann.[338] Die Voraussetzung „permanentes Widersetzen“ wäre im Fall der DDR aber bereits an Konferenzteilnahme und Unterzeichnung der Schlussakte gescheitert.

Insgesamt wird deutlich, dass diese politischen Vereinbarungen zumindest inhaltlich teilweise identisch mit völkerrechtlichen Verpflichtungen waren.[339] Ihre politische Bindungswirkung war daher bereits bei Unterzeichnung derart stark, dass die DDR-Regierung davon ausgehen musste, dass sie in eine rechtliche Bindung übergehen könnte.

Die Schlussakte von Helsinki ist im Hinblick auf eine durch ihre Unterzeichnerstaaten garantierte Ausreisefreiheit jedoch als rechtlich unverbindlich einzustufen.

a) Madrider Abschlussdokument vom 6. September 1983[340]

Das abschließende Dokument des zweiten KSZE-Folgetreffens, welches vom 11. November 1980 bis zum 9. September 1983 in Madrid durchgeführt wurde,[341] enthielt den Abschnitt

„Zusammenarbeit in humanitären und anderen Bereichen“.[342]

Dessen erster Teil beschäftigte sich mit menschlichen Kontakten. Die Frage, ob völkerrechtliche Verpflichtungen aus dem Abschlussdokument erwachsen sind, muss unter Verweis auf die Ausführungen zur Schlussakte von Helsinki verneint werden.

338 *Michael Schweitzer*, Staatsrecht III, Rn. 248.
339 *Eckart Klein*, Die völkerrechtliche Lage, S. 25.
340 Bulletin des Presse- und Informationsamtes der Bundesregierung 1983, S. 813 ff.
341 Vgl. das Kapitel „Madrider Abschlussdokument“, 1. Teil, B., VIII.
342 Bulletin des Presse- und Informationsamtes der Bundesregierung 1983, S. 813 ff.

Im Hinblick auf den gleichfalls dort beschriebenen politischen Effekt ist an dieser Stelle jedoch bemerkenswert, dass das Madrider Abschlussdokument einige ausdrückliche Präzisierungen der Absichtserklärungen aus der Schlussakte von Helsinki vornahm: So sollten Gesuche in Bezug auf Familienbegegnungen in Dringlichkeitsfällen so zügig wie möglich, bei Familienzusammenführung und Eheschließungen zwischen Bürgern verschiedener Staaten im Normalfall innerhalb von sechs Monaten entschieden werden. Rechtliche Benachteiligungen u. a. hinsichtlich Beschäftigung, Wohnung, Aufenthaltsstatus, Familienunterstützung, Zugang zu Leistungen auf sozialem oder wirtschaftlichem Gebiet aufgrund der Einreichung von Gesuchen in den oben genannten Fällen wurden ausgeschlossen.

Während es in der Schlussakte von Helsinki noch geheißen hatte, dass die Teilnehmerstaaten „ihre Absicht ausdrücken", das jeweils Nachfolgende zu tun, wurde 1983 die Formulierung gewählt: „Die Teilnehmerstaaten [...] sind übereingekommen, nunmehr das Folgende durchzuführen."

Trotz mangelnder rechtlicher Verbindlichkeit kann also festgehalten werden, dass das Madrider Abschlussdokument zu einer Erhöhung des politischen Drucks auf die DDR in der Ausreisefrage geführt hat.

b) Wiener Abschlussdokument vom 15. Januar 1989[343]

Erneut wurde Druck auf die DDR ausgeübt, als das abschließenden Dokument des Wiener KSZE-Folgetreffens unterzeichnet wurde. Die Unterzeichnerstaaten wurden im siebenten Kapitel des Dokuments dazu aufgefordert, den Menschenrechtsschutz in ihren gesetzlichen Bestimmungen und der Rechtspraxis umzusetzen. Bemerkenswert war schon die Formulierung des Dokuments. Einleitend wurde proklamiert:

> „Die Teilnehmerstaaten haben das Folgende angenommen und werden es durchführen."

Inhaltlich wurde der „Achtung der Menschenrechte und Grundfreiheiten" der größte Platz eingeräumt:

343 EuGRZ 1989, S. 89 ff.

„Achtung der Menschenrechte und Grundfreiheiten, einschließlich der Gedanken-, Gewissens-, Religions- oder Überzeugungsfreiheit

(1) Die Teilnehmerstaaten werden die Menschenrechte und Grundfreiheiten, einschließlich der Gedanken- Gewissens- Religions- oder Überzeugungsfreiheit für alle ohne Unterschied der Rasse, des Geschlechts, der Sprache oder der Religion achten.

(8) Auf dem Gebiet der Menschenrechte und Grundfreiheiten werden die Teilnehmerstaaten in Übereinstimmung mit den Zielen und Grundsätzen der Charta der Vereinten Nationen und mit der Allgemeinen Erklärung der Menschenrechte handeln. Sie werden ferner ihre Verpflichtungen erfüllen, wie diese festgelegt sind in den internationalen Erklärungen und Abkommen auf diesem Gebiet, soweit sie an sie gebunden sind, darunter auch in den internationalen Konventionen über die Menschenrechte."

Aus juristischer Sicht von Interesse ist vor allem, dass das Wiener Dokument erstmalig im KSZE-Prozess ausdrücklich das individuelle Recht auf Freizügigkeit betonte und zwar sowohl innerstaatlich als auch hinsichtlich der Ausreise aus dem eigenen Staat. Hierfür einschlägig waren insbesondere die Ziffern 20 und 21:

„ 20. Die Teilnehmerstaaten werden das Recht eines jeden

- auf Freizügigkeit und freie Wahl des Aufenthaltsortes innerhalb der Grenzen eines jeden Staates und

- auf Ausreise aus jedem Land, darunter auch aus seinem eigenen, und auf Rückkehr in sein Land uneingeschränkt achten.

21. Die Teilnehmerstaaten werden gewährleisten, dass die Ausübung der obenstehenden Rechte keinerlei Einschränkungen unterliegt, mit Ausnahme jener, die im Gesetz verankert sind und mit ihren völkerrechtlichen Verpflichtungen, insbesondere dem Internationalen Pakt über bürgerliche und politische Rechte, und mit ihren anderen internationalen Verpflichtungen, insbesondere der Allgemeinen Erklärung der Menschenrechte, in Einklang stehen. Diese Einschränkungen tragen den Charakter von Ausnahmen. Die Teilnehmerstaaten werden dafür sorgen, dass diese Einschränkungen nicht missbräuchlich und willkürlich angewendet werden, sondern in einer Form, die die wirksame Ausübung dieser Rechte wahrt."

Beachtlich ist ferner, dass das Wiener Dokument ein Verfahren zur Überprüfung der Menschenrechtsumsetzung vorsah. Zwar gab auch das Wiener Dokument als zwischenstaatliche Vereinbarung den Bürgern der DDR kein subjektives Recht auf Ausreise. Aber mit dem eindeutig formulierten Wiener Dokument hat die DDR erstmals seit Inkrafttreten der zweiten Verfassung von 1968 offiziell ein Individualrecht auf Ausreise anerkannt. Der politische Druck, der durch diese Anerkennung zustande kam, führte schließlich zur Reiseverordnung von 1989.

5. Art. 12 des internationalen Paktes über bürgerliche und politische Rechte vom 16. Dezember 1966[344]

Schließlich ist im Bereich internationaler Regeln zu untersuchen, ob den Staatsbürgern der DDR ein Recht auf Ausreise aus Art. 12 Abs. II des IPBPR erwuchs. Dieser lautete:

„Jedermann steht es frei, jedes Land einschließlich seines eigenen zu verlassen."

a) Anwendbarkeit

Zunächst wird hierbei für gewöhnlich das Augenmerk auf die Frage nach der innerstaatlichen Anwendbarkeit der völkerrechtlichen Norm gerichtet. Dabei ist unstrittig, dass Art. 12 IPBPR „self-executing" ist, also unmittelbar angewendet werden *kann*.[345] Das ist immer dann der Fall, wenn eine völkerrechtliche Vorschrift nach Wortlaut, Zweck und Inhalt die Rechtsunterworfenen ohne weiteres bindet bzw. berechtigt, ohne dass zu ihrer Durchführung erst noch weitere innerstaatliche Rechtsnormen notwendig sind.[346]

Die rechtstechnische Anwendung des IPBPR wäre also auch ohne eine zusätzliche innerstaatliche Durchführungsregelung in der Weise möglich gewesen, dass sich die Individuen vor den innerstaatlichen Gerichten direkt auf den Pakt berufen.[347]

b) Geltung

Von der Frage der Anwendbarkeit ist die Frage strikt zu trennen, ob eine Norm überhaupt Geltung in der jeweiligen innerstaatlichen Rechtsordnung erlangt hat, also nach innerstaatlichem Recht angewendet werden *darf*.[348] Neben der Ratifikation eines völkerrechtlichen Vertrages ist hierfür dessen Umsetzung ins innerstaatliche Recht durch einen Einführungsakt erforderlich.[349]

[344] In Kraft getreten am 23. März 1976.

[345] *Manfred Nowak*, CCPR-Kommentar, Art. 2 Rn. 53 m.w.N.; „unmittelbar anwendbar" und „self-executing" werden im Folgenden synonym verwendet. Vgl. die Darstellung der Begriffe zueinander bei *Gaby Buchs*, Die unmittelbare Anwendbarkeit völkerrechtlicher Vertragsbestimmungen, S. 26 m.w.N.

[346] *Michael Schweitzer*, Staatsrecht III, Rn. 436 ff.

[347] *Heinz Guradze*, Die Menschenrechtskonventionen der Vereinten Nationen vom 16. Dezember 1966, JiR 1971, S. 254; *Martin Kriele*, Die Menschenrechte zwischen Ost und West, S. 17.

[348] BVerfGE 73, 339 (375); *Gaby Buchs*, Die unmittelbare Anwendbarkeit völkerrechtlicher Vertragsbestimmungen, S. 30; *Philip Kunig* in: Vitzthum (Hrsg.), Völkerrecht, S. 123; *Henning Rosenau*, Tödliche Schüsse im staatlichen Auftrag, S. 158; *Alfred Verdross / Bruno Simma*, Universelles Völkerrecht – Theorie und Praxis, § 863 f.

[349] *Philip Kunig* in: Vitzthum (Hrsg.), Völkerrecht, S. 123; *Alfred Verdross / Bruno Simma*, Universelles Völkerrecht – Theorie und Praxis, § 863 f. Hierfür unerheblich ist der Streit

Über die Frage der innerstaatlichen Geltung des Art. 12 II im Recht der DDR wird bis heute gestritten. Das rührt daher, dass die DDR neben der Ratifikation und der Verkündung im Gesetzblatt bezüglich der Umsetzung des IPBPR nie etwas unternommen hat. Im Wesentlichen stehen sich drei Standpunkte gegenüber:

In der Literatur der DDR, aber auch bei westdeutschen Autoren ist die Auffassung zu finden, mangels Umsetzung habe Art. 12 II IPBPR keine innerstaatliche Geltung in der DDR gehabt.[350]

Dem widersprechen jene Autoren, welche eine Umsetzung des IPBPR ins Recht der DDR auch ohne weiteren Rechtsakt neben Ratifikation und Bekanntmachung annehmen.[351]

Schließlich wird vertreten, auf die Umsetzung sei es gar nicht angekommen, Art. 12 II IPBPR habe auch ohne Transformationsakt innerstaatliche Geltung in der DDR erlangt.[352] Die Begründungen für diesen Standpunkt gehen ihrerseits weit auseinander.

über die Frage, ob dieser einen reinen Rechtsanwendungsbefehl darstellt, durch den das betreffende Völkerrecht Teil der innerstaatlichen Rechtsordnung wird (sog. „Vollzugstheorie“), oder ob durch ihn ein „Umgießen“ des betreffenden Völkerrechts in innerstaatliches Recht stattfindet („Transformationstheorie“). Vgl. hierzu die Darstellung bei *Christine Kreuzer*, Die unmittelbare Anwendbarkeit völkerrechtlicher Verträge, JA 1998, S. 732 m.w.N.

350 Westdeutsches Schrifttum: *Martin Liebernickel*, Erpressung ausreisewilliger DDR-Bürger, S. 142; *Hans von Mangoldt*, Die kommunistische Konzeption der Bürgerrechte und die Menschenrechte des Völkerrechts, S. 40; *ders.*, Die Menschenrechtskonzeption der Staaten des Warschauer Paktes im Lichte ihrer völkerrechtlichen Verpflichtungen, ROW 1989, S. 89; *Henning Rosenau*, Tödliche Schüsse im staatlichen Auftrag, S. 160; *Herwig Roggemann*, Grenzübertritt und Strafrechtsanwendung zwischen beiden deutschen Staaten, in: Zeitschrift für Rechtspolitik 1976, S. 247; Schrifttum der DDR: *Hans-Joachim Heintze / Manfred Mohr*, in: *Autorenkollektiv*, Völkerrecht – Lehrbuch, S. 138; *Bernhard Graefrath*, Zu internationalen Aspekten der Menschenrechtsdiskussion, NJ 1978, S. 331; *Roland Meister*, in: *Autorenkollektiv*, Staatsrecht der DDR – Lehrbuch, S. 90, 92.

351 *Georg Brunner / Manfred Klein*, Internationale Menschenrechtsverpflichtungen der DDR, S. 33. Generell zur ausdrücklichen Bindung der Unterzeichnerstaaten an den Pakt; *Siegfried Mampel*, Die sozialistische Verfassung der DDR – Kommentar, Rn. 4 zu Art. 8; *Otto Triffterer*, Die völkerrechtlichen Verbrechen und das staatliche Strafrecht, ZfRV 1989, S. 117; *Wilfried Schaumann*, Der völkerrechtliche Schutz der Menschen- und Freiheitsrechte, JiR 1967 S. 154 f.; *Wolfgang Wagner*, Die Verwirklichung der Menschenrechte im IPBPR, im Grundvertrag und den ihn begleitenden Nebeninstrumenten, S. 86; *Helga Wullweber*, Die Mauerschützen-Urteile, in: Kritische Justiz 1993, S. 51.

352 *Dieter Blumenwitz*, Zur strafrechtlichen Verfolgung Erich Honeckers, DA 1992, S. 576; *Rainer Hofmann*, Kommentar zum IPBPR, in: Das Deutsche Bundesrecht,

Die Darstellung des Problems gelingt am anschaulichsten, wenn von der Rechtsordnung der DDR ausgegangen wird. Diese kannte zwei Arten der Umsetzung von Völkerrecht in innerstaatliches Recht: den Verweis und die Transformation.[353]

Unter Verweis verstand man Hinweise in innerstaatlichen Rechtsvorschriften darauf, dass ein „konkreter Bereich der gesellschaftlichen Beziehungen" durch die Anwendung von Völkerrechtsnormen geregelt werden sollte.[354] Bezüglich der Ausreise aus der DDR existierte ein solcher Verweis im Recht der DDR jedoch bis zu deren Ende nicht.

Die Transformation war in der Verfassung der DDR an zwei Stellen vorgesehen. Art. 51 regelte die spezielle Transformation von Staatsverträgen und völkerrechtlichen Verträgen, soweit durch sie Gesetze der Volkskammer geändert wurden. Art. 8 Abs. 1 beinhaltete die generelle Transformation der „allgemein anerkannten Regeln des Völkerrechts".

1) Spezielle Transformation, Art. 51 DDR-Verfassung

Die spezielle Transformation völkerrechtlicher Verträge war zur Zeit des Inkrafttretens des IPBPR in Art. 51 DDR-Verfassung sowie in dem „Erlass des Staatsrates der DDR über den Abschluss und die Kündigung von internationalen Verträgen der DDR vom 30.01.1961"[355] geregelt.[356]

IA 10c, S. 25; *Manfred Nowak*, CCPR-Kommentar, Einf. Rn. 14; *Eckart Klein*, Die völkerrechtliche Lage, S. 19; *Martin Kriele*, Die Menschenrechte zwischen Ost und West, S. 16 f.; *Siegfried Mampel*, Die sozialistische Verfassung der DDR – Kommentar, Rn. 43 zu Art. 19 und Rn. 9 f. zu Art. 51; *Christian Tomuschat*, Die Bundesrepublik Deutschland und die Menschenrechtspakte der Vereinten Nationen, VN 1978, S. 4 u. 9.

353 *Karl Becher*, Die Umsetzung von Völkerrecht in innerstaatliches Recht, NJ 1985, 392 ff.; *Roland Meister*, in: *Autorenkollektiv*, Staatsrecht der DDR – Lehrbuch, S. 90 ff.; *Edith Oeser / Walter Poeggel*, in: *Autorenkollektiv*, Völkerrecht – Lehrbuch, S. 37 und *Panos Terz*, in: *Autorenkollektiv*, Völkerrecht – Lehrbuch, S. 117 f.

354 *Gerd Seidel*, Verhältnis von Völkerrecht und innerstaatlichem Recht, S. 115.

355 GBl. d. DDR 1961, Band I, S. 5; die Verfassung der DDR übernahm den Inhalt im Wesentlichen in Art. 66 II 2, vgl. *Gottfried Zieger*, Die Organisation der Staatsgewalt in der Verfassung der DDR von 1968, AöR 1969, S. 185.

356 Dieser Erlass wurde 1976 durch den „Beschluss des Staatsrates der DDR über die Aufgaben des Staatsrates bei der Ratifikation und Kündigung von völkerrechtlichen Verträgen der DDR vom 22.03.1976", GBl. d. DDR 1976, Band I, S. 181, ersetzt, vgl. *Silke Buchner*, Die Rechtswidrigkeit der Taten von „Mauerschützen" im Lichte von Art. 103 II GG unter besonderer Berücksichtigung des Völkerrechts, S. 179, FN. 237; *Edith Oeser / Walter Poeggel*, in: *Autorenkollektiv*, Völkerrecht – Lehrbuch, S. 37 und *Panos Terz*, in: *Autorenkollektiv*, Völkerrecht – Lehrbuch, S. 118.

Art. 51 DDR-Verfassung lautete:

„Die Volkskammer bestätigt Staatsverträge der Deutschen Demokratischen Republik und andere völkerrechtliche Verträge, soweit durch sie Gesetze der Volkskammer geändert werden. Sie entscheidet über die Kündigung dieser Verträge.“

Beim IPBPR müsste es sich demgemäss um einen Staatsvertrag oder einen anderen völkerrechtlichen Vertrag im Sinne des Art. 51 DDR-Verfassung gehandelt haben. Unter einem Staatsvertrag verstand das Recht der DDR solche Verträge, die für die DDR durch das Staatsoberhaupt oder in dessen Namen abgeschlossen wurden.[357] Staatsoberhaupt der DDR war nach Art. 66 Abs. II Satz 1 DDR-Verfassung der gesamte Staatsrat. Dieser wurde nach Art. 69 Abs. I DDR-Verfassung durch seinen Vorsitzenden geleitet.[358] Der IPBPR wurde am 02.11.1973 durch den Vorsitzenden des Staatsrates unterzeichnet.[359] Er war damit ein Staatsvertrag im Sinne des Art. 51 DDR-Verfassung. Damit handelte es sich auch nach dem Recht der DDR beim IPBPR um einen völkerrechtlichen Vertrag.

Für die Geltung völkerrechtlicher Verträge im Recht der DDR verlangte der Wortlaut des Art. 51 DDR-Verfassung eine Bestätigung durch die Volkskammer, wenn durch diese völkerrechtlichen Verträge Gesetze der Volkskammer geändert worden wären.[360] Das war durch den IPBPR der Fall: Wie bereits dargestellt, sah das Recht der DDR zum fraglichen Zeitpunkt kein Recht auf Ausreise vor. Wie noch darzustellen sein wird, bestand außerdem eine umfangreiche Passgesetzgebung, die zum IPBPR im Widerspruch stand. Demnach wäre eine Bestätigung des IPBPR durch die Volkskammer nach dem Wortlaut des Art. 51 DDR-Verfassung Voraussetzung der Geltung im Recht der DDR gewesen.

Eine Bestätigung der Menschenrechtspakte durch die Volkskammer ist jedoch nie erfolgt.[361] Im Schrifttum der DDR wurde daher einhellig die Geltung des

357 *Siegfried Mampel*, Die sozialistische Verfassung der DDR – Kommentar, Art. 51 Rn 3.

358 Zur Frage des Staatsratsvorsitzenden als Staatsoberhaupt vgl. *Siegfried Mampel*, Die sozialistische Verfassung der DDR – Kommentar, Art. 66 Rn. 24.

359 Vgl. das Kapitel „Ratifizierung des IPBPR der Vereinten Nationen“, 1.Teil, B., VII.

360 In der Rechtslehre der DDR wurde darüber hinaus generell bestritten, dass Ratifikation und Bekanntmachung allein die Geltung eines völkerrechtlichen Vertrages in der DDR begründen könnten, vgl. *Karl Becher*, Die Umsetzung von Völkerrecht in innerstaatliches Recht, NJ 1985, S. 393; *Roland Meister*, in: *Autorenkollektiv*, Staatsrecht der DDR – Lehrbuch, S. 90; *Edith Oeser / Walter Poeggel*, in: *Autorenkollektiv*, Völkerrecht – Lehrbuch, S. 37.

361 *Georg Brunner / Eckart Klein*, Internationale Menschenrechtsverpflichtungen der DDR, S. 33; *Silke Buchner*, Die Rechtswidrigkeit der Taten von „Mauerschützen“ im Lichte von Art. 103 II GG unter besonderer Berücksichtigung des Völkerrechts, S. 179.

Paktes im innerstaatlichen Recht der DDR unter Berufung auf Art. 51 DDR-Verfassung abgelehnt.[362]

Im Schrifttum der Bundesrepublik wird die Annahme einer speziellen Transformation des IPBPR gemäß Art. 51 DDR-Verfassung ebenfalls abgelehnt.[363] Daraus werden aber unterschiedliche Schlussfolgerungen gezogen: Teilweise wird die Auffassung der DDR-Rechtslehre geteilt, dass der Pakt als gesetzesändernder völkerrechtlicher Vertrag nur nach Art. 51 DDR-Verfassung innerstaatliche Geltung hätte erlangen können und somit nie erlangt hat.[364] Wie eingangs bereits geschildert, wird aber auch vertreten, dass trotzdem innerstaatliche Geltung begründet wurde. Diese Ansicht wird unterschiedlich begründet: Es wird einerseits behauptet, eine Transformation habe über Art. 8 DDR-Verfassung stattgefunden, andererseits wird angenommen, innerstaatliche Geltung habe im Fall des IPBPR gar keiner Transformation bedurft.

2) Generelle Transformation

Es soll daher auch der Frage nachgegangen werden, ob der Pakt über Art. 8 DDR-Verfassung Eingang in das innerstaatliche Recht der DDR gefunden haben könnte. Nach diesem waren

> „die allgemein anerkannten, dem Frieden und der friedlichen Zusammenarbeit der Völker dienenden Regeln des Völkerrechts [...] für die Staatsmacht und jeden Bürger verbindlich".

[362] *Bernhard Graefrath*, Zu internationalen Aspekten der Menschenrechtsdiskussion, S. 29 f.; *ders.*, Zu Internationalen Aspekten der Menschenrechtsdiskussion, NJ 1978, S. 330; *H. Beil*, in: *Autorenkollektiv*, Grundrechte des Bürgers in der sozialistischen Gesellschaft, S. 273; *ders.*, in: *Autorenkollektiv*, Politische und persönliche Grundrechte in den Kämpfen unserer Zeit, S. 225 f.; *Eberhard Poppe*, in: *Autorenkollektiv*, Staatsrecht der DDR – Lehrbuch, S. 214.

[363] *Hans v. Mangoldt*, Die kommunistische Konzeption der Bürgerrechte und die Menschenrechte des Völkerrechts, S. 40; *Gerd Roellecke*, Schwierigkeiten mit der Rechtseinheit nach der deutschen Wiedervereinigung, NJW 1991, S. 661; *Helmut Quaritsch*, DDR-Verbrechen vor dem Bundesverfassungsgericht, S. 237; *Silke Buchner*, Die Rechtswidrigkeit von Taten der „Mauerschützen" im Lichte von Art. 103 II GG unter besonderer Berücksichtigung des Völkerrechts, S. 179; *Gerald Michael Kraut*, Rechtsbeugung? Die Justiz der DDR auf dem Prüfstand des Rechtsstaates, S. 128; *Hermann Ott*, Die Staatspraxis an der DDR-Grenze und das Völkerrecht, NJ 1993, S. 337; *Henning Rosenau*, Tödliche Schüsse im staatlichen Auftrag, S. 160; *Otto Lagodny / Dörthe Hesse*, Anmerkung zum Beschluss des BGH vom 22.04.1998 – 5 Str 5/98, JZ 1999, S. 315.

[364] *Henning Rosenau*, Tödliche Schüsse im staatlichen Auftrag, S. 165 f.; *Martin Liebernickel*, Erpressung ausreisewilliger DDR-Bürger, S. 142; *Silke Buchner*, Die Rechtswidrigkeit der Taten von „Mauerschützen" im Lichte von Art. 103 II GG unter besonderer Berücksichtigung des Völkerrechts, S. 184 f.

In der DDR-Rechtslehre wurde größter Wert auf die restriktive Auslegung des Art. 8 DDR-Verfassung gelegt. Keinesfalls sollte der Eindruck entstehen, Art. 8 DDR-Verfassung ermögliche eine generelle Adoption völkerrechtlicher Verträge in das innerstaatliche Recht der DDR. Eine solche Auslegung wurde als „Versuch bürgerlicher Völkerrechtler" bewertet, die Transformationspraxis der DDR „für ihre Zwecke zu nutzen".[365] Art. 8 wurde vielmehr so verstanden, dass er nur die Transformation einzelner völkerrechtlicher Regeln ermöglichte.[366] In Frage steht mithin, ob es sich insbesondere beim Ausreiserecht des Art. 12 II IPBPR um eine solche „allgemein anerkannte, dem Frieden und der friedlichen Zusammenarbeit der Völker dienende Regel des Völkerrechts" im Sinne des Art. 8 DDR-Verfassung handelte.[367]

Es liegt auf der Hand, dass diese Frage in Ost und West unterschiedlich beantwortet wurde. Unstrittig galten in der Rechtslehre der DDR die völkerrechtlichen Grundprinzipien als durch Art. 8 transformiertes innerstaatliches Recht,

> „[...] wie sie auf der Grundlage der UN-Charta in der Prinzipiendeklaration vom 24. Dezember 1970 und in der Schlussakte von Helsinki vom 1. August 1975 präzisiert wurden."[368]

Zu diesen Grundsätzen zählte man in der DDR das Prinzip der souveränen Gleichheit der Staaten, Grundsätze des internationalen Diplomaten- und Konsularrechts, die allgemeinen Grundsätze über die friedliche Nutzung staatlicher Gebiete, die Strafverfolgung von Verbrechen gegen den Frieden und die Menschlichkeit auf der Grundlage völkerrechtlicher Straftatbestände.[369] Obwohl die Rechtslehre der DDR behauptete, eine Transformation des IPBPR wäre überflüssig, da der Grundrechtsstandard nach innerstaatlichem Recht der DDR

365 *Gerd Seidel*, Verhältnis von Völkerrecht und innerstaatlichem Recht, S. 115.

366 Vgl. *Georg Brunner / Eckart Klein*, Internationale Menschenrechtsverpflichtungen der DDR, S. 33.

367 Nach Auffassung der DDR-Rechtslehre wurden solche Regelungen innerstaatliches Recht und genossen Vorrang vor einfachgesetzlichen Vorschriften der DDR, vgl. *Gerd Seidel*, Verhältnis von Völkerrecht und innerstaatlichem Recht, S. 105.

368 *Roland Meister*, in: *Autorenkollektiv*, Staatsrecht der DDR – Lehrbuch, S. 91.

369 vgl. *Roland Meister*, in: *Autorenkollektiv*, Staatsrecht der DDR – Lehrbuch, S. 91, der an dieser Stelle auch deutlich macht, warum der DDR an einem erkennbar hohen Stellenwert dieser Grundsätze im Verfassungsrecht der DDR gelegen war: Jeder dieser Grundsätze diente (nach Auslegung im Sinne des sozialistischen Rechtsverständnisses) der DDR dazu, gegenüber der internationalen Staatengemeinschaft die Rechtspraxis der DDR zu rechtfertigen. Das Prinzip der souveränen Gleichheit der Staaten schließe z.B. die „Personalhoheit" der Staaten ein, die sich insbesondere im Staatsbürgerschaftsrecht auspräge. Damit war nichts anderes gemeint, als dass das strikte Ausreiseverbot mit höchsten Völkerrechtsgrundsätzen konform gehe.

höher sei als der im IPBPR geforderte,[370] zählte man die im IPBPR erfassten Rechte nicht zu den von Art. 8 DDR-Verfassung erfassten völkerrechtlichen Grundsätzen.[371]

Im bundesdeutschen Schrifttum wird bis heute die Gegenauffassung vertreten. Das wird auf verschiedene Annahmen gestützt: Zunächst wird angenommen, die Allgemeine Erklärung der Menschenrechte sei bereits zu Völkergewohnheitsrecht erstarkt und als universell geltendes Völkerrecht habe damit auch das Ausreiserecht über Art. 8 DDR-Verfassung Eingang ins innerstaatliche Recht der DDR gefunden. Insofern sei die Frage nach der Geltung des IPBPR von untergeordneter Bedeutung.[372]

Noch einen Schritt weiter geht *Siegfried Mampel* in seiner Kommentierung der DDR-Verfassung, der das Merkmal „allgemein anerkannt" des Art. 8 DDR-Verfassung bereits verwirklicht sah, wenn „ein bestimmter Grad der Konkretisierung" erreicht war.[373] Diesen nahm er hinsichtlich des Ausreiserechts durch den IPBPR schon wegen der Erwähnung desselben in der Schlussakte von Helsinki an.[374]

Bei dem Rechtswissenschaftler *Georg Brunner* findet sich die These, dass nach der völkerrechtlichen Menschenrechtsargumentation der DDR selbst der „wie auch immer zu bestimmende menschenrechtliche Mindeststandard" des IPBPR über die generelle Transformation des Art. 8 Bestandteil der innerstaatlichen Rechtsordnung der DDR geworden sei.[375] Hierzu könnte man nun auch, je nach Wertung, das Ausreiserecht des Art. 12 Abs. 2 IPBPR zählen.

370 So ausdrücklich *Roland Meister*, in: *Autorenkollektiv*, Staatsrecht der DDR – Lehrbuch, S. 214: „Es könnte durchgängig belegt werden, dass die vergleichbaren sozialistischen Grundrechte umfassender sind als die in den völkerrechtlichen Konventionen geregelten Rechte und dass sie zudem durch die Gesellschaftsverhältnisse des Sozialismus gesichert sind. Deshalb erfolgt die Verwirklichung der völkerrechtlichen Menschenrechte in der DDR auf der Basis des bereits bestehenden innerstaatlichen Rechts. Dabei gibt es kein völkerrechtliches Menschenrecht, dem nicht nach Geist und Buchstabe entsprochen wird".

371 *H. Beil* in: *Autorenkollektiv*, Grundrechte des Bürgers in der sozialistischen Gesellschaft, S. 272 f.

372 So im Ergebnis die Rechtsanwältin *Helga Wullweber*, Die Mauerschützen-Urteile, in: Kritische Justiz 1993, S. 51.

373 *Siegfried Mampel*, Die sozialistische Verfassung der DDR – Kommentar, Rn. 43 zu Art. 19.

374 Ebenda, Rn. 5 zu Art. 8.

375 *Georg Brunner / Eckart Klein*, Internationale Menschenrechtsverpflichtungen der DDR, S. 33.

3) Geltung ohne Transformation

Schließlich wird -vornehmlich im völkerrechtlichen Schrifttum- aus verschiedensten Gründen die Auffassung vertreten, die Geltung im innerstaatlichen Recht der Unterzeichnerstaaten des IPBPR habe keines weiteren Rechtsaktes als der Ratifikation und der Bekanntmachung bedurft.

Der Völkerrechtler *Rainer Hofmann* stellt in einer Kommentierung des Artikels 2 IPBPR[376] dar, schon dessen Wortlaut sei zu entnehmen, dass auch die Staaten, in denen die materiellrechtlichen Bestimmungen des Paktes nicht förmlich in innerstaatliches Recht transformiert seien, der Verpflichtung unterlägen, allen begünstigten Personen das Recht einzuräumen, sich vor Behörden und Gerichten unmittelbar auf den Pakt zu berufen. In diesem Sinne besitze der Pakt unmittelbare innerstaatliche Wirkung.[377]

Als ein weiterer Kommentator des IPBPR streicht *Manfred Nowak* heraus, dass der Pakt nach dem Willen der Unterzeichnerstaaten selbst Menschenrechte schaffe. Daraus folge, dass sie den Rechtsträgern mit Unterzeichnung auch zugestehen, diese Rechte im Rahmen des Rechtsschutzes vor den innerstaatlichen Organen durchzusetzen.[378]

Auch der Rechtswissenschaftler *Martin Kriele* bezieht sich auf den Wortlaut des Paktes und stellt insbesondere auf dessen Unterschiede zum Sozialrechtspakt ab. Die Menschenrechte des Bürgerrechtspaktes gelten demnach unbedingt und unmittelbar. Unter den in Absatz 2 erwähnten „erforderlichen Schritten" könne man keine Umsetzung der Freiheitsrechte in innerstaatliches Recht verstehen, denn die seien vom Unterzeichnerstaat unbedingt und sofort zu realisieren. Während die Verwirklichung der Menschenrechte des Sozialrechtspakts noch

376 Art. 2 Abs. 1 IPBPR:
„Jeder Vertragsstaat verpflichtet sich, die in diesem Pakt anerkannten Rechte zu achten und sie allen [...] Personen ohne Unterschied [...] zu gewährleisten."
Art. 2 Abs. 2 IPBPR:
„Jeder Vertragsstaat verpflichtet sich, im Einklang mit seinem verfassungsrechtlichen Verfahren und mit den Bestimmungen dieses Paktes die erforderlichen Schritte zu unternehmen, um die gesetzgeberischen oder sonstigen Vorkehrungen zu treffen, die notwendig sind, um den in diesem Pakt anerkannten Rechten Wirksamkeit zu verleihen, soweit solche Vorkehrungen nicht bereits getroffen worden sind."

377 *Rainer Hofmann*, Kommentar zum IPBPR, in: Das Deutsche Bundesrecht IA 10c, S. 25. In seiner Untersuchung: Die Ausreisefreiheit nach Völkerrecht und staatlichem Recht, S. 244, stellt Hofmann bezüglich des Ausreiserechts allerdings fest, dass die Ausreisefreiheit in der DDR jedenfalls „nicht ausdrücklich und nicht grundsätzlich geschützt ist."

378 *Manfred Nowak*, CCPR-Kommentar, Art. 2, Rn. 53.

gesetzgeberischer Schritte bedürfte, sei eine solche Rechtfertigung für Nichtumsetzung bei den Freiheitsrechten des IPBPR nicht möglich.[379]

Der Völkerrechtler *Eckart Klein* kommt ebenfalls zu dem Schluss, dass die Individuen die meisten Garantien des IPBPR unmittelbar von den Staaten verlangen könnten, für die der Pakt in Kraft getreten sei. Hierfür sei eine zusätzliche Umsetzung in innerstaatliches Recht nicht erforderlich. Diese Ansicht stützt er auf das dem Pakt beigegebene Fakultativprotokoll, nach welchem Individuen die Verletzung von Paktrechten dem Menschenrechtsausschuss mitteilen können. Diese Verknüpfung sei nur sinnvoll, wenn die Paktrechte unmittelbar für den Einzelnen gelten würden.[380]

Auch bei dem ehemaligen Vertreter der Bundesrepublik im UN-Menschenrechtsausschuss, *Christian Tomuschat,* findet sich dieses Argument wieder. Eine genaue Analyse des Pakts bestätige, dass die in ihm garantierten Rechte strikte Rechtsverpflichtungen der Staaten seien und nicht nur die Verpflichtung zu fortschreitender Anpassung des innerstaatlichen Rechts an den vertraglich festgelegten Standard. Dafür müssten sie sämtliche erforderlichen Maßnahmen treffen, also auch Rechtsprechung und Verwaltungspraxis auf den Pakt einstellen. Andernfalls mache die in Art. 2 Abs. 3 enthaltene Beschwerdemöglichkeit keinerlei Sinn.[381]

Von *Siegfried Mampel* wurde neben der These von der generellen Transformation schließlich die Auffassung vertreten, einer besonderen Transformation des IPBPR habe es gar nicht bedurft. Bereits durch Ratifikation und innerstaatliche Bekanntmachung des Paktes hätte dieser auch innerstaatliche Geltung erlangt.[382] Ein Volkskammerbeschluss sei daher nicht nötig gewesen. Mampel stützt diese Auffassung auf die Feststellung, die Bekanntmachung des IPBPR im Gesetzblatt der DDR wäre ohne tatsächliche Geltung einer Täuschung der Bevölkerung gleichgekommen.[383]

Eine ähnliche Argumentation ist bei dem Völkerrechtler *Dieter Blumenwitz* zu finden. Ausgehend vom Erfordernis eines Volkskammerbeschlusses macht er deutlich, dass ein solcher in diesem Fall tatsächlich nicht vonnöten gewesen sei. Die Nichtbeteiligung der Volkskammer stehe der Transformation nämlich schon deshalb nicht im Wege, weil auch der Staatsrat der DDR zur Normsetzung und

379 *Martin Kriele*, Die Menschenrechte zwischen Ost und West, S. 16 f.

380 *Eckart Klein*, Die völkerrechtliche Lage, S. 19.

381 *Christian Tomuschat*, Die Bundesrepublik Deutschland und die Menschenrechtspakte der Vereinten Nationen, VN 1978, S. 3 f.

382 *Siegfried Mampel*, Die sozialistische Verfassung der DDR – Kommentar, Rn. 42 zu Art. 19.

383 Ebenda, Rn. 9 f. zu Art. 51.

damit zur Transformation befugt gewesen sei. Dessen Vorsitzender habe den Pakt ratifiziert, was am 26. Februar 1974 im Gesetzblatt der DDR veröffentlicht worden sei. Das Inkrafttreten des Paktes sei schließlich am 29. März 1976 bekannt gegeben worden. Insofern habe die DDR durch Bekanntmachung der Ratifikation auch innerstaatliche Normen neu gesetzt.[384]

4) Stellungnahme

Bevor eine Beurteilung der Rechtslage nach dem IPBPR in der DDR erfolgt, soll hier noch einmal die unstrittige Ausgangslage festgehalten werden: Der IPBPR verpflichtete die Staaten zur Umsetzung der in ihm enthaltenen Rechte. Nach geltendem Verfassungsrecht der DDR war für die Umsetzung völkerrechtlicher Verträge ein Verweis oder ein Transformationsakt nötig. Außer der Ratifikation, der Bekanntmachung im Gesetzblatt der DDR und der Bekanntgabe des Inkrafttretens des Paktes hat die DDR bis 1989 bezüglich des Art. 12 Abs. 2 IPBPR nichts unternommen. Offen bleiben zwei Fragen:

Konnte auch ohne Volkskammerbeschluss eine Transformation des IPBPR ins innerstaatliche Recht der DDR erfolgen ? Wenn das der Fall war, (wie) ist das geschehen ?

Die Ansicht, mangels Volkskammerbeschlusses habe der IPBPR nie innerstaatliche Wirkung in der DDR entfaltet, findet sich neben der einhelligen Auffassung im Schrifttum der DDR in der überwiegenden strafrechtlichen Literatur der Bundesrepublik durch die Zeiten hindurch wieder.[385] Das hat einen plausiblen Grund: Das Recht auf Ausreise nach Art. 12 Abs. 2 IPBPR wurde strafrechtlich vor allem im Zusammenhang mit den „Mauerschützenprozessen" relevant. Hier stellte sich die Frage, ob deren Körperverletzungs- und Totschlagsdelikte gerechtfertigt waren. Als Rechtfertigungsgrund kamen verschiedene DDR-Vorschriften in Betracht:

Nach § 20 Abs. 3 des Gesetzes über die Aufgaben und Befugnisse der deutschen Volkspolizei vom 11. Juni 1968[386] (VPG) waren die „Angehörigen der Nationalen Volksarmee" berechtigt,

[384] *Dieter Blumenwitz*, Zur strafrechtlichen Verfolgung Erich Honeckers, DA 1992, S. 576.

[385] Anderer Ansicht im strafrechtlichen Schrifttum sind *Matthias Bath*, Notwehr und Notstand bei der Flucht aus der DDR, S. 19 f.; *Dieter Gräf*, Im Namen der SED, S. 20; *Rudolf Wassermann*, Die strafrechtliche Aufarbeitung der SED-Vergangenheit, RuP 1992, S. 124 f.; *Hans-Ludwig Schreiber*, Die strafrechtliche Aufarbeitung von staatlich gesteuertem Unrecht, ZStW 1995, S. 166.

[386] GBl. d. DDR 1968, Band I, S. 232.

„in Erfüllung militärischer Wach-, Ordnungs- und Sicherungsaufgaben entsprechend den vom Minister für Nationale Verteidigung getroffenen Festlegungen die in diesem Gesetz geregelten Befugnisse wahrzunehmen.“

Solche „Festlegungen“ waren z.B. die Vorschrift „DV-30/10, Organisation und Führung der Grenzsicherung in der Grenzkompanie“ von 1967 und später die „DV 018/0/008“ von 1974.

Am 25. März 1982 trat dann das DDR-Grenzgesetz (GrenzG) in Kraft,[387] welches von da an als alleinige Grundlage des Schusswaffengebrauchs durch die DDR-Grenztruppen verstanden wurde.

Nach § 17 Abs. 2 a) des „Volkspolizeigesetzes“ sowie später nach § 27 Abs. 2 Grenzgesetz durfte an der Grenze geschossen werden, um die unmittelbare Ausführung oder die Fortsetzung einer Tat zu verhindern, die sich nach den Umständen als ein Verbrechen gegen die staatliche Ordnung darstellte.[388] Ein solches Verbrechen war zum Beispiel der „ungesetzliche Grenzübertritt“ („Republikflucht“), wenn er gemäß § 213 Abs. 3 StGB der DDR gemeinschaftlich oder mit besonderer Intensität oder zum wiederholten Mal begangen wurde. In diesen Fällen war der Schusswaffengebrauch durch die Grenzsoldaten nach dem Recht der DDR gerechtfertigt. Dieser Rechtfertigungsgrund war nur denkbar, weil ein Recht auf Ausreise im innerstaatlichen Recht nach Ansicht der DDR-Rechtsprechung nicht bestand. Eine spätere Rechtfertigung der „Mauerschützen“ vor den bundesdeutschen Gerichten nach den zur Tatzeit gültigen Rechtfertigungsgründen setzte folglich zwingend voraus, dass der Tatrichter der DDR-Rechtsauffassung folgte.

387 GBl. d. DDR 1982, Band I, S. 197.

388 § 17 II a VPG:
Die Anwendung von Schußwaffen ist gerechtfertigt:
a) um die unmittelbar bevorstehende Ausführung oder die Fortsetzung einer Straftat zu verhindern, die sich den Umständen nach als ein
-Verbrechen gegen die Souveränität der Deutsche Demokratischen Republik, den Frieden, die Menschlichkeit und die Menschenrechte
-Verbrechen gegen die Deutsche Demokratische Republik
-Verbrechen gegen die Persönlichkeit
-Verbrechen gegen die allgemeine Sicherheit oder gegen die staatliche Ordnung oder
-anderes Verbrechen, das insbesondere unter Anwendung von Schußwaffen oder Sprengmitteln begangen werden soll oder ausgeführt wird, darstellt.
§ 27 II GrenzG:
Die Anwendung der Schußwaffe ist gerechtfertigt, um die unmittelbar bevorstehende Ausführung oder die Fortsetzung einer Straftat zu verhindern, die sich den Umständen nach als ein Verbrechen darstellt. Sie ist auch gerechtfertigt zur Ergreifung von Personen, die eines Verbrechens dringend verdächtig sind.

Der BGH hat das im ersten „Mauerschützenurteil“ offen gelassen[389] und in zwei weiteren Entscheidungen ausdrücklich abgelehnt.[390] Er verneinte damit eine Rechtfertigung der „Mauerschützen“:

„Ein der Staatspraxis entsprechender Rechtfertigungsgrund, der die (bedingt oder unbedingt) vorsätzliche Tötung von Personen, die nichts weiter wollten, als unbewaffnet und ohne Gefährdung allgemein anerkannter Rechtsgüter die innerdeutsche Grenze zu überschreiten, muss in der Rechtsanwendung unbeachtet bleiben. Denn ein solcher Rechtfertigungsgrund, der der Durchsetzung des Verbots, die Grenze unerlaubt zu überschreiten, Vorrang vor dem Lebensrecht von Menschen gibt, ist wegen offensichtlichen, unerträglichen Verstoßes gegen elementare Gebote der Gerechtigkeit und gegen völkerrechtlich geschützte Menschenrechte unwirksam. Der Verstoß wiegt hier so schwer, dass er die allen Völkern gemeinsamen, auf Wert und Würde des Menschen bezogenen Rechtsüberzeugungen verletzt; in einem solchen Fall muss das positive Recht der Gerechtigkeit weichen.“[391]

Bei der Beurteilung, ob es sich bei den fraglichen Normen um „elementare Gebote der Gerechtigkeit“ handelt, sei nicht mehr nur auf die „Radbruchsche Formel“[392] abzustellen:

„Heute sind konkretere Prüfungsmaßstäbe hinzugekommen: Die internationalen Menschenrechtspakte bieten Anhaltspunkte dafür, wann der Staat nach der Überzeugung der weltweiten Rechtsgemeinschaft Menschenrechte verletzt. Hierbei ist der Internationale Pakt über bürgerliche und politische Rechte vom 10. Dezember 1966 von besonderer Bedeutung. [...]

[...] Ergeben sich bei der Bewertung des Rechts der DDR Widersprüche zwischen den von ihr völkerrechtlich anerkannten Menschenrechten und der tatsächlichen Anwendung der Grenz- und Waffengebrauchsvorschriften, so kann dieser Widerspruch auch bei der Beurteilung der Frage berücksichtigt werden, ob derjenige rechtswidrig handelt, der auf staatlichen Befehl Menschenrechte verletzt, die durch den völkerrechtlichen Vertrag geschützt sind.“[393]

Den behaupteten Widerspruch machte der BGH neben der völkerrechtlichen Anerkennung an der Ratifikation des IPBPR durch die DDR in seinem Urteil anhand von Zitaten aus der rechtswissenschaftlichen DDR-Literatur fest. Hier sei ja behauptet worden, dass der Menschenrechtsstandard in der DDR sogar höher gewesen sei als der durch die UN-Pakte geforderte. So kam der BGH zu dem Schluss, die Rechtfertigungsgründe seien gemäß der Radbruchschen Formel „Extremes Unrecht ist kein Recht!“ außer Acht zu lassen. Diese Feststellung implizierte im Umkehrschluss, dass ein Recht auf Ausreise sehr wohl bestand.

Die Argumentation im erwähnten strafrechtlichen Schrifttum setzte sich nun weniger mit dem völkerrechtlichen Hintergrund des Ausreiserechts auseinander

389 BGHSt 39, 1 (19 ff.).
390 BGHSt 40, 241 (248); 41, 101 (110 f.).
391 BGHSt 39, 1 (15 ff.); 39, 168 (183 ff.).
392 Vgl. die Einleitung.
393 BGHSt 39, 1 (17).

als vielmehr mit der Argumentation des BGH, der auch in späteren Urteilen an dieser Rechtsprechung festhielt.[394] Aus dieser Kritik entwickelte sich die Gegenauffassung. Dabei wurden im Wesentlichen zwei Argumente angeführt:[395]

Einerseits lehnte man die Anwendung der Radbruchschen Formel aus diversen Gründen ab.[396] Es handele sich bei der Formel um eine bundesrepublikanische Argumentationsfigur, derer es bei der Beurteilung der „Mauerschützen“ gar nicht bedurft hätte.[397] Die Zuhilfenahme des IPBPR bei der Auslegung sei insofern eine „Ausweichstrategie Völkerrecht“.[398] Zudem werde Art. 12 II IPBPR auch noch zu weitgehend interpretiert, weil die Ausnahmen des Abs. 3 nicht ausreichend in die Betrachtung des BGH mit einflössen.[399] Überdies sei gerade der IPBPR ja in Ost und West unterschiedlich interpretiert worden.[400]

Nach Ablehnung der Radbruchschen Formel kommen die Kritiker dann nicht am Wortlaut des Art. 51 DDR-Verfassung vorbei und so wird immer wieder betont, der IPBPR sei mangels Volkskammerbeschlusses nicht in innerstaatliches Recht umgewandelt worden.[401] Mit dieser Feststellung ist indes nicht viel gewonnen, da es an dieser Stelle ja gerade um die Frage geht, ob trotz mangelnder Transformation des IPBPR ein Ausreiserecht bestand.

Das zweite, ausdrücklich nicht benannte Argument, klingt aber doch in allen Darstellungen mit und lautet, dass das Ergebnis des BGH unbefriedigend sei.

Der Kritik an der Auffassung des BGH ist in einem Punkte zuzustimmen: Die Vorgehensweise des BGH birgt die „Gefahr“, dass die Frage nach dem extremen Unrecht aus dem Blick gerät und unmerklich durch die Frage ersetzt wird, ob die Art. 12 und 6 IPBPR als positiv geltendes Völkerrecht verletzt worden

394 BGHSt 39, 1 (15 ff.); 39, 168 (181); 39, 353 (366 f.); 40, 48 (54 f.); 40, 113 (116 f.); 40, 218 (229 ff.); 40, 241 (244); 41, 10 (15); 41, 101 (105).

395 Wenn man, wie der BGH dies tat, in den DDR-Rechtfertigungsgründen extremes Unrecht sah, stellte sich außerdem noch die Frage, ob die nachträgliche Nichtigkeitserklärung derselben ein Verstoß gegen das Rückwirkungsverbot des Art. 103 Abs. 2 Grundgesetz darstellte. Dieser Frage muss hier nicht nachgegangen werden, da sie für das Ausreiserecht keine Rolle spielt.

396 Für die Vertretbarkeit der Anwendung der Radbruchschen Formel im ersten „Mauerschützenprozess“ vgl. die ausführliche Auseinandersetzung mit dem Urteil durch *Robert Alexy*, Mauerschützen, S. 25.

397 *Helmut Quaritsch*, DDR-Verbrechen vor dem Bundesverfassungsgericht: Außenperspektive und Binnensicht, S. 238 f.

398 *Horst Dreier*, Gustav Radbruch und die Mauerschützen, JZ 1997, S. 425.

399 Ebenda.

400 *Silke Laskowski*, Unrecht – Strafrecht – Gerechtigkeit. Die Probleme des Rechtsstaats mit dem DDR-Unrecht, JA 1994, S. 159.

401 Dieses „Argument“ findet sich tatsächlich in allen zu dieser Auffassung zitierten Abhandlungen wieder.

sind.[402] Dem ist aber entgegenzuhalten, dass zu dieser Frage weder der BGH noch das Bundesverfassungsgericht je eine Aussage getroffen haben; die „Gefahr“ ist also gar nicht offen ausgebrochen.

Bedenklich erscheint die Behauptung, die Radbruchsche Formel sei für die Beurteilung nicht nötig gewesen. Richtig ist, dass das Recht der DDR im Nachhinein nicht rechtsstaatlich ausgelegt werden darf. Das käme in der Tat einer „versteckten Rückwirkung“ gleich.[403] Der BGH tut das aber auch gar nicht. Er stellt vielmehr bereits in seinem ersten „Mauerschützenurteil“ klar, dass zum Recht nicht nur der Wortlaut des positiven Gesetzes gehört, sondern auch dessen interpretative Praxis.[404] An der Vorschrift: „Jedermann steht es frei, sein Land zu verlassen“, gibt es indes nicht viel zu interpretieren. In der Rechtspraxis der DDR wurde das auch gar nicht versucht. Art. 12 Abs. 2 IPBPR wurde schlicht ignoriert. Man kann aber im Nachhinein nicht einerseits von der völkerrechtlichen Verpflichtung des Vertrages ausgehen und andererseits akzeptieren, dass er ignoriert wurde. Ein solches Vorgehen hieße, Faktizität zur Geltung werden zu lassen. Das Argument, die in Abs. 3 enthaltenen Ausnahmen seien ebenfalls in die Auslegung einzubeziehen, läuft ebenfalls ins Leere, wie noch zu zeigen sein wird: Da nämlich der Grundsatz ignoriert wurde, konnte auf die Ausnahme nicht verwiesen werden.

Mag die Kritik am „Wie“ der Anwendung der Radbruchschen Formel auch in einigen Punkten berechtigt sein, die Kritik am „Ob“ ist es sicher nicht. Konsequenterweise müssten die Gegner einer solchen „Naturrechtsjustiz“[405] auch vor der Bewertung der Straftaten kapitulieren, die in der Zeit des Nationalsozialismus begangen wurden, für die die Formel seinerzeit entwickelt wurde. Die Richtigkeit ihrer Anwendung in diesen Fällen gilt aber als unbestritten.

Das im strafrechtlichen Schrifttum häufig bemühte Argument vom unerwünschten Ergebnis ist im vorliegenden Zusammenhang nichts anderes als eine rechtspolitische Aussage zur Rechtfertigung der „Mauerschützen“. Denn allein die Überzeugung, dass nicht sein kann, was nicht sein darf, ist noch keine rechtswissenschaftliche Erkenntnis. Diese Aussage verdient daher als Meinungsäußerung zwar Beachtung, ein Argument im juristischen Streit hingegen, stellt sie nicht dar.

Die Kritik am Urteil des BGH vermag aus den genannten Gründen nicht zu überzeugen.

402 *Robert Alexy*, Mauerschützen, S. 27.
403 Ebenda.
404 BGH NJW 1993, S. 141 (143).
405 Vgl. *Josef Isensee*, Aussprache auf der Jahrestagung der Vereinigung deutscher Staatsrechtslehrer, VVDStRL 1992, S. 136.

Insofern ist die erste Frage dahingehend zu beantworten, dass allein das Fehlen eines Volkskammerbeschlusses der innerstaatlichen Geltung des IPBPR nicht im Wege stand. Damit ist an dieser Stelle das Problem zu klären, ob innerstaatliche Geltung des IPBPR begründet wurde, und wenn das der Fall war, auf welche Weise.

Die Antwort darauf, ob eine generelle Transformation stattgefunden hat, läuft tatsächlich auf die Frage hinaus, wessen Maßstab der Betrachtung zugrundezulegen ist. Wie oben bereits ausgeführt, kann es nicht richtig sein, die Rechtsordnung der DDR im Nachhinein rechtsstaatlich auszulegen. Es besteht kein Zweifel daran, dass man in der DDR das Ausreiserecht nicht zu den „allgemeinen Regeln des Völkerrechts" zählte. Alle Versuche, der DDR-Rechtsordnung zu unterstellen, über Art. 8 seien die Menschenrechte des IPBPR transformiert worden, müssen schon allein aus diesem Grund scheitern. Es ist zwar richtig, dass sich zahlreiche Passagen in der DDR-Literatur finden lassen, nach denen die Menschenrechte der Vereinten Nationen voll anerkannt waren. Dem lassen sich aber mindestens ebenso viele Zitate entgegenstellen, nach denen der IPBPR nicht über Art. 8 transformiert worden ist.

Übrig bleibt schließlich die Möglichkeit eines subjektiven Rechts auf Ausreise aus dem IPBPR ohne Transformation. Den Argumenten, die für diese „unmittelbare Geltung" sprechen, ist in der Literatur wenig entgegengebracht worden.

Wenig überzeugend ist es, wenn *Mampel* aus einer Täuschung der Öffentlichkeit durch die Publikation einer nicht in Geltung gesetzten Rechtsvorschrift den Schluss zieht, spätestens mit Veröffentlichung entstehe diese Geltung. Schwach ist dieser Beweisgrund deshalb, weil derartige Täuschungen der Öffentlichkeit in der Rechtswirklichkeit der DDR an der Tagesordnung waren. Man denke nur an die ungezählten geheimen Rechtsnormen, die den Bürgern gar nicht zugänglich waren.[406] Trotzdem ist *Mampel* zuzugeben, dass der Veröffentlichung einer Rechtsvorschrift im Gesetzblatt der DDR auch nach deren Rechtsauffassung mehr Bedeutung zugekommen ist als die einer bloßen Proklamation.

Interessant erscheint daher der Schluss von *Blumenwitz*. Die These von der Normsetzung durch Ratifikation und Bekanntgabe hat aber auch bei ihm ein offenes Ende. Es bleibt nämlich die Frage, ob hier tatsächlich ein Normsetzungsverfahren oder eine dritte Art der Transformation stattgefunden hat, die gewissermaßen nach DDR-Recht möglich, aber nicht ausdrücklich geregelt war. Auch hier ergibt sich in letzter Konsequenz jedoch die Ungewissheit, wie weit man bei systemimmanenter Auslegung des Rechts der DDR gehen darf.

[406] Vgl. das Kapitel „Einschränkungen der Ausreisefreiheit im Recht der DDR", 2. Teil, 3.

Bei der Frage nach Geltung kommt man jedoch trotz Beachtung der DDR-Rechtsauffassung nicht um die Berücksichtigung der Besonderheiten des IPBPR umhin. Der Wortlaut, nach dem den Individuen tatsächlich die Berufung auf den Pakt vor den Gerichten der Unterzeichnerstaaten offen steht, geht über eine bloße Vollziehbarkeitsregelung weit hinaus. Neben den Merkmalen einer „self-executing"-Norm beinhaltet der Pakt nämlich Merkmale, die darauf hinweisen, dass die Vertragsstaaten hier kein Programm erstellen wollten, sondern unmittelbar geltendes Recht. Dazu zählen neben dem Wortlaut eben auch die Beschwerdemöglichkeiten des Art. 2 Abs. 3 und des Fakultativprotokolls sowie die offensichtlichen Unterschiede im Wortlaut zum Sozialrechtspakt. Betrachtet man nun noch die Entstehung der Pakte, dass nämlich die Zweiteilung auf Initiative der Staaten des Warschauer Paktes entstanden ist, kommt dem klaren Wortlaut des IPBPR eine entscheidende Rolle zu. Entscheidend ist keines dieser Argumente für sich allein genommen. Die Argumente treffen aber doch den Kern des Problems. Alle hier dargestellten, rechtlich erheblichen Tatsachen bildeten einen Rahmen, der dem Pakt im Ergebnis nicht nur aus rechtsstaatlicher Sicht unmittelbare innerstaatliche Wirkung verlieh:

Das Staatsoberhaupt der DDR, vertreten durch seinen Vorsitzenden, unterzeichnete mit dem IPBPR einen „self-executing"-Pakt, von dem die Eigenheiten, die Unterschiede zu „gewöhnlichen" unmittelbar anwendbaren völkerrechtlichen Verträgen bekannt waren. Das Staatsoberhaupt hatte zudem Normsetzungskompetenz, von der in der Praxis auch tatsächlich fleißig Gebrauch gemacht worden ist. Der IPBPR ist im Gesetzblatt verkündet worden. Der Wortlaut des Paktes gewährte ausdrücklich ein Recht auf Ausreise. Das Fakultativprotokoll gewährte den Bürgern der Unterzeichnerstaaten ein Beschwerderecht bei Verletzung der durch den Pakt garantierten Rechte.

Dieser „rechtliche Rahmen" lässt die Behauptung zu, dass die Praxis der DDR, länger als 15 Jahre zu behaupten, der IPBPR sei mangels Transformation ins innerstaatliche Recht nicht anwendbar gewesen, mit der eigenen Rechtsordnung nicht im Einklang stand. Auch wenn den Thesen von einer konkreten Transformation oder gar Normsetzung durch Bekanntmachung hier nicht gefolgt wird, ist die unmittelbare Geltung des IPBPR im Recht der DDR aufgrund des Zusammenwirkens aller rechtserheblichen Umstände zu bejahen.

Die Bürger der DDR hatten aus diesen Gründen ein Recht auf Ausreise aus Art. 12 Abs. 2 des IPBPR.

5) Einschränkungen gemäß Art. 12 Abs. III

Zu prüfen ist, ob die von Art. 12 Abs. II abweichende Praxis in der DDR von Art. 12 Abs. III umfasst war. Dabei ist zunächst das Regel-Ausnahmeverhältnis von Abs. II zu Abs. III zu beachten. Eine Ausnahme kann demnach grundsätzlich nur dann mit Abs. III im Einklang stehen, wenn durch den betreffenden Staat der Grundsatz des Abs. II eingehalten wird.[407] Das war bezüglich der Gewährung des Rechts auf Ausreise durch die DDR gerade nicht der Fall.[408]

Das Versagen der Ausreise konnte demnach keine Ausnahme im Sinne des Art. 12 Abs. III IPBPR sein.

c) Durchsetzbarkeit des Ausreiserechts

Die Feststellung, dass die Bürger der DDR einen Rechtsanspruch auf Ausreise hatten, wird für die Schilderung der rechtlichen Behandlung ausreisewilliger DDR-Bürger erst im Zusammenhang mit der Frage interessant, ob sie diesen Anspruch auch durchsetzen konnten.

Es ist an verschiedenen Stellen der Darstellung bereits deutlich geworden, dass die Berufung auf dieses Recht vor den Behörden und Gerichten der DDR offiziell gar nicht möglich war, weil die Geltung des IPBPR de-facto abgelehnt wurde.[409] Die Durchsetzungsmechanismen des Paktes selbst waren nicht ausreichend, um den einzelnen Staatsbürgern auf zwischenstaatlicher Ebene zu ihrem Recht zu verhelfen.[410] Der Pakt sah zwar in Art. 28 einen Menschenrechtsausschuss vor, der sich unter anderem mit der Prüfung von Mitteilungen einzelner Personen beschäftigen sollte, die geltend machten, Opfer einer Menschenrechtsverletzung geworden zu sein. Diese Möglichkeit bedurfte aber der Unterzeichnung des ersten Zusatzprotokolls durch den betreffenden Staat.[411] Die DDR hat das Fakultativprotokoll indes nicht unterzeichnet.

[407] *Matthias Bath*, Notwehr und Notstand bei der Flucht aus der DDR, S. 18; *Rainer Hofmann*, Kommentar zum IPBPR, in: Das Deutsche Bundesrecht IA 10c, S. 36; *Siegfried Mampel*, Bemerkungen zum Bericht der DDR an das Menschenrechtskomitee der Vereinten Nationen, ROW 1978, S. 153; *Friedrich-Christian Schroeder*, Notwehr bei Flucht aus der DDR, NJW 1978, S. 2577.

[408] *Siegfried Mampel*, Bemerkungen zum Bericht der DDR an das Menschenrechtskomitee der Vereinten Nationen, ROW 1978, S. 153.

[409] Eingehend hierzu die Veranschaulichung im 3. Teil.

[410] Vgl. Hans *Heinrich Mahnke*, Menschenrechte und nationales Interesse, ROW 1978, S. 205.

[411] Zu den Kontrollmechanismen des Paktes vgl. *Norman Weiß*, Einführung in den Individualrechtsschutz nach dem Internationalen Pakt über bürgerliche und politische Rechte, MRM 1996, S. 8 f.

III. Ausreise aus der DDR nach innerstaatlichem Recht

Obwohl in der DDR bis zu ihrem Untergang abgestritten wurde, dass alle Bürger einen Rechtsanspruch auf freie Ausreise hatten, gab es rechtliche Regelungen die Ausreise betreffend. An dieser Stelle soll aufgezeigt werden, wo im DDR-Recht Aussagen über die Ausreise zu finden sind. Die Darstellung beginnt mit den Erlaubnissätzen, dann werden die vielfältigen Vorschriften erläutert, mit denen die Ausreisefreiheit systematisch eingeschränkt wurde. Schließlich soll die Auffassung der DDR-Regierung nachgezeichnet werden.

1. Ausreise im Verfassungsrecht

Wie bereits erwähnt,[412] war das Recht der DDR nicht in eine Normenhierarchie im Sinne eines rechtsstaatlichen Verständnisses gegliedert, an deren Spitze die Verfassung steht. So war es gängige Praxis, die Verfassung durch Exekutivgesetze, also untergesetzliche Normen, einzuschränken.[413] Wenn hier dennoch die Schilderung der verfassungsrechtlichen Aussagen über die Ausreisefreiheit erfolgen wird, dann hat das seinen Grund darin, dass neben den diversen zwischenstaatlichen Abkommen in der ersten DDR-Verfassung die einzige deutliche Aussage zum Ausreiserecht zu finden ist.

a) Art. 10 Abs. 3 DDR-Verfassung von 1949

Die erste Verfassung der DDR[414] regelte in Art. 8 die innerstaatliche Freizügigkeit und garantierte in Art. 10 Abs. 3 das Auswanderungsrecht:

„Jeder Bürger ist berechtigt, auszuwandern. Dieses Recht kann nur durch Gesetz der Republik beschränkt werden.“

Gerade weil sehr bald von diesem Gesetzesvorbehalt dergestalt Gebrauch gemacht wurde, dass von einer Garantie des Ausreiserechts keine Rede mehr sein konnte,[415] und der Grenzübertritt schon vorher als strafwürdig angesehen wurde,[416] ist an dieser Stelle die Tatsache festzuhalten, dass die Formulierung des

[412] Vgl. das Kapitel „Verhältnis von Rechtsordnung und Rechtswissenschaft zur Gesellschaftsordnung und zur Politik“, 2. Teil, A., I.

[413] Art. 32 der DDR-Verfassung von 1968 legte das Recht auf innerstaatliche Freizügigkeit fest, stand aber unter einfachem Gesetzesvorbehalt. Eingeschränkt wurde Art. 32 zum Beispiel durch §3 der Verordnung über Aufenthaltsbeschränkung.

[414] Vgl. das Kapitel „Grundrechte in der DDR-Verfassung von 1949“, 2. Teil, A., VI., 3.

[415] Vgl. das Kapitel „Sicherung der Interzonengrenze 1952“, 1. Teil, B., III. und das Kapitel „Einschränkungen der Ausreisefreiheit“, 2. Teil, B., III., 3.

[416] Bei Mitnahme von Geld oder Sachen wurde nach der Wirtschaftsstrafverordnung vom 23.09.1948, ZVOBl. 1948, S. 439, dem Handelsschutzgesetz vom 21.04.1950, GBl. d. DDR 1950, Band I, S. 327, der Kontrollratsdirektive Nr. 38 vom 12.10. 1946,

Art. 10 Abs. 3 bei der Erstellung des Verfassungsentwurfs durch den Verfassungsausschuss des deutschen Volksrates unumstritten war.[417] Besondere Bedeutung kommt diesem Umstand zu, weil die erste Verfassung der DDR in Art. 49 eine Wesensgehaltsklausel[418] enthielt:

„Soweit diese Verfassung die Beschränkung eines der vorstehenden Grundrechte durch Gesetz zulässt oder die nähere Ausgestaltung einem Gesetz vorbehält, muss das Grundrecht als solches unangetastet bleiben."

Es ist daher zu unterstellen, dass der Verfassungsausschuss die Ausreisefreiheit garantiert sehen wollte. Durchaus wurde im Zusammenhang mit den Freiheitsgrundrechten die Gefahr gesehen, dass der einfache Gesetzesvorbehalt nahezu jeden Grundrechts der Partei die Aushöhlung der Grundrechtsgarantien ermöglichen würde.[419]

Amtsblatt des Kontrollrats 1946 Nr. 184 oder dem Art. 6 II DDR-Verfassung „Boykotthetze" bestraft.

417 Dem Verfassungsausschuss des Deutschen Volksrates oblag die Erstellung des Verfassungsentwurfs, der von einem „Volkskongress" bestätigt wurde. Bemerkenswert ist, dass es sich bei all diesen Institutionen mehr oder weniger um Delegiertenkörperschaften handelte, eine gewählte Nationalversammlung war selbst die „Provisorische Volkskammer" nicht, welche die Verfassung am 7. 10.1949 in Kraft setzte. Diese „Provisorische Volkskammer" entstand nämlich aus dem Deutschen Volksrat dadurch, dass er sich selbst zum Parlament erklärte. Dem Verfassungsausschuss des Deutschen Volksrates gehörten Vertreter sowohl politischer Parteien, als auch gesellschaftlicher Organisationen an (Sozialistische Einheitspartei Deutschlands, Christlich-Demokratische Union Deutschlands, Liberal-Demokratische Partei Deutschlands, Freier Deutscher Gewerkschaftsbund, Vereinigung der gegenseitigen Bauernhilfe, Demokratischer Frauenbund Deutschlands, Freie Deutsche Jugend, Kulturbund zur Demokratischen Erneuerung Deutschlands, Vereinigung der Verfolgten des Naziregimes). Zur Entstehung der Verfassung der DDR wird an dieser Stelle auf die ausführliche Arbeit von *Detlev Ahlhardt Travers*, Entwicklung und ideologische Hintergründe der Verfassungsarbeiten in der sowjetischen Besatzungszone Deutschlands bis zur Gründung der „Deutschen Demokratischen Republik" verwiesen.

418 Zur „Wesensgehaltstheorie" vgl. das Kapitel „Grundrechtskonzeption des Grundgesetzes", 2. Teil, A., VI., 1.

419 CDU und LDPD waren bereit, kriegsfolgenbedingte Eingriffe in die persönlichen Freiheitsrechte zu dulden, äußerten aber ihre Befürchtung, die SED werde den Gesetzesvorbehalt zur Durchsetzung ihrer ideologischen Parteivorstellungen nutzen. Darum forderte die CDU: „[...]dass die Grundrechte in der Verfassung zur Genüge gesichert werden, damit sie nicht eines schönen Tages durch eine einfache Mehrheit durch einfaches Reichsgesetz wieder beseitigt werden können[...]", zitiert nach Detlev Ahlhardt Travers: Entwicklung und ideologische Hintergründe der Verfassungsarbeiten in der sowjetischen Besatzungszone Deutschlands bis zur Gründung der „Deutschen Demokratischen Republik" S. 103 m.w.N.

Dass es im Zusammenhang mit dem Ausreiserecht keine gesonderte Diskussion über den Gesetzesvorbehalt gab, mag daran liegen, dass das Ausreiserecht zu den Grundrechten zählt, für deren praktische Handhabbarkeit ein Gesetzesvorbehalt nahezu unverzichtbar ist. Man denke nur an die Passgesetzgebung, die Strafverfolgung oder Notstandssituationen.

Möglicherweise waren sich die gegensätzlichen Parteien auch deshalb so einig, weil es sich auf der einen Seite dem Vorstellungsvermögen entzog, dass die politische Führung dieses Grundrecht so bald und so gründlich einschränken würde, während man auf der anderen Seite die ausreichende Möglichkeit der Einschränkung mittels Gesetzesvorbehalt sah.

b) Art. 32 DDR-Verfassung von 1968/1974

Die „sozialistische Verfassung der DDR" von 1968[420] erwähnte in Art. 32 ausdrücklich nur noch die Freizügigkeit im eigenen Staatsgebiet:

> „Jeder Bürger der Deutschen Demokratischen Republik hat im Rahmen der Gesetze das Recht auf Freizügigkeit innerhalb des Staatsgebietes der Deutschen Demokratischen Republik."

Das bedeutet im Umkehrschluss, dass die Verfassung eine Ausreise nicht mehr schützten sollte, geschweige denn ein Auswandern. Die Verfassungsänderung von 1974 brachte diesbezüglich keine Änderung mit sich.

2. Ausreise in der einfachen Gesetzgebung

In der einfachen Gesetzgebung der DDR sind an verschiedenen Stellen Hinweise zu finden, dass die Bürger der DDR ihren Wohnsitz außerhalb der DDR nehmen und aus der Staatsbürgerschaft entlassen werden konnten. Vorschriften hierzu befanden sich einerseits im Staatsbürgerschaftsgesetz[421] und den mit ihm zusammenhängenden Vorschriften,[422] auf der anderen Seite in den drei Reiseverordnungen.[423]

420 Vgl. das Kapitel „Grundrechte in der DDR-Verfassung von 1968/1974", 2. Teil, A., VI., 4.

421 Vgl. das Kapitel „Das DDR-Staatsbürgerschaftsgesetz von 1967", 1. Teil, B., V.

422 Durchführungsverordnung zum Gesetz über die Staatsbürgerschaft der DDR vom 3. August 1967, GBl. d. DDR 1967, Band II, S. 681; Gesetz zur Regelung von Fragen der Staatsbürgerschaft vom 16. Oktober 1972, GBl. d. DDR 1972, Band I, S. 265; Verordnung zu Fragen der Staatsbürgerschaft der DDR vom 21. Juni 1982, GBl. d. DDR 1982, Band I, S. 418.

423 Zur Entstehung der Reiseverordnungen vgl. die entsprechenden Kapitel im 1. Teil.

a) Staatsbürgerschaftsgesetz der DDR vom 20. 2. 1967

Mit der Einführung einer eigenen Staatsbürgerschaft war die Möglichkeit verbunden, die Zugehörigkeit zur DDR völlig neu zu regeln und sich, ungeachtet einer Anerkennung durch die Bundesrepublik, von der alten Regelung durch das RuStAG loszusagen.[424] Damit war nicht nur der Erwerb, sondern auch der Verlust der Staatsbürgerschaft einer Neuregelung unterworfen. Indem die Entlassung aus der Staatsbürgerschaft zur Bedingung für eine dauerhafte Ausreise erhoben wurde, enthielten das neue Staatsbürgerschaftsgesetz und die dazugehörige Durchführungsverordnung elementare Vorschriften für die Ausreisefälle:

§ 10 Staatsbürgerschaftsgesetz

„(1) Ein Staatsbürger der Deutschen Demokratischen Republik kann auf seinen Antrag aus der Staatsbürgerschaft der Deutschen Demokratischen Republik entlassen werden, **wenn er seinen Wohnsitz mit Genehmigung der zuständigen staatlichen Organe der Deutschen Demokratischen Republik außerhalb der Deutschen Demokratischen Republik** hat oder **nehmen will**, er eine andere Staatsbürgerschaft besitzt oder zu erwerben beabsichtigt und der Entlassung aus der Staatsbürgerschaft der Deutschen Demokratischen Republik keine zwingenden Gründe entgegenstehen.

(2) Über die **Entlassung aus der Staatsbürgerschaft** der Deutschen Demokratischen Republik wird eine Urkunde ausgehändigt.“

§ 11 Staatsbürgerschaftsgesetz

„(1) Werden Eltern aus der Staatsbürgerschaft der Deutschen Demokratischen Republik entlassen, so erstreckt sich die Entlassung auf ihre minderjährigen Kinder, wenn der Antrag auch für sie gestellt ist. Wird der Antrag nur von einem Elternteil gestellt, ist der andere Elternteil zu hören.

(2) Hat der Minderjährige das 14. Lebensjahr vollendet, ist seine Einwilligung erforderlich.“

§ 15 Staatsbürgerschaftsgesetz

„(1) Über die Verleihung der Staatsbürgerschaft und die Entlassung aus der Staatsbürgerschaft der Deutschen Demokratischen Republik entscheidet der Ministerrat der Deutschen Demokratischen Republik.

(2) Der Ministerrat kann die Entscheidungsbefugnis delegieren.

(3) Die Verleihung und die Entlassung werden mit der Aushändigung der Urkunde wirksam.“

[424] Vgl. das Kapitel „Das DDR-Staatsbürgerschaftsgesetz von 1967“, 1. Teil, B., V.

§ 4 Abs. 3 Durchführungsverordnung zum Staatsbürgerschaftsgesetz

„(3) Bürger der Deutschen Demokratischen Republik, die ihren Wohnsitz in der Deutschen Demokratischen Republik haben, können den Antrag auf Zustimmung gemäß § 3 Abs. 2 des Gesetzes bei dem für ihrem Wohnsitz zuständigen Rat des Kreises, Abteilung innere Angelegenheiten stellen, **wenn die Genehmigung der dafür zuständigen staatlichen Organe vorliegt**, den Wohnsitz oder ständigen Aufenthalt außerhalb der Deutschen Demokratischen Republik zu nehmen.“

§ 8 Durchführungsverordnung zum Staatsbürgerschaftsgesetz

„(1) Der **Antrag auf Entlassung aus der Staatsbürgerschaft** der Deutschen Demokratischen Republik gemäß § 10 des Gesetzes kann von einem Bürger der Deutschen Demokratischen Republik, der seinen Wohnsitz oder ständigen Aufenthalt außerhalb der Deutschen Demokratischen Republik hat, bei der zuständigen Auslandsvertretung der Deutschen Demokratischen Republik oder beim Ministerium für Auswärtige Angelegenheiten der Deutschen Demokratischen Republik gestellt werden.

(2) Sofern ein Bürger der Deutschen Demokratischen Republik **mit Genehmigung der zuständigen staatlichen Organe** seinen Wohnsitz oder ständigen Aufenthalt außerhalb der Deutschen Demokratischen Republik nehmen will, **kann der Antrag auf Entlassung aus der Staatsbürgerschaft der Deutschen Demokratischen Republik bei dem für den Wohnsitz des Antragstellers zuständigen Rat des Kreises, Abteilung innere Angelegenheiten, gestellt werden.**“

§ 9 Durchführungsverordnung zum Staatsbürgerschaftsgesetz

„(1) Der Antrag auf Entlassung aus der Staatsbürgerschaft für Minderjährige ist durch die Erziehungsberechtigten gemeinsam zu stellen.

(2) Handelt es sich um ein Kind aus geschiedener Ehe oder um ein Kind, für das gemäß § 45 Abs. 4 des Familiengesetzbuches der Deutschen Demokratischen Republik vom 20. Dezember 1965 (GBl. I 1966 S. 1) bei Bestehen der Ehe nur ein Elternteil das Erziehungsrecht ausübt, ist das Anhören der anderen Elternteils erforderlich.

(3) Ein Anhören des Nichterziehungsberechtigten ist nicht erforderlich, wenn ihm das Erziehungsrecht gemäß § 51 des Familiengesetzbuches der Deutschen Demokratischen Republik entzogen ist.“

§ 10 Durchführungsverordnung zum Staatsbürgerschaftsgesetz

„(1) Dem Antrag auf Entlassung aus der Staatsbürgerschaft der Deutschen Demokratischen Republik sind folgende Unterlagen beizufügen:

a) ein ausführlicher Lebenslauf

b) die Geburts- und Eheurkunde

c) die Geburtsurkunde der minderjährigen Kinder, wenn der Antrag auch für diese mitgestellt wird

d) die Einwilligungserklärung der minderjährigen Kinder, wenn diese das 14. Lebensjahr vollendet haben.

Soweit es notwendig ist, kann die Beibringung weiterer Unterlagen gefordert werden.

(2) Vor der Beibringung der in der Buchstaben b und c genannten Unterlagen kann Abstand genommen werden, wenn diese nicht oder nur mit erheblichen Schwierigkeiten beschafft werden können. In diesen Fällen kann die Vorlage eidesstattlicher Erklärungen gefordert werden.“

Im Verlust der Staatsbürgerschaft sah man das Ausscheiden aus der sozialistischen Gesellschaftsordnung, in der es wechselseitige Verantwortung von Bürgern und Gesellschaft gab. Der Verlust der Staatsbürgerschaft wurde deshalb auch nicht als private Angelegenheit angesehen und insbesondere, wenn der Wechsel in eine kapitalistische Gesellschaftsform angestrebt wurde, die „für den Betreffenden die Konfrontation mit allen sozialen und politischen Problemen der antagonistischen Ausbeutergesellschaft“ brachte, verstand man die Aufgabe der DDR darin, zum Beispiel im Falle der Familienzusammenführung die Verlegung des Wohnsitzes von dem Nachweis über Arbeit, Wohnung, Schul- und Berufsaussichten für die Kinder am neuen Wohnort abhängig zu machen.[425]

Unter anderem hierauf stützte die Rechtswissenschaft der DDR im Lehrbuch „Staatsrecht der DDR“ die Begründung für die strengen Voraussetzungen einer Entlassung aus der Staatsbürgerschaft. Vielmehr bestand dieser Logik folgend „kein Grund für die Anwendung dieses Rechtsinstituts“, wenn der Bürger seinen Wohnsitz in der DDR hatte. Nur wenn er seinen Wohnsitz bereits außerhalb der DDR hatte oder nehmen wollte, war ein DDR-Bürger überhaupt antragsberechtigt.[426] Aber auch diese positive Formulierung darf nicht über die Rechtswirklichkeit hinwegtäuschen, denn im selben Absatz des Lehrbuches wurde darauf hingewiesen, dass der Antrag auf Entlassung nur Aussicht auf Erfolg hatte, wenn der Wohnsitz außerhalb der DDR „in Übereinstimmung mit der Gesetz-

[425] *Gerhard Riege*, in: *Autorenkollektiv*, Staatsrecht der DDR – Lehrbuch, S. 168.
[426] Ebenda, S. 169.

lichkeit der DDR" begründet worden war. Gerade das aber war, wie noch zu zeigen sein wird, dem durchschnittlichen DDR-Bürger nicht möglich.

Dass im Zweifel auch ausgesiedelte DDR-Bürger nicht aus der Staatsbürgerschaft der DDR entlassen werden konnten, geschah indes ebenfalls aus reiner Fürsorge:

„Unter dem Einfluss des kalten Krieges gegen die DDR und im Ergebnis gezielter Abwerbung haben Staatsbürger die DDR illegal verlassen und sich hauptsächlich in der BRD niedergelassen. Ihre DDR-Bürgerschaft wurde dadurch nicht aufgehoben. Die Fortdauer der DDR-Bürgerschaft eröffnete diesen Personen die Möglichkeit, wieder in die DDR zurückzukehren. Ein Teil von ihnen hat diese Chance genutzt und damit eine frühere Fehlentscheidung korrigiert."[427]

Weitere Regelungen, die für die Ausreiseantragsteller von Bedeutung werden konnten, enthielten das Gesetz zur Regelung von Fragen der Staatsbürgerschaft und die Verordnung zu Fragen der Staatsbürgerschaft.

§ 1 Gesetz zur Regelung von Fragen der Staatsbürgerschaft (1972)

„(1) Bürger der Deutschen Demokratischen Republik, die vor dem 1. Januar 1972 unter Verletzung der Gesetze des Arbeiter- und Bauernstaates die Deutsche Demokratische Republik verlassen und ihren Wohnsitz nicht wieder in der Deutschen Demokratischen Republik genommen haben, verlieren mit dem Inkrafttreten dieses Gesetzes die Staatsbürgerschaft der Deutschen Demokratischen Republik.

(2) Abkömmlinge der in Abs. 1 genannten Personen verlieren mit dem Inkrafttreten dieses Gesetzes die Staatsbürgerschaft der Deutschen Demokratischen Republik, soweit sie ohne Genehmigung der staatlichen Organe der Deutschen Demokratischen Republik ihren Wohnsitz außerhalb der Deutschen Demokratischen Republik genommen haben."

§ 1 der Verordnung zu Fragen der Staatsbürgerschaft der DDR (1982)

„(1) Bürgern der Deutschen Demokratischen Republik, die vor dem 1. Januar 1981 die Deutsche Demokratische Republik ohne Genehmigung verlassen und ihren Wohnsitz nicht wieder in der Deutschen Demokratischen Republik genommen haben, wird mit Inkrafttreten dieser Verordnung die Staatsbürgerschaft der Deutschen Demokratischen Republik gemäß § 13 des Gesetzes vom 20. Februar 1967 über die Staatsbürgerschaft der Deutschen Demokratischen Republik (Staatsbürgerschaftsgesetz) (GBl. I Nr. 2 S. 3) aberkannt.

(2) Bei Abkömmlingen von Personen gemäß Abs. 1 verändert sich die Staatsbürgerschaft entsprechend, soweit diese ohne Genehmigung der staatlichen Organe der Deutschen Demokratischen Republik ihren Wohnsitz außerhalb der Deutschen Demokratischen Republik haben."

[427] Ebenda, S. 169.

b) Anordnung vom 15. Februar 1982 „Über Regelungen zum Reiseverkehr von Bürgern der DDR"[428]

Durch die Anordnung von 1982 wurde den DDR-Bürgern erstmals seit der Abschaffung des Artikels 10 Abs. 3 der ersten DDR-Verfassung offiziell ein rechtlicher Rahmen für die Ausreise (in den Westen) eingeräumt. Sie war hiernach in dringenden Familienangelegenheiten möglich. Zu diesen zählte die Anordnung Geburten, Jugendweihen, Konfirmationen, Erstkommunionen, Eheschließungen, 25-, 50-, 60-, 65-, und 70jährige Ehejubiläen, Geburtstage (60., 65., 70., 75. und jeder weitere Geburtstag), lebensgefährliche Erkrankungen und Sterbefälle. Rentnern und Invaliden konnte die Ausreise mehrmals bis zu einer Dauer von insgesamt 30 Tagen im Jahr genehmigt werden, ohne dass eine dringende Familienangelegenheit vorliegen musste.

Zu beachten ist, dass die Anordnung keinen Rechtsanspruch begründete, sondern der betroffenen Gruppe DDR-Bürger das Recht gab, einen Ausreiseantrag zu stellen. Wie die Entscheidung der Behörden ausfiel, war vom konkreten Einzelfall abhängig.[429]

c) Verordnung vom 15. September 1983 „Zur Regelung von Fragen der Familienzusammenführung und der Eheschließung zwischen Bürgern der DDR und Ausländern" und deren erste Durchführungsbestimmung.[430]

Die Verordnung von 1983 regelte die Familienzusammenführung und Eheschließung zwischen DDR-Bürgern und Ausländern. Sie trat am 1. Oktober 1983 in Kraft. Als antragsberechtigt galten Rentner, Invaliden und Eheschließende, die in der DDR und mit Genehmigung der zuständigen Behörden heirateten. Außerdem durften Anträge für Kinder gestellt werden, die körperliche oder geistige Gebrechen besaßen oder an chronischen Erkrankungen litten, darüber hinaus für Hilfsschüler, die „erhebliche Erziehungsschwierigkeiten" bereiteten. Hinsichtlich eines Rechtsanspruches gilt das zur Anordnung von 1982 Gesagte. Neu war, dass die Verordnung von 1983 in § 12 eine Fristenregelung beinhaltete, womit eine Bearbeitungspflicht begründet wurde. Außerdem war neu, dass sie in § 14 eine Rechtsmittelregelung enthielt, was auf ein Beschwerderecht hinauslief. Eine ablehnende Entscheidung musste von nun an mit einer Rechtsmittelbelehrung versehen werden. Über den Rechtsbehelf musste durch die Behörde innerhalb von sechs Wochen schriftlich mit Begründung entschieden werden.

[428] GBl. d. DDR 1982, Band I, S. 187.

[429] Zu den einzelnen Ausschlussgründen vgl. das Kapitel „Das Verfahren selbst als repressive Maßnahme", 3. Teil, B., I.

[430] GBl. d. DDR 1983, Band I, S. 254.

d) Verordnungen vom 30. November 1988[431] „Über Reisen von Bürgern der DDR nach dem Ausland“[432] und „Zur Gewährung des ständigen Wohnsitzes für Ausländer in der DDR und zur Eheschließung von Bürgern der DDR mit Ausländern“[433]

Das erste generelle – also jedermann zustehende – Antragsrecht wurde durch die Reiseverordnung von 1989 (sie trat am 1.1.1989 in Kraft) begründet.[434] Diese sah die Zusammenführung von Eltern mit ihren minderjährigen Kindern und von Ehegatten und alleinstehenden Volljährigen mit ihren Verwandten vor. Aber auch diese Verordnung begründete keinen Anspruch auf dauerhafte Ausreise und beinhaltete zahlreiche Ausschlussgründe.

3. Einschränkungen der Ausreisefreiheit im Recht der DDR

Zusätzlich zu den gesetzlichen Regelungen der Ausreise selbst konnten die zuständigen Behörden auf verschiedene Vorschriften zurückgreifen, in denen Versagungsgründe für die Genehmigung von Ausreiseanträgen festgelegt waren. Zu Beginn der DDR-Strafjustiz war das einerseits die Verfassung selbst, später folgten Verordnungen und eine rigide Passgesetzgebung. Eine wichtige Rolle in der Behördenpraxis spielten schließlich die zahlreichen geheimen Dienstanweisungen des Innenministers (MdI) und des Ministeriums für Staatssicherheit (MfS).

Die Anweisungen des MdI gaben den zuständigen Behörden ein striktes Genehmigungsverfahren vor. Da die Dienstanweisungen geheim waren, waren auch die Ablehnungsgründe in diesen Vorschriften der Bevölkerung nicht bekannt und bei der Ablehnung des Antrags musste eine Begründung nicht erfolgen. Die so entstehende Ungewissheit über die Ausreisemodalitäten war ein Teil der Abwehrtaktik der staatlichen Stellen gegen die Ausreisebestrebungen.

Die geheimen Dienstanweisungen des MfS stellten dessen Beteiligung am Genehmigungsverfahren sicher und schrieben vor, wie Ausreisewillige zu drangsalieren waren. Mit der explosionsartig steigenden Zahl der Anträge in den achtziger Jahren nahm die Möglichkeit der geheimdienstlichen Behandlung der einzelnen Antragsteller zwar aus naheliegenden Gründen ab. Nichtsdestoweniger hielt das MfS an den Dienstanweisungen fest, die allerdings den jeweils geltenden Ausreiseverordnungen angepasst wurden.

431 Beide GBl. d. DDR 1988, Band I, S. 271.
432 In Kraft getreten im Januar 1989.
433 In Kraft getreten im Januar 1989.
434 Vgl. das Kapitel „Wiener Abschlussdokument vom 15. Januar 1989“, 1. Teil, B., IX.

In den Behörden durften die Anweisungen aus Geheimhaltungszwecken nicht bis auf die Ebene der Sachbearbeiter weitergereicht werden, ihr Inhalt wurde vielmehr mündlich weitergegeben. Dadurch entstand eine sehr unterschiedliche Bearbeitungspraxis, die es den Antragstellern verwehrte, irgendeine Gesetzmäßigkeit im Handeln der Behörde zu erkennen.[435]

a) Bis 1983

Die Darstellung der die Ausreisefreiheit einschränkenden Vorschriften folgt den drei Phasen der DDR-Geschichte, in deren erster ein Antragsrecht gar nicht bestand (bis 1983), in deren zweiter ein Antragsrecht für einen stark eingeschränkten Personenkreis eingeführt wurde (bis 1988/89) und in deren dritter schließlich jedem Bürger das Recht zugestanden wurde, einen Antrag auf Ausreise stellen zu dürfen (ab dem 1.1.1989).

1) Artikel 6 der DDR-Verfassung von 1949

Schon frühzeitig wurde durch den Ministerrat beschlossen, das „illegale" Überqueren der Demarkationslinie unter Strafe zu stellen.[436] Den Anfang der strafjustiziellen Verurteilungen von Flüchtlingen bildeten Verurteilungen nach Art. 6 der DDR-Verfassung[437] („Boykotthetze"):

(1) Alle Bürger sind vor dem Gesetz gleichberechtigt.

(2) Boykotthetze gegen demokratische Einrichtungen und Organisationen, Mordhetze gegen demokratische Politiker, Bekundung von Glaubens-, Rassen- Völkerhass, militärische Propaganda sowie Kriegshetze und **alle sonstigen Handlungen, die sich gegen die Gleichberechtigung richten, sind Verbrechen im Sinne des Strafgesetzbuches**. Ausübung demokratischer Rechte im Sinne der Verfassung ist keine Boykotthetze.

(3) Wer wegen Begehung dieser Verbrechen bestraft ist, kann weder im öffentlichen Dienst noch in leitenden Stellen im wirtschaftlichen und kulturellen Leben tätig sein. Er verliert das Recht, zu wählen und gewählt zu werden.

[435] Vgl. die Darstellung von *Hans-Herrmann Lochen*, Das Vorgehen gegen Ausreisewillige, S. 273.

[436] Laut „Verordnung über Maßnahmen an der Demarkationslinie zwischen der DDR und den westlichen Besatzungszonen Deutschlands" vom 26.5.1952, GBl. d. DDR 1952, Band I, S. 405, zunächst i.V.m. der (unveröffentlichten) Polizeiverordnung über die Einführung einer besonderen Ordnung an der Demarkationslinie vom 27.5.1952, später i.V.m. § 3 AO über die Neuregelung der Maßnahmen an der Demarkationslinie zwischen der DDR und Westdeutschland vom 18.6.1954 (ZBl. S. 266) und schließlich § 4 der Verordnung zum Schutze der Staatsgrenze der DDR vom 19.3.1964, GBl. d. DDR 1964, Band II, S. 255.

[437] Vgl. das Kapitel „Grundrechte in der DDR-Verfassung von 1949", 2. Teil, A., VI., 3.

Der rechtliche Widerspruch ist offensichtlich: Solange dieselbe Verfassung ein Recht auf Ausreise gewährte, konnte man das „illegale“ Überqueren der Demarkationslinie zwar als strafbare „sonstige Handlung“ verstehen, die sich gegen die Gleichberechtigung richtete, aber auch als die Ausübung eines demokratischen Rechts –und damit wäre ein solches Überqueren keine „Boykotthetze“ gewesen. Diese Verfassungsnorm in der strafrechtlichen Praxis anzuwenden, wurde daher von Anfang an als Notbehelf verstanden und schnell wurden Rufe nach einer einfachgesetzlichen Grundlage laut, mit der man das „illegale“ Überqueren der Demarkationslinie bestrafen könnte.[438]

2) Die ersten Verordnungen

Der erste Versuch, dem Problem Herr zu werden, war die Ahndung der Fluchtdelikte auf der Grundlage diverser Verordnungen. Zwar wurde vom Justizminister und dem Generalstaatsanwalt der DDR in einer gemeinsamen Rundverfügung vom 26. September 1950 festgestellt, dass die bis dahin noch geltende Passstrafverordnung vom 27. Mai 1942 nur das „Überschreiten der Staatsgrenze“ betreffe, nicht also das der Demarkationslinie,[439] gleichwohl wurde aber darauf hingewiesen, wie eine Bestrafung für das Überschreiten der innerdeutschen Grenze möglich sei.[440]

Da gab es einerseits die Kontrollratsdirektive Nr. 38 „Verhaftung und Bestrafung von Kriegsverbrechern, [...] Kontrolle und Überwachung von möglicherweise gefährlichen Deutschen“, die Wirtschaftsstrafverordnung von 1948 und das Handelsschutzgesetz.[441]

Später entstand die „Verordnung über die Rückgabe deutscher Personalausweise bei Übersiedlung nach Westdeutschland oder Westberlin“ vom 25. Januar 1951[442] und die sie verschärfende Verordnung vom 29. Oktober 1953.[443]

Schließlich wurden die „Verordnung über Maßnahmen an der Demarkationslinie zwischen der Deutschen Demokratischen Republik und den westlichen Besatzungszonen Deutschlands“ vom 26. Mai 1952[444] sowie die „Verordnung über

[438] Vgl. *Karl Wilhelm Fricke*, Politik und Justiz in der DDR – Zur Geschichte der politischen Verfolgung 1945-1968, S. 418.

[439] Gemeinsame Rundverfügung Nr. 126/50 des Ministers der Justiz und des Generalstaatsanwalts der DDR, zitiert nach Karl Wilhelm Fricke, Politik und Justiz in der DDR – Zur Geschichte der politischen Verfolgung 1945-1968, S. 418.

[440] Ebenda.

[441] Vgl. die Darstellung in: Im Namen des Volkes? Über die Justiz im Staat der SED – Wissenschaftlicher Begleitband zur Ausstellung des Bundesministeriums der Justiz, S. 5.

[442] Ebenda.

[443] Ebenda.

[444] Ebenda.

weitere Maßnahmen zum Schutz der Deutschen Demokratischen Republik“ vom 9. Juni 1952 geschaffen.[445] Mit diesen Verordnungen wurde die Abriegelung der Zonengrenze legalisiert und für ein „illegales“ Überschreiten der Demarkationslinie Strafen bis zu zwei Jahren Gefängnis oder Geldstrafen bis zu 2000 Mark angedroht.

Verschärft wurden diese Regelungen in der „Anordnung über die Neuregelung der Maßnahmen an der Demarkationslinie zwischen der Deutschen Demokratischen Republik und Westdeutschland“ vom 18. Juni 1954[446] und in der „Verordnung zur Erleichterung und Regelung von Maßnahmen an der Grenze zwischen der Deutschen Demokratischen Republik und der Deutschen Bundesrepublik“ vom 3. Mai 1956.[447]

3) Passgesetz vom 11. Dezember 1957

Das Passgesetz vom 15. September 1954[448] erstreckte sich zunächst nur auf den Reiseverkehr mit dem Ausland. Darunter verstand man auch in der DDR zunächst nicht den innerdeutschen Reiseverkehr. Im Zuge des Strafrechtsänderungsgesetzes vom 11. Dezember 1957 wurde an eben diesem Tag auch ein Gesetz zur Änderung des Passgesetzes erlassen.[449] Fortan erstreckte sich das Passgesetz auch auf den innerdeutschen Reiseverkehr. Die entscheidende Änderung war vorgenommen worden, um die „Republikflucht“ nicht länger durch den Kunstgriff nach Art. 6 der DDR-Verfassung oder den diversen Verordnungen ahnden zu müssen. § 8 des Passgesetzes lautete nunmehr:

„(1) Wer ohne erforderliche Genehmigung das Gebiet der Deutschen Demokratischen Republik verlässt oder betritt oder wer ihm vorgeschriebene Reiseziele, Reisewege oder Reisefristen oder sonstige Beschränkungen der Reise oder des Aufenthaltes hierbei nicht einhält, wird mit Gefängnis bis zu drei Jahren oder mit Geldstrafe bestraft.

(2) Ebenso wird bestraft, wer für sich oder einen anderen durch falsche Angaben eine Genehmigung zum Verlassen oder Betreten des Gebietes der Deutschen Demokratischen Republik erschleicht.

(3) Vorbereitung und Versuch sind strafbar.“

[445] Ebenda.
[446] Ebenda.
[447] Ebenda.
[448] GBl. d. DDR 1954, Band I, S. 786.
[449] Gesetz zur Änderung des Passgesetzes vom 11. Dezember 1957, GBl. d. DDR 1957, Band I, S. 650.

Erst durch diese neue Regelung von 1957 also besaß die DDR eine juristische Handhabe zur umfassenden und zielgerichteten Strafverfolgung von Flüchtlingen.[450] Tausende Verurteilungen stützten sich auf diese Vorschrift, sei es wegen Vorbereitung oder Versuch einer Flucht, sei es wegen Beihilfe, sei es wegen vollendeter Flucht in solchen Fällen, in denen Flüchtlinge zu einer Reise oder zur Rückkehr wieder in die DDR einreisten.[451]

4) MdI-Anweisung Nr. 24/67 vom 15. November 1967 „Über die Bearbeitung von Anträgen auf Verleihung der Staatsbürgerschaft, Entlassung aus der Staatsbürgerschaft, Widerruf der Verleihung der Staatsbürgerschaft und auf Aberkennung der Staatsbürgerschaft der Deutschen Demokratischen Republik“[452]

Im Zuge der Einführung der DDR-Staatsbürgerschaft wurde 1967 erstmals eine Dienstanweisung des Innenministers erlassen, in der die Bearbeitung von Anträgen auf Entlassung aus der Staatsbürgerschaft behandelt wurde. Eine solche war laut dieser Anweisung von der im Einzelfall erteilten Genehmigung zur ständigen Ausreise abhängig:

„II. Bearbeitung von Anträgen auf Entlassung aus der Staatsbürgerschaft aus der Deutschen Demokratischen Republik

Allgemeine Bestimmungen

11. (2) Bürger der Deutschen Demokratischen Republik, die **nach genehmigter ständiger Ausreise** aus der Deutschen Demokratischen Republik die Staatsbürgerschaft bzw. die Staatsangehörigkeit des künftigen Aufenthaltsstaates erwerben wollen, können vor ihrer Ausreise einen Antrag auf Entlassung aus der Staatsbürgerschaft der Deutschen Demokratischen Republik (Anlage 4) bei dem für ihren Wohnsitz zuständigen Rat des Kreises, Abteilung innere Angelegenheiten, stellen.“

Eine Genehmigung zur ständigen Ausreise war hingegen nirgendwo geregelt.

450 *Karl Wilhelm Fricke*, Politik und Justiz in der DDR – Zur Geschichte der politischen Verfolgung 1945-1968, S. 419.

451 Ebenda, S. 418.

452 Einschließlich 20 Anlagen und der Änderung vom 06. Juni 1973 abgedruckt in: Hans-Herrmann Lochen / Christian Meyer-Seitz, Die geheimen Anweisungen zur Diskriminierung Ausreisewilliger, S. 255-307.

5) MdI-Anweisung Nr. 3/68 vom 15. Januar 1968 „Über die Bearbeitung von Anträgen auf Eheschließung mit Bürgern der westdeutschen Bundesrepublik der selbständigen politischen Einheit Westberlin und des Auslandes“[453]

Diese Anweisung regelte die Fälle der Bearbeitung von Anträgen auf Entlassung aus der Staatsbürgerschaft der DDR wegen einer beabsichtigten Eheschließung mit Ausländern. Auch sie waren nur „in besonderen Ausnahmefällen“ zu genehmigen:

„I. Grundsätze für die Genehmigung von Anträgen auf Eheschließung

1. (1) Eheschließungen zwischen Bürgern der Deutschen Demokratischen Republik und Bürgern der BRD oder Westberlins **sind nur in besonderen Ausnahmefällen zu genehmigen**. Ein besonderer Ausnahmefall kann insbesondere vorliegen, wenn

a) die Partner bereits längere Zeit Beziehungen zueinander unterhalten und gemeinsame Kinder vorhanden sind;

b) sich die Bürger der DDR im Rentenalter befinden;

c) es sich um Invaliden bzw. Pflegebedürftige, die nicht invalidisiert sind, handelt, die aufgrund des Körperschadens durch amtsärztliches Gutachten nachweisen, dass bis zur Erreichung des gesetzlichen Rentenalters die Arbeitsfähigkeit nicht wieder hergestellt wird;

d) andere wichtige Gründe gegeben sind.“

Schließlich war auch die Eheschließung zahlreichen Ausschlussgründen unterworfen.[454]

453 In der Fassung vom 27. Juni 1973 abgedruckt in: Hans-Herrmann Lochen / Christian Meyer-Seitz, Die geheimen Anweisungen zur Diskriminierung Ausreisewilliger, S. 309-318.

454 Die Anweisung verwies in ihrer Fassung vom 27. Juni 1973 einfach auf die Ausschlussgründe der MdI-Anweisung Nr. 42/71 „Über die Bearbeitung und Entscheidung von Anträgen auf Übersiedlung von Bürgern der Deutschen Demokratischen Republik in die BRD und nach Westberlin“ vom 15. Januar 1971.

6) MdI-Anweisung Nr. 42/71 „Über die Bearbeitung und Entscheidung von Anträgen auf Übersiedlung von Bürgern der Deutschen Demokratischen Republik in die BRD und nach Westberlin" vom 15. Januar 1971[455]

Die erste geheime Dienstanweisung des Innenministers, in der ausdrücklich die Bearbeitung von Ausreiseanträgen behandelt wurde, ist erst 1971, im Rahmen der Verhandlungen zum Grundlagenvertrag ausgefertigt worden und diente

> „Zur Gewährleistung einer den politischen Erfordernissen Rechnung tragenden hohen Ordnung und Sicherheit auf dem Gebiet der Übersiedlung von Bürgern der Deutschen Demokratischen Republik in die BRD".[456]

In der Anweisung wurde zunächst festgelegt, welchen Bürgern eine Ausreise genehmigt werden durfte:

> „ 2. (1) Anträge zur Übersiedlung können genehmigt werden für Bürger der Deutschen Demokratischen Republik,
>
> a) die sich **im Rentenalter** befinden;
>
> b) die **Invaliden** sind oder **Pflegebedürftige**, die nicht invalidisiert sind, wenn auf Grund des Körperschadens durch amtsärztliches Gutachten nachgewiesen ist, dass bis zur Erreichung des gesetzlichen Rentenalters die Arbeitsfähigkeit nicht wieder hergestellt wird;
>
> c) die mit Genehmigung der zuständigen staatlichen Organe der Deutschen Demokratischen Republik **mit Bürgern der BRD oder Westberlins die Ehe geschlossen** haben;
>
> d) **zu ihrem Ehegatten**, soweit dieser mit staatlicher Genehmigung nach der BRD oder Westberlin übergesiedelt ist;
>
> e) die minderjährig sind, **deren Eltern** bzw. ein erziehungsberechtigter Elternteil mit staatlicher Genehmigung der Deutschen Demokratischen Republik **übergesiedelt sind** bzw. die Genehmigung zur Übersiedlung erhalten;
>
> f) **in besonderen Ausnahmefällen zu ihren Ehegatten bzw. Minderjährigen zu ihren Eltern** oder einem erziehungsberechtigten Elternteil, wenn diese vor dem 1. Januar 1972 die Deutsche Demokratische Republik ungesetzlich verlassen haben."

455 BStU, ZA, DSt-201129, in der Fassung vom 6. Juni 1973 mit Anlagen abgedruckt in: Hans-Herrmann Lochen / Christian Meyer-Seitz, Die geheimen Anweisungen zur Diskriminierung Ausreisewilliger, S. 319-345, die 4. Änderung vom 15. Juli 1975 ist in den dortigen Text eingearbeitet, die 5. Änderung vom 13. Januar 1977 ist im Anschluss gesondert abgedruckt.

456 Präambel der Anweisung.

Neben dem Verfahren der Antragsbearbeitung selbst[457] enthielt die Anweisung unter Punkt 8. zahlreiche zwingende Ausschlussgründe. Darunter fielen zunächst Geheimnisträger, welche vor den „imperialistischen Geheimdiensten“ im Westen geschützt werden sollten:

„Anträge zur Übersiedlung sind in folgenden Fällen abzulehnen: wenn der Bürger aufgrund seiner jetzigen oder früheren Tätigkeit Kenntnisse über Tatsachen, Gegenstände, Forschungsergebnisse oder sonstige Nachrichten, die im politischen oder gesellschaftlichen Interesse oder zum Schutze der Deutschen Demokratischen Republik geheim zu halten sind, besitzt **und aus diesem Grund durch die Tätigkeit der imperialistischen Geheimdienste gefährdet ist**. Bei Bürgern mit besonders engen Beziehungen zu Geheimnisträgern hat die Prüfung unter Beachtung der vorgenannten Gesichtspunkte zu erfolgen; [...] “

Außerdem wurden Angehörige von Berufssoldaten und Berufspolizisten, Angehörige der Deutschen Volkspolizei, des Innenministeriums und der Staatsanwaltschaft erfasst. Schließlich wurden Minderjährige davor geschützt, gegen ihren Willen an der Ausreise der Eltern teilnehmen zu müssen. In der 4. Änderung der Anweisung aus dem Jahr 1975 wurden alle männlichen Bürger ausgeschlossen, die noch keinen Wehr- oder Wehrersatzdienst geleistet hatten, aber jünger als 26 Jahre waren. Auch ausgeschlossen waren ehemalige NVA-Soldaten und ehemalige Wehrersatzdienstleistende,

„deren Entlassung

- bei Offizieren weniger als 15 Jahre,

- bei Unteroffizieren mit 10 und mehr Dienstjahren weniger als 10 Jahre,

- bei Unteroffizieren bis 9 Dienstjahre weniger als 8 Jahre

- sowie bei Soldaten weniger als 6 Jahre“

her war.

Ausgeschlossen wurde auch die Übersiedlung von Antragstellern, wenn es sich um eine Zusammenführung mit DDR-Flüchtlingen handelte. Außerdem setzte eine Übersiedlung nach Punkt 5 der Anweisung generell die Schuldenfreiheit des Antragstellers voraus. Durch die 5. Änderung dieser Anweisung wurde schließlich die Abgabe einer Erklärung über Grundstücksangelegenheiten als Bedingung für die Erteilung einer Ausreisegenehmigung eingeführt. Der DDR-Bürger hatte zu bestätigen, dass er über sein in der DDR gelegenes Haus- oder Grundvermögen durch Verkauf oder Schenkung verfügt oder einen Verwalter eingesetzt hatte.[458]

[457] Zur tatsächlichen Behandlung der Antragsteller auf der Grundlage der Anweisungen des Innenministers vgl. den 3. Teil.

[458] Vgl. Anlage 5 der Anweisung.

7) MfS-Befehl Nr. 1/75 vom 15. Dezember 1975 „Zur Vorbeugung, Aufklärung und Verhinderung des ungesetzlichen Verlassens der DDR und Bekämpfung des staatsfeindlichen Menschenhandels“[459]

Mit Unterzeichnung der Schlussakte von Helsinki stieg schlagartig die Aufmerksamkeit des MfS gegenüber ausreisewilligen Bürgern der DDR. Hier ahnte man, welch ein innenpolitischer Druck von den neuen rechtlichen Regelungen ausgehen würde. In der Sprache des MfS lautete die Befürchtung:

> „Der Gegner versucht in zunehmendem Maße durch eine breit angelegte politisch-ideologische Diversion und Kontaktpolitik/Kontakttätigkeit als Elemente seiner psychologischen Kriegsführung Einfluss auf die Bürger der DDR zu gewinnen, sie im Sinne der bürgerlichen Ideologie zu manipulieren und unter anderem bei ihnen den Entschluss zum Verlassen der DDR zu wecken.“[460]

Erich Mielke reagierte mit dem MfS-Befehl Nr. 1/75. Dieser Befehl stellte die erste Anleitung zur gezielten Diskriminierung ausreisewilliger Bürger der DDR dar. Da „entspannungsfeindliche Kreise der BRD, anderer nichtsozialistischer Staaten und Westberlins“ verstärkte Anstrengungen unternähmen, Bürger der DDR abzuwerben und zum „ungesetzlichen Verlassen der DDR zu verleiten und auszuschleusen“, wurde befohlen:

> „Die zielgerichtete Vorbeugung, Aufklärung und Verhinderung des ungesetzlichen Verlassens der DDR und Bekämpfung des staatsfeindlichen Menschenhandels ist Aufgabe aller Diensteinheiten des MfS.“[461]

Zur effektiven Bewältigung dieser Aufgabe wurden durch den Befehl 1/75 zwei neue Arbeitsorgane geschaffen:

> „Als ständige Arbeitsorgane für die Lösung der Koordinierungsaufgaben sind im MfS die Zentrale Koordinierungsgruppe (ZKG) und in den Bezirksverwaltungen Bezirkskoordinierungsgruppen (BKG) zu bilden.“[462]

Die ZKG war u.a. für die „ständige zentrale Analyse der politisch-operativen Lage“ und die „gründliche Vorbereitung“ z.B. „wichtiger Führungsentscheidungen zur Erweiterung der vorbeugenden Arbeit“ der MfS-Dienststellen und der „Gewährleistung des zielgerichteten Einsatzes der inoffiziellen Mitarbeiter“ verantwortlich.

[459] BStU, ZA, DSt-102092, abgedruckt in: Hans-Herrmann Lochen / Christian Meyer-Seitz, Die geheimen Anweisungen zur Diskriminierung Ausreisewilliger, S. 73-85.
[460] Präambel des MfS-Befehl Nr. 1/75.
[461] Ziffer 1. des MfS-Befehl Nr. 1/75.
[462] Ziffer 3. des MfS-Befehl Nr. 1/75.

Sie sollte sich mit anderen Worten der Beobachtung von der „Republikflucht" verdächtigen Personen widmen und die Arbeit der MfS-Diensteinheiten in diesen Fällen planen und vorgeben, deren Aufgabe vor allem lautete:

„Organisierung einer wirksamen vorbeugenden politisch-operativen Arbeit zum rechtzeitigen Erkennen politisch negativer und labiler Denk- und Verhaltensweisen, die zur Entwicklung von Absichten zum ungesetzlichen Verlassen der DDR führen können."[463]

Wurden solche Absichten entdeckt, war deren Durchführung zu verhindern. Dafür hatten die Leiter der Diensteinheiten den

„konzentrierten Einsatz aller geeigneten Kräfte, Mittel und Methoden, die zielstrebige Ausschöpfung aller politisch-operativen Möglichkeiten des MfS und der Möglichkeiten anderer Schutz- und Sicherheitsorgane, staatlicher und wirtschaftsleitender Organe, Betriebe, Kombinate und Einrichtungen sowie gesellschaftlicher Organisationen und Kräfte [...] zu gewährleisten."[464]

Dem Befehl ist mithin einerseits zu entnehmen, dass die Mitarbeiter des MfS nicht nur das *Verhalten* der Bürger, sondern auch deren *Denken* zu erfassen hatten und schon bei labil erscheinenden Personen Gegenmaßnahmen ergreifen mussten, damit „die vom Gegner verleiteten Personen von ihrem Vorhaben abgebracht und wieder voll für die sozialistische Gesellschaft zurückgewonnen werden". Andererseits wird durch den Befehl deutlich, wie sehr das MfS auch beim Vorgehen gegen Ausreiseantragsteller mit allen anderen staatlichen Stellen und gesellschaftlichen Zusammenschlüssen zusammenarbeitete. Bemerkenswert ist schließlich, wer alles durch das MfS zu observieren war:

„Bei der verstärkten Sicherung der politisch-operativen Schwerpunktbereiche ist die vorbeugende Arbeit vorrangig auf Personen mit wichtigen Spezialkenntnissen, Geheimnisträger und im Blickpunkt der Öffentlichkeit stehende Personen auszurichten, wie

Angehörige der wissenschaftlichen, wissenschaftlich-technischen und medizinischen Intelligenz,

Fachkräfte aus solchen ökonomischen Bereichen, die für die weitere Vertiefung und Beschleunigung der sozialistischen ökonomischen Integration, die weitere konsequente Durchsetzung des sozial-politischen Programms der SED sowie für die Sicherheit und Verteidigungsbereitschaft der DDR von großer Bedeutung sind,

Mitarbeiter des Außenhandels,

Reisekader und im grenzüberschreitenden Verkehr tätige Personen,

Angehörige und ehemalige Angehörige der bewaffneten Organe,

[463] Ziffer 1.1. der MfS-Dienstanweisung 1/75.
[464] Ebenda.

Personen, deren politisch-operative Sicherung besonders im Interesse der Verhinderung ihrer Ausnutzung zur politischen Diskreditierung der DDR erforderlich ist, wie

Kunst- und Kulturschaffende,

Sportfunktionäre und Leistungssportler,

Mitarbeiter der Volksbildung,

im Zusammenhang mit der Realisierung abgeschlossener Verträge und Vereinbarungen an der Staatsgrenze der DDR zur BRD bzw. zu Westberlin zum Einsatz kommende Kräfte,

Angehörige diplomatischer Vertretungen der DDR im Ausland."[465]

Dem MfS wurde folglich vorgegeben, bestimmte Personengruppen auch ohne konkreten Verdacht auf Vorbereitung einer „Republikflucht" zu überwachen.

8) Beschluss des Zentralkomitees der SED vom 16. Februar 1977 „Zur Unterbindung rechtswidriger Versuche von Bürgern der DDR, die Übersiedlung nach nichtsozialistischen Staaten und Westberlin zu erreichen".[466]

Die Kampfansage an die Ausreisebewegung durch die politische Führung hatte ihren Ursprung in einem Beschluss des ZK der SED vom 16. Februar 1977 „Zur Unterbindung rechtswidriger Versuche von Bürgern der DDR, die Übersiedlung nach nichtsozialistischen Staaten und Westberlin zu erreichen". Da es in der DDR keinen Rechtsanspruch auf Ausreise gebe, seien „rechtswidrige Antragsteller" mit straf- und arbeitsrechtlichen sowie mit anderen „Mitteln" zur Rücknahme ihres Gesuchs zu zwingen.

Dem Beschluss des Sekretariats folgten die Verfügung 34/77 des Vorsitzenden des Ministerrats, der Befehl 6/77 Mielkes für das MfS und die Ordnung 118/77 des Innenministers.

465 Ziffer 2.1. der MfS-Dienstanweisung Nr. 1/75.

466 Beschluss „Zur Gewährleistung des einheitlichen, abgestimmten Vorgehens der staats- und wirtschaftsleitenden Organe, Betriebe, Kombinate und Einrichtungen sowie gesellschaftlichen Organisationen zur Unterbindung rechtswidriger Versuche von Bürgern der DDR, die Übersiedlung nach nichtsozialistischen Staaten und Westberlin zu erreichen", Anlage zum Protokoll der Sitzung des Sekretariats des ZK der SED am 16.02.1977, SAPMO-BA, DY 30 I IV 2/3, 2555, Bl. 8-11, zitiert nach Johannes Raschka, Zwischen Überwachung und Repression – Politische Verfolgung in der DDR, S. 39.

9) Verfügung Nr. 34/77 des Vorsitzenden des Ministerrates vom 8. März 1977[467]

Die Verfügung „zur Gewährleistung des einheitlichen, abgestimmten Vorgehens der staatlichen und wirtschaftsleitenden Organe, Betriebe, Kombinate und Einrichtungen in Zusammenarbeit mit gesellschaftlichen Organisationen zur Unterbindung rechtswidriger Versuche von Bürgern der DDR, die Übersiedlung nach nichtsozialistischen Staaten und Westberlin zu erreichen" des Vorsitzenden des Ministerrates der DDR richtete sich einerseits direkt an die für die Ausreise zuständigen Behörden:

„1. Versuche von Bürgern der DDR, die Übersiedlung nach nichtsozialistischen Staaten und Westberlin zu erreichen, sind zurückzuweisen. In den Rechtsvorschriften der DDR ist ein Recht zur Übersiedlung nach nichtsozialistischen Staaten nicht vorgesehen. [...]"

und andererseits generell an alle staatlichen Organe:

„3. Beim einheitlichen Vorgehen zur Unterbindung rechtswidriger Versuche, die Übersiedlung nach nichtsozialistischen Staaten und Westberlin zu erreichen, ist von folgenden Grundsätzen auszugehen:

- Die zuständigen staatlichen Organe haben rechtswidrige Ersuchen von Bürgern der DDR auf Übersiedlung nach nichtsozialistischen Staaten und Westberlin zurückzuweisen.

- Bürger, die unter Berufung auf die Schlussakte der KSZE, andere völkerrechtliche Dokumente oder innerstaatliche Rechtsvorschriften versuchen, die DDR der Nichteinhaltung völkerrechtlicher Verpflichtungen oder innerstaatlicher Rechtsvorschriften zu bezichtigen oder Straftaten und andere Rechtsverletzungen androhen, sind auf mögliche strafrechtliche oder andere rechtliche Konsequenzen hinzuweisen.

- Gegen Bürger, die im Zusammenhang mit ihren Übersiedlungsabsichten Straftaten und andere Rechtsverletzungen begehen, sind strafrechtliche, arbeitsrechtliche und alle anderen Mittel des sozialistischen Rechts konsequent und differenziert anzuwenden.

- Bürgern der DDR, die sich im Zusammenhang mit ihren Übersiedlungsabsichten an Vertretungen nichtsozialistischer Staaten wenden wollen, ist die dafür erforderliche Genehmigung zu verweigern."

Entsprechend dem Staatsverständnis der DDR gab die politische Führung somit recht detailliert vor, wie die verschiedenen staatlichen Stellen mit Ausreiseantragstellern umzugehen hatten. Lediglich die Umsetzung verblieb im Einflussbereich der verschiedenen Behörden.

[467] BStU, ZA, DSt-102331, abgedruckt in: Hans-Herrmann Lochen / Christian Meyer-Seitz, Die geheimen Anweisungen zur Diskriminierung Ausreisewilliger, S. 44-51.

10) MdI-Ordnung Nr. 118/77 vom 8. März 1977

Der Minister des Innern reagierte mit einer Verordnung auf die Verfügung des ZK. Die Ordnung Nr. 118/77 des Innenministers[468] „Über das Vorgehen bei der Unterbindung und Zurückdrängung von Versuchen von Bürgern der DDR, die Übersiedlung nach der BRD oder nach Westberlin zu erreichen, das Verfahren zur Genehmigung von Anträgen auf Wohnsitzänderung nach der BRD und nach Westberlin, das Verfahren bei Eheschließungen zwischen Bürgern der DDR und Ausländern, die Behandlung von Staatsbürgerschaftsfragen, den Verkehr mit Behörden und deren Einrichtungen in der BRD und in Westberlin sowie über die Behandlung von Anliegen aus der BRD und Westberlin " fasste die Vorschriften über die Genehmigung von Ausreiseanträgen, über die Zustimmung zur Eheschließung mit Ausländern und zu Staatsbürgerschaftsfragen zusammen und stimmte sie aufeinander ab.

11) MfS-Befehl Nr. 6/77 vom 18. März 1977 „Zur Vorbeugung, Verhinderung und Bekämpfung feindlich-negativer Handlungen im Zusammenhang mit rechtswidrigen (Übersiedlungs-) Ersuchen"[469]

Auch das MfS lieferte als Reaktion auf den Beschluss des ZK der SED einen neuen Befehl, der sich an die Verfügung Nr. 34/77 des Vorsitzenden des Ministerrates anlehnte. Dieser MfS-Befehl 6/77 stellte eine wesentliche Verschärfung der vorgeschriebenen Handlungsweise gegen ausreisewillige Bürger dar und regelte sehr viel detaillierter als der Befehl 1/75, wie im Einzelnen vorzugehen sei. Erstmals wurde auch festgelegt, welche Personen unter welchen Umständen strafrechtlich zu belangen und welche Tatbestände hierfür einschlägig seien:

„ 4. Die Leiter der operativen Diensteinheiten haben die politisch-operative Arbeit ihrer Diensteinheit entsprechend der ihnen übertragenen Verantwortung mit dem Ziel,

feindlich-negativen Handlungen vorzubeugen, sie zu verhindern bzw. wirksam zu bekämpfen,

Personen, die Straftaten – insbesondere gemäß §§ 98, 100, 106, 142, 212, 214, 217, 220, 249 StGB – u.a. Rechtsverletzungen begehen, auf der Grundlage tatbestandsbezogener Beweise strafrechtlich und ggf. auch mit anderen rechtlichen Mitteln zur Verantwortung zu ziehen,

auf die nachfolgend genannten Personen zu konzentrieren:

Personen, die rechtswidrige Versuche zur Erreichung der Übersiedlung unternommen haben bzw. dies beabsichtigen und

[468] Abgedruckt in der Fassung der 11. Änderung vom 24. März 1988 in: Hans-Herrmann Lochen / Christian Meyer-Seitz, Die geheimen Anweisungen zur Diskriminierung Ausreisewilliger, S. 369-457.

[469] BStU, ZA, DSt-102331, abgedruckt in Hans-Herrmann Lochen / Christian Meyer-Seitz, Die geheimen Anweisungen zur Diskriminierung Ausreisewilliger, S. 21-40.

eine feindlich-negative Grundeinstellung zur sozialistischen Staats- und Gesellschaftsordnung haben

bzw. die im Zusammenhang mit den erfolgten oder beabsichtigten rechtswidrigen Versuchen feindlich-negativ wirksam werden

bzw. im Blickpunkt der Öffentlichkeit stehen oder aufgrund ihrer beruflichen oder gesellschaftlichen Stellung entsprechend meinen dienstlichen Bestimmungen und Weisungen vorbeugend zu sichern sind [...],

[...], **sowie Personen, die selbst keine Übersiedlung beabsichtigen, jedoch im Zusammenhang mit diesbezüglich erfolgten bzw. beabsichtigten rechtswidrigen Versuchen anderer Personen feindlich-negativ wirksam werden.**

Das sind insbesondere Personen, die

offen ihre Feindschaft zur DDR zum Ausdruck bringen oder aufgrund ihrer Entwicklung sowie ihres Verhaltens und ihrer Handlungen in der Vergangenheit als Feinde einzuschätzen sind,

Verbindungen bzw. Kontakte zu staatlichen Dienststellen und Einrichtungen in nichtsozialistischen Staaten, insbesondere in der BRD und in Westberlin, zur ständigen Vertretung der BRD in der DDR, zu feindlichen Zentren, Organisationen und Kräften, zu westlichen Massenmedien bzw. ihren Korrespondenten sowie zu kirchlichen Organisationen und Einrichtungen in nichtsozialistischen Staaten und Westberlin unterhalten oder aufzunehmen beabsichtigen,

Verbindung zu Personen in nichtsozialistischen Staaten und Westberlin haben, insbesondere zu ehemaligen DDR-Bürgern, die bereits übergesiedelt sind oder die DDR ungesetzlich verlassen haben, und Hinweise darüber vorliegen, dass diese mit feindlichen Organisationen und Kräften zusammenarbeiten, [...]“[470]

Um die geforderten Beweise liefern zu können, sollte das MfS die beschriebenen Personengruppen umfangreich überwachen und Aufklärung schaffen bezüglich deren Gesinnung, Charakter, Lebensgewohnheiten, beruflicher Funktion, der Motive und Verbindungen der Antragsteller, soweit sie sich nicht im Rentenalter befanden. Hierzu war der Einsatz inoffizieller Mitarbeiter vorgesehen, aber auch andere geheimdienstliche Mittel wie Postkontrolle, Abhören von Telefon- und Raumgesprächen sowie Observationen.[471]

[470] Ziffer 4. des MfS-Befehls Nr. 6/77.
[471] Vgl. Ziffer 2. des MfS-Befehls Nr. 6/77.

12) Das neue Passgesetz und die Passverordnung vom 28. Juni 1979[472]

Wenn auch für Ausreiseantragsteller, welchen ja die Entlassung aus der Staatsbürgerschaft bevorstand, nicht in erster Linie relevant, sei an dieser Stelle doch kurz auf die veränderte Passgesetzgebung aus dem Jahre 1979 eingegangen:

1979 wurde das Passgesetz der DDR dahingehend geändert, dass von nun an für die Ausreise nach § 2 Abs. 2 Passgesetz ein im Pass eingetragenes Visum erforderlich war. Versagungsgründe für die Erteilung eines Passes oder eines Visums enthielten weder das Gesetz noch die Verordnung. Damit war die Erteilung eines Ausreisevisums in der Praxis völlig in das Ermessen der zuständigen Behörde gestellt. Dieses Willkürinstrument wurde verstärkt durch § 17 der Pass- und Visaanordnung:

> „Entscheidungen über Anträge auf Aus-, Ein- oder Transitreisen bedürfen keiner Begründung."

Vorschriften über Rechtsmittel gegen abschlägige Bescheide über Anträge auf Pass- oder Visumerteilung fehlten gänzlich.

b) 1983 bis 1988

1) Die Ausschlussgründe in den Reiseverordnungen

Die Reiseverordnungen, die Anfang der achtziger Jahre als Folge auf den KSZE-Prozess entstanden sind, waren nicht nur an einen sehr kleinen Personenkreis adressiert,[473] sie waren auch weitgehenden Versagungsgründen unterworfen, deren Prüfung am Anfang jeder Bearbeitung von Ausreiseanträgen stand.

(a) Verordnung vom 15. September 1983 „Zur Regelung von Fragen der Familienzusammenführung und der Eheschließung zwischen Bürgern der DDR und Ausländern"

Die Verordnung von 1983 enthielt in § 8 einen Katalog von zehn Ausschlussgründen. Davon waren sieben fakultativ und drei obligatorisch. Nach dem ersten Absatz konnte die Genehmigung für die Wohnsitznahme im Ausland versagt werden, wenn:

> „Rechte der Bürger und andere gesellschaftliche Interessen der Deutschen Demokratischen Republik durch die Wohnsitzänderung nach dem Ausland beeinträchtigt werden. Das gilt insbesondere, wenn:

[472] GBl. d. DDR 1979, Band I, S. 148 (Paßgesetz) und S. 151 (Paß- und Visaanordnung).

[473] Vgl. das Kapitel „Ausreise in der einfachen Gesetzgebung", 2. Teil, B., III., 2.

- Minderjährige, die das 14. Lebensjahr vollendet haben, ihre Einwilligung gemäß § 6 Abs. 2 versagen;

- Erziehungsrechte oder Umgangsbefugnisse von Bürgern gegenüber Minderjährigen berührt werden;

- der Antragsteller Kinder, Eltern, Großeltern oder Geschwister in der Deutschen Demokratischen Republik hinterlassen würde, die seiner Betreuung und Unterstützung oder Fürsorge bedürfen;

- auf Grund der vom Antragsteller ausgeübten Tätigkeit Nachteile für die Betreuung oder Fürsorge der Bürger entstehen würden;

- der Antragsteller Verbindlichkeiten in der Deutschen Demokratischen Republik nicht beglichen hat;

- eine ordnungsgemäße Verwaltung von Grundstücken, Gebäuden und anderem Vermögen des Antragstellers nicht gewährleistet ist;

- die Angaben in den Antragsunterlagen nicht der Wahrheit entsprechen."

Nach dem zweiten Absatz war die Genehmigung zwingend zu versagen, wenn:

„- Interessen der Deutschen Demokratischen Republik, insbesondere zum Schutz der öffentlichen Ordnung sowie ihrer Sicherheit, entgegenstehen;

- der Antragsteller Wehrdienst oder einen Dienst, der der Ableistung des Wehrdienstes entspricht, leistet oder geleistet hat und danach eine von den zuständigen staatlichen Organen festgelegte Frist nicht verstrichen ist;

- der Antragsteller in ein Strafverfahren einbezogen ist oder eine durch Gerichtsurteil gegen ihn ausgesprochene Freiheitsstrafe zu verwirklichen ist."

In Absatz 3 wurde noch geregelt:

„Die zuständigen staatlichen Organe der Deutschen Demokratischen Republik können die Erteilung der Genehmigung von der Vorlage von Bescheinigungen oder Bestätigungen der zuständigen Organe des Staates, nach dem die Wohnsitzänderung erfolgen soll, zur Aufnahme und sozialen Sicherstellung (z.B. Arbeit, Wohnung, Schul- und Berufsausbildung der Kinder) der Antragsteller abhängig machen."

Die Versagungsgründe waren in verschiedener Hinsicht problematisch:

Da die Fürsorgepflicht aus beruflichen Gründen zur Ablehnung führen konnte, sahen sich Ärzte gezwungen, vor der Antragstellung ihren Beruf aufzugeben.

Da die Übersiedlung aufgrund familiärer Fürsorgepflichten untersagt werden konnte, versuchten viele Ausreisewillige, die betreffenden Verwandten ebenfalls zur Antragstellung zu bewegen.

Insbesondere die ordre-public-Klausel[474] des zweiten Absatzes war so unbestimmt gehalten („Interessen der DDR“), dass den Behörden ein Instrument zur beliebigen Ablehnung von Anträgen an die Hand gegeben war.

(b) Verordnung vom 30. November 1988 „Über Reisen von Bürgern der DDR nach dem Ausland“

In der neuen Verordnung wurde die Struktur der Ablehnungsgründe völlig neu geordnet. Prägnant waren breite Differenzierungen und weitreichende Generalklauseln.

In § 13 Abs. 1 war der nunmehr einzige obligatorische Versagungsgrund normiert:

„Genehmigungen sind zu versagen, wenn das zum Schutz der nationalen Sicherheit oder der Landesverteidigung notwendig ist.“

Gegenüber der alten Regelung in § 8 Abs. 2 1. Alt. war diese Formulierung eine Konkretisierung. Gleichzeitig aber war mit dem Begriff der „Landesverteidigung“ auch eine Ausdehnung des Anwendungsbereiches verbunden, da über diesen auch strafrechtlich geschützten Begriff[475] ganz neue Personengruppen unter die zwingende Versagung fielen.[476]

In § 13 Abs. 2 der neuen Verordnung war die Ablehnung bei noch nicht abgeleistetem Dienst geregelt:

„Genehmigungen können versagt werden, wenn der Antragsteller noch keinen aktiven Wehrdienst, Dienst, der der Ableistung des Wehrdienstes entspricht bzw. Reservistenwehrdienst geleistet und das 26. Lebensjahr noch nicht vollendet hat oder zur Zeit Dienst in den Schutz- und Sicherheitsorganen leistet oder die von den zuständigen staatlichen Organen festgelegte Frist seit dem Tag der Entlassung aus dem Dienst noch nicht abgelaufen ist.“

In § 14 Abs. 1 war die ordre-public-Klausel, die sich vorher in § 8 Abs. 2 Var. 1 befand, ausgestaltet und durch Regelbeispiele konkretisiert:

„Genehmigungen können auch versagt werden, wenn das zum Schutz der öffentlichen Ordnung oder anderer staatlicher Interessen der Deutschen Demokratischen Republik notwendig ist. Das liegt vor allem vor, wenn

[474] Unter ordre-public-Klausel ist ein Vorbehalt in rechtlichen Regelungen zu verstehen, der die Beeinträchtigung der öffentlichen Ordnung verhindern soll. So insbesondere im Internationalen Privatrecht, vgl. §Art: 6 EGBGB.

[475] So zum Beispiel in § 97 StGB, Spionage.

[476] Zum Begriff der Landesverteidigung gehörten z. B. selbst Bereiche wie die Verordnung über die Tätigkeit von Militärabnehmern, weitere normierte Bereiche: *Lothar Krumbiegel*, in: *Autorenkollektiv*, Staatsrecht der DDR – Lehrbuch, S. 127.

a) der Antragsteller aufgrund seiner jetzigen Tätigkeit Kenntnisse besitzt, die zur Verhinderung von Gefahren, Schäden, Störungen u.a. Nachteilen geheim zu halten sind;

b) Prüfungen über Anzeigen gegen den Antragsteller noch nicht abgeschlossen sind, ein Ermittlungsverfahren gegen ihn eingeleitet wurde, er in ein Strafverfahren einbezogen ist oder Maßnahmen der strafrechtlichen Verantwortlichkeit zu verwirklichen sind;

c) im Zusammenhang mit der Antragstellung Handlungen gegen die Rechtsordnung der Deutschen Demokratischen Republik begangen oder ausschließlich Zuständigkeiten der staatlichen Organe der Deutschen Demokratischen Republik missachtet wurden;

d) der begründete Verdacht besteht, dass der Auslandsaufenthalt zu Handlungen benutzt werden soll, die nach den Rechtsvorschriften der Deutschen Demokratischen Republik als Straftat zu verfolgen sind;

e) bei früheren Auslandsaufenthalten die Rechtsvorschriften der Deutschen Demokratischen Republik geschädigt wurden oder das Ansehen der Deutschen Demokratischen Republik geschädigt wurde;

f) Privatreisen oder ständige Ausreisen zu Bürgern der Deutschen Demokratischen Republik erfolgen sollen, die sich entgegen den Rechtsvorschriften der Deutschen Demokratischen Republik im Ausland aufhalten;

g) der Antragsteller im Antragsverfahren unwahre Angaben gemacht hat."

Im zweiten Absatz des § 14 wurde eine Art Schutz der sozialistischen Staatsordnung statuiert, ähnlich dem früheren § 8 Abs. 1, und ebenfalls durch Regelbeispiele ausgestaltet:

„Genehmigungen für ständige Ausreisen können auch versagt werden zum Schutz der Rechte der Bürger, der Prinzipien der sozialistischen Moral und sozialer Erfordernisse. Das liegt vor allem vor, wenn

a) der Antragsteller zur Erlangung der ständigen Ausreise sich vorsätzlich seinen gesellschaftlichen Pflichten, insbesondere durch Aufgabe seiner beruflichen Tätigkeit, entzieht oder entzogen hat und dadurch Beeinträchtigungen der Lebensqualität der Bürger entstanden oder zu erwarten sind;

b) der Antragsteller Verbindlichkeiten in der Deutschen Demokratischen Republik nicht beglichen hat;

c) Umgangsbefugnisse von Bürgern gegenüber minderjährigen Kindern erfolgen würden;

d) eine Trennung von Ehegatten oder der Erziehungsberechtigten von ihren minderjährigen Kindern erfolgen würde;

e) eine ordnungsgemäße Verwaltung von Grundstücken, Gebäuden oder anderem Vermögen des Antragstellers nicht gewährleistet wäre."

Schließlich bestimmte § 15 der Verordnung:

„Genehmigungen können zeitweilig oder ständig versagt werden, wenn ein Interessen- oder Rechtsschutz für Bürger der Deutschen Demokratischen Republik während des Auslandsaufenthaltes nicht ausreichend gewährleistet ist.“

Die neuen Regelungen bedeuteten bei genauerem Hinsehen eine Ausweitung der Versagungsgründe:

Die Wehrpflichtigenregelung in § 13 ermöglichte es den Behörden jetzt, allein wegen noch nicht abgeleisteten Wehrdienstes vor Vollendung des 26. Lebensjahres die Genehmigung zu verweigern, wobei zu beachten ist, dass dies auch für Besuchsreisen galt.

Für die ordre-public-Klausel des § 14 Abs. 1 galt das Gleiche wie für den früheren § 8 Abs. 2: Sie war so unbestimmt gehalten, dass den Behörden ein Instrument zur beliebigen Ablehnung von Anträgen an die Hand gegeben war.[477]

Die Regelung in § 14 Abs. 2 a) wurde eingeführt, um den Fällen zu begegnen, in denen Antragsteller ihre berufliche Stellung aufkündigten, um sich bestehender Fürsorgepflichten zu entledigen, die ja ein Versagungsgrund für die Ausreise waren. Solchen Menschen blieb nun nur noch eine „provozierte“ Kündigung, die dann wiederum den Neuanfang in der Bundesrepublik erschwert hätte.

Schließlich existierte auch zu dieser Verordnung eine interne Arbeitsanweisung, die z.B. vorsah, dass ein Antrag zu versagen sei, wenn im Zusammenhang mit der Antragstellung „Handlungen gegen die Rechtsordnung der Deutschen Demokratischen Republik“ ausgemacht und nachgewiesen werden konnten.[478]

477 Vgl. im Einzelnen die Ausführungen bei *Axel v. Hoerschelmann*, Die neuen Bestimmungen der DDR zu Auslandsreisen, Übersiedlungen, Eheschließungen mit Ausländern sowie zur Zusammenführung von Verwandten vom 30. 11. 1988, ROW 1989, S. 90 ff.

478 Einweisungsmaterial des MdI vom 30.11.1988, BStU ZA, ZKG-1747, Anlage 1, Bl. 38 f. (MdI-Zählung), zitiert nach Bernd Eisenfeld, Die Ausreisebewegung – Eine Erscheinungsform widerständigen Verhaltens, S. 195.

2) MfS-Dienstanweisung Nr. 2/83 vom 13. Oktober 1983 „Zur Unterbindung und Zurückdrängung von Versuchen von Bürgern der DDR, die Übersiedlung nach nichtsozialistischen Staaten und Westberlin zu erreichen, sowie für die vorbeugende Verhinderung, Aufklärung und wirksame Bekämpfung damit im Zusammenhang stehender feindlich-negativer Handlungen“[479]

Auch diese MfS-Dienstanweisung ist im Kontext ihrer Zeit zu sehen. Einerseits stellte sie einen Bezug zur „Verordnung zur Regelung von Fragen der Familienzusammenführung und der Eheschließung zwischen Bürgern der DDR und Ausländern“ vom 15. September 1983 her. Andererseits sollte mit ihr der immer stärkeren Gruppenbildung und Politisierung innerhalb der Ausreisebewegung entgegengetreten werden:

„[...] Operativ bedeutsam sind insbesondere Personen, die

- offen ihre Feindschaft zur DDR zum Ausdruck bringen oder aufgrund vorliegender Informationen als Feinde einzuschätzen sind,

- feindlich-negativen Zusammenschlüssen angehören oder versuchen, derartige Zusammenschlüsse zu inspirieren, zu organisieren oder zu feindlich-negativen Handlungen zu mobilisieren,

- in Zusammenhang mit anderen Erscheinungsformen der politischen Untergrundtätigkeit bekannt werden, [...]

- Straftaten oder andere feindlich-negative Handlungen beabsichtigen, androhen bzw. begehen, wie:

öffentlichkeitswirksame Demonstrativhandlungen, die zur Diskreditierung der DDR führen oder genutzt werden können,

Versuche, die DDR der Nichterfüllung bzw. Nichtbefolgung völkerrechtlicher Vereinbarungen zu bezichtigen, oder

Verfassen von „Protestschreiben“ u. a. Schreiben mit diffamierendem und verleumderischem Charakter an Persönlichkeiten des öffentlichen Lebens, staatliche Organe und Einrichtungen sowie an gesellschaftlichen Organisationen der DDR, [...]

- aus ihrer verfestigten feindlich-negativen Grundeinstellung heraus hartnäckig versuchen, die Übersiedlung zu erreichen, [...]“[480]

Angesichts der ständig weiter steigenden Zahl von Ausreiseantragstellern beschäftigte sich die Dienstanweisung auch mit der Anwerbung immer neuer Inof-

479 BStU, ZA, DSt-102977, abgedruckt in: Hans-Herrmann Lochen / Christian Meyer-Seitz, Die geheimen Anweisungen zur Diskriminierung Ausreisewilliger, S. 87-133.
480 Ziffer 3. der MfS-Dienstanweisung 2/83.

fizieller Mitarbeiter und mit dem „politisch-operativen Zusammenwirken" mit anderen staatlichen Organen, Kombinaten, Betrieben und Einrichtungen sowie gesellschaftlichen Organisationen.[481]

Die „politisch-operative Arbeit" des MfS beinhaltete, dass

„ - bereits auf erste Anzeichen des Entstehens von Übersiedlungsabsichten bzw. der Entwicklung von Kontakten und Verbindungen, die zur Entstehung von derartigen Absichten führen können, reagiert wird, [...]

- durch offensives, konsequentes, differenziertes und abgestimmtes Vorgehen unter Einbeziehung geeigneter Funktionäre die erforderliche politisch-ideologische Auseinandersetzung mit Personen erfolgt, die beabsichtigen, ihre Übersiedlung zu erreichen.",[482]

und hatte zum Ziel,

„die betreffenden Personen durch differenzierte und überzeugende Argumentation von ihren Absichten auf Übersiedlung abzubringen und sie wieder an die sozialistische Gesellschaft zu binden, begünstigende Bedingungen auszuräumen und Konfliktsituationen überwinden zu helfen. [...]".[483]

Dementsprechend war es auf der einen Seite die logische Konsequenz, auf der anderen Seite aber auch Anpassung an die realen Umstände, wenn im Befehl zugestanden wurde, aus Sicht des MfS könnten Ausreisen genehmigt werden, wenn

„nach Ausschöpfung aller Möglichkeiten der Einflussnahme keine Chance mehr besteht, Unverbesserliche, die aus ihrer feindlich-negativen Einstellung heraus hartnäckig ihre Übersiedlung erreichen wollen, zurückzugewinnen."[484]

Darüber hinaus enthielt die Anweisung operative Einspruchsgründe gegen Ausreisegenehmigungen:

„Gegen die Genehmigung der Übersiedlung/Wohnsitzänderung ist (durch das MfS, Anm. d. Verf.) unter Berücksichtigung politisch-operativer Interessen Einspruch zu erheben, wenn insbesondere [...]

- die Person im Zusammenhang mit Versuchen zur Überwindung der Staatsgrenze oder bei Fluchtversuchen Schuß- oder andere Verletzungen davongetragen hat, die vom Gegner zur Diffamierung der DDR ausgenutzt werden könnten,

481 Ziffer 5. der MfS-Dienstanweisung 2/83.
482 Ziffer 5.2. der MfS-Dienstanweisung 2/83.
483 Ebenda.
484 Ziffer 6.2. der MfS-Dienstanweisung 2/83.

- die Person Tätowierungen am Körper trägt, die den Faschismus oder Militarismus verherrlichen oder in antisozialistischer bzw. anderer Weise die gesellschaftlichen Verhältnisse in der DDR und anderen sozialistischen Staaten diffamieren."

Schließlich enthielt die Anweisung detaillierte Regelungen, dass und wie ständig Ausgereiste nach dem Verlassen der DDR „operativ zu bearbeiten" seien.[485]

c) 1988 bis 1990

Die letzte Phase der Ausreisebewegung, in der jedem Bürger das Recht zugestanden wurde, einen Antrag auf Ausreise stellen zu dürfen, wurde durch das Inkrafttreten der „Verordnung über Reisen von Bürgern der Deutschen Demokratischen Republik nach dem Ausland" vom 30.11.1988 und der „Verordnung zur Gewährung des ständigen Wohnsitzes für Ausländer in der Deutschen Demokratischen Republik und zur Eheschließung von Bürgern der Deutschen Demokratischen Republik mit Ausländern" vom 30.11.1988 am 1.1.1989 eingeläutet.[486]

1) 11. Änderung der MdI-Ordnung Nr. 118/77 vom 24. März 1988

Die 11. Änderung der MdI-Ordnung „Über das Vorgehen bei der Unterbindung und Zurückdrängung von Versuchen von Bürgern der DDR, die Übersiedlung nach der BRD [...] zu erreichen [...]",[487] war eine Reaktion des Innenministers auf die „Verordnung zur Regelung von Fragen der Familienzusammenführung und der Eheschließung zwischen Bürgern der DDR und Ausländern" vom 15. September 1983. Sie enthielt detailliertere Anweisungen für die Bearbeitung der entsprechenden Anträge durch die zuständigen Behörden. Mit Antragstellern sollte Kontakt durch die Räte der Kreise bzw. kreisfreien Städte gehalten werden und in den regelmäßig zu führenden Aussprachen sollte in Absprache mit der örtlichen Parteiorganisation, dem MfS und dem Betrieb des Antragstellers versucht werden, auf diesen erzieherisch einzuwirken, um die Zurücknahme des Antrages zu erzielen. Wurden bei diesen Aussprachen kritische Äußerungen wahrgenommen, konnten sie zur Einschaltung der Kriminalpolizei und des MfS führen.

485 Ziffer 7. der MfS-Dienstanweisung 2/83.

486 Vgl. das Kapitel „Wiener Abschlussdokument", 1. Teil, B., 9.

487 Abgedruckt in: Hans-Herrmann Lochen / Christian Meyer-Seitz, Die geheimen Anweisungen zur Diskriminierung Ausreisewilliger, S. 369-457.

2) MfS-Dienstanweisung Nr. 2/88 vom 10. Dezember 1988 „Zur Zurückdrängung von Antragstellungen auf ständige Ausreise nach nichtsozialistischen Staaten und Westberlin sowie zur vorbeugenden Verhinderung, Aufklärung und Bekämpfung damit im Zusammenhang stehender feindlich-negativer Handlungen“[488]

Mit der MfS-Dienstanweisung Nr. 2/88 reagierte Mielke auf die neuen Umstände, die sich aus der Reiseverordnung von 1988 ergaben und auf die sich zunehmend lockernde Behördenpraxis:

Die Mitarbeiter der „operativen Diensteinheiten“ wurden eindringlich auf ihr Einspruchsrecht gegen Ausreisegenehmigungen hingewiesen. Hierbei war zu beachten, dass den Antragstellern nun auch das Rechtsmittel der Beschwerde zustand. Das bedeutete für das MfS, dass im Schriftverkehr peinlich zu unterscheiden war, welche Informationen an die Antragsteller und die Gerichte weitergegeben werden konnten und welche zwar für Ablehnungen maßgeblich, aber nur für den Dienstgebrauch des MdI, der Abteilungen Inneres und das MfS zugänglich gemacht werden durften:

„6.1. Bei allen zu treffenden Entscheidungen zu ständigen Ausreisen nach nichtsozialistischen Staaten und Westberlin, einschließlich Eheschließungen, haben die zuständigen operativen Diensteinheiten auf Kreis-, Bezirks- und zentraler Ebene das Einspruchsrecht gegenüber den zuständigen Organen des MdI und den Bereichen Inneres qualifiziert wahrzunehmen.

[...]

Die Gründe für Einsprüche gegen beabsichtigte Genehmigungen und gegen beabsichtigte Ablehnungen ständiger Ausreisen haben objektiv, stichhaltig, operativ bedeutsam und unter Beachtung der Erfordernisse, die sich aus der Verordnung ergeben, belegbar zu sein. Sie sind aktenkundig zu dokumentieren.

Bei Einspruch gegen beabsichtigte Genehmigung ständiger Ausreisen **ist davon auszugehen, dass dem Antragsteller**

- die rechtlichen Gründe der Ablehnung durch die Bereiche Inneres bzw. die DVP schriftlich mitzuteilen sind,

- **das Rechtsmittel der Beschwerde zusteht**,

- **das Recht zusteht**, gegen eine getroffene Beschwerdeentscheidung beim Kreisgericht die **gerichtliche Nachprüfung zu beantragen**.

Bei allen politisch-operativen Überprüfungsmaßnahmen sind deshalb von vornherein **solche** aktuellen und objektiven **Informationen zu erarbeiten, die** bei einer Ablehnung der Anträge

488 Abgedruckt in: Hans-Herrmann Lochen / Christian Meyer-Seitz, Die geheimen Anweisungen zur Diskriminierung Ausreisewilliger, S. 209-235.

auf ständige Ausreise offiziell als Versagungsgründe angewandt werden können und **einer möglichen gerichtlichen Nachprüfung standhalten**. [...]

Die Übermittlung von Einsprüchen an das zuständige Organ hat mündlich stattzufinden."[489]

Die Tatsache, dass die Mitarbeiter des MfS extra darauf hingewiesen werden mussten, dass Ablehnungsgründe einer gerichtlichen Nachprüfung standzuhalten haben hatten, lässt bezüglich der bis dahin (Dezember 1988) geübten Praxis tief blicken.

Es spricht ferner für sich, dass man im MfS auch und gerade in dieser letzten Phase der DDR-Geschichte, als die Kreisbehörden und die politische Führung zunehmend dazu übergingen, Ausreiseantragsteller als „Querulanten" und „Unverbesserliche" ausreisen zu lassen, nach wie vor von der Notwendigkeit der „Zurückdrängung" und „vorbeugenden Verhinderung, Aufklärung und Bekämpfung" der Ausreiseantragsteller ausging.

3) MdI-Ordnung Nr. 175/89 vom 7. Dezember 1988 „Über die Antrags-, Prüfungs- und Entscheidungsverfahren bei ständigen Ausreisen nach der BRD und nach Westberlin [...]"[490]

Die MdI-Ordnung Nr. 175/89 bezog sich auf die Reiseverordnung von 1988 und löste die Teile A,[491] B[492] und C[493] der Ordnung Nr. 118/77 ab. Aufgrund des allgemeinen Antragsrechts konnte das Genehmigungsverfahren vereinfacht und gestrafft werden.[494]

Die Räte der Kreise bzw. kreisfreien Städte waren nun gehalten, binnen sechs Monaten über die Anträge zu entscheiden.[495] Dem dadurch entstehenden Bear-

489 Ziffer 6.3. der MfS-Dienstanweisung Nr. 2/88.

490 MfS-HA XX 406, abgedruckt in: Hans-Herrmann Lochen / Christian Meyer-Seitz, Die geheimen Anweisungen zur Diskriminierung Ausreisewilliger, S. 523-558.

491 „Gewährleistung eines einheitlichen und abgestimmten Vorgehens zur Unterbindung und Zurückdrängung von Versuchen von Bürgern der DDR, die Übersiedlung nach der BRD oder nach Westberlin zu erreichen, sowie Verfahren zur Genehmigung von Wohnsitzänderungen nach der BRD und nach Westberlin".

492 „Eheschließungen zwischen Bürgern der DDR und Bürgern anderer Staaten sowie Westberlinern".

493 „Bearbeitung von Anträgen auf Verleihung der Staatsbürgerschaft, Widerruf der Verleihung der Staatsbürgerschaft und auf Aberkennung der Staatsbürgerschaft der Deutschen Demokratischen Republik".

494 Vgl. Punkt 4. der Ordnung „Verfahren der Entgegennahme, Bearbeitung, Prüfung und Entscheidung der Anträge", BStU, HA XX-406, Bl. 15 ff. (BStU-Zählung).

495 Verordnung „Über Reisen von Bürgern der DDR nach dem Ausland" vom 30. 11. 1988, § 16 Abs. 3 i.V.m. Abs. 4.

beitungsstau sollte vorgebeugt werden, indem durch neu zu bildende Arbeitsgruppen aus Mitgliedern der Volkspolizeikreisämter und den Kreisdienststellen des MfS Genehmigungsvorschläge zu erarbeiten waren:

„2. Bildung von Arbeitsgruppen und deren Aufgaben

2.1. Zur Sicherstellung eines einheitlichen und abgestimmten Vorgehens aller im Prozess der Zurückdrängung der Antragstellung wirkenden staatlichen und gesellschaftlichen Kräfte sind auf der Ebene der Kreise unter Leitung der Leiter der Abt. IA (Innere Angelegenheiten, Anm. d. Verf.) Arbeitsgruppen zu bilden. Diesen Arbeitsgruppen gehören als ständige Mitglieder sachkundige und kompetente Vertreter der Abt. IA, der VPKÄ und der KD/MfS an.“[496]

Das übrige Verfahren blieb unberührt.[497]

4. Die Auffassung der DDR-Regierung

Hinter den rechtlichen Regelungen stand die Auffassung der politischen Führung. In einem Vermerk der HA IX des MfS vom 1.11.1976 „Zu den vom Gegner als angeblich rechtliche Grundlagen für die Antragstellung auf Entlassung aus der Staatsbürgerschaft der DDR lancierten Bestimmungen“[498] bezog das Ministerium Stellung gegen die Art, wie man seitens der westlichen Medien die DDR-Bürger dazu aufforderte, sich auf internationale Rechtssätze zu berufen, um die Ausreise zu fordern. So stellte man in dem Vermerk zur AEMR fest:

„Diese Erklärung hat ausschließlich empfehlenden Charakter und stellt deshalb kein verbindliches Völkerrecht dar.“[499]

Zum IPBPR wurde im Vermerk schlicht die Schrankenregelung des Art. 12, Ziff. 3 zitiert und lapidar festgestellt:

„Ein absolutes Freizügigkeitsrecht ins Ausland außerhalb zwischenstaatlicher Vereinbarungen gibt es nicht. Einem Recht auf der einen Seite steht eine Pflicht auf der anderen Seite gegenüber.“

Während der gesamten Dauer des Bestehens der DDR war man der Auffassung, ein Verlassen des Staates sei mit Wesen und Sinn des Sozialismus nicht zu vereinbaren. Diese Auffassung kommt in einem Kompendium des Ministeriums des Innern „Zur Qualifizierung des Prozesses der Unterbindung und Zurückdrängung von Übersiedlungsversuchen“ aus dem Jahre 1985 zum Ausdruck.[500] Darin

496 MfS, HA XX-406, Bl. 14 f. (BStU-Zählung).

497 Vgl. das Kapitel „Das Ausreiseantragsverfahren“, 3. Teil, A.

498 BStU, ZA, HA IX-182.

499 Ebenda, Bl. 2 (BStU-Zählung).

500 Materialien des MdI der zentralen Weiterbildungsveranstaltungen in den Bezirken zur Qualifizierung des Prozesses der Unterbindung und Zurückdrängung von Übersiedlungsersuchen von Bürgern der DDR nach nichtsozialistischen Staaten und Westberlin

wird bestritten, dass für „Bürger im Sozialismus“ eine „objektive Notwendigkeit“ bestünde, „ihren sozialistischen Staat zu verlassen“;[501] es könne darüber hinaus auch gar kein Ausreiserecht geben, weil „ein solches Recht dem Sinn des Sozialismus – alles zu tun für das Wohl des Volkes und damit auch für das Glück des Einzelnen – widerspreche.[502] Eine Ausreise wurde folglich nie als private Angelegenheit betrachtet, weil durch sie auch die Interessen der sozialistischen Gemeinschaft berührt wurden.[503]

Der zunehmende außenpolitische Druck auf die DDR wurde dementsprechend als ein „Einmischen in innere Angelegenheiten“ angesehen. Die eigenwillige Auslegung der Schlussakte von Helsinki durch Erich Honecker sollte diese Auffassung untermauern:

> „[...] Vom ersten Tage an hat die DDR die Prinzipien und „Empfehlungen“ der Schlussakte von Helsinki als einheitliches Ganzes realisiert. [...] Was die [...] Absichtserklärung des Madrider Treffens angeht, so hat ihre Umsetzung auf der Grundlage und im engsten Zusammenhang mit den Prinzipien und Festlegungen der Schlussakte von Helsinki zu erfolgen. Sie besagen, dass dies im Einklang mit dem Recht und den Gesetzen eines jeden Staates zu geschehen hat. Damit liegt auch in der DDR die Entscheidung über die Ein- und Ausreise, darunter die zur Familienzusammenführung, in der Zuständigkeit der entsprechenden staatlichen Organe. Das ist überall so. In jedem Staat der Welt entscheiden die Behörden souverän über diese Fragen. Beispielsweise besagt § 7 des Passgesetzes der BRD, dass „die Erteilung eines Passes versagt werden kann, wenn die innere und äußere Sicherheit oder sonstige erhebliche Belange der BRD gefährdet sind“. Das geschieht ja auch in vielen Fällen.“[504]

Während man dem juristischen Schrifttum der DDR anmerken konnte, dass hier der krasse Widerspruch zu international anerkannten Menschenrechtsstandards wenigstens erkannt wurde,[505] ist den Beschlüssen und Äußerungen der Partei-

vom 1.7.1985, BStU, ZA, ZAIG-6998, zitiert nach *Bernd Eisenfeld*, Die Verfolgung der Antragsteller auf Ausreise, S. 120.

501 Ebenda.

502 Ebenda.

503 Vgl. die Ausführungen bei *Bernd Eisenfeld*, Die Verfolgung der Antragsteller auf Ausreise, S. 120, der die Äußerung des Leiters der Abteilung Inneres des Stadtbezirks Berlin-Treptow in einer Ausreiseangelegenheit zitiert.

504 Erich Honecker in einem Interview mit dem „Stern“ im November 1983, zitiert nach Dieter Gräf, Ausreise aus der DDR, S. 163 f.

505 Vgl. die Ausführungen des Direktors der Sektion Rechtswissenschaft der Humboldt-Universität Berlin *Erich Buchholz*, Zum Fall Weinhold, NJ 1977, S. 22 ff.: Weinhold hatte auf der Flucht zwei DDR-Grenzsoldaten erschossen und wurde später vom Essener Landgericht freigesprochen, weil sein Handeln als Notwehr i.S.d. § 32 StGB der Bundesrepublik angesehen wurde. Um eine Rechtfertigung zu begründen, wurde ein Recht auf Ausreise angenommen, aufgrund dessen der Angriff der Grenzsoldaten auf den Flüchtenden rechtswidrig angesehen wurde. Dadurch stellte das Gericht nach Auffassung Buchholz' „Recht und Unrecht auf den Kopf“. Es sei „abwegig und für einen Richter wohl wider besseres juristisches Wissen gehandelt“, weil Artikel 12 IPBPR allein ei-

spitze bis zum letzten Tag der „Ära Honecker“ zu entnehmen, dass man von einem Recht auf Ausreise grundsätzlich gar nicht ausging. Im politischen System der DDR wäre eine grundlegende Änderung der Ausreisepraxis ohne eine Veränderung dieser Geisteshaltung der Regierung nicht denkbar gewesen, was die Geschehnisse nach dem Rücktritt Honeckers später auch eindrucksvoll belegten.

IV. Ergebnis

Sowohl nach dem Recht der Bundesrepublik Deutschland, wo die innerstaatliche Freizügigkeit von Art. 11 Abs. 1 GG und die Ausreisefreiheit von der allgemeinen Handlungsfreiheit nach Art. 2 Abs. 2 GG mitumfasst war, als auch auf international-rechtlicher Ebene nach dem Internationalen Pakt über bürgerliche und politische Rechte (Art. 12 Abs. 2) stand den Bürgern der DDR ein Recht auf Ausreise zu. Eine rechtliche Handhabe zur Durchsetzung dieses Recht hatten die Betroffenen jedoch zu keiner Zeit, da das Grundgesetz nur in seinem Geltungsbereich anwendbar war und auf internationaler Ebene effektive Durchsetzungsmechanismen fehlten.

In der Behördenpraxis der DDR war die Ausreise als „Verbot mit Erlaubnisvorbehalt“ ausgestaltet. Schon während der Geltung der ersten Verfassung, die ein Auswanderungsrecht ausdrücklich vorsah, wurde durch die DDR-Strafjustiz gegen die Ausreisenden vorgegangen. Ab 1968 bis zum Untergang der DDR war ein solches Recht in der Gesetzgebung der DDR nicht mehr zu finden.

Die Stellung eines Antrags auf Ausreise aus der DDR galt bis 1988 grundsätzlich als rechtswidrig. Das Ausreiserecht wurde erstmals mit der ersten Reiseverordnung 1983 für einen kleinen Personenkreis eingeführt. Ein generelles, also jedermann zustehendes Recht auf die Antragstellung wurde erst mit der zweiten Reiseverordnung von 1988 statuiert.

Obschon sich die Behördenpraxis im Laufe der achtziger Jahre lockerte, war durch die beiden Reiseverordnungen kein Recht auf Ausreise begründet worden. Beide Verordnungen enthielten strenge Ausschlussregelungen, deren Prüfung stets den Anfang der Bearbeitung eines Ausreiseantrags darstellte.

ne „aus ihrem Zusammenhang gelöste Formulierung“ sei, die keinen Individualanspruch darauf gebe, dass „jedermann zu jeder beliebigen Zeit und ohne alle Form aus jedem beliebigen Land ausreisen dürfe“. Die „Vereinigung der Juristen der DDR“ bezeichnete das Urteil schlicht als „Schandurteil“. Es gliedere sich ein „in die Belebung der Kräfte des Revanchismus und Neonazismus in der BRD“. Es enthalte „den Aufruf zu Mord, Terror und Aggression“ und stelle „die bisher gefährlichste Attacke auf das Völkerrecht, auf Buchstaben und Geist der Charta der Vereinten Nationen“ dar und sei „unvereinbar mit der Schlussakte von Helsinki und dem Grundlagenvertrag zwischen der DDR und der BRD.

3. Teil: Die konkreten rechtlichen Konsequenzen einer Antragstellung

Im folgenden Teil soll das Handeln der staatlichen Stellen im Ausreiseverfahren geschildert und der Bezug zu den beschriebenen Rechtsvorschriften hergestellt werden. Hierfür wird zunächst vom Idealfall der beantragten und repressionsfrei genehmigten Ausreise ausgegangen, auch wenn es sich hierbei um die seltene Ausnahme handelt.[506] Vor diesem Hintergrund wird sodann dargestellt, wie das Recht der DDR ausgeschöpft werden konnte, um die Ausreiseantragsteller zu unterdrücken.

A. Das Ausreiseantragsverfahren

Das gesamte Verfahren ließ sich grob in die Antragstellung, das Folgegespräch beim Rat des Kreises oder der kreisfreien Stadt, die hierauf folgende Zeit des Abwartens und – in den seltenen Fällen der Genehmigung – die Ausreise selbst einteilen. Das hier dargestellte förmliche Antragsverfahren orientiert sich an den Regelungen der Verordnung von 1983 und deren Durchführungsverordnung, da es vorher zwar Ausreiseanträge, aber kein normiertes Antragsverfahren gab.[507]

I. Antragstellung

Am Anfang stand der Antrag. Zuständig für die Entgegennahme war der Rat des Kreises oder der kreisfreien Stadt, Abteilung Innere Angelegenheiten. Einen Musterantrag gab es nicht. Die Verordnung von 1983 schrieb Schriftform vor.[508] Sollte er Aussicht auf Erfolg haben, musste der Antrag im Sinne der Reiseverordnung begründet werden.[509]

Erforderlich waren laut der ersten Durchführungsverordnung zu der Verordnung von 1983 „weitere, von den zuständigen Organen geforderte Dokumente".[510]

506 Vgl. das Kapitel „Allgemeiner Sprachgebrauch", 1. Teil, B., I., 1. Die Zahl von 9 % genehmigter Anträge während der gesamten Zeit des Bestehens der DDR findet sich bei *Eckhard Jesse*, Artikulationsformen und Zielsetzungen von widerständigem Verhalten in der DDR, S. 1018.

507 Diese Verordnung enthielt erstmals eine Bearbeitungspflicht für Ausreiseanträge, vgl. das Kapitel „Wiener Abschlussdokument", 1. Teil, B., IX. Darstellung entnommen bei *Dieter Gräf*, Ausreise aus der DDR, S. 1-7.

508 § 6 Abs. 1.

509 *Dieter Gräf*, Ausreise aus der DDR, S. 1.

510 § 1 Abs. 1 lit. c) der Durchführungsverordnung.

Dazu gehörten beispielsweise Angaben über die Vermögensverhältnisse des Antragstellers. Über Grundbesitz war durch Verkauf oder Schenkung zu verfügen. Andernfalls war bei Antragstellung über vorhandenen Grundbesitz aufzuklären und eine notarielle Vollmacht für einen Grundstücksverwalter oder – gemäß § 310 ZGB der DDR[511] – der Nachweis über Verzicht auf den Grundbesitz beizufügen.[512] Es war außerdem die Schuldenfreiheit gegenüber Privaten und gegenüber diversen staatlichen Dienststellen, Betrieben und sonstigen Institutionen zu erklären.[513] War der Ausreisegrund eine „Familienzusammenführung", so war anzugeben, zu wem die Übersiedlung angestrebt wurde. Wollte eine Familie übersiedeln, so war genau zu bezeichnen, welche Familienmitglieder die Übersiedlung beabsichtigten.

Es war über bestehende Arbeitsverhältnisse und gegebenenfalls über das bereits erfolgte Ausscheiden aus dem Beruf aufzuklären.

Der Antragsteller musste weiterhin einen Antrag auf Entlassung aus der DDR-Staatsbürgerschaft, einen handgeschriebenen Lebenslauf und alle Personenstandsurkunden wie Geburtsurkunde, Eheurkunde etc. in beglaubigter Abschrift mit vorlegen.

511 ZGB d. DDR vom 19. Juni 1975, GBl. d. DDR 1975, Band I. S. 465.

512 § 310 Verzicht auf das Eigentum an Grundstücken
(1) Das Eigentum an einem Grundstück kann dadurch aufgegeben werden, dass der Eigentümer den Verzicht gegenüber dem zuständigen staatlichen Organ in beglaubigter Form oder zu Protokoll erklärt und die Verzichtserklärung staatlich genehmigt wird.
(2) Mit der staatlichen Genehmigung der Verzichtserklärung und der Eintragung des Verzichts im Grundbuch entsteht Volkseigentum. Belastungen des Grundstücks erlöschen. Forderungen von Gläubigern, deren Rechte am Grundstück erloschen sind, werden bis zur Höhe des Grundstückswertes beglichen. Das Auszahlungsverfahren regelt sich nach besonderen Rechtsvorschriften.
(3) Der Verzicht auf das Eigentum erstreckt sich auch auf andere im Grundbuch eingetragene Rechte des Eigentümers am Grundstück.

513 Hierzu wurde dem Antragsteller ein „Laufzettel" ausgeteilt. Schuldenfreiheit musste nachgewiesen werden gegenüber
-dem Rat der Stadt/des Kreises, Abteilung Finanzen, Referat Steuern
-VEB Kombinat Energieversorgung
-VEB Wasser- und Abwasserversorgung
-Stadt- und Kreissparkasse
-Staatsbank der DDR
-Genossenschaftskasse für Handwerk und Gewerbe
-Deutsche Post
-Fernmeldeamt
-Zeitungsvertrieb
-Vermieter.
Vgl. *Dieter Gräf*, Ausreise aus der DDR, S. 2.

Mit der Antragstellung erfolgte die Erfassung. Bereits beim Rat des Kreises oder der kreisfreien Stadt wurde über jeden Antragsteller eine Karteikarte angelegt, die an das MfS weitergeleitet wurde. Hier wurden die Daten in der „zentralen Datenbank für operativ bedeutsame Personen“ gesammelt.[514]

II. Bescheidung des Antrags

Es folgte grundsätzlich die Vorladung zu einem Gespräch beim Rat der Stadt oder des Kreises. In diesen „Aussprachen“ wurde die Begründung des Antrags erörtert. Es sollte versucht werden, den Antragsteller umzustimmen, ihn für die sozialistische Gesellschaft wiederzugewinnen. Die Mitarbeiter der Abteilungen Inneres wurden auf diese Gespräche durch Schulungsmaterial aus dem MdI vorbereitet. Darin hieß es:

„1. Veranlassung des Antragstellers zur selbständigen, zusammenhängenden freien Schilderung seines Anliegens

2. Kein vordergründiges Auftreten als Vertreter der Staatsmacht

3. Vertrauen aufbauen

4. Argumente entkräften“.[515]

Es war Ziel der politischen Führung, die Strafjustiz nur dann zu bemühen, wenn der Antragsteller bei seinem Begehren blieb. Hiervon sollte er zum Beispiel durch materielle Besserstellung abgebracht werden oder durch Hilfsangebote bei sozialen oder wirtschaftlichen Schwierigkeiten wie etwa durch Wohnraumzuweisungen.[516]

In dieser Phase des Verfahrens spielten die geheimen Dienstanweisungen des MfS und des MdI eine große Rolle. Den Behörden wurde hierdurch minutiös vorgeschrieben, wie mit den Antragstellern zu verfahren sei. So waren die Parteiorganisation, das MfS, der Betrieb des Antragstellers und auch die Volkspolizei zu beteiligen, um an Informationen heranzukommen, die für die Gesprächs-

514 Anlage 6 der 1. Durchführungsbestimmung zur Dienstanweisung 1/80 vom 20.05.1980 über Personenkategorien, die unabhängig vom Vorliegen einer Sachverhalts-, Hinweis- und Merkmalsinformation in der ZPDB im Rahmen der 1. Ausbaustufe zu erfassen sind, BStU, ZA, DS-102667, zitiert nach: *Bernd Eisenfeld*, Die Verfolgung der Antragsteller auf Ausreise, S. 121.

515 BArch, DO 1, 34.0, Nr. 46 6672. Zitiert nach: Wolfgang Mayer, Flucht und Ausreise – Botschaftsbesetzungen als Form des Widerstandes gegen die politische Verfolgung in der DDR, S. 164 f.

516 *Johannes Raschka*, Justizpolitik im SED-Staat, S. 92.

führung dienlich waren.[517] Der Antragsteller wurde gefragt, ob er in Kontakt zu Westinstitutionen stehe.[518]

War der Antragsteller nicht umzustimmen, wurde ihm die Ablehnung mitgeteilt. Die Begründung erfolgte ausschließlich mündlich und lautete normalerweise, die Übersiedlung in die Bundesrepublik sei ungesetzlich, das erneute Stellen eines Antrages erfülle den Straftatbestand des § 214 StGB d. DDR.[519]

Für die Akten der Behörde hatte der Antragsteller eine Belehrung zur Kenntnis zu nehmen und zu unterzeichnen:[520]

„Belehrung

Uns wurde am [...] mitgeteilt, dass das Ersuchen auf Übersiedlung vom...abgelehnt wurde, da lt. Verordnung vom 15.09.1983 (GBl. Teil I Nr. 26 vom 27.09.83) keine Gründe vorliegen, die einen Antrag rechtfertigen.

Uns wurde mitgeteilt, dass das eine endgültige Entscheidung ist.

Wir wurden darauf hingewiesen, uns entsprechend der Gesetze der DDR zu verhalten.

Datum, Unterschrift"

III. Rechtsmittel

Laut der Verordnung stand dem Antragsteller das Rechtsmittel der Beschwerde zur Verfügung.[521] Die Erfolgsaussichten einer Beschwerde stellen jedoch eine zu vernachlässigende Größe dar.

517 vgl. *Hans-Herrmann Lochen*, Das Vorgehen gegen Ausreisewillige, S. 274.

518 In erster Linie sollte versucht werden, Öffentlichkeitswirksamkeit zu unterbinden. Der Kontakt zu Westinstitutionen – wie z.B. „ZDF-Magazin", „Hilferufe von Drüben", „Internationale Gesellschaft für Menschenrechte", „amnesty international" – bot nach damals unveröffentlichter Rechtsprechung aber auch den Ansatzpunkt für eine Strafbarkeit wegen staatsfeindlicher Hetze nach § 106 StGB d. DDR, wegen landesverräterischer Agententätigkeit gemäß § 100 StGB d. DDR oder ungesetzlicher Verbindungsaufnahme gemäß § 219 StGB d. DDR.

519 Vgl. *Dieter Gräf*, Ausreise aus der DDR, S. 6.

520 Abgedruckt in: Wolfgang Mayer, Die mit dem Storch zogen – Die kriminellen Dokumente zu „Dänen von Sinnen", S. 34.

521 § 14 der Verordnung lautete:
„(1) Gegen die nach dieser Verordnung getroffenen Entscheidungen ist das Rechtsmittel der Beschwerde zulässig. Der von der Entscheidung Betroffene ist darüber zu belehren.
(2) Beschwerden sind innerhalb von 2 Wochen nach Bekanntwerden der Entscheidung schriftlich bei dem Leiter des zuständigen staatlichen Organs des Kreises einzulegen. Kann er der Beschwerde nicht abhelfen, hat er diese bis vier Wochen nach ihrem Eingang dem Leiter des ihm übergeordneten staatlichen Organs zuzuleiten. Dieser hat in-

IV. Wiederholung der Antragstellung und Wartezeit

Damit war schließlich ein rechtskräftiger Beschluss in der Welt und das in der Verordnung von 1983 normierte Antragsverfahren abgeschlossen. Es liegt aber auf der Hand, dass für einen Ausreisewilligen das Verfahren noch nicht beendet war. Wie noch zu zeigen sein wird,[522] war der Antragsteller jetzt ohnehin gesellschaftlich ausgegrenzt und zahlreichen Nachteilen ausgesetzt. Typischerweise gab man sich daher mit einem erfolglosen Versuch der Antragstellung nicht zufrieden.

Nach einer Zeit von zwei bis drei Monaten empfahl sich die erneute Antragstellung. Eine offizielle Reaktion auf erneut gestellte Anträge war zwar nicht zu erwarten, aber es war bekannt, dass die staatlichen Dienststellen sich dennoch mit den Anträgen befassten.

Jetzt folgte der wichtigste, der inoffizielle Teil des Ausreiseantragsverfahrens: das Verhalten in der Wartezeit. Der Ausreisewillige stand vor der schwierigen Aufgabe, einerseits seinem Antrag Nachdruck zu verleihen, andererseits zu vermeiden, sich strafrechtlicher Verfolgung auszusetzen.Dabei musste man die Willkür der Justiz hinnehmen. Jede Aktion konnte strafrechtliche Konsequenzen auslösen. Um die Behörden zu einer schnellen Genehmigung zu bringen, boten sich dem Antragsteller verschiedene Möglichkeiten: Am häufigsten waren Eingaben an staatliche Stellen wie an den Vorsitzenden des Staatsrates, den Minister des Innern, den Vorsitzenden des Rates des Bezirkes.[523] Derartige Schreiben wurden von den betreffenden Stellen zwar nicht als Eingaben im Sinne der Verfassung angesehen und blieben unbeantwortet.[524] Innerbehördlich wurden die Eingaben aber sehr wohl beachtet und den verschiedenen Stellen, insbesondere dem MfS, zur Kenntnis gebracht.[525]

Der Antragsteller konnte auch weitere Aussprachen mit den Mitarbeitern des Rates des Kreises oder der Stadt, Abteilung „innere Angelegenheiten“, anregen.

nerhalb von sechs Wochen endgültig zu entscheiden. Kann diese Frist nicht eingehalten werden, ist ein Zwischenbescheid zu erteilen.“

522 Vgl. die Beispiele im 3. Teil.

523 Das Recht auf Eingaben war in Art. 103 der DDR-Verfassung verbürgt und einfachgesetzlich im Eingabengesetz der DDR vom 19.06.1975 geregelt, GBl. der DDR 1975, Band I, S. 26.

524 Vgl. Verfügung Nr. 34/77 des Vorsitzenden des Ministerrates, BStU, ZA, DSt-102331. Abgedruckt in: Hans-Herrmann Lochen / Christian Meyer-Seitz, Die geheimen Anweisungen zur Diskriminierung Ausreisewilliger, S. 44-51. Dort heißt es: „Schreiben, die den rechtswidrigen Versuch beinhalten, die Übersiedlung zu erreichen, sind nicht Eingaben im Sinne des Eingabengesetzes der DDR“.

525 Vgl. *Bernd Eisenfeld*, Die Ausreisebewegung – Eine Erscheinungsform widerständigen Verhaltens, S. 206.

Schließlich gab es vielfältige Protestaktionen von Ausreiseantragstellern,[526] die jedoch häufig das Einschreiten der Justiz nach sich zogen, wie noch zu zeigen sein wird.[527]

V. Vorbereitung der Ausreise

Der Antragsteller war aus verschiedenen Gründen gezwungen, soweit möglich, die Ausreise schon während des Antragsverfahrens vorzubereiten. Da er jederzeit mit der Inhaftierung zu rechnen hatte, war es gebotene Vorsicht, Vollmachten für die eigene rechtliche Vertretung in allen Angelegenheiten und für die Erziehung und Versorgung seiner Kinder zu erteilen.

Seit März 1984 erfolgte die Übersiedlung nur noch ohne Hausrat, was weitere Vorbereitungen nötig machte, insbesondere vor dem Hintergrund, dass die Genehmigung der Ausreise meist sehr kurzfristig erfolgte. Zur Organisation des Nachsendens von Hausrat war daher eine Vertrauensperson in der DDR nötig.

Der Hausrat war detailliert aufzulisten, Kunstgegenstände waren zu beschreiben, da die Ausfuhr von „DDR-Kulturgütern" nicht gestattet war.

VI. Genehmigung des Antrags

Die Genehmigung brachte dann noch einiges an Behördengängen mit sich.[528] Hierzu zählte das nochmalige Stellen eines Antrags auf „Bewilligung der Übersiedlung" und auf „Entlassung aus der Staatsbürgerschaft".

Wenn man es nicht schon in der Wartezeit getan hatte, musste man jetzt den Hausrat, die Bücher, vorhandene Kunstgegenstände und Antiquitäten auflisten. Der Rat der Stadt oder des Kreises, Abteilung Kultur, prüfte nun die Unbedenklichkeit der Ausfuhr dieser Gegenstände. In Zweifelsfällen wurden auf Kosten des Antragstellers Wertgutachten in Auftrag gegeben, weshalb es sich empfahl, schon in der Wartezeit alles gutachterlich schätzen zu lassen.

Zusätzlich wurden darüber hinaus Verwaltungsgebühren für die Kontrollhandlungen der Zollverwaltung der DDR erhoben.

Schließlich konnte unmittelbar vor der Ausreise ein Gebührenausländerkonto bei der betreffenden Kreisfiliale der Staatsbank eingerichtet werden. Hiervon durfte sich der Übersiedler, wenn er in der Bundesrepublik Altersrentner wurde (!), je Quartal 600.- DM (1:1) überweisen lassen.

[526] Vgl. das Kapitel „Ratifizierung des IPBPR der Vereinten Nationen", 1. Teil, B., VII.
[527] Vgl. die Beispiele im 3. Teil.
[528] Vgl. die Darstellung bei *Dieter Gräf*, Ausreise aus der DDR, S. 7.

VII. Anwaltliche Vertretung im Ausreiseantragsverfahren

Die Darstellung des förmlichen Ausreiseantragsverfahrens wäre unvollständig, wenn nicht in der gebotenen Kürze erläutert würde, welche Rolle die rechtliche Vertretung durch einen Anwalt im Ausreiseverfahren spielte.

Die anwaltliche Tätigkeit im Ausreiseverfahren war keine unabhängige Vertretung des Mandanten,[529] sondern erfolgte mit Duldung des MfS. Dieses Vertrauen genossen jedoch nur ausgewählte Kanzleien.

Prominentestes Beispiel hierfür ist die Kanzlei des Ost-Berliner Rechtsanwalts Dr. Wolfgang Vogel. Ihm wurde durch die ZKG die Kompetenz zugestanden, eine Vorschlagsliste für dringliche Familienzusammenführungen einzureichen und Ausreisewillige in diese Liste aufzunehmen. Auch wusste der Anwalt, welche offiziellen und geheimgehaltenen Voraussetzungen für eine Ausreise im Einzelnen erfüllt werden mussten. So wurde die Kanzlei Vogel ganz nebenbei zu einem Umschlagplatz für Immobilien. Grundstücksveräußerungen konnten im dazugehörigen Notariat praktischerweise zügig beurkundet werden. Die Folge der kostspieligen Tätigkeit Vogels war stets eine schnelle und wohlwollende Prüfung der Anträge auf MfS-Ebene. Wurden Mandanten inhaftiert, verfügte man in der Kanzlei Vogel über so gute Westkontakte, dass der ein oder andere „Freikauf" vermittelt werden konnte. In manchen Fällen ging die Beratung gleich dahin, man werde erst mit Inhaftierung aktiv.[530]

Durch die Verteidigung im Strafprozess konnte der Rechtsanwalt ohnehin keinen Einfluss auf das Verfahren nehmen. Der Ablauf politischer Strafverfahren wurde im Vorwege des Prozesses durch das MfS bis hin zum Strafmaß festgelegt. Außerdem spielte der Verteidiger stets selbst mit dem eigenen Schicksal, denn kritische Äußerungen im Prozess wurden vom Richter notiert und an das MfS weitergereicht.

Die (Ein-) Stellung der Richterschaft wird an folgendem Beispielsfall deutlich, in welchem der Richter nämlich auf den Antrag des Verteidigers hin fragte, ob dessen Mandanten mit einer wesentlich höheren Strafe nicht viel eher gedient sei, da hohe Strafen die Chancen auf einen „Freikauf" durch die „BRD" wahr-

529 Eine solche war ohnehin nicht die Aufgabe der Rechtsanwälte in der DDR, vgl. *Roland J. Lange*, Einbindung und Behinderung der Rechtsanwälte, S. 605 ff., der von „Beseitigung der freien Advokatur" spricht.

530 Vgl. die Darstellung des Falls Hans-Jürgen N. bei *Joachim Widmann*, Dich kriegen wir weich, S. 209: „Der bekannte Vermittler zwischen Ost und West deutete gleich an, worauf es hinauslaufen würde: Er werde erst aktiv, wenn man sie eingesperrt hätte".

scheinlicher machten und der Mandant doch dann viel eher „ins gelobte Land käme".[531]

Anderen als den vom MfS akzeptierten Rechtsanwälten war die Vertretung oder Beratung von Ausreiseantragstellern bei Strafe des Entzuges der Zulassung untersagt. Den Rechtsanwälten wurde in den monatlichen Mitgliederversammlungen der Rechtsanwaltskollegien[532] immer wieder der Rat erteilt, Mandanten in diesen Fällen dahingehend zu beraten, dass ihr Anliegen keiner rechtsanwaltlichen Unterstützung bedürfe.[533]

B. Repressionen

Die dargestellten rechtlichen Regelungen der DDR machen das Hauptproblem der Antragstellung deutlich, nämlich die totale Ungewissheit, was ein Ausreiseantrag bewirken würde.

Das lag im Wesentlichen an der Differenz zwischen den veröffentlichten staatlichen Regelungen und den geheimen Dienstanweisungen des MdI und des MfS. Durch die geheimen Anweisungen wurde von der politischen Führung gesteuert, wie die Behandlung der Antragsteller wirklich zu erfolgen hatte. Obgleich dahinter von Seiten des Staates stets der gleiche Wunsch stand, nämlich die Zahl der erstersuchenden Antragsteller unter die der Rücknahmen zu drücken,[534] sind in den geheimen Anweisungen durch die Jahre hindurch verschiedene Phasen in der Politik mit den Ausreiseantragstellern erkennbar.[535]

Bereits die MdI-Anweisung Nr. 42/71 „Über die Bearbeitung und Entscheidung von Anträgen auf Übersiedlung von Bürgern der Deutschen Demokratischen Republik in die BRD und nach Westberlin" enthielt neben der Festlegung, welchen Antragstellern eine Ausreise genehmigt werden konnte bzw. wem die Ausreise zu verweigern war, einige Anhaltspunkte zum Verfahren.[536] Wie bereits dargestellt, erfolgte die umfangreichste Regulierung der Ausreisepolitik aber im Jahr 1976.[537]

531 Beispiel entnommen bei *Roland J. Lange*, Einbindung und Behinderung der Rechtsanwälte, S. 638, der es aus eigenem Erleben schildert.

532 Die Anwaltschaft der DDR war in Kollegien organisiert, vgl. *Roland J. Lange*, Einbindung und Behinderung der Rechtsanwälte, S. 605 ff.

533 *Roland J. Lange*, Einbindung und Behinderung der Rechtsanwälte, S. 638.

534 Vgl. die anschauliche Darstellung dieses Motivs bei *Bernd Eisenfeld*, Die Ausreisebewegung – Eine Erscheinungsform widerständigen Verhaltens, S. 203.

535 Vgl. das Kapitel „Einschränkungen der Ausreisefreiheit im Recht der DDR", 2. Teil, III., 3.

536 Vgl. das Kapitel „MdI-Anweisung 42/71", 2. Teil, B., III., 3., a), 6).

537 Vgl. das Kapitel „Beschluss des Zentralkomitees der SED 1976", 2. Teil, B., III., 3., a), 8).

Hierin hatte das Innenministerium die Abteilungen Inneres der Räte umfassend instruiert, wie dort konkret mit Ausreiseantragstellern zu verfahren sei:

„1. Ablehnung.

2. Falls die Antragsteller mit Verleumdung gegen unseren Staat oder mittels Androhungen von Demonstrativhandlungen [...] die Übersiedlung erzwingen wollen, ist den Antragstellern zu erklären, dass sie damit gegen die Gesetze der DDR verstoßen und die Anträge in ihrem eigenen Interesse zurücknehmen sollen.

3. KD und VPKA informieren.

4. Sollte ein echtes Anliegen vorliegen, ist in der Arbeitsgruppe zu beraten und Vorschläge an MdI zu machen.

5. Unmittelbar nach Ablehnung der Anträge ist die Arbeitsstelle des Antragstellers, insbesondere der zuständige Sekretär der BPO in geeigneter Weise zu informieren."[538]

Dieses Verfahren galt im Wesentlichen bis zum Ende der DDR.

Die beabsichtigte Strategie lässt sich kurz in drei Stufen der Behandlung zusammenfassen: 1. Stufe: Versuch der Umstimmung und Rücknahme des Antrags. 2. Stufe: Wenn das nicht gelang, sollten arbeitsrechtliche Konsequenzen erfolgen. 3. Stufe: Zeigte sich der Antragsteller nun immer noch nicht einsichtig, waren strafrechtliche Konsequenzen vorgesehen.

Die Behandlung der Antragsteller war aber auch nach 1976 trotz der erfolgten Regulierung noch höchst unterschiedlich. Sie hing unter anderem vom Verhalten der Antragsteller, vom jeweiligen Antragsaufkommen, von der Region und auch vom menschlichen Verhalten der jeweiligen Bearbeiter ab.

Es würde an dieser Stelle den Rahmen sprengen, eine Systematisierung aller aufgetretenen Konsequenzen von Ausreiseanträgen unter dem Blickwinkel der verschiedenen politischen Epochen der DDR, der Alters- oder Berufsgruppen der Antragsteller, des Wohnortes, der ideologischen Einstellung oder ähnlicher Gesichtspunkte vorzunehmen. Es soll vielmehr versucht werden, die Konsequenzen eines Ausreiseantrags an signifikanten Beispielen der vorgekommenen Repressalien darzustellen.

[538] Schreiben des MdI vom 27.10.1976, SAPMO-BA, DY 30, vorl. SED 42610, Bl. 174, zitiert nach: *Johannes Raschka*, Justizpolitik im SED-Staat, S. 97.

I. Das Verfahren selbst als repressive Maßnahme

Nach dem Gesagten ist das Ausreiseantragsverfahren selbst an erster Stelle als Repressalie zu nennen. Die geheimen Dienstanweisungen instruierten die bearbeitenden Stellen dahingehend, die Antragsteller, wenn sie nicht umzustimmen waren, einzuschüchtern und sie über den Gang des Verfahrens im Ungewissen zu lassen. Bis Ende 1983 kam die Ungewissheit hinzu, ob der Antrag überhaupt bearbeitet würde.[539]

Die Antragsteller mussten sich wie Kriminelle fühlen:

> „Es hat dann insgesamt zwei Jahre gedauert. Es gab die üblichen Dinge: Man schrieb, und es wurde nicht geantwortet. Und man hat Gespräche gehabt, die ganz dubios verliefen. Dann kam die einzige Situation in den zwei Jahren, in der ich wirklich Angst hatte. Wir wurden [...] zu dem Volkspolizeikreisamt [...] mit einem Kärtchen geladen, und darauf steht immer nur „zwecks Klärung einer Angelegenheit". [...]"[540]

II. Arbeitsrechtliche Konsequenzen

Es liegt auf der Hand, dass man seitens des Staates das Vertrauen in die sozialistische Grundhaltung eines Ausreiseantragstellers verloren hatte. So verwundert es nicht, dass man diese in bestimmten Berufen nicht mehr weiter beschäftigen wollte, wenn sie einen Ausreiseantrag gestellt hatten.

Dazu gehörten vor allem Lehrer, Erzieher und andere Pädagogen, aber auch, diejenigen, die eine leitende Funktion im Außen- bzw. Innenhandel oder in einer Bank innehatten. Wer in der Informationsgewinnung arbeitete, wozu Rechenzentralen und der Bereich der Landvermessung zählten, war ebenso betroffen wie Mitarbeiter politischer Institutionen wie dem FDGB oder der Sportorganisation. Schließlich zählten Geheimnisträger dazu und damit alle, die irgendwie mit dem Militär oder mit Verlagen zu tun hatten. Als nicht mehr tragbar galt aber auch schon, wer ganz allgemein mit anderen Personen zu tun hatte, so zum Beispiel als Kellner, Tierpfleger, Verkäufer, Hotelleiter, Krankenpfleger oder Friseure.

Dies wurde 1977 in der oben bereits dargestellten Verfügung 34/77[541] festgelegt und in einer „Orientierung" des Obersten Gerichts, des Generalstaatsanwalts der DDR und des Bundesvorstandes des FDGB geregelt.[542]

[539] Erst ab 1983 bestand eine Bearbeitungspflicht, vgl. das Kapitel „Verordnung vom 15. September 1983", 2. Teil, B., II., 5., b), 5).

[540] Aus einem Vortrag von *Heidi Gester*, abgedruckt in: Materialien der Enquete-Kommission „Aufarbeitung von Geschichte und Folgen der SED-Diktatur in Deutschland" des Deutschen Bundestages, Band IV, S. 283.

[541] Verfügung 34/77 des Vorsitzenden des Ministerrates „Zur Gewährleistung des einheitlichen, abgestimmten Vorgehens der staatlichen und wirtschaftsleitenden Organe, Betrie-

Nach dieser „Ordnung“ sollten Kündigungen generell gemäß § 54 Abs. 2b Arbeitsgesetzbuch der DDR[543] auf „Nichteignung“ gestützt werden, wenn sie fristgerecht erfolgten, und gemäß § 56 Arbeitsgesetzbuch der DDR[544] auf eine „Verletzung staatsbürgerlicher Pflichten“, wenn sie fristlos erfolgten.[545] Begründungen, die auf den Einzelfall eingingen, hatten zu unterbleiben, um die Rechtswidrigkeit des staatlichen Vorgehens nicht zu dokumentieren. Der Ausreisewillige durfte kein Schriftstück in die Hand bekommen, aus dem sich ein Zusammenhang aus Ausreiseantrag und Kündigung ergeben hätte.

Die in der Praxis mündlich gegebenen Begründungen lauteten meist wie jene im Fall Wolfgang Mayer:[546]

„[...] Ich erläuterte [...] nochmals, dass ein Pädagoge, der sich mit Gedanken der Übersiedlung in die BRD beschäftigt und diese mit einem Antrag untersetzt, eine Tätigkeit als Lehrer nicht ausüben kann. Die Pädagogen unseres Landes haben die Aufgabe, in ihrem fachspezifischen

be, Kombinate und Einrichtungen in Zusammenarbeit mit gesellschaftlichen Organisationen zur Unterbindung rechtswidriger Versuche von Bürgern der DDR, die Übersiedlung nach nichtsozialistischen Staaten und Westberlin zu erreichen“, BStU, ZA, DSt-102331, abgedruckt in: Hans-Herrmann Lochen / Christian Meyer-Seitz, Die geheimen Anweisungen zur Diskriminierung Ausreisewilliger, S. 44-51.

542 Orientierung des Obersten Gerichts, des Generalstaatsanwalts und des Bundesvorstandes des FDGB „zur einheitlichen Behandlung arbeitsrechtlicher Probleme“. Anlage zum Befehl 6/77 des Ministers für Staatssicherheit, BStU, ZA, VVS-MfS 8-7/77, Bl. 62 (BStU-Zählung), zitiert nach *Johannes Raschka*, Justizpolitik im SED-Staat, S. 99.

543 Arbeitsgesetzbuch der DDR vom 16. Juni 1977, GBl. d. DDR 1977, Band I, S. 185.

544 § 56 Fristlose Entlassung
(1) Bei schwerwiegender Verletzung der sozialistischen Arbeitsdisziplin oder staatsbürgerlicher Pflichten kann der Werktätige fristlos entlassen werden, wenn die Weiterbeschäftigung im Betrieb nicht mehr möglich ist. Die fristlose Entlassung ist in der Regel nur nach erfolglos gebliebenen Erziehungs- bzw. Disziplinarmaßnahmen vorzunehmen.
(2) Die fristlose Entlassung bedarf der Schriftform unter gleichzeitiger Angabe der Gründe.
(3) Der Betrieb ist verpflichtet, den Werktätigen bei der Aufnahme einer anderen Arbeit zu unterstützen.

545 § 54 Fristgemäße Kündigung
„(2) Der Betrieb darf einen zeitlich unbegrenzten Arbeitsvertrag nur fristgemäß kündigen, wenn [...]
b) der Werktätige für die vereinbarte Arbeitsaufgabe nicht geeignet ist. [...]
Die fristgemäße Kündigung durch den Betrieb setzt voraus, dass er dem Werktätigen einen Änderungsvertrag über die Aufnahme einer zumutbaren anderen Arbeit oder, soweit das nicht möglich ist, einen Überleitungsvertrag angeboten und der Werktätige dieses Angebot abgelehnt hat.“

546 Vgl. die Darstellung des Falles Wolfgang Mayer im 3. Teil.

Unterricht auch die Fragen der gesamtgesellschaftlichen Entwicklung einzubeziehen und unsere Kinder auf ihren Einsatz in ihrem späteren Leben vorzubereiten."[547]

Willigte der Antragsteller in die Kündigung nicht ein, so wurde ihm ein demütigender Ersatzarbeitsplatz angeboten. Nicht selten wurde der Schichtleiter zum Lagerarbeiter, der Abteilungsleiter zum Hilfsarbeiter, die Forscherin zur Putzfrau oder der Funktionsarzt zum dritten Assistenten.[548]

Anders sah man es bei den übrigen Arbeitnehmern, die man im Betrieb behalten wollte, weil gerade dort eine wirksame „politisch-ideologische" Einflussnahme möglich sei.

Aus den Befragungen der ab 1984 Übergesiedelten ergab sich, dass etwa die Hälfte von ihnen beruflichen Sanktionen ausgesetzt war, nachdem sie den Antrag gestellt hatten.[549]

Einen anderen Weg beschritten all jene, welche schon vor der Antragstellung selber einen Arbeitsplatzwechsel vornahmen, um möglichst wenig Angriffsfläche für Repressionen zu bieten. So waren unterqualifizierte, meist private Tätigkeiten oder Anstellungen in der Kirche beliebte Hinweise, um schon im Vorfeld zu signalisieren: „Mir ist es ernst!".

Eine besondere Gruppe schließlich stellten die Angehörigen der Hoch- und Fachschulen dar. Ihr Verbleib wurde ab 1983 im „Arbeitsstandpunkt" des Ministers für Hoch- und Fachschulwesen geregelt.[550] Danach waren Lehrer, wissenschaftliche Mitarbeiter und Studierende unter Hinweis auf fehlende Voraussetzungen aus der Lehr-, Erziehungs- und Forschungsarbeit herauszunehmen. Es erloschen zusätzliche Rentenansprüche und akademische Grade konnten entzogen werden.

547 Protokoll zum Gespräch des Stellvertreters des Vorsitzenden für Inneres des Rates des Kreises Ilmenau mit Frau Gisela Mayer am 9.12.1988, abgedruckt in: Wolfgang Mayer, Die mit dem Storch zogen – Die kriminellen Dokumente zu „Dänen von Sinnen", S. 120.

548 *Karl F. Schumann*, Flucht und Ausreise aus der DDR insbesondere im Jahrzehnt ihres Untergangs, S. 2390.

549 Vgl. *Hans-Herrmann Lochen*, Die geheimgehaltenen Bestimmungen über das Ausreiseverfahren als Ausdruck staatlicher Willkür, S. 24.

550 Arbeitsstandpunkt des Ministeriums für Hoch- und Fachschulwesen zu den arbeitsrechtlichen bzw. ausbildungsrechtlichen Konsequenzen vom 30.11.1983, BStU, ZA, Rechtsstelle des MfS-181, Bl. 136-140 (BStU-Zählung).

III. Auswirkungen auf das persönliche Umfeld

Wenn es auch keine unmittelbare repressive Maßnahme des Staates war, darf bei der Schilderung der Repressionen nicht unerwähnt bleiben, wie sehr die Antragsteller einer Veränderung im persönlichen Umfeld unterworfen waren. Antragsteller waren aus der „sozialistischen Gemeinschaft" ausgebrochen, sie waren nicht mehr solidarisch. Das ließ man sie umgehend spüren. Freunde wandten sich ab, schon um selbst keine Angriffsfläche für die Strafverfolgungsorgane zu bieten. Selbst Auswirkungen auf Vereinsmitgliedschaften wurden berichtet:

„Zweimal wöchentlich gehe ich mit Sohn Felix zum Training [...]. Bevor ich in die Halle trete, lese ich am Schwarzen Brett noch einen Aushang, welcher meinen Puls höher schlagen lässt:

»Protokoll über die am 22.04.1986 durchgeführte Leistungssitzung der Sektion Tischtennis [...]

zu TOP 1: Durch den Sportfreund W. Mayer wurde bei den zuständigen staatlichen Organen offiziell ein Antrag auf Ausreise aus der DDR (Übersiedlungsersuchen) in die BRD gestellt. Nach eingehender Diskussion dieser Sachlage waren alle anwesenden Sportfreunde der Meinung, dass eine solche politische Entscheidung und Haltung des Sportfreundes W. Mayer mit den Grundprinzipien unserer sozialistischen Sportbewegung unvereinbar sind. Es wurde ohne Gegenstimme nachfolgender Beschluss gefasst.

Beschluss: Sportfreund W. Mayer wird mit sofortiger Wirkung von seiner Funktion als Sektionsleiter entbunden. Sportfreund G. Kessler wurde beauftragt, kommissarisch die Funktion des Sektionsleiters TT bis zur Neuwahl der Leitung wahrzunehmen.«

Während des Trainings dann keine Emotionen. Ich merke, wie die Blicke bestimmter Sportkameraden weghuschen, sobald ich ihnen begegne."[551]

Es wurde sogar von der gezielten Verschlechterung der medizinischen Versorgung einzelner Antragsteller berichtet.[552]

Da die Anträge in der Mehrzahl zu keinem Erfolg führten oder sich ein Ausreiseverfahren über Jahre hinziehen konnte, stellte die Außenseiterrolle als „Staatsfeind" eine ganz erhebliche Belastung dar, die nicht selten zu ernsthaften gesundheitlichen Problemen führte.

Die verbleibenden Kontakte bestanden zwangsläufig überwiegend zu Gleichgesinnten, wodurch man wiederum Gefahr lief, sich wegen des Zusammenschlusses von Ausreiseantragstellern strafbar zu machen, wie noch zu zeigen sein wird.

551 *Wolfgang Mayer*, Dänen von Sinnen, S. 226 f.

552 Vgl. die Darstellung von *Richard Hilmer*, Motive und Hintergründe von Flucht und Ausreise aus der DDR, S. 328.

Schließlich fand man sich sogar in der Kritik der DDR-Oppositionellen wieder, die den Antragstellern vorwarfen, nicht konstruktiv an der positiven Veränderung der DDR mitwirken zu wollen, was einige Ausreiseantragsteller hart traf, fühlte man sich den Systemkritikern doch innerlich verbunden.[553]

IV. Familienrechtliche Konsequenzen

Häufig versuchte „die sozialistische Gemeinschaft" noch sehr lange und intensiv die Antragsteller „umzustimmen". Im Fall von Familien konnte das dazu führen, dass versucht wurde, die treibende Kraft für den Ausreisewunsch auszumachen und den übrigen Teil der Familie durch Einflussnahme im Betrieb oder in der Schule, aber auch mit geheimdienstlichen Mitteln für die sozialistische Gemeinschaft zurückzugewinnen.

Häufig wurde die Strategie verfolgt, den Antrag so lange nicht zu genehmigen, bis die Kinder volljährig waren und selbst über ihre Ausreise entscheiden konnten. In der Zwischenzeit wurden diese in der Schule dahingehend beeinflusst, sich vom Vorhaben ihrer Eltern zu distanzieren.[554]

Kam es über Ausreisefälle zu Ehescheidungen, so wurde das Erziehungsrecht automatisch dem in der DDR verbleibenden Teil zugesprochen.[555]

Das Familiengesetzbuch der DDR (FGB)[556] sah in §§ 48, 50, 51 außerdem die Möglichkeit vor, das Erziehungsrecht bei schuldhafter schwerer Verletzung der elterlichen Pflichten im Klageweg zu entziehen.[557] War die Klage erfolgreich, so bedurfte es gemäß § 70 FGB keiner elterlichen Einwilligung, um das Kind nach §§ 66, 68 FGB adoptieren zu lassen.[558]

553 Vgl. die Darstellungen bei *Stefan Wolle*, Die heile Welt der Diktatur, S. 285 f.; *Ehrhart Neubert*, Geschichte der Opposition in der DDR 1949-1989, S. 671 ff.; *Detlef Pollak*, Politischer Protest – Politisch alternative Gruppen in der DDR, S. 193 ff.

554 *Karl F. Schumann*, Flucht und Ausreise aus der DDR insbesondere im Jahrzehnt ihres Untergangs, S. 2391.

555 Information des Leiters der Zentralen Auswertungs- und Informationsgruppe des MfS (ZAIG) vom 9.3.1984, BStU, ZA, Rechtsstelle 181, Bl. 102.

556 Familiengesetzbuch der DDR vom 20. Dezember 1965, GBl. d. DDR 1966, Band I, S. 1, in der Fassung der Änderung durch § 12 des Einführungsgesetzes zum Zivilgesetzbuch vom 19.06.1975, GBl. d. DDR 1975, Band I, S. 517.

557 § 51 Entzug des elterlichen Erziehungsrechts
(1) Bei schwerer schuldhafter Verletzung der elterlichen Pflichten durch den Erziehungsberechtigten kann ihm, wenn die Entwicklung des Kindes gefährdet ist, als äußerste Maßnahme das Erziehungsrecht entzogen werden. Über den Entzug entscheidet auf Klage des Organs der Jugendhilfe das Gericht.

558 § 66 Grundsätze [...]
§ 68 Entscheidung [...]
§ 70 Einwilligung der Eltern

Es war daher ratsam, eine Vollmacht für die Übertragung der Erziehung und Versorgung der Kinder an eine Vertrauensperson zu erteilen. Nur so konnten Kinder vor der Unterbringung in einem Heim bewahrt werden, wenn die Eltern im Rahmen der Ausreiseantragstellung inhaftiert wurden.

V. Vermögensrechtliche Konsequenzen

Eine wesentliche Voraussetzung für die Genehmigung der Ausreise war die „Klärung der Vermögensfragen".[559] Das bedeutete, dass sich der Antragsteller von seinem Grundbesitz trennen musste. Er konnte dies entweder dadurch tun, dass er einen Grundstücksverwalter bevollmächtigte oder indem er gemäß § 310 ZGB auf sein Eigentum zugunsten des Staates verzichtete.

Das Grundeigentum frei zu verkaufen, war nur de iure möglich, de facto übte der Staat stets sein „Vorerwerbsrecht" aus.[560]

Dieses war in den §§ 11 ff. der Grundstücksverkehrsverordnung (GVVO)[561] geregelt und konnte vom Rat der Stadt oder des Kreises geltend gemacht werden. Das staatliche Vorerwerbsrecht „zugunsten des Volkseigentums oder anderen sozialistischen Eigentums" hatte danach Vorrang gegenüber allen anderen Vorkaufsrechten.[562]

(1) Verweigert ein Elternteil die Einwilligung und steht die Verweigerung dem Wohle des Kindes entgegen oder ergibt sich aus seinem bisherigen Verhalten, dass ihm das Kind und seine Entwicklung gleichgültig sind, kann die Einwilligung dieses Elternteils auf Klage des Organs der Jugendhilfe durch das Gericht ersetzt werden.
(2) Dem Antrag kann auch ohne Einwilligung eines Elternteils entsprochen werden, wenn dieser Elternteil zur Abgabe einer Erklärung für eine nicht absehbare Zeit außerstande ist, ihm das Erziehungsrecht entzogen wurde oder sein Aufenthalt nicht ermittelt werden kann.

559 Vgl. das Kapitel „Das Ausreiseantragsverfahren", 3. Teil, A.

560 Zur Rechtslage in der DDR bei der Veräußerung von Grundstücken vgl. *Martin Liebernickel*, Erpressung ausreisewilliger DDR-Bürger, S. 167 ff.

561 Verordnung über den Verkehr mit Grundstücken (Grundstücksverkehrsverordnung) Vom 15.Dezember 1977, GBl. d. DDR 1978, Band I, S. 73.

562 § 11 Grundsätze
(1) Zur Durchsetzung der staatlichen oder gesellschaftlichen Interessen steht den Räten der Kreise das staatliche Vorerwerbsrecht zu. Es kann für den Erwerb von Grundstücken zugunsten des Volkseigentums oder anderen sozialistischen Eigentums ausgeübt werden.
(2) Das staatliche Vorerwerbsrecht kann durch den zuständigen Rat des Kreises bei der Übertragung des Eigentums an einem Grundstück durch Vertrag und nach Anordnung des gerichtlichen Verkaufs eines Grundstücks geltend gemacht werden. Es kann auf das Zubehör erstreckt werden, das mit dem Grundstück veräußert wird.
(3) Die Ausübung des staatlichen Vorerwerbsrechts darf erst dann erfolgen, wenn der Erwerb des Grundstücks zugunsten des sozialistischen Eigentums auf vertraglichem

VI. Ordnungsrechtliche Konsequenzen

Weitere Formen der Drangsalierung bestanden in Maßnahmen der Polizei. Eine davon war der Entzug des Personalausweises und die Ausstellung des Ersatzausweises „PM 12".

Der Personalausweis spielte in der DDR eine große Rolle. Es war Pflicht, ihn bei sich zu tragen und auf Verlangen vorzuzeigen, was häufig passierte.

Während die Behandlung der Ausreisefälle durch die Behörden in vielerlei Hinsicht äußerst diskret erfolgte, wurde dieses Mittel bewusst eingesetzt, um Außenwirkung zu erzeugen. Dem Antragsteller sollte das Gefühl vermittelt werden, er sei „gebrandmarkt". Musste er sein Personaldokument vorzeigen, so hatte er sich zwangsweise als Staatsfeind bzw. als Krimineller zu bekennen. So erging es auch der schon zitierten Ausreiseantragstellerin Heidi Gester:

„Die Klärung des Sachverhalts bestand darin, dass man uns den Ausweis genommen hat [...] und wir bekamen stattdessen einen sogenannten PM 12-Ausweis[...]. Das war dann nur noch das Inlay; das hatte keine Hülle mehr, und das hatte zur Folge, dass man das Land nicht verlassen durfte, also auch nicht dahin, wohin man vorher gedurft hätte, und man war halt auch irgendwie gekennzeichnet, wenn man sich polizeilich ummelden wollte und mit diesem komischen Teilausweis kam."[563]

Vorgekommen ist auch die Kündigung des Telefonanschlusses. „Zur Gewährleistung der Sicherheit und Ordnung im öffentlichen Fernsprechverkehr" konnte gemäß einer eigens hierzu erlassenen Vorschrift[564] einem Teilnehmer der Anschluss aufgekündigt werden, wenn herausgefunden wurde, dass dieser das Telefon „missbräuchlich" zur Durchsetzung seiner „feindlich-negativen" Ziele nutzte.

Zeitzeugen berichteten ferner über das Verbot der Teilnahme an Wahlen.[565]

Wege nicht erreicht werden kann. Zum Zwecke der Baulandbevorratung ist die Ausübung des staatlichen Vorerwerbsrechts unzulässig.
(4) Das staatliche Vorerwerbsrecht hat den Vorrang gegenüber allen Vorkaufsrechten.

563 Aus einem Vortrag von *Heidi Gester*, abgedruckt in: Materialien der Enquete-Kommission „Aufarbeitung von Geschichte und Folgen der SED-Diktatur in Deutschland" des Deutschen Bundestages, Band IV, S. 284.

564 Anlage 6 „Hinweise für die Einleitung von Maßnahmen zur Verhinderung des Missbrauchs privater Telefonanschlüsse" zum Befehl 6/77 des MfS vom 18.3.1977 zur Vorbeugung, Behinderung und Bekämpfung feindlich-negativer Handlungen im Zusammenhang mit rechtswidrigen Versuchen von Bürgern der DDR, die Übersiedlung nach nichtsozialistischen Staaten und Westberlin zu erreichen, BStU, ZA, DSt-102331, Bl. 81-89 (BStU-Zählung), zitiert nach Bernd Eisenfeld, Die Verfolgung der Antragsteller auf Ausreise, S. 128.

565 *Richard Hilmer*, Motive und Hintergründe von Flucht und Ausreise aus der DDR, S. 328.

Auch das Ordnungswidrigkeitenrecht der DDR konnte ausgeschöpft werden. Die „Verordnung zur Bekämpfung von Ordnungswidrigkeiten“[566] sah in § 1 eine Ordnungsstrafe für unrichtige Angaben zur Person gegenüber staatlichen Stellen vor.[567] Es liegt auf der Hand, dass Antragsteller im Kontakt mit den Behörden hierüber schnell in Konflikt geraten konnten.

Die Verordnung sanktionierte in § 4 außerdem die „Störung des sozialistischen Zusammenlebens“.[568] Darunter fielen so unbestimmte Handlungen, dass auch diese Vorschrift oft gezielt gegen Antragsteller eingesetzt werden konnte.

VII. Observierung durch die Kriminalpolizei

Nicht jeder Antragsteller wurde umgehend geheimdienstlich behandelt, selbst dann nicht, wenn er offen systemkritisch auftrat. Das war spätestens ab 1983 schon wegen der Masse der Antragsteller gar nicht mehr möglich. Aber neben der „operativen Bearbeitung“ waren auch Ermittlungen durch die Kripo üblich.

In der Instruktion Nr. 044/85 des Leiters der Hauptabteilung Kriminalpolizei im MdI über

> „die Erhöhung der Wirksamkeit bei der offensiven Unterbindung und Zurückdrängung von Versuchen, die Übersiedlung nach nichtsozialistischen Staaten und Westberlin zu erreichen“[569]

566 Verordnung zur Bekämpfung von Ordnungswidrigkeiten (OWVO) vom 22. März 1984, GBl. d. DDR 1984, Band I, S. 173.

567 § 1 Unwahre Angaben gegenüber Staatsorganen
(1) Wer vorsätzlich unrichtige Angaben zu seiner Person gegenüber einem zuständigen Staatsorgan oder einer ermächtigten Person macht oder pflichtwidrig Angaben zu seiner Person verweigert, kann mit Verweis oder Ordnungsstrafe bis 500 Mark belegt werden.

568 § 4 Störung des sozialistischen Zusammenlebens
Wer vorsätzlich das sozialistische Zusammenleben der Bürger stört, indem er
1. ruhestörenden Lärm verursacht oder Bürger anderweitig ungebührlich belästigt,
2. [...]
3. eine Zusammenkunft, die geeignet ist, gesellschaftliche Interessen zu missachten oder die öffentliche Ordnung und Sicherheit zu beeinträchtigen, organisiert, unterstützt, in sonstiger Weise daran mitwirkt oder diese nach Aufforderung durch zuständige Staatsorgane nicht verlässt,
4. [...]
5. Gegenstände, Symbole oder andere Zeichen in einer den staatlichen Interessen widersprechenden Weise verwendet,
6. [...]
7. andere Handlungen begeht, die den allgemeinen Interessen der sozialistischen Gesellschaft oder den Bedürfnissen der Bürger nach Gesetzlichkeit, Ordnung und Sicherheit widersprechen, kann mit Verweis oder Ordnungsstrafe bis 500 Mark belegt werden.

569 BStU, ZA, HA IX-5454, Bl. 3-27 (BStU-Zählung).

wurde festgestellt:

„Einzuordnen in die Aktivitäten des Gegners sind die Bestrebungen, unter den Bedingungen der internationalen Klassenauseinandersetzung, die DDR zu erpressen und zu diskriminieren. Dem dienen die Versuche, in der DDR Unruhe zu erzeugen, die innere Stabilität der sozialistischen Gesellschaftsordnung zu untergraben und gegen die Sicherheit des Staates gerichtete Aktionen auszulösen. In möglichst großem Umfang sollen unterschiedliche Auffassungen sowie innere Entwicklungsprobleme mit Hilfe feindlich/negativer oder krimineller Elemente in der DDR hochgespielt und gefördert werden, um oppositionelle und feindliche Haltungen zu erzeugen und möglichst breite Bevölkerungskreise in Widerspruch zur Politik unserer Partei und Regierung zu bringen. Darin eingeschlossen ist, Bürger der DDR unter dem Deckmantel völkerrechtlicher Dokumente sowie angeblich humanitärer Bestrebungen zu Versuchen zur Erreichung der Übersiedlung in das nichtsozialistische Ausland zu inspirieren. [...]“

Die erforderliche kriminalistische Arbeit wurde in der Instruktion wie folgt beschrieben:

„Derartige Versuche erfolgreich abzuwehren, erfordert, solche Absichten frühestmöglich aufzudecken, feindlich negative Aktivitäten zu verhindern sowie die Ursachen und Bedingungen solcher Handlungsweisen festzustellen. Dazu sind ein einheitliches und abgestimmtes Vorgehen mit allen an diesem Prozess beteiligten Organen zu sichern, die kriminalpolizeilichen Mittel und Methoden zur Erfüllung der anteiligen Aufgaben zielgerichtet einzusetzen und das Recht differenziert anzuwenden.“

In der Praxis führte die Kriminalpolizei Personenkontrollen und Hausdurchsuchungen durch und observierte solche Antragsteller, die einerseits im Verdacht standen, sich strafbar gemacht zu haben, andererseits keine so große Bedrohung darstellten, dass ein Operativer Vorgang durch das MfS eingeleitet werden musste.

Keinesfalls sollten Ausreisewillige durch einen unüberlegten Einsatz der Kriminalpolizei in ihrer Auffassung noch bestätigt werden.[570]

Mitte der achtziger Jahre wurden jährlich ca. 1.000 Antragsteller durch die Kripo observiert.[571] Bei den gegen Antragsteller durch die Kripo eingeleiteten Ermittlungsverfahren handelte es sich etwa zu je einem Drittel um Straftaten gegen die staatliche Ordnung, gegen Leben, Gesundheit und Eigentum sowie um sonstige Straftaten.[572]

570 Ebenda, Bl. 9 (BStU-Zählung).

571 Einschätzung der Entwicklung von Übersiedlungen des MdI vom April 1984, BStU, ZA, ZKG-2172, Bl. 17 f. (BStU-Zählung), zitiert nach Bernd Eisenfeld, Die Verfolgung der Antragsteller auf Ausreise, S. 122.

572 Information des MdI an Krenz vom 15.01.1987 über die Unterbindung und Zurückdrängung von Versuchen zur Erreichung der Übersiedlung, BStU, ZA, ZKG-2155, Bl. 14 (MdI-Zählung), zitiert nach Bernd Eisenfeld, Die Ausreisebewegung – Eine Erscheinungsform widerständigen Verhaltens, S. 217.

VIII. Observierung durch das Ministerium für Staatssicherheit

Die Rolle des MfS in den Ausreiseantragsverfahren war vielschichtig. Wie bereits erwähnt, hatte das MfS die zentrale Entscheidungsgewalt bei der Genehmigung der Anträge.[573] In diesem Zusammenhang hatte das Ministerium auch Vorschläge für Ausbürgerungen aus „politisch-operativen Gründen" zu erarbeiten. Darunter verstand man jene „unverbesserlichen" Antragsteller, welche man mit den geheimdienstlichen Mitteln nicht mehr mundtot machen zu können glaubte.[574]

Darüber hinaus wurde das MfS geheimdienstlich tätig. Hatte man sich 1976 noch vorgenommen, alle Antragsteller operativ zu bearbeiten,[575] so sah man schnell ein, dass dieser Aufwand nicht zu leisten war, und man beschränkte sich auf jene Antragsteller, welche als besonders gefährlich erschienen, weil sie im Verdacht standen, sich staatsfeindlich betätigen zu wollen.

Die Instrumentarien des MfS bestanden im Wesentlichen in der „Operativen Personenkontrolle" (OPK), dem „Operativen Vorgang" (OV), der „Zersetzung", der „Kadergespräche", der „Zuführung" und der „offenen Observierung".[576]

Bei der OPK handelte es sich um die Sammlung aller Arten von Informationen über bestimmte Personen mit geheimdienstlichen Mitteln, wobei die wichtigsten Instrumente die Berichte von Inoffiziellen Mitarbeitern (IM) und Gesellschaftlichen Mitarbeitern (GMS) waren. Die OPK zielte noch nicht auf die Erlangung gerichtsverwertbarer Beweise ab, sondern auf die Bestätigung eines Anfangsverdachts. Aufgeklärt werden sollten weltanschauliche, moralische und charakterliche Grundeinstellungen, Persönlichkeitseigenschaften wie Willenskraft, Zuverlässigkeit und Disziplin. Es galt herauszufinden, ob die Zielperson ein Gegner des SED-Regimes war. War das der Fall, dann sollte erkundet werden, mit welchen Mitteln gegen sie vorgegangen werden konnte, wie sie z.B. auf belas-

[573] Vgl. das Kapitel „Einschränkungen der Ausreisefreiheit im Recht der DDR", 2. Teil, B., III., 3.

[574] *Bernd Eisenfeld*, Die Ausreisebewegung – Eine Erscheinungsform widerständigen Verhaltens, S. 216 f.

[575] Aufzeichnungen des MfS-Mitarbeiters der HA XX/9, Friedrich Günter, vom 7.10.1976, BStU, ZA, HA-XX/9-1472, Aufzeichnungsheft, Bl. 72 (BStU-Zählung), zitiert nach Bernd Eisenfeld, Die Verfolgung der Antragsteller auf Ausreise, S. 122.

[576] Vgl. grds. zur Arbeit des MfS: *Karl Wilhelm Fricke*, Die DDR-Staatssicherheit; Leipziger Bürgerkomitee zur Auflösung des MfS/AfNS (Hrsg.): Stasi Intern – Macht und Banalität; *David Gill / Ulrich Schröter*, Das Ministerium für Staatssicherheit – Anatomie des Mielke-Imperiums; *Bernd Eisenfeld*, Die Zentrale Koordinierungsgruppe – Bekämpfung von Flucht und Ausreise; *Johannes Raschka*, Einschüchterung, Ausgrenzung, Verfolgung – Zur politischen Repression in der Amtszeit Honeckers, S. 17 ff.; *ders.*, Zwischen Überwachung und Repression – Politische Verfolgung in der DDR 1971-1989.

tendes, kompromittierendes Material reagieren würde. Die OPK konnte durch die Einleitung eines Operativen Vorgangs, eines Ermittlungsverfahrens, stattdessen aber auch durch die Anwerbung der Person als IM, beendet werden.

Der Operative Vorgang war systematisch betrachtet die zweite Stufe des MfS-Handelns, stellte aber die intensivste Form des Einschreitens dar. Ab 1976 wurde die Bearbeitung von OV in der Richtlinie 1/76 „Zur Bearbeitung Operativer Vorgänge" geregelt.[577] Zu Beginn eines jeden OV's wurde durch das MfS ein Operativplan erarbeitet, in welchem festgelegt wurde, welche Mittel und Methoden zum Einsatz kommen sollten und welche Etappen- und Endziele zu erreichen waren. Auch bei Operativen Vorgängen war der Einsatz von IM und GMS wichtigstes Mittel. Die Annäherung erfolgte unter Einsatz sogenannter Operativer Legenden, konstruierte Lebenssachverhalte, die eine Annäherung des IM oder GMS an das Opfer ermöglichten. Hierzu wurde auf die Ergebnisse der OPK zurückgegriffen, die Vorlieben, Gewohnheiten und charakterliche Eigenschaften des Opfers erfassten. Das Abhören von Wohnung und Telefonanschluss sowie die Kontrolle der Post gehörten routinemäßig zu einem OV. Verdächtige Post wurde geöffnet, xerografiert bzw. fotografiert und ausgewertet, Pakete wurden geröntgt.

Ab 1985 geschah auch diese Tätigkeit streng nach Vorschrift. Eigens für die Postkontrolle existierte die Dienstanweisung Nr. 3/85 „zur politisch-operativen Kontrolle und Auswertung von Postsendungen durch die Abteilungen M".[578] Dort hieß es:

„ 3.2.6. Operativ-technische Bearbeitung und Untersuchung von Postsendungen

Die operativ-technische Bearbeitung von Postsendungen ist unter Anwendung moderner technischer Mittel und Verfahren durchzuführen und umfasst:

das konspirative Öffnen,

das konspirative Schließen,

die Dokumentation Xerografie, (Fotografie),

das Röntgen,

die Untersuchung auf und die Sicherung von Spuren,

das Regenerieren (Beseitigen von Bearbeitungsspuren und Beschädigungen).

577 Abgedruckt in: David Gill / Ulrich Schröter, Das Ministerium für Staatssicherheit – Anatomie des Mielke-Imperiums, S. 346-401.

578 Dienstanweisung Nr. 3/85 „Zur politisch-operativen Kontrolle und Auswertung von Postsendungen durch die Abteilungen M", abgedruckt in: David Gill / Ulrich Schröter, Das Ministerium für Staatssicherheit – Anatomie des Mielke-Imperiums. S. 403-413.

Zur Verhinderung von Bearbeitungsspuren und Beschädigungen an und in Postsendungen ist eine gründliche Vorauswahl unter den betreffenden Postsendungen zur Anwendung des geeigneten Verfahrens beim Öffnen, Schließen und bei der Untersuchung auf und der Sicherung von Spuren vorzunehmen.

Das Röntgen von Postsendungen hat unter strikter Beachtung der Ordnung Nr. 11/83 – Strahlenschutzordnung des MfS – zu erfolgen.

Der Leiter der betreffenden Abteilung M entscheidet über die weitere Behandlung von Postsendungen, an denen irreversible Spuren entstanden sind oder die im Bearbeitungsprozess beschädigt wurden."[579]

Einen immensen Aufwand betrieb das MfS außerdem bei der Überwachung von Telefonanschlüssen. In den achtziger Jahren hörte das MfS nach eigenen Angaben jährlich ca. 7000 Teilnehmer gezielt ab.[580] Für die Überwachung des grenzüberschreitenden Telefonverkehrs existierte gar eine eigene Abteilung des Ministeriums. Trotzdem reichten die Kapazitäten nie aus:

„In unserer relativ kleinen Bezirksverwaltung hatten wir die Möglichkeit, etwa 1500 Telefonanschlüsse zu überwachen. Das reichte nie aus, teilte mir einmal ein Genosse dieser Abteilung mit. Bei Westbesuchen der zu überwachenden Person musste mehrmals am Tage aufwendig umgeschaltet werden. Erst in den letzten Jahren zog die moderne Technik ein. Sie regelte diesen Vorgang automatisch. Zu den gelegentlich zu überwachenden kamen die, deren Anschlüsse ständig überwacht werden mussten. Sie waren in Wirtschaft, Wissenschaft und Kunst tätig, ganz vorn jedoch standen die kirchlichen Einrichtungen. Manchmal, besonders in den letzten Jahren, wünschten wir uns, dass die Kapazitäten für diese und andere Maßnahmen größer wären, denn die Zahl der Andersdenkenden nahm stetig zu und somit die Zahl der Feinde des Sozialismus, den wir mit aller Macht zu schützen versuchten."[581]

Der Einsatz von Wanzen, Kameras und anderen kriminaltechnischen Mitteln wurde durch den Einsatz sogenannter Operativer Kombinationen ermöglicht. Hierbei handelte es sich um komplexe, aufeinander abgestimmte Maßnahmenbündel aus verschiedenen geheimdienstlichen Tätigkeiten.

Führte der OV zu der Überzeugung, dass man es mit einem Gegner zu tun hatte, stand dem MfS das Mittel der „Zersetzung" zur Verfügung. Hierunter verstand man die systematische Demoralisierung einer Person durch Zerstörung des öffentlichen Rufes, die systematische Organisation privater, gesellschaftlicher und

579 Punkt 3.2.6. der Dienstanweisung Nr. 3/85 „zur politisch-operativen Kontrolle und Auswertung von Postsendungen durch die Abteilungen M", abgedruckt in: David Gill / Ulrich Schröter, Das Ministerium für Staatssicherheit – Anatomie des Mielke-Imperiums, S. 410.

580 *David Gill / Ulrich Schröter,* Das Ministerium für Staatssicherheit – Anatomie des Mielke-Imperiums, S. 146.

581 *Reinhardt O. Hahn,* Ausgedient – Ein Stasi-Major erzählt – Erinnerungen eines Majors des MfS, notiert von Reinhardt O. Hahn, S. 38.

beruflicher Misserfolge, die Untergrabung der Überzeugungen, das Erzeugen von Misstrauen in die engere Umgebung und dadurch die Zerstörung des Selbstvertrauens:

„2.6. Die Anwendung von Maßnahmen der Zersetzung

2.6.1. Zielstellung und Anwendungsbereiche von Maßnahmen der Zersetzung

Maßnahmen der Zersetzung sind auf das Hervorrufen sowie die Ausnutzung und Verstärkung solcher Widersprüche bzw. Differenzen zwischen feindlich-negativen Kräften zu richten, durch die sie zersplittert, gelähmt, desorganisiert und isoliert und ihre feindlich-negativen Handlungen einschließlich deren Auswirkungen vorbeugend verhindert, wesentlich eingeschränkt oder gänzlich unterbunden werden.

In Abhängigkeit von der konkreten Lage unter feindlich-negativen Kräften ist auf die Einstellung bestimmter Personen, bei denen entsprechende Anknüpfungspunkte vorhanden sind, dahingehend einzuwirken, dass sie ihre feindlich-negativen Positionen aufgeben und eine weitere positive Beeinflussung möglich ist. [...]

Zersetzungsmaßnahmen sind insbesondere anzuwenden:

- Wenn in der Bearbeitung Operativer Vorgänge die erforderlichen Beweise für das Vorliegen eines Staatsverbrechens oder einer anderen Straftat erarbeitet wurden und der jeweilige Operative Vorgang aus politischen und politisch-operativen Gründen im Interesse der Realisierung eines höheren gesellschaftlichen Nutzens nicht mit strafrechtlichen Maßnahmen abgeschlossen werden soll. [...]

2.6.2. Formen, Mittel und Methoden der Zersetzung

Bewährte anzuwendende Methoden der Zersetzung sind:

- systematische Diskreditierung des öffentlichen Rufes, des Ansehens und des Prestiges auf der Grundlage miteinander verbundener, wahrer, überprüfbarer und diskreditierender sowie unwahrer, glaubhafter, nicht widerlegbarer und damit ebenfalls diskreditierender Angaben;

- systematische Organisierung beruflicher und gesellschaftlicher Misserfolge zur Untergrabung des Selbstvertrauens einzelner Personen;

- zielstrebige Untergrabung der Überzeugungen im Zusammenhang mit bestimmten Idealen, Vorbildern usw. und die Erzeugung von Zweifeln an der persönlichen Perspektive;

- erzeugen von Misstrauen und gegenseitigen Verdächtigungen innerhalb von Gruppen, Gruppierungen und Organisationen durch zielgerichtete Ausnutzung persönlicher Schwächen einzelner Mitglieder;

- erzeugen bzw. Ausnutzen und Verstärken von Rivalitäten innerhalb von Gruppen, Gruppierungen und Organisationen durch zielgerichtete Ausnutzung persönlicher Schwächen einzelner Mitglieder;

- beschäftigung von Gruppen, Gruppierungen und Organisationen mit ihren internen Problemen mit dem Ziel der Einschränkung ihrer feindlich-negativen Handlungen;

- Örtliches und zeitliches Unterbinden bzw. Einschränken der gegenseitigen Beziehungen der Mitglieder einer Gruppe, Gruppierung oder Organisation auf der Grundlage geltender gesetzlicher Bestimmungen, z.B. durch Arbeitsplatzbindungen, Zuweisung örtlich entfernt liegender Arbeitsplätze usw. [...]“[582]

Was das in der Praxis bedeutete, wird am Beispiel des DDR-Oppositionellen Jürgen Fuchs[583] deutlich. Das MfS über die eigenen Zersetzungsmaßnahmen:

„Im Zeitraum von Ende August bis Ende September 1982 wurden in konzentrierter Form spezielle Maßnahmen mit dem Ziel realisiert, F. zu verunsichern und in seinem Handlungsspielraum zu beeinträchtigen. Das betraf u.a.:

F. wurde kontinuierlich, vor allem in den Nachtstunden, in seiner Wohnung angerufen, ohne dass sich der Anrufer meldete. Gleichzeitig wurde jeweils der Fernsprechanschluss zeitweilig blockiert.

Im Namen von F. wurden eine Vielzahl von Bestellungen von Zeitungen, Zeitschriften, Prospekten, Offerten u. dgl. aufgegeben, darunter auch Bestellungen, die zur Kompromittierung des F. geeignet sind.

Mehrfach wurden Taxis und Notdienste (Schlüsselnotdienste, Abflussnotdienst, Abschleppdienst) vorwiegend nachts zur Wohnung des F. bestellt.

Mit einer Vielzahl von Dienstleistungsunternehmen und anderen Einrichtungen wurden zu unterschiedlichen Tageszeiten einschließlich der Wochenenden, Besuche bei [...] vereinbart (Beratung von Wohnungs- und Kücheneinrichtung sowie zur Badausstattung; Polstermöbelaufarbeitung, Polstermöbelreinigung, Wohnungsreinigung, Fensterputzer, Abholung von Schmutzwäsche, von Teppichen und Gardinen; Verkauf von Antiquitäten, Antiquariatsartikeln, Musikinstrumenten, Wohnungsauflösung, Abholung von Autowracks; Reparatur von Fernsehgeräten und Waschmaschinen; Möbeltransport, Ungezieferbekämpfung, Bereitstellung von Mietautos mit Fahrer, Massage, Beratung über Versicherungsabschlüsse, Buchung von Reisen, Bestellung von Menüs).[584]

Bei den Kadergesprächen handelte es sich um Gespräche mit Vorgesetzten, die durch das MfS vorbereitet und initiiert wurden. Die betreffende Person sollte –

582 Aus der Richtlinie 1/76 „Zur Bearbeitung Operativer Vorgänge“, abgedruckt in: David Gill / Ulrich Schröter, Das Ministerium für Staatssicherheit – Anatomie des Mielke-Imperiums, S. 390-391.

583 Jürgen Fuchs: 19.12.1950-9.5.1999; Bürgerrechtler und Schriftsteller. Er veröffentlichte literarische Texte mit DDR-kritischem Inhalt, insbesondere zur zunehmenden Militarisierung. Daraufhin wurde er aus der SED ausgeschlossen und an der FSU Jena exmatrikuliert. Fuchs beteiligte sich an der Biermann-Resolution im November 1976 und wurde im August 1977 ausgebürgert.

584 *Jürgen Fuchs*, Unter Nutzung der Angst – Die „leise“ Form des Terrors – Zersetzungsmaßnahmen des MfS, S. 39.

unter Umständen mit Androhungen beruflicher Nachteile oder Disziplinarmaßnahmen – ihr Fehlverhalten einsehen und auf den rechten Weg zurückkehren. Auch ein Gespräch in der Abteilung Inneres des Rates der Stadt oder des Kreises konnte vom MfS veranlasst werden. Die dortigen Mitarbeiter luden den Betreffenden vor und erörterten sein „Fehlverhalten“ mit ihm.

Die Methode der Zuführung bestand in der Festnahme und dem Verhör des Opfers ohne formellen Haftbefehl. Das Opfer war während eines solchen Verhörs im Unklaren darüber, ob eine Verhaftung erfolgen würde oder nicht. In einer solchen Situation entstand ein außerordentlicher psychischer Druck. Am Ende des Verhörs stand nicht selten ein Reiseverbot oder ein Aufenthaltsverbot für bestimmte Ereignisse oder Orte; gefürchtet war insbesondere das „Berlinverbot“.

Die offene Observierung schließlich war, ähnlich den Zersetzungsmaßnahmen, gedacht, um psychischen Druck auf das Opfer auszuüben. Der Betroffene sollte bemerken, dass er auf Schritt und Tritt verfolgt wurde. Ein auffällig vor dem Haus geparkter Pkw des MfS mit Fahrer, die sichtbare Begleitung durch immer die gleiche Person sollten das Gefühl vermitteln, keinen Handschlag unbeobachtet tun zu können.

IX. Strafrechtliche Konsequenzen

Nicht zuletzt mussten Ausreisewillige mit strafrechtlichen Konsequenzen rechnen. Das war bereits vor der Intensivierung des Vorgehens gegen Ausreiseantragsteller im Jahr 1977[585] so. Noch bevor die Ausreise überhaupt rechtlich geregelt war, setzte man sich in Justiz und Staatsführung mit der Frage der Strafbarkeit der „Republikflucht“ auseinander. Schon bald darauf erfolgten die ersten Verurteilungen wegen „strafbaren Verlassens des Gebiets der DDR ohne erforderliche Genehmigung“, gestützt auf die unterschiedlichsten Rechtsvorschriften, vor allem aber auf Artikel 6 der Verfassung.[586] Diese Rechtsprechung wurde durch Einführung der politischen Straftatbestände durch das Strafrechtsänderungsgesetz vom 11.12.1957 in Gesetzesform gegossen.[587]

Eine weitere Möglichkeit bestand in der Bestrafung aufgrund Verstoßes gegen die Passgesetzgebung. So verurteilte das Kreisgericht Meiningen beispielsweise auf Grundlage des § 8 des Passgesetzes der DDR vom 15.9.1954 in der Fassung

585 Vgl. das Kapitel „ Beschluss des Zentralkomitees der SED vom 16. Februar 1977“, 2. Teil, B., III., a), 8).

586 Vgl. das Kapitel „Die ersten Verordnungen“, 2. Teil, B., III., 3., a), 2).

587 Vgl. die Darstellung der Strafrechtsentwicklung in der DDR bei *Friedrich-Christian Schroeder*, Die Entwicklung des politischen Strafrechts in der DDR.

vom 11.12.1957[588] den 20 jährigen Werner B. am 24.12.1957 (!) zu fünf Monaten Freiheitsstrafe ohne Bewährung, weil er über die Grenze nach Westdeutschland ging und seinen jüngeren Bruder überredet hatte, mitzukommen. In den Gründen hieß es:

„[...] Wer sich gegen dieses Gesetz (PassG) vergeht, treibt bewusst oder unbewusst Verrat an der Arbeiterklasse, die in allen sozialistischen Staaten das Bestreben hat, der Bevölkerung bessere Lebensbedingungen frei von Ausbeutung und Unterdrückung zu verschaffen und der Welt den Frieden zu erhalten. [...]“[589]

Aufgrund dieses Verständnisses wurden später auch die Antragsteller als Kriminelle angesehen. Ihr Begehren war ungesetzlich. Und obschon es im Recht der DDR keine Vorschrift gab, die das bloße Beantragen der Ausreise unter Strafe stellte, und die Ausreisewilligen mit ihrem Verhalten meist unter der Schwelle strafbarer Handlungen blieben, war sich die Staatsführung darüber einig, dass unter gewissen Umständen mit den Mitteln des Strafrechts gegen Antragsteller vorzugehen war. Die große Schwierigkeit wurde darin gesehen,

„dass eine große Zahl dieser Handlungen sich von der objektiven Seite her schwer in unsere Tatbestände einreihen lassen, obwohl die subjektive Seite – das feindliche Ziel der Täter – eindeutig ist“.[590]

Der Generalstaatsanwalt der DDR folgerte daraus:

„Worauf kommt es jetzt an?

1. Der Einsatz strafrechtlicher Mittel erfolgt mit aller Konsequenz gegenüber denjenigen Personen, die aus Feindschaft oder aus einer negativ verfestigten Grundhaltung heraus handelnd provokatorisch gezielte oder im Zusammenwirken mit feindlichen Kräften Straftaten im Zusammenhang mit Antragstellungen begehren.

2. Entsprechend der Gesellschaftsgefährlichkeit der strafbaren Handlungen ist es notwendig, differenziert zu verfahren und die ganze Skala unserer strafrechtlichen Möglichkeiten auszuschöpfen.“[591]

588 „(1) Wer ohne erforderliche Genehmigung das Gebiet der Deutschen Demokratischen Republik verlässt oder betritt oder wer ihm vorgeschriebene Reiseziele, Reisewege oder Reisefristen oder sonstige Beschränkungen der Reise oder des Aufenthaltes hierbei nicht einhält, wird mit Gefängnis bis zu drei Jahren oder mit Geldstrafe bestraft.“
Vgl. das Kapitel „Passgesetz vom 11. Dezember 1957“, 2. Teil, B., III., 3., a), 12).

589 Vgl. NJ 1958, S. 72.

590 Referat des Generalstaatsanwalts der DDR Josef Streit bei einer Tagung mit den Bezirksanwälten am 20.10.1976, BA, DP 3 I, 75, zitiert nach Johannes Raschka, Justizpolitik im SED-Staat, S. 94.

591 Aus einem Brief des Generalstaatsanwalts der DDR Josef Streit an den Leiter der Abteilung Staats- und Rechtsfragen des Zentralkomitees der SED, Klaus Sorgenicht vom 26.10.1976, BStU, ZA, HA IX-1983, Bl. 19-22 (BStU-Zählung).

Hierzu zählten vor allem die politischen Straftatbestände, die mit der Einführung des neuen Strafgesetzbuches 1968 Einzug ins Strafrecht der DDR gehalten hatten. Die Anwendung auf Ausreiseantragsteller wurde gängige Praxis.

Im Rahmen der umfassenden Reform der Ausreisepolitik 1977[592] wurde eingehend erörtert, wie Ausreiseantragsteller strafrechtlich behandelt werden sollten. Auf Anregung des Generalstaatsanwalts Streit entstand in jenem Jahr die erste offizielle Absprache zwischen der Abteilung Staat und Recht der SED, dem MfS, dem Minister der Justiz und der Generalstaatsanwaltschaft über den Einsatz strafrechtlicher Mittel gegenüber Ausreiseantragstellern. Das Strafrecht sollte demnach zur Anwendung kommen:

> „gegen Personen, die ihre Ausreise erpressen wollen, sich in das System politischer Diskriminierung des Gegners eingliedern, unsere Staats- und Gesellschaftsordnung oder die Tätigkeit staatlicher Organe verunglimpfen, demonstrative Aktionen und Provokationen in der Öffentlichkeit durchführen",[593]

außerdem gegen Personen, die sich mit anderen zusammenschlossen oder Verbindungen in das westliche Ausland aufnahmen. Die Absprache legte genau fest, welche Straftatbestände zur Anwendung kommen sollten, so die Tatbestände der Straftaten gegen die staatliche Ordnung,[594] bei Westkontakten die Tatbestände der Verbrechen gegen die DDR[595] und in übrigen Fällen die der allgemeinen Kriminalität.

Zu einer Strafverschärfung des gesamten politischen Strafrechts führte das 3. Strafrechtsänderungsgesetz 1979.[596] Mit dieser Novelle wurden insbesondere im 8. Kapitel StGB d. DDR (Straftaten gegen die staatliche Ordnung) die Strafobergrenzen angehoben. Auch die Anzahl der Verfahren gegen Ausreiseantragsteller wuchs in den achtziger Jahren stetig an.[597] Zusammen mit der Ahndung der Republikfluchtversuche machten die Prozesse gegen die Ausreiseantragsteller rund die Hälfte aller politischen Strafverfahren in den achtziger Jahren aus. Zwischen 1976 und 1988 leiteten Kripo und MfS rund 20.000 Ermitt-

592 Vgl. das Kapitel „Beschluss des Zentralkomitees der SED vom 16. Februar 1977", 2. Teil, B., III., 3., a), 8).

593 Hausmitteilung der Abteilung Staats- und Rechtsfragen an Erich Honecker vom 29.10.1976, BStU, ZA, HA IX-1983, Bl. 23-25 (BStU-Zählung), zitiert nach Bernd Eisenfeld, Die Verfolgung der Antragsteller auf Ausreise, S. 129.

594 Vor allem § 214 StGB d. DDR, „Beeinträchtigung staatlicher oder gesellschaftlicher Tätigkeit" und § 220 StGB d. DDR, „Öffentliche Herabwürdigung".

595 Wie § 99 StGB d. DDR, „Landesverräterische Nachrichtenübermittlung" und § 106 StGB d. DDR, „Staatsfeindliche Hetze".

596 GBl. d. DDR 1979, Band I, S. 139.

597 Vgl. *Falco Werkentin*, Zur Dimension politischer Inhaftierungen in der DDR, S. 146.

lungsverfahren gegen Ausreiseantragsteller ein.[598] Die am häufigsten strapazierten Straftatbestände hierbei waren:

- in Fällen der Kontaktaufnahme „mit dem Westen“ oder gar der Weitergabe von Informationen über den Ausreisesachverhalt die §§ 97, 99, 100, 219 StGB d. DDR;

- in Fällen von Protestaktionen oder kritischen Äußerungen in den Anträgen die §§ 106, 214, 217, 220, 249 StGB d. DDR;

- in den Fällen der Botschaftsbesetzungen die §§ 134, 213, 215 StGB d. DDR und

- in den Fällen der Anstiftung zur Antragstellung die §§ 105, 132 StGB d. DDR.

Bei der rückwärtigen Betrachtung sind die wesentlichen Charakteristika des politischen Strafrechts der DDR zu beachten. Die Strafnormen waren nämlich bewusst unscharf gehalten, einander vielfach sehr ähnlich und eher programmatischer Natur. Hinzu kommt, dass es zwecks Vereinheitlichung der Rechtsprechung Anweisungen gab, wie die Tatbestände ausgelegt werden sollten. Wie bereits dargestellt, wurden diese jedoch meist mündlich an die Richter weitergegeben, sodass das angestrebte Ziel weitgehend verfehlt wurde.[599] In der justiziellen Praxis ist eine klare Handhabung der Vorschriften daher auch nicht erkennbar. Im Folgenden werden die angewendeten Strafvorschriften in gebotener Kürze dargestellt:

1. § 97 StGB d. DDR, Spionage

„ (1) Wer Nachrichten oder Gegenstände, die geheim zu halten sind, zum Nachteil der Interessen der Deutschen Demokratischen Republik für **eine fremde Macht**, **deren Einrichtungen** oder **Vertreter** oder für einen **Geheimdienst** oder für **ausländische Organisationen** sowie **deren Helfer** sammelt, an sie verrät, ihnen ausliefert oder in sonstiger Weise zugänglich macht, wird mit Freiheitsstrafe nicht unter fünf Jahren bestraft.

(2) **Vorbereitung** und Versuch sind strafbar.

(3) In besonders schweren Fällen kann auf lebenslängliche Freiheitsstrafe erkannt werden.“[600]

598 *Bernd Eisenfeld*, Die Ausreisebewegung – Eine Erscheinungsform widerständigen Verhaltens, S. 216.

599 Vgl. das Kapitel: „Einschränkungen der Ausreisefreiheit im Recht der DDR“, 2. Teil, B., III., 3.

600 § 97 des StGB d. DDR vom 19. 12. 1974, GBl. d. DDR 1975, Band I, S. 14, in der Fassung des 4. Strafrechtsänderungsgesetzes vom 18.12.1987, GBl. d. DDR 1987, Band I, S. 301.

§ 97 StGB d. DDR stellte den Grundtatbestand der Landesverratsnormen (§§ 97-100 StGB d. DDR) dar.[601] Diese betrafen in erster Linie Personen, welche – beispielsweise aufgrund ihrer beruflichen Tätigkeit – Geheimnisträger waren. Institutionen des § 97 StGB d. DDR waren vor allem „ausländische Organisationen und deren Helfer“:

„Dazu zählen in erster Linie feindliche Organisationen, Menschenhändlerbanden, kriminelle Vereinigungen, Revanchistenverbände u.a. dieser Art. Das können aber auch Parteien, gesellschaftliche Vereinigungen, Unternehmen, Verlage, nichtstaatliche Institutionen, Berufsverbände, Handelsorganisationen, Sportverbände u.a. sein. Hierunter fallen auch Zusammenschlüsse internationalen Charakters.

Ausländische Organisationen oder deren Vertreter können sich auch auf dem Gebiet der DDR aufhalten (z.B. Wirtschaftsbüros, Korrespondenten nichtstaatlicher Agenturen).“[602]

2. § 99 StGB d. DDR, Landesverräterische Nachrichtenübermittlung

„(1) Wer **der Geheimhaltung nicht unterliegende Nachrichten** zum Nachteil der Interessen der Deutschen Demokratischen Republik an die im § 97 genannten Stellen oder Personen übergibt, für diese sammelt oder ihnen zugänglich macht, wird mit Freiheitsstrafe von zwei bis zu zwölf Jahren bestraft.

(2) Vorbereitung und Versuch sind strafbar.“[603]

Der § 99 StGB d. DDR betraf – im Gegensatz zu § 97 StGB d. DDR – solche Nachrichten, die keine Geheimnisse waren, und zwar Informationen allgemeiner Art, mit Ausnahme solcher, welche keinerlei Schlussfolgerungen für eine Interessenschädigung der DDR zuließen.[604]

Die Weite des Tatbestandes führte naturgemäß zu einer Fülle von Verurteilungen. Jeder Briefwechsel mit westlichen Institutionen konnte als Vollendung angesehen werden. Zahlreiche Verurteilungen sind erfolgt, weil sich Antragsteller über westliche Medien Gehör verschaffen wollten und ihre Unterlagen zur Veröffentlichung an eine westdeutsche Fernsehanstalt, an die „Internationale Gesellschaft für Menschenrechte“ (IGfM) in West-Berlin, an den Verein „Hilferufe von drüben“ (HvD) oder an „amnesty international“ (ai) geschickt hatten.

In einer Orientierung des MfS „zur Strafverfolgung von Aktivitäten zur Erreichung der Übersiedlung vorrangig durch Kontakte zu ausländischen Missionen

601 *Autorenkollektiv*, Kommentar zum Strafgesetzbuch der DDR, § 97, Rn 1.
602 Ebenda.
603 § 99 des StGB d. DDR vom 19. 12. 1974, GBl. d. DDR 1975, Band I, S. 14, in der Fassung des 4. Strafrechtsänderungsgesetzes vom 18.12.1987, GBl. d. DDR 1987, Band I, S. 301.
604 *Autorenkollektiv*, Kommentar zum Strafgesetzbuch der DDR, § 99, Rn. 1.

in der DDR“ wurde klargestellt, dass die §§ 99 und 100 StGB d. DDR nicht zur Anwendung kommen sollten, wenn

„entsprechende Kontakte zu staatlichen Einrichtungen des Auslandes oder ausländischen Repräsentanten hergestellt werden“.[605]

Hierfür blieb der § 219 Abs. 2 S. 1 StGB d. DDR vorbehalten, der mit einer geringeren Strafandrohung versehen war. Die §§ 99, 100 StGB d. DDR wurden explizit als Sanktionen der Kontaktaufnahme mit „solchen Organisationen, wie IGfM, HvD“ verstanden.[606]

Eine charakteristische Verurteilung nach § 99 StGB d. DDR war die des Gunter Beyer am 29.11.1979. Vor seiner Verhaftung hatte er sich drei Jahre lang um die Genehmigung bemüht, das Land verlassen zu dürfen. Um Druck zu erzeugen, wandte er sich an die Regierung der Bundesrepublik Deutschland, an den Generalsekretär der Vereinten Nationen und an andere ausländische Organisationen. Er wurde am 14. 2.1980 zu drei Jahren und drei Monaten Haft verurteilt.[607]

3. § 100 StGB d. DDR, Landesverräterische Agententätigkeit

„(1) Wer zu den im § 97 genannten Stellen oder Personen **Verbindung aufnimmt** oder sich zur **Mitarbeit** anbietet oder diese Stellen oder Personen in sonstiger Weise **unterstützt**, um die Interessen der Deutschen Demokratischen Republik zu schädigen, wird mit Freiheitsstrafe von einem Jahr bis zu zehn Jahren bestraft.

(2) Vorbereitung und Versuch sind strafbar.“[608]

Der § 100 StGB d. DDR unterschied sich von § 99 StGB d. DDR insbesondere durch die Tathandlung. Strafbare Handlung war die Kontaktaufnahme zu den in § 97 StGB d. DDR beschriebenen Stellen. Das Sammeln oder die Weitergabe von Informationen brauchte noch nicht stattzufinden. Es handelte sich daher bei genauer Betrachtung lediglich um eine Ausformulierung der ohnehin nach § 99 Absatz 2 StGB d. DDR strafbaren Vorbereitungshandlung der §§ 97, 99 StGB d. DDR.

Die Verurteilungen nach § 100 StGB d. DDR basierten dann auch auf ganz ähnlichen Sachverhalten. Opfer waren Ausreisewillige, die sich mit der Bitte um Unterstützung an westliche Organisationen wandten, ohne schon konkret Unterlagen über sich und ihre Ausreisebemühungen weitergegeben zu haben. Es

605 BStU, ZA, HA IX-8315, Bl. 53-55 (BStU-Zählung).

606 Ebenda, Bl. 53.

607 Fall entnommen bei: amnesty international Deutschland, Jahresbericht 1980.

608 § 100 des StGB d. DDR vom 19. 12. 1974, GBl. d. DDR 1975, Band I, S. 14, in der Fassung des 4. Strafrechtsänderungsgesetzes vom 18.12.1987, GBl. d. DDR 1987, Band I, S. 301.

reichte für eine Strafbarkeit bereits aus, wenn sich die Westverwandtschaft an die betreffenden Organisationen oder Medien gewandt hatte.[609]

Schließlich wurden auch Verurteilungen von Besuchern der Ständigen Vertretung der Bundesrepublik Deutschland bei der DDR nach § 100 StGB d. DDR bekannt.[610] In der Kommentierung hieß es hierzu:

„Dieser Tatbestand geht von der verfassungsmäßigen Treuepflicht der Bürger der DDR aus, keine Verbindungen zu ausländischen Stellen oder Personen zum Schaden der DDR aufzunehmen.

Zugleich richtet er sich gegen gegnerische Versuche, Bürger der DDR in die subversive Tätigkeit gegen die Deutsche Demokratische Republik oder ihre Verbündeten einzubeziehen."[611]

4. § 106 StGB d. DDR, Staatsfeindliche Hetze

„(1) Wer die verfassungsmäßigen Grundlagen der sozialistischen Staats- und Gesellschaftsordnung der Deutschen Demokratischen Republik angreift oder gegen sie aufwiegelt, indem er

1. die gesellschaftlichen Verhältnisse, Repräsentanten oder andere Bürger der Deutschen Demokratischen Republik wegen deren staatlicher oder gesellschaftlicher Tätigkeit diskriminiert;

2. Schriften, Gegenstände oder Symbole zur Diskriminierung der gesellschaftlichen Verhältnisse, von Repräsentanten oder anderen Bürgern herstellt, einführt, verbreitet oder anbringt;

3. die Freundschafts- und Bündnisbeziehungen der Deutschen Demokratischen Republik diskriminiert;

4. Verbrechen gegen den Staat androht oder dazu auffordert, Widerstand gegen die sozialistische Staats- und Gesellschaftsordnung der Deutschen Demokratischen Republik zu leisten;

5. den Faschismus oder Militarismus verherrlicht oder Rassenhetze treibt,

wird mit Freiheitsstrafe von einem bis zu acht Jahren bestraft.

(2) Wer zur Durchführung des Verbrechens mit Organisationen, Einrichtungen oder Personen zusammenwirkt, deren Tätigkeit gegen die Deutsche Demokratische Republik gerichtet ist oder das Verbrechen planmäßig durchführt, wird mit Freiheitsstrafe von zwei bis zu zehn Jahren bestraft.

(3) Vorbereitung und Versuch sind strafbar."[612]

[609] Vgl. *Ellen Thiemann*, Materialien der Enquete-Kommission „Aufarbeitung von Geschichte und Folgen der SED-Diktatur in Deutschland" des Deutschen Bundestages, Band VII, S. 359.

[610] Vgl. den Fall Th. Kollosche, „Bonner Generalanzeiger", 3./4. 3. 1984.

[611] *Autorenkollektiv*, Kommentar zum Strafgesetzbuch der DDR, § 100, Rn. 1.

Bei dieser Vorschrift handelte es sich um einen echten „Gesinnungstatbestand“, denn nach dieser Bestimmung konnten alle Ausreisewilligen bestraft werden, die in Verbindung mit ihrem Ausreisewunsch die Kritik an den politischen und gesellschaftlichen Verhältnissen der DDR bekundeten. Tathandlungen waren „Angreifen“ bzw. „Aufwiegeln“:

„Angreifen umfasst jedes aufgrund einer feindlichen Position durchgeführte Vorgehen gegen die verfassungsmäßigen Grundlagen in den Begehungsweisen der Ziffern 1-5.

Aufwiegeln ist jede Handlung, die darauf gerichtet ist, andere auf eine feindliche Position zu ziehen, sie gegen die verfassungsmäßigen Grundlagen zu beeinflussen oder sie zu feindlichen Handlungen, Aktionen oder gezieltem passiven Verhalten zu veranlassen.“[613]

Dafür reichten schon Eingaben an offizielle Stellen aus, denn Öffentlichkeitswirksamkeit war nicht Tatbestandsmerkmal und führte eher zur Verurteilung wegen Beeinträchtigung staatlicher oder gesellschaftlicher Tätigkeit (§ 214 StGB d. DDR) oder wegen öffentlicher Herabwürdigung (§ 220 StGB d. DDR).

Eine eindeutige Abgrenzung der Rechtsprechung zwischen diesen Tatbeständen ist nicht erkennbar. Häufig wurde das Urteil auf mehrere dieser Vorschriften gestützt.

5. § 213 StGB d. DDR, Ungesetzlicher Grenzübertritt

„(1) Wer widerrechtlich die Staatsgrenze der Deutschen Demokratischen Republik passiert oder Bestimmungen des zeitweiligen Aufenthaltes in der Deutschen Demokratischen Republik sowie des Transits durch die Deutsche Demokratische Republik verletzt, wird mit Freiheitsstrafe bis zu zwei Jahren oder mit Verurteilung auf Bewährung , Haftstrafe oder mit Geldstrafe bestraft.

(2) Ebenso wird bestraft, wer als Bürger der Deutschen Demokratischen Republik rechtswidrig nicht oder nicht fristgerecht in die Deutsche Demokratische Republik zurückkehrt oder staatliche Festlegungen über seinen Auslandsaufenthalt verletzt.

(3) In schweren Fällen wird der Täter mit Freiheitsstrafe von einem Jahr bis zu acht Jahren bestraft. Ein schwerer Fall liegt insbesondere vor, wenn

1. die Tat Leben oder Gesundheit von Menschen gefährdet;

2. die Tat unter Mitführung von Waffen oder unter Anwendung gefährlicher Mittel oder Methoden erfolgt;

3. die Tat mit besonderer Intensität durchgeführt wird

[612] § 106 des StGB d. DDR vom 19. 12. 1974, GBl. d. DDR 1975, Band I, S. 14, in der Fassung des 4. Strafrechtsänderungsgesetzes vom 18.12.1987, GBl. d. DDR 1987, Band I, S. 301.

[613] *Autorenkollektiv*, Kommentar zum Strafgesetzbuch der DDR, § 106, Rn. 3.

4. die Tat durch Urkundenfälschung (§ 240), Falschbeurkundung (§ 242) oder durch Missbrauch von Urkunden oder unter Ausnutzung eines Verstecks erfolgt;

5. die Tat zusammen mit anderen begangen wird;

6. der Täter wegen ungesetzlichen Grenzübertritts bereits bestraft ist.

(4) Vorbereitung und Versuch sind strafbar.“[614]

Diese Vorschrift konnte auf Antragsteller angewendet werden, welche Schutz in ausländischen Botschaften suchten.[615] Es wurde zudem davon ausgegangen, dass die Vorschrift auch das rechtswidrige Nichtzurückkehren in die DDR von einem genehmigten Besuch des nichtsozialistischen Auslandes unter Strafe stellte.[616]

6. § 214 StGB d. DDR, Beeinträchtigung staatlicher oder gesellschaftlicher Tätigkeit

„(1) Wer die Tätigkeit staatlicher Organe durch Gewalt oder Drohung beeinträchtigt oder in einer die öffentliche Ordnung gefährdenden Weise eine Missachtung der Gesetze bekundet oder zur Missachtung der Gesetze auffordert, wird mit Freiheitsstrafe bis zu drei Jahren oder mit Verurteilung auf Bewährung, Haftstrafe, Geldstrafe oder mit öffentlichem Tadel bestraft.

(2) Ebenso wird bestraft, wer gegen Bürger wegen ihrer staatlichen oder gesellschaftlichen Tätigkeit oder wegen ihres Eintretens für die öffentliche Ordnung und Sicherheit mit Tätlichkeiten vorgeht oder solche androht.

(3) Wer zusammen mit anderen eine Tat nach den Absätzen 1 oder 2 begeht, wird mit Freiheitsstrafe bis zu fünf Jahren bestraft.

(4) Ist die Tatbeteiligung von untergeordneter Bedeutung, kann der Täter mit Verurteilung auf Bewährung, Haftstrafe oder Geldstrafe bestraft werden.

(5) Der Versuch ist strafbar.“[617]

614 § 213 des StGB d. DDR vom 19. 12. 1974, GBl. d. DDR 1975, Band I, S. 14, in der Fassung des 4. Strafrechtsänderungsgesetzes vom 18.12.1987, GBl. d. DDR 1987, Band I, S. 301.

615 Vgl. das Kapitel „Die Botschaftsbesetzungen“, 3. Teil, C., V.

616 So explizit die „Überlegungen zur Anwendung des Straftatbestandes „Ungesetzlicher Grenzübertritt“ gemäß § 213 Absatz 2 StGB“ der Hauptabteilung Kriminalpolizei des MdI, BStU, HA IX-16265, Bl. 2-5 (BStU-Zählung) und der „gemeinsame Standpunkt des Obersten Gerichts der DDR und des Generalstaatsanwalts der DDR“, BStU, HA IX-16265, Bl. 6-14.

617 § 214 des StGB d. DDR vom 19. 12. 1974, GBl. d. DDR 1975, Band I, S. 14, in der Fassung des 4. Strafrechtsänderungsgesetzes vom 18.12.1987, GBl. d. DDR 1987, Band I, S. 301.

Der § 214 StGB d. DDR fand bei öffentlichkeitswirksam geübter Kritik an den politischen und gesellschaftlichen Verhältnissen der DDR Anwendung. Hierunter fielen in den achtziger Jahren die zunehmenden Protestaktionen, so etwa weiße Schleifen am Revers oder an der PKW-Antenne und dergleichen.[618]

Ein solcher Fall war der des Ehepaares Angelika und Hans-Jürgen Gerdes, das am 2. Dezember 1977 mit seinen Kindern auf dem Alexanderplatz in Berlin demonstrierte und ein Plakat trug. Darauf stand: „Wir sind nur vier und wir möchten nach drüben, lasst uns raus, wir werden niemals zurückkommen!“ Beide Eheleute wurden festgenommen und am 17. Februar 1978 nach § 214 StGB d. DDR zu 18 Monaten Gefängnisstrafe verurteilt.[619]

In einem Fall wurde dem Ausreisewilligen bei der Vernehmung durch das MfS erklärt, dass das erneute Stellen eines Ausreiseantrags nach Ablehnung des ersten den Tatbestand bereits erfülle.[620]

Ab 1985 regelte eine „Entscheidungshilfe“ des MfS für Oberstes Gericht und Oberste Staatsanwaltschaft, wie der § 214 StGB d. DDR auszulegen sei. Es sollte nämlich ausreichen, wenn der Antragsteller

„1. ankündigte

a) westliche Einrichtungen, Organisationen, Personen einzuschalten bzw. zu informieren (ausgenommen UNO- und KSZE- Organe sowie die mit RA Dr. Vogel zusammenwirkenden Westberliner Anwaltskanzleien)

b) die Öffentlichkeit einzubeziehen

c) jegliche berufliche Tätigkeit zu verweigern

d) Selbstmord zu begehen

2. sogenannte Erzwingungsmittel (Symbole, kurze Texte) mit dem Ziel „öffentlichkeitswirksamer Verwendung“ herstellte oder herzustellen versuchte

3. mit oder ohne „Erzwingungsmittel“ an den Ort der „Bekundung“ einer solchen Aktion ging

4. seine Einzelhandlung „objektivierte“, indem er so handelte, dass andere Personen sein „gesetzeswidriges Verhalten“ wahrnehmen konnten

5. sich auf den Weg begab, westliche diplomatische Vertretungen aufzusuchen, um Nachrichten zu übergeben oder die Mission zu besetzen

618 Vgl. das Kapitel „Ratifizierung des IPBPR der Vereinten Nationen“, 1. Teil, B., VII., und das Kapitel „Protestaktionen in der Wartezeit“, 3. Teil, B., II.

619 Fall entnommen bei: amnesty international Deutschland, Jahresbericht 1978.

620 Vgl. *Thomas Ammer*, Menschenrechtsverletzungen in der DDR, DA 1985, S. 951.

6. mündliche Nachrichten Privatpersonen in der DDR oder westlichen Missionen und Korrespondenten zwecks Verbreitung im „Ausland“ übermittelte, deren Annahme aber verweigert wurde.“[621]

So verurteilte das Kreisgericht Magdeburg-Nord am 30. Januar 1985 Frau und Herrn P. wegen Beeinträchtigung staatlicher oder gesellschaftlicher Tätigkeit zu Haftstrafen über einem Jahr. Nachdem ihre Ausreiseanträge immer wieder abgelehnt worden waren, hatten sie an ihrer Wohnungstür einen Prospekt über Neuseeland befestigt und mit der Aufschrift „Freiheit“ versehen.[622]

Ebenfalls 1985 verurteilte das Stadtbezirksgericht Berlin-Pankow Herrn K. wegen Beeinträchtigung staatlicher Tätigkeit zu einer Freiheitsstrafe von einem Jahr. Der 21jährige hatte im Gebäude des Rates des Stadtbezirkes Berlin- Marzahn erklärt, für den Fall der Ablehnung seines Ausreiseantrages werde er sich ein Plakat mit der Aufschrift „Ich will endlich ausreisen“ um den Hals hängen und damit vor dem Staatsratsgebäude oder an der Staatsgrenze auftreten.[623]

Das Stadtgericht Berlin schließlich verurteilte am 2.2.1979 die Eheleute G. und W. wegen § 100 StGB d. DDR a.F. („staatsfeindliche Verbindungen“) und wegen § 214 StGB d. DDR zu Freiheitsstrafen von zwei Jahren und drei Monaten (G.) und zwei Jahren (W.). Den Eheleuten wurde vorgeworfen, Material über ihre Ausreiseanträge mit dem Ziel der Veröffentlichung an das „ZDF-Magazin“ und an die „Gesellschaft für Menschenrechte“ gesandt zu haben, ferner dreimal in Ausreiseanträgen mit der Veröffentlichung in westlichen Presseorganen gedroht zu haben, um die Ausreisegenehmigung zu erzwingen.[624]

7. § 217 StGB d. DDR, Zusammenrottung

„(1) Wer sich an einer die öffentliche Ordnung und Sicherheit beeinträchtigenden Ansammlung von Personen beteiligt und sie nicht unverzüglich nach Aufforderung durch die Sicherheitsorgane oder andere zuständige Staatsorgane verlässt, wird mit Freiheitsstrafe bis zu zwei Jahren oder mit Verurteilung auf Bewährung, mit Haftstrafe oder mit Geldstrafe bestraft.

621 Übersicht zur rechtlichen Anwendung typischer Handlungen zur Erzwingung der Übersiedlung gemäß § 214 Abs. 1 StGB und 219 Abs. 2 S. 1 StGB vom 5.6.1985, BStU, ZA, HA IX-5638, Bl. 13-15 (BStU-Zählung), zitiert nach Bernd Eisenfeld, Die Verfolgung der Antragsteller auf Ausreise, S. 131.

622 Vgl. Urteil des LG Magdeburg vom 15.02.1994 (AZ 23 Kls 11/91) gegen Frank Groß und Siegfried Klose wegen Rechtsbeugung, S. 16 ff. und Urteil des BGH vom 30.11.1995 (4StR 777/94), zitiert nach Falko Werkentin, Recht und Justiz im SED-Staat, S. 78.

623 Vgl. Urteil des BGH vom 15.09.1995-5StR 713/94 (LG Berlin), NJW 1995, S. 3324 (3330).

624 Ebenda, S. 3329.

(2) Wer eine Zusammenrottung organisiert oder anführt (Rädelsführer), wird mit Freiheitsstrafe von einem Jahr bis zu acht Jahren bestraft.

(3) Der Versuch ist strafbar"[625]

Diese Vorschrift war die Handhabe gegen öffentliche Demonstrationen von Antragstellern. Schutzzweck war die öffentliche Ordnung und Sicherheit. Diese sah man nicht erst als gefährdet an, wenn eine Versammlung eskalierte, sondern sie galt per se als Gefährdung der öffentlichen Ordnung und Sicherheit, wenn sie sich gegen die staatliche Ordnung richtete. Die Strafbarkeit ergab sich damit nicht aus dem Verhalten des beschuldigten Versammlungsteilnehmers, sondern aus der Art der Versammlung. In der Kommentierung hieß es:

„Inhalt und Ausmaß der bevorstehenden oder zu erwartenden Störungen der öffentlichen Ordnung und Sicherheit sind entscheidende Kriterien, um die Frage zu beantworten, ob im konkreten Falle eine Personengruppe als eine beeinträchtigende Ansammlung im Sinne dieser Bestimmung anzusehen ist."[626]

Im Ergebnis bedeutete das die Kriminalisierung staatskritischer Kundgebungen, zu denen auch die Demonstrationen Ausreisewilliger zählten.

8. § 219 StGB d. DDR, Ungesetzliche Verbindungsaufnahme

„(1) Wer zu Organisationen, Einrichtungen oder Personen, die sich eine gegen die staatliche Ordnung der Deutschen Demokratischen Republik gerichtete Tätigkeit zum Ziele setzen, in Kenntnis dieser Ziele oder Tätigkeit in Verbindung tritt, wird mit Freiheitsstrafe bis zu fünf Jahren, Verurteilung auf Bewährung oder mit Geldstrafe bestraft.

(2) Ebenso wird bestraft

1. wer als Bürger der Deutschen Demokratischen Republik Nachrichten, die geeignet sind, den Interessen der Deutschen Demokratischen Republik zu schaden, im Ausland verbreitet oder verbreiten lässt oder zu diesem Zweck Aufzeichnungen herstellt oder herstellen lässt;

2. wer Schriften, Manuskripte oder andere Materialien, die geeignet sind, den Interessen der Deutschen Demokratischen Republik zu schaden, unter Umgehung von Rechtsvorschriften an Organisationen, Einrichtungen oder Personen im Ausland übergibt oder überlässt.

(3) Der Versuch ist im Falle des Absatzes 2 Ziffer 2 strafbar."

Auffällig ist die Ähnlichkeit dieses Straftatbestandes zu den §§ 99, 100 StGB d. DDR. Der Unterschied bestand im Adressaten. Während die §§ 99, 100 StGB d. DDR gegen Ausreisewillige angewendet wurden, welche mit Menschen-

625 § 217 des StGB d. DDR vom 19. 12. 1974, GBl. d. DDR 1975, Band I, S. 14, in der Fassung des 4. Strafrechtsänderungsgesetzes vom 18.12.1987, GBl. d. DDR 1987, Band I, S. 301.

626 *Autorenkollektiv*, Kommentar zum Strafgesetzbuch der DDR, § 217, Rn. 1.

rechtsorganisationen oder westlichen Massenmedien in Verbindung traten, sollte § 219 StGB d. DDR zur Bestrafung derjenigen Fälle dienen, in welchen sich Ausreisewillige an staatliche Stellen des westlichen Auslandes wandten. In der Orientierung des MfS

„zur Strafverfolgung von Aktivitäten zur Erreichung der Übersiedlung vorrangig durch Kontakte zu ausländischen Missionen in der DDR“

wurde jedoch klargestellt, dass

„[...] die bloße Mitteilung der Tatsache, eine Übersiedlung in nichtsozialistische Staaten oder nach Westberlin anzustreben, und die Übermittlung dazu unumgänglicher Personalangaben nicht strafbar ist [...].“

Zur Anwendung stellte die Orientierung nämlich fest:

„Mündliche, fernmündliche oder schriftliche Mitteilungen an ausländische Einrichtungen oder ausländische Repräsentanten, dass der Mitteilende ins Ausland übersiedeln möchte -ggf. zusammen mit seiner Familie- schädigen angesichts der tatsächlichen Rechtslage und des diesbezüglichen völkerrechtlich vorbildlichen Verhaltens der DDR Interessen der DDR im Ausland nicht, sofern der Empfänger nur darüber in Kenntnis gesetzt wird, wer zu welchem Zweck das Übersiedlungserstreben mitteilt. [...]

Mitteilungen, die über diese Angaben hinausgehen [...], sind in der Regel Nachrichten im Sinne des § 219 Abs. 2 S. 1 (z.B. solche zu arbeitsrechtlichen Konsequenzen aus dem Streben nach Übersiedlung, [...])“

Häufig wurde der Schuldspruch auf mehrere dieser Vorschriften gestützt. So z.B. in dem Fall eines Lehrerehepaares, welchem es 1987 gelungen war, einen Brief an Bayerns Ministerpräsidenten Franz-Josef Strauß zu übermitteln. In diesem beschrieb es, dass es nach Antragstellung aus dem Schuldienst entlassen worden sei. Im März 1987 wurde im „ZDF-Magazin“ vom Moderator Gerhard Löwenthal ein weiterer Brief desselben Ehepaares verlesen. Das Lehrerehepaar wurde aufgrund der §§ 99 und 219 StGB d. DDR zu Freiheitsstrafen von 3 Jahren und 6 Monaten bzw. 2 Jahren und 3 Monaten verurteilt.[627]

9. § 220 StGB d. DDR, Öffentliche Herabwürdigung

„(1) Wer in der Öffentlichkeit die staatliche Ordnung oder staatliche Organe, Einrichtungen oder gesellschaftliche Organisationen oder deren Tätigkeit oder Maßnahmen herabwürdigt, wird mit Freiheitsstrafe bis zu drei Jahren oder mit Verurteilung auf Bewährung, Haftstrafe, Geldstrafe oder mit öffentlichem Tadel bestraft.

(2) Ebenso wird bestraft, wer Schriften, Gegenstände oder Symbole, die geeignet sind, die staatliche oder öffentliche Ordnung zu beeinträchtigen, das sozialistische Zusammenleben zu

627 Fall entnommen bei *Hans-Jürgen Grasemann*, Die politische Justiz in der Ära Honecker, S. 204.

stören oder die staatliche oder gesellschaftliche Ordnung verächtlich zu machen, verbreitet oder in sonstiger Weise anderen zugänglich macht.

(3) Ebenso wird bestraft, wer in der Öffentlichkeit Äußerungen faschistischen, rassistischen, militaristischen oder revanchistischen Charakters kundtut oder Symbole dieses Charakters verwendet, verbreitet oder anbringt.

(4) Wer als Bürger der Deutschen Demokratischen Republik die Tat nach Absatz 1 oder 3 im Ausland begeht, wird mit Freiheitsstrafe bis zu fünf Jahren, Verurteilung auf Bewährung oder mit Geldstrafe bestraft."[628]

Bei § 220 StGB d. DDR ist eine große Ähnlichkeit zur „staatsfeindlichen Hetze" gemäß § 106 StGB d. DDR festzustellen. Nach § 106 StGB d. DDR musste sich die zu sanktionierende Äußerung gegen „die verfassungsmäßigen Grundlagen der sozialistischen Staats- und Gesellschaftsordnung der Deutschen Demokratischen Republik" wenden, bei § 220 StGB d. DDR gegen „die staatliche Ordnung oder staatliche Organe, Einrichtungen oder gesellschaftliche Organisationen oder deren Tätigkeit oder Maßnahmen".

In der Praxis wurden auch diese Tatbestände gegen Ausreisewillige angewendet, die sich nachdrücklich gegen die Ablehnung ihrer Anträge zur Wehr setzten.[629] Der Unterschied bestand im Wesentlichen in der Frage der Öffentlichkeitswirksamkeit der Äußerungen. Dieses Merkmal kennzeichnete den § 22 StGB d. DDR:

„Diese Bestimmung dient dem Schutz der staatlichen Ordnung vor Beeinträchtigungen infolge öffentlicher Herabwürdigung der Tätigkeit oder Maßnahmen des sozialistischen Staates , seiner Organe oder gesellschaftlicher Organisationen, als auch infolge öffentlichen Kundtuns von Äußerungen faschistischen, rassistischen, militaristischen oder revanchistischen Charakters im In- und Ausland."[630]

Nach § 220 StGB d. DDR wurde beispielsweise 1978 ein Ausreiseantragsteller verurteilt, der die Genehmigung seines Antrags durch Postkarten an den Innenminister und Briefe an Volkskammerabgeordnete wiederholt angemahnt hatte.[631]

628 § 220 des StGB d. DDR vom 19. 12. 1974, GBl. d. DDR 1975, Band I, S. 14, in der Fassung des 4. Strafrechtsänderungsgesetzes vom 18.12.1987, GBl. d. DDR 1987, Band I, S. 301.

629 Vgl. die Beispiele in den Gründen des Beschlusses des OLG Dresden vom 31. Mai 1995 – 1 Ws 58/94 (LG Dresden), NJ 1995, S. 601-603 (601).

630 *Autorenkollektiv*, Kommentar zum Strafgesetzbuch der DDR, § 220, Rn. 1.

631 Vgl. amnesty international Länderreihe – DDR – München 1981, S. 7.

10. § 225 StGB d. DDR, Unterlassung der Anzeige

„(1) Wer von dem Vorhaben, der Vorbereitung oder der Ausführung [...]

2. eines Verbrechens gegen die Deutsche Demokratische Republik (§§ 96 bis 105, 106 Absatz 2 [...]); [...]

vor dessen Beendigung glaubwürdig Kenntnis erlangt und dies nicht unverzüglich zur Kenntnis bringt, wird mit Freiheitsstrafe bis zu fünf Jahren oder mit Verurteilung auf Bewährung, Geldstrafe oder mit öffentlichem Tadel bestraft. [...]“[632]

Nach § 225 StGB d. DDR wurden Mitwisser verurteilt. Dabei ging das StGB d. DDR von einer „Pflicht zur Anzeige“ aus:

„Der Tatbestand dient der Verhinderung bestimmter Verbrechen und Vergehen, dem Schutz des sozialistischen Staates und der durch die Straftat bedrohten Bürger. Die Erfüllung der Rechtspflicht zur Anzeige soll dazu führen, dass eine alsbaldige staatliche Maßnahme die im Gesetz bezeichneten Straftaten verhindert. Bei bestimmten Straftaten und für bestimmte Entwicklungsstadien, die in § 225 bezeichnet sind, wird die Anzeigepflicht erhoben, deren Verletzung strafrechtliche Verantwortlichkeit nach sich zieht.

Die von dieser Bestimmung erfasste Handlung stellt ein echtes Unterlassungsdelikt dar.“[633]

Dieser letztzitierte Satz, obschon eine tragisch-komische Stilblüte, verdeutlicht die Tragweite dieser Anzeigepflicht.

Typischerweise fand diese Vorschrift Anwendung bei Nichtanzeige geplanter Fluchten. Sie konnte aber auch gegen Mitwissende angewendet werden, die eine Kontaktaufnahme von Ausreiseantragstellern mit „dem Westen“ nicht zur Anzeige brachten.[634]

11. § 249 StGB d. DDR, Beeinträchtigung der öffentlichen Ordnung und Sicherheit durch asoziales Verhalten

„(1) Wer das gesellschaftliche Zusammenleben der Bürger oder die öffentliche Ordnung und Sicherheit beeinträchtigt, indem er sich aus Arbeitsscheu einer geregelten Arbeit entzieht, obwohl er arbeitsfähig ist, wird mit Verurteilung auf Bewährung, Haftstrafe oder mit Freiheitsstrafe bis zu zwei Jahren bestraft.

(2) Ebenso wird bestraft, wer der Prostitution nachgeht oder in sonstiger Weise die öffentliche Ordnung und Sicherheit durch eine asoziale Lebensweise beeinträchtigt.

[632] § 225 des StGB d. DDR vom 19. 12. 1974, GBl. d. DDR 1975, Band I, S. 14, in der Fassung des 4. Strafrechtsänderungsgesetzes vom 18.12.1987, GBl. d. DDR 1987, Band I, S. 301.

[633] *Autorenkollektiv*, Kommentar zum Strafgesetzbuch der DDR, § 225, Rn. 1.

[634] Vgl. das Kapitel „Nichtanzeige von Ausreisevorhaben, der Fall Nowack“, 3. Teil, C., VI.

(3) In leichten Fällen kann von Maßnahmen der strafrechtlichen Verantwortlichkeit abgesehen und auf staatliche Kontroll- und Erziehungsaufsicht erkannt werden.

(4) Ist der Täter nach Absatz 1 oder 2 oder wegen eines Verbrechens bereits bestraft, kann auf Freiheitsstrafe bis zu fünf Jahren erkannt werden.

(5) Zusätzlich kann auf Aufenthaltsbeschränkung und auf staatliche Kontroll- und Erziehungsaufsicht erkannt werden."[635]

Diese Strafnorm konnte zur Anwendung kommen, wenn ein Antragsteller auf einen arbeitsrechtlichen Aufhebungsvertrag nicht eingehen wollte.

So geschehen in dem Fall des Erwin Eisbrenner. Er weigerte sich nach mehreren erfolglosen Ausreiseanträgen weiterzuarbeiten und lebte von seinen Ersparnissen. Er wurde am 13. Juli 1982 verhaftet und wegen „asozialen Verhaltens" nach § 249 StGB d. DDR zu 22 Monaten Haft verurteilt.[636]

X. Der politische Strafprozess gegen Antragsteller

Ermittlungsverfahren in politischen Strafsachen wurden meist ohne nennenswerten Einfluss der Staatsanwaltschaft durch das MfS geführt. Die Hauptverhandlung war in der Regel so detailliert vorbereitet, dass sie als reine Formalie bezeichnet werden darf.

Geschah diese Vorbereitung zu Beginn der DDR-Justiz noch durch die politische Führung, konnte man dies in der Amtszeit Honeckers der Justiz überlassen. Die „Kaderpolitik" hatte mittlerweile dazu geführt, dass ausschließlich „politisch zuverlässige" Richter und Staatsanwälte tätig waren, die im Sinne der Partei das Strafverfahren planten und durchführten, zumeist waren sie ohnehin Parteimitglied.[637] Eine richterliche Unabhängigkeit war indes nicht gegeben. Der Berufsrichter in der DDR sprach „parteiliches" Recht.[638]

In höchst brisanten Fällen wurde der Ablauf eines Strafverfahrens gegen Antragsteller dennoch auf Parteiebene vorbereitet und der Ablauf drehbuchartig vorgegeben.[639] Die Form wurde jedoch gewahrt. Das erstinstanzliche Gericht

[635] § 249 des StGB d. DDR vom 19. 12. 1974, GBl. d. DDR 1975, Band I, S. 14, in der Fassung des 4. Strafrechtsänderungsgesetzes vom 18.12.1987, GBl. d. DDR 1987, Band I, S. 301.

[636] Fall entnommen bei amnesty International Deutschland, Jahresbericht 1983.

[637] Das Studium der Rechtswissenschaft und ein Aufsteigen in den Justizdienst war nur den „politisch zuverlässigen" Staatsbürgern möglich. Eingehend hierzu *Hans-Herrmann Lochen*, Nachwuchskader – Zur Auswahl und Ausbildung von Juristen in der DDR, S. 123-136.

[638] Vgl. *Dieter Gräf*, Im Namen der SED – Rückblick auf Rechtssystem und Rechtsalltag in der DDR, S. 31.

[639] Vgl. das Kapitel „Dr. Nitschke und die Petition von Riesa", 3. Teil, C., IV., 1.

bestand aus einem Berufsrichter, zwei Schöffen und dem Staatsanwalt. Jedem Angeklagten stand außerdem ein Strafverteidiger zur Verfügung. Dessen Rolle fiel indes bescheiden aus.[640] Durchweg wird berichtet, dass vor dem Prozess nur wenig Kontakt mit dem Verteidiger zugelassen wurde.[641] Im Regelfall wurde ein Besuch des Mandanten in der Untersuchungshaft entgegen der Vorschrift des § 64 Strafprozessordnung der DDR[642] erst kurz vor der Hauptverhandlung zugelassen,[643] das Gespräch mit dem Mandanten wurde durch das MfS abgehört. Die Strafakte durfte gemäß § 64 Strafprozessordnung der DDR vor Abschluss der Ermittlungen nur insoweit zur Einsicht überlassen werden, als es „die Ermittlungen nicht gefährdete". Das sah in der Praxis so aus, dass der Verteidiger die vom MfS ausgedünnte Akte zusammen mit der Anklageschrift erst wenige Stunden vor dem Prozess erhielt.[644] Meist wurde dem Beschuldigten schon durch seinen MfS-Vernehmer mitgeteilt, welche Strafe für ihn vorgesehen war, was ihm das Gefühl vermittelte, dass ihm sein Verteidiger gar nicht helfen könne.[645]

Eine Besonderheit im Strafprozess in der DDR stellten die „gesellschaftlichen Vertreter" dar, durch welche das gesellschaftliche Umfeld des Angeklagten am Prozess mitwirken sollte. Meist handelte es sich um Arbeitskollegen, die ausgewählt wurden, um als „gesellschaftliche Ankläger" vor Gericht mit dem Finger auf den Antragsteller zu zeigen und deutlich zu machen, dass die Gemeinschaft eine Antragstellung nicht billige.[646] Die Öffentlichkeit war de iure zwar zugelassen, de facto jedoch ausgeschlossen. Nach § 211 StPO d. DDR konnte die Öffentlichkeit nämlich in jeder Phase der Verhandlung ausgeschlossen werden.[647] Davon wurde in den ganz überwiegenden Fällen Gebrauch gemacht.[648]

640 Vgl. das Kapitel „Anwaltliche Vertretung im Ausreiseantragsverfahren", 3. Teil, A., VII. Grundlegend zur Rolle der Rechtsanwälte in der DDR: *Roland J. Lange*, Einbindung und Behinderung der Rechtsanwälte, S. 605 ff. und *Dieter Gräf*, Im Namen der SED – Rückblick auf Rechtssystem und Rechtsalltag in der DDR, S. 30 f.

641 Vgl. die Darstellung aus Mandantensicht bei *Johannes Raschka*, Zwischen Überwachung und Repression – Politische Verfolgung in der DDR, S. 86 ff.; aus anwaltlicher Sicht bei *Roland J. Lange*, Einbindung und Behinderung der Rechtsanwälte, S. 638.

642 StPO d. DDR vom 12.Januar 1968 in der Fassung vom 19.Dezember 1974, GBl. d. DDR 1975, Band I, S. 62.

643 § 64 Rechte des Verteidigers
(1) Der Verteidiger hat das Recht,
- den Beschuldigten oder den Angeklagten zu sprechen, [...].

644 *Johannes Raschka*, Zwischen Überwachung und Repression – Politische Verfolgung in der DDR, S. 87.

645 *Dieter Gräf*, Im Namen der SED – Rückblick auf Rechtssystem und Rechtsalltag in der DDR, S. 29.

646 *Johannes Raschka*, Zwischen Überwachung und Repression – Politische Verfolgung in der DDR, S. 84.

647 § 211 Öffentlichkeit und Ausschluss der Öffentlichkeit

Anwesend waren hingegen zumeist Angehörige des MfS, oft handelte es sich um jene „Vernehmer“, welche die Aussagen der Angeklagten protokolliert hatten und durch ihre Anwesenheit psychischen Druck auf die Angeklagten ausüben sollten.[649]

Die Beweisaufnahme bestand in aller Regel lediglich darin, die umfangreichen und in der Regel mit psychischem Terror erzwungenen Vernehmungsergebnisse des MfS in die Hauptverhandlung einzuführen. Beweisverwertungsverbote bestanden im Prozessrecht der DDR nicht. Der Beschuldigte wurde nicht über sein Recht zu schweigen belehrt.[650] Zeugen waren selten zu hören. Es wurde plädiert und das Urteil verkündet. Eine schriftliche Ausfertigung der Urteilsgründe wurde dem Verurteilten lediglich zur kurzen Einsicht ausgehändigt.[651]

XI. Haftbedingungen

Das Gefängniswesen der achtziger Jahre[652] unterstand dem Minister des Innern und Chef der Deutschen Volkspolizei, Generalmajor Friedrich Dickel.[653] In seinem Ministerium existierte die „Verwaltung Strafvollzug“, die insgesamt für 79 Haftanstalten zuständig war. Das waren Strafvollzugseinrichtungen (StVE), Untersuchungshaftanstalten, Haftarbeitslager und Jugendhäuser.[654]

(1) Die Hauptverhandlung wird öffentlich durchgeführt.

(2) [...]

(3) Das Gericht kann weiterhin die Öffentlichkeit ausschließen, wenn die öffentliche Verhandlung die Sicherheit des Staates gefährden würde oder wenn es die Notwendigkeit der Geheimhaltung bestimmter Tatsachen erfordert.

(4) Das Gericht kann die Anwesenheit einzelner Personen bei nichtöffentlichen Verhandlungen gestatten.

648 *Johannes Raschka*, Zwischen Überwachung und Repression – Politische Verfolgung in der DDR, S. 85.

649 Ebenda, S. 86.

650 Vgl. *Dieter Gräf*, Im Namen der SED – Rückblick auf Rechtssystem und Rechtsalltag in der DDR, S. 29.

651 *Johannes Raschka*, Zwischen Überwachung und Repression – Politische Verfolgung in der DDR, S. 88.

652 Die Darstellung der Haftbedingungen soll hier auf den Zeitraum Mitte der siebziger bis Ende der achtziger Jahre beschränkt werden, da in dieser Zeit die meisten durch Ausreiseanträge ausgelösten Inhaftierungen stattfanden.

653 Friedrich Dickel: 9.12.1913-23.10.1993, Eintritt in die KPD 1931, verschiedene Haftstrafen wegen „illegaler politischer Tätigkeit“, 1936 Teilnahme am spanischen Bürgerkrieg als Kompanieführer im Thälmann-Bataillon der XI. Internationalen Brigade, danach Kommandierung nach Moskau, Einsatz in Shanghai, Kriegsgefangenschaft in Japan und 1946 Rückkehr nach Deutschland, Eintritt in die SED. Parteikarriere und 1963-1989 Minister des Innern und Chef der DVP.

654 Vgl. *Brigitte Oleschinski*, Schlimmer als schlimm – Strafvollzug in der DDR, S.257.

Die am meisten gefürchteten Strafvollzugseinrichtungen waren Bautzen I und II, Brandenburg-Görden, Bützow-Dreibergen, Cottbus, Dessau, Hoheneck, Karl-Marx-Stadt, Naumburg/Saale, Torgau und Waldheim.[655]

Bei der Betrachtung der Haftbedingungen ist zwischen der Untersuchungshaft und dem Strafvollzug zu unterscheiden, da die äußeren Bedingungen der Untersuchungshaft eng mit der Ermittlungstätigkeit des MfS verknüpft waren.

1. Untersuchungshaft

Die Untersuchungshaft[656] erfolgte in eigenen Gefängnissen des MfS und stellte insofern eine Besonderheit dar, als die Haftbedingungen als Werkzeug der Zermürbung des Verdächtigen dienen sollten.

Festnahmen erfolgten konspirativ durch zivil gekleidete MfS-Mitarbeiter ohne konkrete Angabe von Gründen „zur Klärung eines Sachverhalts“. Der Verdächtige wurde möglichst unauffällig am Arbeitsplatz oder zu Hause abgeholt und im zivilen Fahrzeug fortgebracht. Eine Hafttauglichkeitsuntersuchung fand in der Regel erst zwei bis drei Wochen später statt. Die ersten sechs bis acht Wochen verbrachte der Untersuchungshäftling isoliert in Einzelhaft, wurde in der Regel danach aber mit einem weiteren Häftling zusammengelegt, welcher die Aufgabe hatte, Äußerungen des Neulings, der ein Bedürfnis hatte, sich zu unterhalten, an das MfS weiterzugeben.

Besuch war während der laufenden Ermittlungen, die sich nicht selten über Monate hinzogen, nicht gestattet. Die Zellen glichen Käfigen. Die ca. 3 Meter hohen Zellenmauern waren mit Maschendraht bespannt und es führten Laufstege für das Wachpersonal darüber hinweg. In einem Bericht über die Untersuchungshaft in der U-Haftanstalt Cottbus, Haftanstalt des Innenministeriums für Kriminelle, hieß es:

> „Die Zelle hatte eine Grundfläche von 2x4 Metern. Links standen je zwei Doppelstockbetten, 65 Zentimeter breit, mit Decken anstelle von Matratzen. [...] Außerdem gab es einen Tisch mit drei Stühlen, einen Schrank, ein Klo und ein Waschbecken. Die Fenster waren vergittert und waren mit Sichtblenden versehen, so dass wenig frische Luft in die Vier-Mann-Zelle zu bringen war [...].“[657]

Zahlreiche Schikanen gehörten zur Untersuchungshaft. So wurde die Persönlichkeit des Untersuchungshäftlings gänzlich ausgeblendet. Er erhielt eine

[655] Eingehend zu den Strafvollzugseinrichtungen: IGfM (Hrsg.), Menschenrechte in der DDR und in Ost-Berlin, S. 105 ff.

[656] Vgl. auch die Darstellung bei: IGfM (Hrsg.), Politische Haft in der DDR, S. 7 ff.

[657] Vgl. *Joachim Widmann*, Dich kriegen wir weich, S. 217.

Nummer und hatte sich mit dieser zu melden. Religiöse, sowie berufsfachliche Literatur war verboten.

2. Strafvollzug

Als Strafzweck wurde im DDR-Sanktionsrecht angesehen, den Täter durch die Haft zu erziehen und wieder in die sozialistische Gesellschaft einzugliedern.[658] Im Strafvollzugsgesetz hieß es daher auch:[659]

„Inhalt und Gestaltung des Vollzuges der Strafen mit Freiheitsentzug werden durch das humane Wesen des sozialistischen Staates bestimmt. Den Strafgefangenen ist ihre Verantwortung als Mitglieder der Gesellschaft bewusst zu machen. Sie sind zu erziehen, künftig die Gesetze des sozialistischen Staates einzuhalten und ihr Leben verantwortungsbewusst zu gestalten."

Das galt natürlich insbesondere für politische Häftlinge, in denen „Andersdenkende" gesehen wurden.

Die Praxis hingegen war anders.[660] Eine Betreuung der Häftlinge durch Pädagogen, Psychologen, Sozialarbeiter oder Seelsorger fand nicht statt. Der Haftalltag wurde durch die zu verrichtende Arbeit bestimmt. Die zu erfüllende Norm wurde dabei bewusst so hoch gesteckt, dass die Häftlinge sie nicht erreichen konnten.

Politische Häftlinge waren in der Ordnung ganz unten angesiedelt. Leitende Aufgaben bei der zu verrichtenden Arbeit blieben den kriminellen Straftätern vorbehalten.

Arbeitsverweigerung wurde disziplinarisch geahndet. Gefürchtet waren Hunger- oder Durststrafen, die Verweigerung der Toilettenbenutzung und der Arrest. Bis zu vier Wochen wurden die Betreffenden in dunkle, kalte und feuchte Einzelzellen gesperrt. Schikane und Misshandlung der Strafgefangenen durch das Personal waren an der Tagesordnung:[661]

„Die Arbeitsbedingungen waren unter aller Würde. Wir wurden im Stahlwerk Riesa eingesetzt. Im Sommer herrschen dort Temperaturen von 60 bis 70 Grad Celsius. Einzelne Personen mussten am Tag 60 bis 80 Tonnen Stahl anheben, obwohl eine Maschine vorhanden ist,

658 Vgl. *Dieter Gräf*, Im Namen der SED – Rückblick auf Rechtssystem und Rechtsalltag in der DDR, S. 32.

659 § 2 des Gesetzes über den Vollzug der Strafen mit Freiheitsentzug, GBl. d. DDR 1977, Band I, S. 109.

660 Vgl. grundlegend zum Strafvollzug an politischen Häftlingen die umfassende Darstellung in: IGfM (Hrsg.), Menschenrechte in der DDR und in Ost-Berlin, S. 119 ff.

661 Vgl. *Brigitte Oleschinski*, Schlimmer als schlimm – Strafvollzug in der DDR, S.256; *Dieter Gräf*, Im Namen der SED – Rückblick auf Rechtssystem und Rechtsalltag in der DDR, S. 33.

die aber nur ein Drittel bis die Hälfte der menschlichen Arbeitskraft bewältigen kann... Die körperlichen Belastungen waren sehr hoch, auch kam es häufig zu Arbeitsunfällen (Verbrennungen, Quetschungen, im schlimmsten Fall wurden einem Gefangenen beide Beine abgequetscht), da die Arbeitsschutzbedingungen aufgrund der sehr hohen Norm so gut wie nicht beachtet wurden... Obwohl die Norm schon sehr hoch war, wurden wir ständig angetrieben, die Norm überzuerfüllen. Nicht nur auf der Arbeitsstelle, sondern auch ganz allgemein wurden die Politischen von den Kriminellen fertiggemacht, teilweise zusammengeschlagen und auch unter Druck gesetzt, ihren Ausreiseantrag zurückzuziehen, was von den Schließern noch gefördert wurde.[...]".[662]

Auch der geringe Verdienst traf die Häftlinge hart, da ohne das Zukaufen von Nahrungsmitteln eine ausreichende Ernährung nicht möglich war. Aus dem gleichen Bericht:

„Während Kriminelle teilweise bis zu 120.- Mark im Monat verdienten, kamen Politische im Durchschnitt auf ca. 50.- Mark, auch wurden unsere Prämien nicht direkt ausgezahlt, sondern auf Rücklage gebucht."[663]

Die Unterbringung war erbärmlich. Die Zellen waren überbelegt, die hygienischen Bedingungen waren katastrophal, das Essen war einseitig und von minderwertiger Qualität:

„Die meisten Zellen sind ca. 12 qm groß und mit sechs bis acht Strafgefangenen belegt. Es gibt auch Zellen, die ca. 20 qm groß sind, in denen 12 bis 16 Gefangene untergebracht sind. Diese Zellen haben zusätzlich einen kleinen Sanitärraum mit Waschbecken und Toilette, während in den erstgenannten Waschbecken und Toiletten in der Zelle sind. In vielen Zellen gibt es morgens und abends kein fließendes Wasser. Nur einmal ist wöchentlich Duschen (10 Duschen für 200 Mann eine halbe Stunde) und Empfang „frischer" Unterwäsche. Die Wäsche ist jedoch oft unzureichend gewaschen und zerrissen, bisweilen auch zahlenmäßig nicht ausreichend, so dass die Unterwäsche oft zwei Wochen getragen werden muss."[664]

Den inhaftierten Frauen erging es nicht besser:

„Drei Monate verbrachte ich auf Hoheneck und das waren die schlimmsten Monate in meinem Leben. Die Bedingungen in diesem Zuchthaus sind derart katastrophal, dass das Ziel „Erziehung" wie ein Hohn klingt. In einer Zelle von 32 qm wurden 10 Frauen in 5 Doppelstockbetten untergebracht. Für die Zelle standen 3 Waschbecken und 1 Toilette zur Verfügung. In der uralten, zerfressenen Dielung hielten sich Unmengen von Kakerlaken auf. Fast alle Frauen litten unter Pilzbefall an Händen, Füßen und im Genitalbereich. Das Essen war von einer unglaublich schlechten Qualität. Als Gemüse gab es Kohl; Fleisch in Kleinstmengen minderwertigster Beschaffenheit, Obst sehr selten. Ganz offen wurde unter den Gefange-

662 *Falk Wähner* und *Michael Sielaff* auf der 60. Pressekonferenz der AG 13. August Berlin, 14.6.1984, zitiert bei: IGfM (Hrsg.), Menschenrechte in der DDR und in Ost-Berlin, S. 128.

663 Ebenda.

664 *Burkhard Görs* auf der 60. Pressekonferenz der AG 13. August Berlin, 14.6.1984, zitiert bei: IGfM (Hrsg.), Menschenrechte in der DDR und in Ost-Berlin, S. 133 f.

nen von Hormoneingaben gesprochen. Bei vielen Frauen blieben die Monatsblutungen gänzlich aus; [...]"[665]

An der Tagesordnung waren physische und psychische Erkrankungen durch die hohen Arbeitsanforderungen, die schlechten hygienischen Bedingungen und die minderwertige Ernährung. Aber auch die medizinische Versorgung war mangelhaft:[666]

„Da ich Krankenschwester bin, kann ich mir sicherlich eine Beurteilung der medizinischen Betreuung zutrauen. Ich halte die medizinische Betreuung für sehr mangelhaft, da es sehr lange Wartezeiten (ca. zwei Wochen) gibt, bevor man bei Krankheit oder Beschwerden einem Arzt vorgestellt wird. Auch bei akuten Erkrankungen wird man in der Regel als Simulantin angesehen. So hatte ich im Januar 1985 während der Nachtschicht eine Nierenkolik. Daraufhin wurde ich in die Krankenstation gebracht, worunter eine Einzelzelle zu verstehen ist, in die Personen verlegt werden, wenn sie sich krank melden. Dort wartete ich von 01.00 Uhr nachts bis 15.00 Uhr nachmittags, ohne dass sich jemand um mich kümmerte. Gegen 15.00 Uhr beschwerte ich mich, woraufhin tatsächlich der Anstaltsarzt erschien und mich anschrie, dass ich nicht die einzige Strafgefangene sei, der es nicht gut ginge, zudem mir als Krankenschwester kein Urteil über die Behandlung zustünde, und er mich nicht behandeln werde. Ohne Behandlung musste ich mit den anderen wieder zur Arbeit. Ich hatte „Glück", dass eine Mitgefangene, die wegen Nierenbeschwerden schon seit längerer Zeit Medikamente erhielt, mir einige Tabletten abgab, was die Schmerzen linderte."[667]

Auch von der Verabreichung bewusstseinsverändernder Mittel wurde berichtet:

„Erst in Hohenschönhausen wurde ich schwer gefoltert mit Schlafentzug, mit Drogen, wie ich jetzt in der Gauck-Behörde gesehen habe, mit sehr viel mehr Drogen, als ich ursprünglich angenommen hatte. Ich hatte wissentlich nur ein Glas bekommen, da wurde gesagt, das sei Schlafmedizin. Die bekam ich früh um neun, durfte mich dann aber nicht hinlegen, [...] und das erklärt jetzt auch viele Bewusstseinsveränderungen, die ich mir damals nicht erklären konnte."[668]

Aufschlussreich ist auch der Bericht des Häftlingsarztes Dietrich von Maltzahn. Er war von Oktober 1976 bis Juli 1977 einer von drei Ärzten für rund 5000 Häftlinge in Bautzen:

665 Schilderung der *Brigitte B.* in: Landesjustizverwaltungen der Länder Berlin, Brandenburg, Mecklenburg-Vorpommern, Sachsen, Sachsen-Anhalt und Thüringen (Hrsg.), Politische Strafjustiz in der früheren DDR, S. 165.

666 Grundlegend hierzu: *Klaus-Dieter Müller*, Die medizinische Versorgung in den Haftanstalten der DDR, S. 13-43.

667 *Anett Plötner* auf der 64. Pressekonferenz der AG 13. August Berlin, 24.4.1985, zitiert in: IGfM (Hrsg.), Menschenrechte in der DDR und in Ost-Berlin, S.140 f.

668 Vgl. *Ellen Thiemann*, Materialien der Enquete-Kommission „Aufarbeitung von Geschichte und Folgen der SED-Diktatur in Deutschland" des Deutschen Bundestages, Band VII, S. 361.

„Ich wurde morgens um 2 Uhr geweckt und musste zur sogenannten Vorsortierung. Es gab in Bautzen ca. 5.000 Strafgefangene, die arbeiteten zum Teil im Stahlwerk Freital oder im Braunkohletagebau Hoyerswerda, wohin sie mit Bussen gefahren wurden. So ein Kommando bestand aus 400 bis 500 Leuten. Ab 3 Uhr rückten sie –jeweils um eine halbe Stunde versetzt- zur Arbeit aus. Ich musste beispielsweise um 3 Uhr beim Stahlwerk sein und hatte eine halbe Stunde Zeit für alle Leute, die sich krank fühlten, um zu entscheiden, ob sie wirklich krank waren oder nicht. Aber unter Bedingungen einer Duschtoilette, ein Raum mit Dusche, Toilette und einem provisorischen kleinen Holztisch. Zehn Prozent fühlten sich immer krank. Bei 50 Leuten musste ich innerhalb einer halben Stunde entscheiden, wer im Gebäude blieb und wer zur Arbeit ging. Die Leute verdienten 40-50.- Mark im Monat, um damit einzukaufen, und wer wollte für so wenig Geld schon diese schwere Arbeit erledigen?! Keiner. Jeder hat versucht, sich zu drücken. Aber ich musste mich ja um die wirklich Kranken kümmern. Deshalb war ich bestrebt, soweit man das in der kurzen Zeit konnte, objektiv zu sein. Im Zweifelsfall ließ ich ihn in Bautzen bleiben. Ab 10 Uhr, wenn ich mit der Durchsicht fertig war, durfte ich mich mit den paar hundert Zurückgebliebenen weiterbeschäftigen. [...] Wenn ich meinen Nachmittag beendet hatte, machte ich noch Stationsdienst: Visiten, Krankenberichte, Injektionen, Verbände. Und dann hatte ich noch vier Stunden Bereitschaft, denn um 2 wurde ich wieder geweckt. Bei 5000 Strafgefangenen gab es keine Nacht ohne Suizidversuch, es gab jede Menge perforierte Mägen, Blinddarmentzündungen, Koliken.“[669]

Der Kontakt mit der Außenwelt wurde unterbunden; die Möglichkeit, sein Recht auf Religionsausübung durchzusetzen, bestand nicht.[670]

Das Gefängnispersonal trug sein Übriges zu den Haftbedingungen bei. Ausgerechnet das MfS beklagte sich anlässlich einer Überprüfung im Jahre 1982 über die Strafvollzugsbediensteten wegen ihres schlechten Ausbildungsstandes, ihres schlampigen und dreckigen Aussehens, ihrer vulgärsprachlichen Ausdrucksweise und des weit verbreiteten Alkoholmissbrauchs.[671]

„[...]Das SV- (Strafvollzugs-) Personal verhielt sich unterschiedlich. Über die Schließerinnen gab es wenig Klagen, anders bei der „Erzieherin“ Frau Leutnant Schombach. Jeder wusste, dass sie auf „213er“, also politische Gefangene, nicht gut zu sprechen war. Post teilte sie selten aus; Briefe von Freunden, sogar von meiner Mutter, behielt sie zurück. Von drei Briefen, die man im Monat schreiben durfte, schickte sie nur zwei ab. Jegliches Anliegen musste schriftlich vorgebracht werden; erledigt wurde es nicht. Am gefürchtetsten war das „Razz-Kommando“. Während unserer Abwesenheit wurden die Zellen vandalisch durchwühlt, Wäsche und Betten herausgerissen und auf dem Fußboden verstreut. Selbst die kleinste Habseligkeit wie erhaltene Post wurde mitgenommen. Von der Arbeit zurückgekehrt, dauerte es

669 Auszug eines Gesprächs zwischen *Johannes Raschka* und *Dietrich von Maltzahn*, abgedruckt in: Johannes Raschka, Zwischen Überwachung und Repression – Politische Verfolgung in der DDR, S. 114.

670 IGfM (Hrsg.), Menschenrechte in der DDR und in Ost-Berlin, S. 122.

671 HA IX/4 Kadermäßiger Zustand in den UHA und SV-Einrichtungen der Organe des Ministeriums des Innern, wie er bei den komplexen Überprüfungen angetroffen wurde, 17.3.1982, BStU, zitiert nach: Brigitte Oleschinski, Schlimmer als schlimm – Strafvollzug in der DDR, S. 255.

Stunden, bis wieder Ordnung herrschte. Solche Aktionen wurden auch an den Arbeitsplätzen während der Essenpausen durchgeführt; uns blieb nur die ohnmächtige Wut."[672]

Politische Häftlinge, die den Verzicht auf die Ausreise in die Bundesrepublik erklärten, wurden von da ab besser behandelt; die vorzeitige Haftentlassung wurde ihnen in Aussicht gestellt.[673]

Die politische Haft „unbequemer" Ausreisewilliger wurde „auf höchster Ebene" als praktizierte Gerechtigkeit angesehen und mit diesem Argument wurde ihre unmenschliche Praxis gerechtfertigt, wie die Stellungnahme Erich Mielkes anlässlich einer Dienstbesprechung mit der ZKG am 12.02.1987[674] zeigt:

„Tausende sind weggegangen. Aber verfolgt das mal. Gibt es eine Hetzkampagne, dass sie aus nichtgesetzlichen Gründen gesessen haben? Nein. Die machen nur Vorwürfe, dass sie (in) unsere(n) Gefängnisse(n) gefoltert, geschlagen wurden oder dass unsere Gefängnisse kein Sanatorium sind, aber kein Angriff. Die wissen genau, dass wenn wir sie festnehmen, wir auch berechtigte Gründe haben. Nicht, dass wir uns dadurch geschmeichelt fühlen, aber das ist eine Stärke, wenn wir es so machen. Und wir überlegen uns ja ganz genau, wann wir jemanden einsperren. Das ist ja auch ein politischer Akt. [...]

Wenn wir jemand(en) einsperren, da(nn) können wir uns drehen, wie wir wollen, die werfen uns das immer wieder vor."[675]

XII. Nach der Haft

Die Diskriminierung der Ausreiseantragsteller war nach Verbüßen der Haft allerdings noch nicht zu Ende. Wurden sie nämlich nicht freigekauft bzw. in den Westen entlassen, so lebten sie weiter in der DDR, gebrandmarkt durch Verfolgung, Prozess und Haft. Hinzu traten Wiedereingliederungsmaßnahmen und Polizeikontrolle. Erstgenannte Maßnahmen waren im Wiedereingliederungsgesetz (WEG)[676] geregelt. Dort hieß es in § 1:

„Die sozialistische Gesellschaft garantiert den aus dem Strafvollzug entlassenen Bürgern die volle Wahrnehmung ihrer staatsbürgerlichen Rechte und Pflichten, soweit ihnen diese nicht durch gerichtliche Entscheidung eingeschränkt worden ist.

672 Schilderung der *Brigitte B.* in: Landesjustizverwaltungen der Länder Berlin, Brandenburg, Mecklenburg-Vorpommern, Sachsen, Sachsen-Anhalt und Thüringen (Hrsg.), Politische Strafjustiz in der früheren DDR, S. 165.

673 IGfM (Hrsg.), Menschenrechte in der DDR und in Ost-Berlin, S. 120.

674 BStU, ZA, ZKG-5504, Bl. 1-277.

675 Ebenda, Bl. 246.

676 Gesetz über die Wiedereingliederung der aus dem Strafvollzug entlassenen Bürger in das gesellschaftliche Leben (Wiedereingliederungsgesetz) vom 7.April 1977, GBl. d. DDR 1977, Band I, S. 98.

Es entspricht dem humanen Wesen des sozialistischen Staates, die Wiedereingliederung der aus dem Strafvollzug entlassenen Bürger in das gesellschaftliche Leben durch staatliche und gesellschaftliche Maßnahmen zu unterstützen."

Solche Maßnahmen bestanden im Schwerpunkt in der „gleichberechtigten Eingliederung in den Arbeitsprozess" und der „wohnungsmäßigen Unterbringung".[677]

Wenn Wiedereingliederungsmaßnahmen nicht zum Erfolg verhalfen, der Verurteilte also ein zweites Mal straffällig wurde, dann bestimmte § 47 StGB d. DDR[678] eine härtere Gangart und legte „besondere Maßnahmen der Wiedereingliederung" fest.[679] Die Praxis sah für die aus der Haft entlassenen Ausreiseantragsteller jedoch ganz anders aus: Auf Grundlage des § 48 StGB d. DDR[680]

677 Vgl. § 2 WEG.

678 StGB d. DDR vom 12. Januar 1968, GBl. d. DDR 1968, Band I, S. 1, in der Fassung des Strafrechtsänderungsgesetzes vom 19.Dezember 1974, GBl. d. DDR 1974, Band I, S. 591.

679 § 47 Maßnahmen der Wiedereingliederung
(1) Erweist sich bei der Straftat eines bereits mit Freiheitsentzug bestraften Täters, dass die erneute Straftat wesentlich durch seine Disziplinlosigkeit bei der Wiedereingliederung in das gesellschaftliche Leben begünstigt wurde, legt das Gericht im Urteil fest, dass es vor der Entlassung die Notwendigkeit besonderer Maßnahmen zur gesellschaftlichen Wiedereingliederung des Verurteilten prüfen wird.
(2) Hält das Gericht bei der Überprüfung der Sache solche Maßnahme für notwendig, kann es
1. ein Kollektiv der Werktätigen mit dessen Einverständnis beauftragen, dem Verurteilten bei der Wiedereingliederung in das gesellschaftliche Leben, insbesondere in das Arbeitsleben, und in seinem Bemühen um ein gesellschaftlich verantwortungsbewusstes Verhalten zu helfen und erzieherisch auf ihn einzuwirken. [...].

680 § 48 Polizeikontrolle Vorbestrafter
(1) Bei der Verurteilung wegen einer vorsätzlichen Straftat zu Freiheitsstrafe kann das Gericht zur Verhütung erneuter Straffälligkeit zusätzlich auf staatliche Kontrollmaßnahmen durch die Deutsche Volkspolizei erkennen, wenn
1. der Täter bereits wegen eines Verbrechens bestraft ist oder
2. die Würdigung seiner Tat und Persönlichkeit ergibt, dass nach Verbüßung der Strafe eine ordnungsgemäße Wiedereingliederung des Verurteilten durch staatliche Kontrollmaßnahmen unterstützt werden muss.
(2) [...]
(3) Der Leiter der zuständigen Dienststelle der Deutschen Volkspolizei erhält durch die gerichtliche Entscheidung das Recht, dem Verurteilten Auflagen zu erteilen. Die Auflagen können enthalten:
1. die Verpflichtung zur Meldung bei einer Dienststelle der Deutschen Volkspolizei, einschließlich der vorherigen Mitteilung eines Arbeitsplatz- oder Wohnungswechsels sowie zusätzliche Meldepflichten;

konnten die Gerichte „zur Verhütung erneuter Straffälligkeit zusätzlich auf staatliche Kontrollmaßnahmen durch die DVP erkennen". Diese gesetzlich vorgesehene „Polizeikontrolle" bestand im Regelfall in zahlreichen Auflagen für die Entlassenen. Sie durften nicht an ihren alten Wohnort zurückkehren, erhielten Umgangsverbot mit bestimmten Personen, Besuchsverbote für bestimmte Gaststätten und die Zuweisung eines meist schlecht bezahlten Arbeitsplatzes.[681] Üblich war ferner die unangekündigte Durchsuchung der Wohnung.[682] Bemerkenswert ist insbesondere die Regelung in Absatz 3 dieser traurigen Ermächtigungsgrundlage, nach welcher die Entscheidung über die zu treffenden Maßnahmen nicht durch das Gericht getroffen wurde, sondern durch den Leiter der zuständigen DVP-Dienststelle. Die Judikative entschied mithin nur das „Ob", über die Ausgestaltung des „Wie" hatte die Exekutive per Gesetz freie Hand. In jedem Fall aber behielten sie als Fluchtverdächtige die „PM 12" anstelle des Personalausweises, was mit den dargestellten Auflagen wie Meldepflicht, Ausreise- und Aufenthaltsverbot an bestimmten Orten verbunden war.[683]

Schließlich sind die Auswirkungen auf das persönliche Umfeld zu erwähnen. Ehemalige politische Häftlinge waren in der DDR-Gesellschaft „aussätzig". Freunde und Verwandte wandten sich ab, die eigenen Kinder litten unter Einschränkungen der Bildungschancen, die Eltern dementsprechend unter einem schlechten Gewissen.

Aus dem Bericht eines ehemaligen Häftlings:

„Nach meiner Entlassung erhielt ich den PM 12-Ausweis bis zu meiner letzten Verhaftung am 17.12.1980. Dieser Ausweis beinhaltete für mich erstens: Ich musste mich – sofern ich nicht verhaftet war – wöchentlich einmal bei meinem Polizeirevier melden; zweitens: Ich durfte den Kreis nicht verlassen, in dem ich wohnte; drittens: Anträge auf Ausreise ins sozialistische

2. die Untersagung des Aufenthaltes an bestimmten Orten oder Gebieten, des Besuchs bestimmter Orte oder Räumlichkeiten, des Umgangs mit bestimmten Personen oder Personengruppen und des Besitzes oder der Verwendung bestimmter Gegenstände;
3. die Anordnung, den zugewiesenen Wohn- oder Aufenthaltsort oder einen bestimmten Bereich nicht ohne Zustimmung der Deutschen Volkspolizei zu verlassen und den ihm zugewiesenen Arbeitsplatz nicht ohne Zustimmung zu wechseln;
4. die Beschränkung von Ausreisemöglichkeiten aus dem Gebiet der Deutschen Demokratischen Republik.
Die Festlegung mehrerer Auflagen ist zulässig.
Außerdem können staatliche Erlaubnisse und Genehmigungen durch die zuständigen Organe versagt, entzogen oder eingeschränkt werden. Die Kontrolle und Durchsuchung der Aufenthaltsräume, der Wohnung und anderer umschlossener Räume durch die Deutsche Volkspolizei ist jederzeit zulässig. [...].

681 *Dieter Gräf*, Im Namen der SED – Rückblick auf Rechtssystem und Rechtsalltag in der DDR, S. 34.

682 IGfM (Hrsg.), Menschenrechte in der DDR und in Ost-Berlin, S. 162.

683 Vgl. das Kapitel „Ordnungsrechtliche Konsequenzen", 3. Teil, B., VI.

Ausland wurden nicht genehmigt; viertens: Auf Straßen, auf denen auch Westbürger fuhren (Transit) durfte ich mich nicht aufhalten oder fahren.

Zusätzlich durfte ich mehrmals an bestimmten Tagen meine Wohnung nicht verlassen, z.B. Anlässlich der Feier „30 Jahre DDR" musste ich am 6.10. 20 Uhr bis 7.10. 24 Uhr in der Wohnung verbleiben und wurde dreimal dort kontrolliert. Ebenso als Staatschef Honecker im September 1980 durch Weißenfels fuhr, durfte ich von 11 bis 24 Uhr die Wohnung nicht verlassen. Mehrmals wurde ich mehrere Stunden verhört, wenn in Weißenfels regimefeindliche Texte auf Straßen oder Häusern standen, z.B. als irgendwo „Freiheit für Biermann" stand, wurde ich drei Stunden verhört.

Aus privaten Gründen (Besuch einer Freundin) konnte ich nicht immer der auferlegten Meldepflicht nachkommen und wurde deshalb –jedenfalls, wenn es in Erfahrung kam- verhaftet und auch verurteilt."[684]

Schließlich bleibt zu erwähnen, dass es zahlreiche gesundheitliche Spätfolgen bei den Opfern gegeben hat.[685]

XIII. Freikauf aus der Haft durch die Bundesrepublik

Schon in den frühen sechziger Jahren, lange vor Abschluss des Grundlagenvertrages, fanden geheime Absprachen über Häftlingsfreikäufe zwischen dem bundesdeutschen „Ministerium für gesamtdeutsche Fragen" auf der einen und Unterhändlern in der DDR auf der anderen Seite statt.[686] Diese „Besonderen Bemühungen der Bundesregierung im humanitären Bereich"[687] führten in den Jahren zwischen 1964 und 1989 zu insgesamt 33.775 Haftentlassungen politisch Gefangener in die Bundesrepublik und brachten der DDR in der Summe 3.436.900.755, 13 DM ein.[688]

Als 1963 der erste Freikauf stattfand, verhandelte Ludwig Rehlinger, Büroleiter des „Ministers für gesamtdeutsche Fragen" Rainer Barzel, noch „hochgeheim" mit 100.000.- DM Bargeld im Aktenkoffer.[689] Später organisierte das MfS, Abteilung „Kommerzielle Koordinierung", geleitet von Alexander Schalck-Golodkowski, die Freikäufe gemeinsam mit der Evangelischen Kirche Deutschland (EKD).[690] Es entwickelte sich die Praxis, das Geld über das Diakonische

684 *Klaus Bönold* auf der 51. Pressekonferenz der AG 13. August Berlin, 14.6.1984, zitiert in: IGfM (Hrsg.), Menschenrechte in der DDR und in Ost-Berlin, S. 165.

685 Vgl. dazu *Andreas Maercker*, Posttraumatische Belastungsstörungen – Psychologie der Extrembelastungsfolgen bei Opfern politischer Gewalt.

686 Vgl. die ausführliche Darstellung der Häftlingsfreikäufe bei: *Ludwig A. Rehlinger*, Freikauf – Die Geschäfte der DDR mit politisch Verfolgten 1961-1989.

687 Ebenda, S. 9.

688 *Stefan Wolle*, Die heile Welt der Diktatur, S. 209.

689 Ebenda.

690 *Wolfgang Mayer*, Flucht und Ausreise – Botschaftsbesetzungen als Form des Widerstandes gegen die politische Verfolgung in der DDR, S. 102.

Werk der EKD zu transferieren. In der Bundesrepublik wurden auf Ministerialebene Namenslisten von Häftlingen erstellt, deren Freilassung erwirkt werden sollte. Ein erlesener Kreis von Rechtsanwälten war von beiden Seiten als Vermittler anerkannt, prominentestes Beispiel war der Berliner Anwalt Wolfgang Vogel. Über manche Fälle wurde jahrelang verhandelt.

Die letzte Station der Häftlinge in der DDR war die StVE Karl-Marx-Stadt. Hier wurden sie einige Tage lang gut ernährt, höflich behandelt und dahingehend „belehrt", dass sie der Schweigepflicht über das Strafverfahren und die Behandlung in der Haft unterlägen. Später lockerte sich dieses Verfahren und die freigekauften Häftlingen wurden kurz vor dem Abtransport nach Hause entlassen, um ihre Ausreiseangelegenheiten zu regeln.[691] Die Auslieferung wurde ebenfalls vom MfS durchgeführt. Die Häftlinge wurden auf dem Autobahnrastplatz bei Stadtroda übergeben und mit dem Reisebus in das Notaufnahmelager in Gießen gebracht.

Weniger bekannt ist, dass auch für solche Ausreisegenehmigungen von der Bundesrepublik Geld bezahlt wurde, die nicht zu einer Inhaftierung führten.[692] Auf Seiten der DDR wurde diese Tatsache in zweifacher Hinsicht genutzt. Es wurden Fälle bekannt, in denen man erst für die Ausreise kassierte und die betreffende Person obendrein in der Bundesrepublik als IM des MfS einsetzte.[693]

XIV. Überwachung durch das MfS in der Bundesrepublik

Die Darstellung der Repressalien wäre unvollständig, ließe man unerwähnt, dass die Bespitzelung durch die Staatssicherheit im Westen häufig weiterging.[694] Ganz offiziell wurden Operative Vorgänge erst einen Monat nach der Ausreise beendet. Im Abschlussbericht des MfS wurden unter Umständen auch „weiterführende Maßnahmen" erörtert.[695]

691 Ebenda, S. 105.

692 Vgl. die Ausführungen von *Hans-Herrmann Lochen*, Das Vorgehen gegen Ausreisewillige, S. 276.

693 Vgl. den Zeitzeugenbericht von *Ellen Brockhoff*, Materialien der Enquete-Kommission „Aufarbeitung von Geschichte und Folgen der SED-Diktatur in Deutschland" des Deutschen Bundestages, Band IV, S. 290.

694 Vgl. die Ausführungen von *Hans-Herrmann Lochen*, Das Vorgehen gegen Ausreisewillige, S. 276 und den Zeitzeugenbericht von *Ellen Thiemann*, Materialien der Enquete-Kommission „Aufarbeitung von Geschichte und Folgen der SED-Diktatur in Deutschland" des Deutschen Bundestages, Band VII 1, S. 263. Grundlegend zur West-Arbeit des MfS: Knabe (Hrsg.), West-Arbeit des MfS – Das Zusammenspiel von „Aufklärung" und „Abwehr"; Müller-Enbergs (Hrsg.), Inoffizielle Mitarbeiter des Ministeriums für Staatssicherheit – Teil 2: Anleitungen für die Arbeit mit Agenten, Kundschaftern und Spionen in der Bundesrepublik Deutschland.

695 *Joachim Widmann*, Dich kriegen wir weich, S. 246.

Eigens für die Arbeit des MfS im westlichen Ausland existierte seit 1979 die Richtlinie 2/79.[696] Schon in der Präambel wurde deutlich, dass es sich bei der Richtlinie im Wesentlichen um die Regelung der Arbeit von und mit den Inoffiziellen Mitarbeitern handelte:

> „[...] Die entscheidende Kraft bei der Lösung dieser Aufgaben stellen die Inoffiziellen Mitarbeiter (IM) dar. Sie erfüllen den Kampfauftrag innerhalb und außerhalb der Grenzen der DDR. [...]"[697]

Die Richtlinie 2/79 behandelte alle Besonderheiten, die bei der Arbeit durch die und mit den IM im fremden Operationsgebiet auftraten. Dabei war zu unterscheiden zwischen den DDR-Agenten und Bundesbürgern, die vom MfS für die Mitarbeit gewonnen werden sollten. In der Richtlinie hieß das „Werbung unter falscher Flagge", genauer „Gewinnung von Personen mit reaktionärer Grundhaltung für die Lösung operativer Aufgaben des MfS".[698]

Die „Besonderheiten der Arbeit mit IM unter fremder Flagge" bestanden darin, dass diese nicht erfahren durften, eine Informationsquelle des MfS zu sein. Die mit ihnen arbeitenden Mittelsmänner des MfS, sogenannte „Beziehungspartner", hatten hierauf größte Sorgfalt zu legen um die „Konspiration", also die Geheimhaltung, unter allen Umständen zu wahren.

Eine Überwachung nach der Ausreise fand immer dann statt, wenn der Ausgereiste im Verdacht stand, „Rückverbindungen" in die DDR zu unterhalten und auf diese Weise weiterhin „feindlich-negativ" tätig zu bleiben:[699]

> „Zu ehemaligen Bürgern, die im Verdacht der Feindtätigkeit stehen, ist die operative Bearbeitung aufzunehmen, die differenzierte Maßnahmen sowohl im Operationsgebiet als auch im sozialistischen Ausland und in der DDR zu bestehenden Rückverbindungen umfassen muss."[700]

696 Richtlinie Nr. 2/79 für die Arbeit mit Inoffiziellen Mitarbeitern im Operationsgebiet, abgedruckt in: David Gill / Ulrich Schröter, Das Ministerium für Staatssicherheit – Anatomie des Mielke-Imperiums, S. 478-523.

697 Präambel der Richtlinie Nr. 2/79 für die Arbeit mit Inoffiziellen Mitarbeitern im Operationsgebiet, abgedruckt in: David Gill / Ulrich Schröter, Das Ministerium für Staatssicherheit – Anatomie des Mielke-Imperiums S. 480.

698 Richtlinie Nr. 2/79 für die Arbeit mit Inoffiziellen Mitarbeitern im Operationsgebiet, abgedruckt in: David Gill / Ulrich Schröter, Das Ministerium für Staatssicherheit – Anatomie des Mielke-Imperiums S. 500.

699 Zu den Rückverbindungen siehe *Bernd Eisenfeld*, Die Zentrale Koordinierungsgruppe – Bekämpfung von Flucht und Ausreise, S. 40 f.

700 Bericht über die Aufgaben der ZKG/BKG vom 21.7.1986, S. 28, BStU, ZA, ZKG-1791, zitiert nach *Bernd Eisenfeld*, Die Zentrale Koordinierungsgruppe – Bekämpfung von Flucht und Ausreise, S. 41.

Die Tätigkeit im „sozialistischen Ausland“ wurde immer dann erwogen, wenn dort Treffen zwischen Ausgereisten und DDR-Bürgern stattfanden. Hier konnte man mit den Geheimdiensten der Bruderstaaten zusammenarbeiten.

Wenn die seltenen Antragsteller, welche nach der erfolgten Ausreise keinem Einreiseverbot unterlagen, einen Besuch in der DDR machten, mussten sie darüber hinaus mit der offenen Observierung durch das MfS rechnen.[701]

Schließlich war das MfS auch aus der DDR heraus in der Lage, auf ausgereiste DDR-Bürger in Westdeutschland einzuwirken. So sah die Dienstanweisung 2/83 des MfS vom 13.10.1983 „Zur Unterbindung und Zurückdrängung von Versuchen von Bürgern der DDR, die Übersiedlung nach nichtsozialistischen Staaten und Westberlin zu erreichen, sowie für die Vorbeugende Verhinderung, Aufklärung und wirksame Bekämpfung damit im Zusammenhang stehender feindlich-negativer Handlungen“[702] vor, diese Ausgereisten zu diskreditieren, indem sie „in das Blickfeld gegnerischer Abwehrorgane“ gerückt werden sollten.[703]

C. Beispielsfälle

Insbesondere dank der Möglichkeit, in die Akten des MfS Einsicht zu nehmen, konnten die Opfer der Repressionen nach 1990 ihre Schicksale und die eigene rechtliche Behandlung durch das DDR-Regime aufarbeiten. Es entstanden zahlreiche Veröffentlichungen mit teilweise lückenlosen Einblicken in die Akten von Justiz, Verwaltung und Ministerien.

Die im Folgenden gegebenen Beispiele spiegeln viele der dargestellten Repressionen wider und geben Einblick in die Arbeit der staatlichen Stellen. Die Darstellung orientiert sich an den die Repressionen auslösenden Umständen.

I. Die Antragstellung als Auslöser für Repressionen

Vor 1983 galt bereits die Antragstellung als strafbare Handlung. Aber auch nachdem 1983 ein allgemeines Antragsrecht eingeführt worden war, fanden Repressionen allein wegen der Antragsbegründung statt. Übte nämlich der Antragsteller allzu harsche Kritik an den gesellschaftlichen und politischen Umständen im „sozialistischen Vaterland“, so hatten die Behörden die sofortige Prüfung der strafrechtlichen Verantwortlichkeit nach § 106 StGB d. DDR (Staatsfeindliche Hetze), § 214 StGB d. DDR (Beeinträchtigung staatlicher oder gesellschaftlicher Tätigkeit) oder § 220 StGB d. DDR (Öffentliche Herabwürdi-

701 *Joachim Widmann*, Dich kriegen wir weich, S. 255 f.

702 Vgl. das Kapitel „MfS-Dienstanweisung Nr. 2/83“, 2. Teil, B., III., 3., b), 2).

703 BStU, ZA, DSt-102977, Bl. 36 (BStU-Zählung), abgedruckt in: Hans-Herrmann Lochen / Christian Meyer-Seitz, Die geheimen Anweisungen zur Diskriminierung Ausreisewilliger, S. 87-133.

gung) einzuleiten, den Antrag mithin an die Ermittlungsbehörden weiterzureichen.

1. Die Antragsbegründung - Der Fall des Hans-Jürgen N.

Der 31-jährige Ingenieur Hans-Jürgen N. beantragte für seine Frau, seine zwei Kinder und sich die Ausreise, nachdem er die Einberufung zu einer Reserveübung der nationalen Volksarmee erhalten hatte. Dass dies nur der letzte Tropfen war, welcher das Fass zum Überlaufen brachte, ist seinem Antrag zu entnehmen:[704]

„23.5.1982

Hiermit beantragen wir [...] die Entlassung aus der Staatsbürgerschaft der Deutschen Demokratischen Republik entsprechend dem Gesetz über die Staatsbürgerschaft der Deutschen Demokratischen Republik vom 20.Februar 1967 § 10 Abs. 1, § 11 Abs. 1.

Wir sind grundsätzlich gegen die zunehmende Militarisierung unseres öffentlichen Lebens (Wehrgesetz, Wehrkundeunterricht, Zivilverteidigung, GST, Wehrkampfsport, Reservistendienst, Reservistenkollektiv u.a.) und wollen unseren Kindern die Möglichkeiten einräumen, später einen Beruf zu ergreifen, der ihnen gefällt und nicht nach wirtschaftlicher Notwendigkeit.

Wir wollen es unserem Sohn ersparen, sofern er später einmal studieren bzw. einen bestimmten Beruf ergreifen will, sich vorher zu einem langjährigen Dienst in der NVA verpflichten zu müssen. Unser Bestreben ist es, die Wünsche nach Freizügigkeit im Reiseverkehr, freier beruflicher und persönlicher Entwicklung und besserer finanzieller und materieller Sicherstellung endlich realisieren zu können.

Wir möchten uns nicht damit abfinden müssen, dass stets die führende Rolle unserer Hauptstadt hervorgehoben wird und dort eine wesentlich bessere Versorgung der Bevölkerung mit Obst, Gemüse, Industriegütern und anderes erfolgt. In unserem Staat sind doch alle gleich und alle genießen die Vorzüge des Sozialismus! Warum werden solche Unterschiede gemacht, denn auch alle anderen sind DDR-Bürger. Was nützt uns in Berlin der Palast der Republik, das Kultur- und Sportzentrum, der Pionierpalast, der neue Friedrichstadtpalast u.a., wenn wir hier auf unser Haus der Energie- und Bergarbeiter ca. 8 Jahre und länger warten müssen!

Der „visafreie Verkehr ins Freundesland" wird einem verleidet, weil man oft von unseren eigenen Grenz- und Zollbeamten gefilzt und kontrolliert wird, als ob man ein Verbrecher ist! Auch andere Länder auf dieser Welt sind ansehenswert und uns wird jede Möglichkeit genommen das mal alles mit eigenen Augen zu sehen. Dafür fahren einige Privilegierte von Partei, FDJ und FDGB in andere Länder (NSA) und wir dürfen nicht einmal unsere eigenen Verwandten in der Bundesrepublik Deutschland und in Finnland besuchen. Was haben wir denn verbrochen, dass uns so etwas nicht erlaubt wird!

[704] Vgl. die Darstellung des Falls bei *Joachim Widmann*, Dich kriegen wir weich, S. 205 ff.

Ständig steigen bei uns die Lebenshaltungskosten, jedoch in der Zeitung und im Fernsehen wird nur von Erfolgen berichtet. Die Arbeitsproduktivität und die Effektivität steigen ständig, dafür aber auch die Preise! Darin liegt doch ein Widerspruch. Preissteigerungen sind mit Verbesserungen im Gebrauchswert begründet, jedoch in vielen Fällen ist das sicher nicht damit zu rechtfertigen. Die meisten Preissteigerungen werden gar nicht begründet und man merkt es erst beim Einkauf. Wir haben es satt, einen großen Teil unserer Freizeit nur dafür zu opfern, um nach Dingen des täglichen Lebens, Garderobe, Industriegütern, Autoersatzteilen, Baumaterialien und viele andere Gegenstände (sogenannte Engpässe) herumzurennen. Die Versorgung mit Fleisch, Südfrüchten, Fisch, Obst und Gemüse verschlechtert sich ständig. Auf Autoreparaturen wartet man wochen- bzw. monatelang, auf ein neues Auto 10 Jahre, auf das Moped 5 Jahre, auf die Tiefkühltruhe 5 Jahre und auf das Telefon 7 Jahre. Man könnte diese Aufzählung beliebig fortsetzen!

Wenn wir daran denken, dass sich unsere Kinder auch einmal einen eigenen Haushalt einrichten wollen, dann tun sie uns jetzt schon leid. Wenn sich dieser Trend mit den ständigen Preissteigerungen fortsetzt, dann müssen wir ja jetzt schon anfangen zu sparen, damit wir sie dann auch richtig unterstützen können. Sie selbst werden dazu nicht in der Lage sein.

Wir haben einfach kein Vertrauen mehr in die Wirtschafts- und Sozialpolitik dieses Staates!

In der Schule und Lehre wurde uns eingetrichtert, dass jeder studieren und sich qualifizieren soll. Hat man sich endlich dazu überwunden, studiert 5,5 Jahre und ist Ingenieur, dann verdient man genau dasselbe wie vorher als Produktionsarbeiter. Dafür hat man aber alle Nachteile eines „übrigen Beschäftigten“. Sei es bei der Urlaubsplatzvergabe, bei Auszeichnungen, bei Vergabe von Wohnungen und anderem. Stets wird man als „übriger Beschäftigter“ hinten an gestellt.

Davon hat aber in der Schule und vor dem Studium keiner geredet! Dabei ist ja die Arbeit als Ingenieur wesentlich verantwortungsvoller. Doch das gilt ja hier nichts!
Dafür wird man für irgendwelche Sondermaßnahmen herangezogen und über einen möglichen Arbeitsplatzwechsel entscheiden ganz andere, nur nicht man selbst. Hier in diesem Staat zählt die Zugehörigkeit zur Partei wesentlich mehr als fachliche Leistungen im Betrieb.

Es ist für einen DDR-Bürger beschämend, wenn man vor einem Intershop steht und für sein sauer verdientes Geld darin nichts einkaufen kann. Sind wir denn Menschen zweiter Klasse, wie soll man sich das erklären?

Sobald man eine Meinung äußert, die von der offiziellen, von Partei und Regierung vorgegebenen abweicht, oder mit einer beschlossenen Maßnahme nicht ganz einverstanden ist, so ist man ideologisch nicht klar und ein Feind des Sozialismus. Hier werden die Menschen schon in der Schule so erzogen, dass sie zwei Meinungen haben. Eine, die ist mit der offiziellen identisch und die zweite, die ist rein privat. Viele DDR-Bürger haben Angst, die private Meinung öffentlich zu äußern, da sie Schwierigkeiten im Berufs- und persönlichen Leben fürchten.

Die hier genannten Gründe haben uns veranlasst, diesen Antrag zu stellen. Wir wollen in der Bundesrepublik Deutschland uns eine neue Existenz aufbauen und letzten Endes in fast allen Dingen selbst entscheiden, was gut für uns und unsere Familien ist.

Dieser Antragstellung ging eine mehrjährige Entwicklung voraus und ist nicht spontan. Sie beruht auf der ständig zunehmenden Verschlechterung unseres Lebens in der letzten Zeit.

Wir sind uns über die evtl. eintretenden Konsequenzen für unser persönliches und berufliches Leben völlig im Klaren."[705]

Konsequenterweise verweigerte Hans-Jürgen N. die Teilnahme an der Reserveübung unter Hinweis auf seinen Ausreiseantrag und wurde daraufhin dem Militärstaatsanwalt „zugeführt", also festgenommen und vorgeführt. Hans-Jürgen N. kam aufgrund des § 43 Abs. 1 des Wehrdienstgesetzes[706] in die U-Haftanstalt des Innenministeriums in Cottbus.[707] Er wurde zu sieben Monaten Haft verurteilt, die er im Jugendhaus in Halle antrat, und später freigekauft. Seine Familie durfte später nachfolgen.

Auch im Fall Hans-Jürgen N. hatte das MfS nach der Antragstellung einen Operativen Vorgang, den „OV Heuchler", eingeleitet. In der Begründung des Eröffnungsberichts des MfS kam zum Ausdruck, wie man von offizieller Seite zu dem Antrag stand:

„[...] In der Begründung greifen sie (die Antragsteller) im erheblichen Maße und (in) verleumderischer Art und Weise die Grundlagen des soz. Staates an, im Besonderen
- zunehmende Militarisierung in der DDR;
- Politik Partei und Regierung;
- schlechte Lebensbedingungen
- keine Reisefreiheiten; [...]."

Es wurde ein „Operativplan" erstellt, nach welchem die Aufklärung der Persönlichkeit, des Umgangskreises, Verbindungen und das Zusammenwirken mit mehreren, namentlich benannten Personen sowie „weiterer unbekannter Perso-

705 Originalwortlaut des ungekürzten Antrags, abgedruckt in: Joachim Widmann, Dich kriegen wir weich, S. 205 ff.

706 „Gesetz über den Wehrdienst in der Deutschen Demokratischen Republik" (WDG) vom 25. März 1982, GBl. d. DDR 1982, Band I, S. 221.

707 § 43 Strafbestimmungen
(1) Wer vorsätzlich
1. dem Einberufungsbefehl zur Ableistung des Wehrdienstes nicht oder nicht pünktlich Folge leistet,
2.den Einberufungsbefehl nicht annimmt und dadurch den Wehrdienst nicht oder nicht pünktlich antritt
3. sich dem Dienstantritt zur Ableistung des Wehrdienstes entzieht oder andere Handlungen begeht, um seine Einberufung zu verhindern, oder an solchen Handlungen mitwirkt, wird mit Freiheitsstrafe bis zu fünf Jahren oder mit Verurteilung auf Bewährung oder mit Geldstrafe bestraft.
(2) Wer die Tat während der Mobilmachung oder im Verteidigungszustand begeht, wird mit Freiheitsstrafe nicht unter einem Jahr bestraft.

nen“ betrieben werden sollte. Im Umfeld der Familie wurden zahlreiche Inoffizielle Mitarbeiter rekrutiert. Wie sich bei Einsicht der MfS-Akte im Jahr 1995 herausstellte, war ausgerechnet die Freundin der Familie, welche mit Rat über die Rechtslage und mit einer Schreibmaschine ausgeholfen hatte, inoffizielle Mitarbeiterin des MfS. Ihr Bericht begann dann auch tragischerweise mit den Worten:

„Angelika N. kenne ich aus der gemeinsamen Schulzeit. Schulfreundschaft bestand über Jahre hinaus, [...]“[708]

Es wurde das Telefon angezapft und zahlreiche Gesprächsprotokolle wurden zu Papier gebracht. Ein Mitarbeiter der Fernwärmeversorgung wurde mit der „Aufklärung“ der Wohnung beauftragt, vorsichtshalber hatte man eine Kopie des Wohnungsschlüssels anfertigen lassen. Es entstand ein maßstabsgetreuer Einrichtungsplan nebst detailreicher Schilderung aller Einrichtungsgegenstände.

Nach der Ausreise von Familie N. war die Arbeit des MfS nicht zu Ende. Noch einen Monat lang wurden die Telefone sowie die Wohnungen der „Verbindungsleute“ der Familie N. in der DDR abgehört.

2. Die Grenzübergangsstelle – Der Fall des Herrn L.

Eine ungewöhnliche Form der Antragstellung führte im folgenden Fall zu strafrechtlichen Konsequenzen: Herrn L., der nach erfolgter Ehescheidung zu seiner kranken Mutter nach West-Berlin ausreisen wollte, wurde sein schriftlicher Antrag zunächst nicht genehmigt. Daraufhin erschien er am 28.05.1985 gegen 00.25 Uhr an der Grenzübergangsstelle Chausseestraße in Berlin, legte seine Personalpapiere vor und „forderte“ die Ausreise. Noch im selben Jahr verurteilte ihn das Stadtbezirksgericht Berlin Pankow wegen Beeinträchtigung staatlicher Tätigkeit zu einer Freiheitsstrafe von einem Jahr und zwei Monaten.[709]

II. Protestaktionen in der Wartezeit

Wie bereits erwähnt, war der Grat zwischen der notwendigen Bekundung des Ausreisewillens gegenüber den Behörden einerseits und strafbarer Handlung andererseits äußerst schmal und es hing stets von der jeweiligen politischen Lage ab, wo er gerade verlief.[710]

Man kann jedoch sagen, dass mit steigender Zahl der Antragsteller auch die Bereitschaft zunahm, sich öffentlich bemerkbar zu machen.

[708] Bericht ungekürzt abgedruckt in: Joachim Widmann, Dich kriegen wir weich, S. 236 f.

[709] Vgl. Urteil des BGH vom 15.09.1995-5StR 713/94 (LG Berlin), NJW 1995, S. 3324 (3331 f.).

[710] Vgl. das Kapitel „Wiederholung der Antragstellung und Wartezeit“, 3. Teil, A., IV.

In der ZKG wurde 1988 eigens eine Orientierung erarbeitet,[711] wie gegen Personen vorzugehen sei, die

„zur Erzwingung der Übersiedlung öffentlich Symbole oder andere Zeichen in einer (den) staatlichen Interessen widersprechenden Weise verwenden [...]"

Festgestellt wurde :

„In zunehmendem Maße werden durch Personen in der Öffentlichkeit Symbole oder Zeichen getragen oder gezeigt, um staatliche Entscheidungen zur Übersiedlung zu beeinträchtigen oder andere staatliche Entscheidungen zu erzwingen. [...]

Nach gegenwärtigem Erkenntnisstand werden z.B. folgende Symbole bzw. Zeichen verwandt:

- weiße oder andersfarbige Bänder an den Autoantennen oder Außenspiegeln von Kfz,
- Unterscheidungszeichen „D" an Pkw, indem vom Unterscheidungszeichen „DDR" der erste und letzte Buchstabe entfernt wurde; Hoheitszeichen der BRD bzw. diesen gleichkommende Symbolik,
- Plaketten oder Aufkleber mit einem roten Herzen und Blutstropfen, den Aufschriften „Aktiver", „let's go" oder dem Vornamen der Person,
- Buchstabe „A" an Wohnungsfenstern, als Plakette oder Aufkleber an der Bekleidung bzw. an Taschen, Aktenkoffern, Regenschirmen oder anderen Gegenständen,
- brennende Kerzen in den Wohnungsfenstern.[712]

Wie gefährlich solche Protestaktionen werden konnten, wird an folgenden Beispielen erkennbar:

1. Demonstrationen – der Fall des Herrn P.[713]

Die Eheleute P. hatten erfolglos mehrere Ausreiseanträge gestellt. Um seinem Anliegen Ausdruck zu verleihen, brachte Herr P. zunächst am Arbeitsplatz ein Plakat an, auf welchem ein Konzentrationslager aus der Zeit des Nationalsozialismus abgebildet war. Darüber schrieb er mit großen Buchstaben: „ICH BRAUCHE FREIHEIT!". Als das nichts bewirkte, entschloss er sich, an eine größere Öffentlichkeit zu gehen. Sein Ziel war nun, durch eine Protestaktion aufzufallen und über eine Inhaftierung mit anschließendem Freikauf in den Westen zu gelangen.

711 BStU, ZA, ZKG-2666, Bl. 1-10.

712 Ebenda, Bl. 4.

713 Vgl. BGHSt 40, 272 und die Darstellung des Falles bei *Friedrich-Christian Schroeder*, Geschichtsbewältigung durch Strafrecht?, DRiZ 1996, S. 87; *ders.*, Der Bundesgerichtshof und der Grundsatz „nulla poene sine lege", NJW 1999, S. 91.

Am 23.11.1985 erschien er bei der öffentlichen Vereidigung von Rekruten der Grenztruppen vor dem Gebäude des Rates des Kreises in Perleberg und entrollte dort, während die Nationalhymne der DDR abgespielt wurde, ein Plakat mit dem Text: „DDR! Deine Grenzen sind für mich kein Friedensbeitrag!" und hielt es ausgestreckt über seinen Kopf. Innerhalb von 20 Sekunden hatten anwesende Angehörige des MfS[714] Herrn P. festgenommen. Er wurde am 18.02.1986 von der Strafkammer des Kreisgerichtes Schwerin-Stadt entsprechend dem Antrag der Staatsanwaltschaft wegen Verstoßes gegen § 214 StGB d. DDR zu einer Freiheitsstrafe von einem Jahr und sechs Monaten verurteilt.

Auf den Rat seines Wahlverteidigers erklärte Herr P. im Anschluss an die Urteilsverkündung Rechtsmittelverzicht, um den angestrebten Freikauf nicht zu verzögern.

2. Weitere „Aktionen"

Ebenfalls wegen § 214 StGB d. DDR wurden mehrere Ausreisewillige verurteilt, die am Jahrestag der Zerstörung Dresdens 1988 eine Großkundgebung nach dem Gedenkgottesdienst nutzten, um Transparente zu entrollen. Eines trug die Aufschrift: „Ausreiserecht ist Menschenrecht, wann auch für uns?", ein weiteres: „Für Freiheit, Demokratie und Menschenrechte!".[715] Auf der gleichen Veranstaltung forderte ein Ausreisewilliger die Umstehenden mit lauter Stimme auf, „nicht wie zu Zeiten des deutschen Faschismus zu schweigen und die Einengung von Freiheit und Demokratie nicht weiter zu dulden, sondern Aktivitäten zu entwickeln". Auch er wurde nach § 214 StGB d. DDR verurteilt.

Auch weniger spektakuläre Proteste wurden strafrechtlich belangt, so zum Beispiel zahlreiche Fälle, in denen das Symbol „A" Verwendung fand, und zwar an Wohnungstüren und -fenstern, als Plakette oder Aufkleber an Taschen, Kleidung, usw.[716]

Zu Verhaftungen und Verurteilungen konnte es auch schon bei dem Zeigen eines weißen Bändchens an der Autoantenne kommen. Ein Ausreisewilliger berichtete über seine Fahrt von Berlin nach Leipzig:

„Am 12.09.1988 fuhr ich nach Leipzig, um dort an einem Gottesdienst teilzunehmen. Unterwegs wurde ich von der Polizei angehalten und aufgefordert, das weiße Band zu entfernen. Ich entfernte das Band, brachte es wenig später wieder am Auto an. An der Autobahnabfahrt nach Leipzig wurde ich wieder gestoppt. Mir wurde – wie mehreren anderen Personen auch,

714 Der BGH spricht in diesem Zusammenhang von „Sicherheitskräften". Vgl. BGHSt 40, 272 (273).

715 Vgl. den Beschluss des OLG Dresden vom 31. Mai 1995 – 1 Ws 58/94 (LG Dresden), NJ 1995, S. 601-603 (602).

716 Ebenda, S. 603.

die schon dort standen – die Weiterfahrt verweigert. Nach etwa vier Stunden erschien die Staatssicherheit mit kleinen Bussen und brachte uns zu einem Polizeirevier [...]. In den Vernehmungen wurde mir vorgeworfen, dass ich mich den Weisungen der Polizei widersetzt habe und durch das Anbringen des weißen Bandes meinen Ausreisewillen in die Öffentlichkeit getragen und dadurch den Staat erpresst habe. Am Morgen des 13.09.1988 wurde mir wegen Verstoßes gegen § 214 StGB der Haftbefehl verkündet.“[717]

Der Betreffende wurde vom Stadtgericht Berlin-Lichtenberg am 24.11.1988 wegen „Beeinträchtigung staatlicher Tätigkeit“ zu einer Freiheitsstrafe in Höhe von 18 Monaten verurteilt, der Trabi wurde als Tatwerkzeug eingezogen.[718]

III. Zusammenschluss mit anderen Antragstellern

Es erklärt sich von selbst, dass der Zusammenschluss mehrerer Gleichgesinnter in der Palette der Protestaktionen eine ganz andere Qualität besaß und solche „provokatorisch-demonstrativen Handlungen“ von den Behörden daher auch viel sensibler behandelt wurden.

Wenngleich die Blütezeit der „Antragstellergruppen“, die in den Montagsdemonstrationen und schließlich in der Maueröffnung gipfelte, erst Anfang der achtziger Jahre begann, hatte es schon lange vorher solche Zusammenschlüsse von Ausreiseantragstellern gegeben, und zwar bereits 1973.[719] Im Jahr 1976 beschäftigte sich die ZKG mit Zusammenschlüssen von Ausreiseantragstellern und stellte solche Gruppen in Rudolstadt, Bischofswerda, Radebeul und Berlin fest.[720]

Mit den sich häufenden Antragstellungen seit der Reiseverordnung von 1983 und der Ausreisewelle 1984 ging eine verstärkte Gruppenbildung als logische Konsequenz der totalen Isolierung der einzelnen Antragsteller einher. Allerdings war die zunehmende Gruppenbildung und das ständige Anwachsen der Ausreisegruppen für das MfS scheinbar doch überraschend, jedenfalls war das Ministerium gegen Zusammenschlüsse an sich machtlos. Anders verhielt es sich, wenn die Gruppen öffentlichkeitswirksam auftraten. Dies führte in aller Regel zu zahlreichen Verhaftungen. Im Jahr 1988 kam man im MfS zu der Einsicht, dass in „fast allen“ Orten der DDR solche Zusammenschlüsse bestünden.[721]

717 Zitiert nach: *Hans-Jürgen Grasemann*, Die politische Justiz in der Ära Honecker, S.204.

718 Vgl. die Darstellung des Falles ebenda.

719 vgl. *Bernd Eisenfeld*, Die Ausreisebewegung – Eine Erscheinungsform widerständigen Verhaltens, S. 208.

720 Jahresanalyse der ZKG 1976 vom 24.1.1976. BStU, ZA, ZKG-2164, Bl. 31 (BStU-Zählung), zitiert nach *Bernd Eisenfeld*, Die Ausreisebewegung – Eine Erscheinungsform widerständigen Verhaltens, S. 208.

721 Vorschläge zu Übersiedlungsproblemen der ZKG vom 11.4.1988, BStU, ZA, ZKG-105, Bl. 70 (BStU-Zählung), zitiert nach *Bernd Eisenfeld*, Die Ausreisebewegung – Eine Erscheinungsform widerständigen Verhaltens, S. 209.

1. Der Autokonvoi

Mitte der achtziger Jahre schloss sich eine Gruppe von Antragstellern zusammen und fuhr im Konvoi an der Ständigen Vertretung der Bundesrepublik in Ost-Berlin vorbei, wobei weiße Fähnchen an den Antennen den Ausreisewillen symbolisierten und die Fahrer mit einem Hupkonzert auf sich aufmerksam machten. Gegen drei Teilnehmer wurden Freiheitsstrafen von über einem Jahr verhängt, die Autos wurden als Tatmittel eingezogen. Aus dem Urteil:[722]

„Allen Angeklagten ist gemein, dass sie ihre Forderung auf Entlassung aus der Staatsbürgerschaft der DDR und Übersiedlung nach der BRD oder Berlin (West) hartnäckig verfolgen und hartnäckig die Durchsetzung betrieben.

Im Rahmen mehrerer Zusammenkünfte mit Personen, die ebenfalls die Ausreise aus der DDR anstreben, entschlossen sie sich, [...] gemeinsam mit anderen öffentlichkeitswirksame Aktionen durchzuführen, um damit eine ihnen genehme Entscheidung hinsichtlich ihrer Antragstellung zu bewirken. Zu diesem Zweck befestigten die Angeklagten an ihren PKW's jeweils ein weißes Stoffähnchen als Symbol und Erkennungszeichen im genannten Personenkreis mit dem Ziel, in der Öffentlichkeit Aufsehen hervorzurufen.

Bis zum [...] bzw. [...] nahmen sie so im öffentlichen Straßenverkehr ungeachtet mehrfacher Belehrungen seitens der Deutschen Volkspolizei an organisierten Kolonnenfahrten übersiedlungsersuchender Personen teil.

Im Ergebnis vorangegangener Absprachen im Kreise versammelter Antragsteller beteiligten sich die Angeklagten [...] und [...] 1988 an einer Fahrt in einem Konvoi von ca. 20 PKW's nach [...] und am [...] in einer Kolonne von ca. 30 PKW's an einer demonstrativen Vorbeifahrt an der Ständigen Vertretung der BRD in Berlin – Hauptstadt der DDR – .Während dieser unterstrichen die Angeklagten im Kreise aller Beteiligten ihre Zielsetzung durch ein Hupkonzert.

Die Angeklagten [...], [...] und [...] nahmen des weiteren absprachegemäß am [...] mit den PKW's unter Verwendung des genannten Symbols an einer Fahrt in Kolonne von etwa 20 PKW's nach [...] und mit gleicher Zielsetzung am [...] trotz vorheriger Belehrung am Vortag durch die Deutsche Volkspolizei nach [...] teil. Die weißen Stoffähnchen wurden bei dieser Fahrt teils an der Antenne bzw. von außen sichtbar im PKW befestigt.

Die Sachverhaltsfeststellungen beruhen auf den übereinstimmenden Geständnissen der Angeklagten.

Die Angeklagten haben sich somit mehrfach gemeinschaftlich, teils unter Einbeziehung weiterer Personen an Handlungen beteiligt, die darauf gerichtet waren, öffentlichkeitswirksam eine Missachtung der Gesetze zu bekunden, um staatliche Entscheidungen zu gestellten Übersiedlungsersuchen zu beschleunigen bzw. zu erzwingen. Ihnen waren die gesetzlichen Regelungen in Zusammenhang mit einer Entlassung aus der Staatsbürgerschaft der DDR bekannt.

722 Urteil abgedruckt in: Im Namen des Volkes? Über die Justiz im Staat der SED – Dokumentenband zur Ausstellung des Bundesministeriums der Justiz, S. 158-162.

In Kenntnis dessen und trotz Belehrung durch die Deutsche Volkspolizei, derartige Demonstrativhandlungen wie Anbringen des aufgeführten Symbols mit genannter Zielsetzung zu unterlassen, beteiligten sie sich an mehreren organisierten Maßnahmen von Personengruppen, wobei sie über den Charakter der Ansammlung und deren Zielsetzung informiert waren und sich durch ihre Teilnahme damit identifizierten.

Im Ergebnis der Beweisaufnahme beteiligten sich die Angeklagten [...] und [...] an 4 derartigen Aktionen und der Mitangeklagte [...] an 2 Handlungen. Dadurch wurde mehrfach § 214 Abs. 1 und 3 StGB in objektiver und subjektiver Hinsicht erfüllt. [...]

2. Brennende Kerzen - Der Fall des Herrn S.

Im Jahr 1988 wurde der Hausmeister H.-P. S. wegen „Beeinträchtigung staatlicher Tätigkeit“ zu einer Freiheitsstrafe von 5 Monaten verurteilt, die er voll verbüßt hat. Er hatte sich, nachdem drei Ausreiseanträge erfolglos geblieben waren, mit ca. 40 weiteren Antragstellern für drei bis fünf Minuten schweigend mit einer brennenden Kerze auf den Schweriner Marktplatz gestellt.[723] Im Urteil hieß es:

„[...] Wie bereits genannt, stellte der Angeklagte am 29.9.1987 einen Antrag auf Übersiedlung in die BRD, da seiner Ehefrau Besuchsreisen zu ihrer Mutter, welche die DDR auf illegalem Weg verließ, nicht gestattet wurden und er gemeinsam mit seiner Frau dort leben möchte. Zu diesem Zweck sprach der Angeklagte monatlich einmal bei der Abteilung Inneres vor. In diesem Zusammenhang versprach der Angeklagte sich an keinerlei Aktionen anderer Antragsteller zur Durchsetzung ihres Zieles zu beteiligen. So waren auch dem Angeklagten derartige Aktivitäten wie gemeinsame Fahrten, Zusammentreffen und das Tragen von Symbolen bekannt. Anfang August 1988 erfuhr der Angeklagte erstmals von regelmäßig stattfindenden Treffen ausreisewilliger Bürger auf dem Marktplatz von Schwerin, um dort stillschweigend ihr Anliegen zu demonstrieren. Erstmals am 3.8.1988, begab sich der Angeklagte ebenfalls auf den Schweriner Markt und bemerkte dort eine Ansammlung mehrerer Antragsteller, welche schweigend mit einer Kerze in der Hand verharrten. An diesem Tag stellte sich der Angeklagte zunächst ohne Kerze zu dieser Ansammlung. Danach sammelte der Bürger W. die Kerzen ein und übergab sie dem Angeklagten, welcher sie in den Kofferraum seines PKW's in der Folgezeit aufbewahrte. In diesem Zusammenhang kam es zwischen dem Bürger W. und dem Angeklagten zu einer Absprache, dass der Angeklagte am nächsten Tag dieses Treffens, dem 10.8.1988, sich ebenfalls beteiligt und die Kerzen mitbringt. Absprachegemäß erschien der Angeklagte auch am Mittwoch, dem 10.8.1988 in den Mittagsstunden auf dem Markt und übergab dem Bürger W. den Beutel mit den Kerzen. Nachdem die Kerzen verteilt waren, stellte sich auch der Angeklagte gemeinsam mit etwa 40 weiteren Antragstellern mit den brennenden Kerzen auf den Marktplatz von Schwerin, um seinem Anliegen, der Genehmigung der Ausreise, Nachdruck zu verleihen. Nach dieser Handlung, die ca. drei bis fünf Minuten dauerte, wurden die Kerzen wieder eingesammelt und der Angeklagte legte den Papiersack wieder in den Kofferraum seines PKW's, da er sich auch an dem darauffolgenden Mittwoch an der gleichen Aktion beteiligen wollte. [...]

723 Vgl. die Darstellung des Falles in: Landesjustizverwaltungen der Länder Berlin, Brandenburg, Mecklenburg-Vorpommern, Sachsen, Sachsen-Anhalt und Thüringen (Hrsg.), Politische Strafjustiz in der früheren DDR, S. 155 ff.

Indem sich der Angeklagte am 10.8.1988 mit einer brennenden Kerze gemeinsam mit anderen zur Schau stellte, um die Ausreisegenehmigung zu erwirken, bekundete er in einer, die öffentliche Ordnung gefährdenden Weise eine Missachtung der Gesetze und erfüllte damit den Tatbestand der Beeinträchtigung staatlicher Tätigkeit gemäß § 214 Absatz 1 und 3 StGB. [...]

Bei der Strafzumessung, die auf § 61 StGB beruhte, war zu berücksichtigen, dass sich der Angeklagte, unter Beachtung von Ort und Zeit der Veranstaltung, äußerst öffentlichkeitswirksam und gemeinsam mit anderen Bürgern an einer Veranstaltung zur Durchsetzung ihrer Ziele auf Ausreise aus der DDR beteiligt und Voraussetzungen zu deren Durchführung schuf. Mit diesem demonstrativen Auftreten wandte sich der Angeklagte offen gegen die Arbeit staatlicher Organe. Solche Handlungen sind nicht nur geeignet, die staatliche Autorität zu schädigen und die Arbeit der staatlichen Organe zu beeinträchtigen, sondern können in der gegenwärtigen Phase der Entspannung der politischen Lage in der Welt Konflikte schüren, womit sie dieser Entwicklung entgegenwirken."

Die von dem Verurteilten gegen dieses Urteil eingelegte Berufung ist vom Bezirksgericht Schwerin am 31.10.1988 als offensichtlich unbegründet verworfen worden.[724]

IV. Kontaktaufnahme mit westlichen Institutionen

Es liegt auf der Hand, dass es für die DDR eine schlechte Außenwirkung hatte, wenn die internationale Öffentlichkeit von der Ausreisepraxis erfuhr, die den zahlreichen Verpflichtungen diametral entgegenstand, welche die DDR seit Beginn der siebziger Jahre eingegangen war. Das wussten auch die Ausreisewilligen, nicht zuletzt aus den Westmedien. Und so entwickelte sich die Praxis, Hilfe bei denselben zu erbitten.

Wie bereits dargestellt,[725] kannte das politische Strafrecht der DDR Möglichkeiten, solchen „Verrat" zu ahnden.

1. Dr. Nitschke und die Petition von Riesa

Im Januar 1965 war der Arzt Dr. med. Karl-Heinz Nitschke nach einem erzwungenen Geständnis vom Kreisgericht Quedlinburg „wegen Vorbereitung zum Grenzdurchbruch" zu einer zweijährigen Haftstrafe verurteilt.[726] Nach dieser Erfahrung stellte Nitschke insgesamt 13 Ausreiseanträge, die er mit den politischen Verhältnissen in der DDR begründete.

724 Landesjustizverwaltungen der Länder Berlin, Brandenburg, Mecklenburg-Vorpommern, Sachsen, Sachsen-Anhalt und Thüringen (Hrsg.), Politische Strafjustiz in der früheren DDR, S. 156.

725 Vgl. das Kapitel „Strafrechtliche Konsequenzen", 3. Teil, B., IX.

726 Vgl. die Darstellung des Falles bei *Falko Werkentin*, Recht und Justiz im SED-Staat, S. 73 ff., sowie Landesjustizverwaltungen der Länder Berlin, Brandenburg, Mecklenburg-Vorpommern, Sachsen, Sachsen-Anhalt und Thüringen (Hrsg.), Politische Strafjustiz in der früheren DDR, S. 134-155.

Am 10.07.1976 verfasste er seine „Petition zur vollen Erlangung der Menschenrechte“:

„Diese Petition ist in freier Selbstbestimmung ausgefertigt und unterzeichnet von mündigen Bürgern, die an DDR-Behörden

a) Anträge auf Übersiedlung in die Bundesrepublik Deutschland,

b) Anträge auf Entlassung aus der DDR-Staatsbürgerschaft stellten und deren Anträge über Monate und Jahre von DDR-Staatsorganen überhaupt nicht – nicht definitiv – oder abschlägig beantwortet wurden. Aus religiösen – politischen – familiären – humanitären oder einem dieser Gründe stellten die Unterzeichner dieser Petition ihre Anträge an DDR-Behörden, basierend auf folgenden DDR-unterschriftlich anerkannten internationalen Dokumenten:

I) Allgemeine Erklärung der Menschenrechte

Artikel 13 (2), 14 (1), 15 (2)

II) Internationaler Pakt über bürgerliche und politische Rechte

Artikel 2, 12 (2)

III) Schlussakte der KSZE von Helsinki

Zusammenarbeit in humanitären und anderen Bereichen

sowie

1) Verfassung der DDR

Artikel 8

2) Staatsbürgerschaftsgesetz der DDR

§ 9, § 10, § 11

3) Grundlagenvertrag zwischen den beiden deutschen Staaten

Artikel 2

Das im Widerspruch zu den aufgeführten DDR-unterschriftlich anerkannten internationalen Dokumenten stehende Verhalten der DDR-Behörden zwingt die in freier Selbstbestimmung unterzeichnenden mündigen Bürger zu dieser Petition, die sie

an die UNITED NATIONS - DIVISION OF HUMAN RIGHTS

an die hohen Vertreter der KSZE-Teilnehmerstaaten

an die nationalen Körperschaften für Menschenrechte

an die Weltöffentlichkeit mit dem Ersuchen richten,

die unterzeichnenden Bürger und Familien bei der vollen Erlangung ihrer Menschenrechte einschließlich des aus den zitierten internationalen Dokumenten erwachsenden Rechts auf freie Wahl des Wohn- und Arbeitsortes

w i r k s a m z u u n t e r s t ü t z e n.“[727]

[727] Ungekürzter Originaltext der Petition, abgedruckt in: Falco Werkentin, Recht und Justiz im SED-Staat, S. 75.

Für die Petition sammelte Nitschke 79 Unterschriften und schickte Abschriften der Anträge und der Petition an die Vereinten Nationen, an die Unterzeichnerstaaten der KSZE und an westliche Medien. Am 31. August 1976 erfolgte die Verhaftung Nitschkes wegen „staatsfeindlicher Hetze" und „Aufnahme staatsfeindlicher Verbindungen":

„Der Facharzt für innere Medizin Dr. med. Nitschke ist in Untersuchungshaft zu nehmen.

Er wird beschuldigt, staatsfeindliche Verbindungen aufgenommen und staatsfeindliche Hetze begangen zu haben.

Der Beschuldigte ist dringend verdächtig, seit 1975 wiederholt und planmäßig handelnd, Verbindungen zu Personen und Einrichtungen wegen ihrer gegen die DDR gerichteten Tätigkeit aufgenommen zu haben, mit dem Ziel, gegen die sozialistische Staats- und Gesellschaftsordnung aufzuwiegeln und sie zu schädigen. Er stellte Schriften her, in denen er die Tätigkeit staatlicher Organe der DDR, insbesondere die der Sicherheitsorgane, im Zusammenhang mit seiner 1964 erfolgten Inhaftierung diskriminierte. Er verfasste unter anderem eine Schrift, die mit den Worten beginnt: „In aller Öffentlichkeit klage ich die DDR der Verletzung der Menschenrechte an, begangen an zahlreichen Bewohnern dieses Staates...", und schreibt darin weiter von „mehrjährigen Einkerkerungen nach erzwungenen Geständnissen" und endet mit dem Verlangen von den „DDR-Behörden, dass sie der humanitären Pflicht endlich Genüge tun".

Diese und andere Texte mit hetzerischem Inhalt stellte er Publikationsorganen zur Veröffentlichung in der BRD zur Verfügung. [...]

Die Anordnung der Untersuchungshaft ist [...] gesetzlich begründet, weil ein Verbrechen den Gegenstand des Verfahrens bildet und Verdunklungsgefahr vorliegt."[728]

In der Anklage wurde Nitschke beschuldigt:

„sich in das System der insbesondere auf die Einmischung in die inneren Angelegenheiten der Deutschen Demokratischen Republik und anderer sozialistischer Staaten gerichteten politisch-subversiven Tätigkeiten von Einrichtungen, Gruppen und Personen im Rahmen seiner auf die ständige Forcierung der feindlichen Aktivitäten gerichteten Konzeption durch

- Nachrichtenübermittlung

- staatsfeindliche Hetze

- Staatsverbrechen gegen ein anderes sozialistisches Land eingegliedert zu haben."[729]

[728] Auszug aus dem Haftbefehl des Kreisgerichts Dresden-Ost vom 1. September 1976, abgedruckt in: Landesjustizverwaltungen der Länder Berlin, Brandenburg, Mecklenburg-Vorpommern, Sachsen, Sachsen-Anhalt und Thüringen (Hrsg.), Politische Strafjustiz in der früheren DDR, S. 138.

[729] Auszug aus der Anklageschrift, abgedruckt in: Landesjustizverwaltungen der Länder Berlin, Brandenburg, Mecklenburg-Vorpommern, Sachsen, Sachsen-Anhalt und Thüringen (Hrsg.), Politische Strafjustiz in der früheren DDR, S. 138.

Für die geplante Hauptverhandlung wurde am 02.02.1977 ein „Vorschlag zur Durchführung eines Prozesses" erarbeitet, der einschließlich dem Strafmaß von 8 bis 10 Jahren alle Verfahrensfragen klärte:

„Es wird vorgeschlagen, die Hauptverhandlung gegen den wegen Nachrichtensammlung, staatsfeindlicher Hetze im schweren Fall, Verleumdung und des mehrfach versuchten ungesetzlichen Grenzübertritts inhaftierten DDR-Bürgers [...] in der Zeit vom 22.2.1977 bis 25.2.1977 vor dem Strafsenat des Bezirksgerichts Dresden vor begrenzter Öffentlichkeit durchzuführen.

Das Ziel des Prozesses besteht darin, öffentlichkeitswirksam nachzuweisen, dass:

-in schroffem Widerspruch zu den Grundsätzen der Schlussakte von Helsinki von der BRD und Berlin (West) in sich ständig steigerndem Maße feindliche Aktivitäten zur internationalen Diskreditierung der DDR entwickelt und eine sich verstärkende Ausdehnung und zugleich „Rechtfertigung" der Politik der Einmischung in die Inneren Angelegenheiten der DDR betrieben wird, die darauf gerichtet ist, in der DDR eine „breite Opposition" vorzutäuschen und Bürger zur Begehung feindlicher Handlungen im Sinne einer politischen Untergrundtätigkeit zu inspirieren,

-als spezifische Mittel und Methoden vom Gegner unter Ausnutzung bestimmter für die Bevölkerung der DDR gestalteter Hetzsendungen des Rundfunks und Fernsehens sowie anderer Massenmedien durch bewusste Falschinterpretation der Schlussakte der KSZE sowie anderer internationaler Vereinbarungen und der Behauptung der Verletzung von Menschenrechten sowie der ungerechtfertigten Einschränkung der Freizügigkeit angestrebt wird, Bürger der DDR zu ungerechtfertigten provokativen Forderungen zu inspirieren,

-in Verwirklichung dieser Zielstellung vom Gegner, teilweise geheimdienstlich durchgesetzte Feindorganisationen geschaffen bzw. in ihrer Tätigkeit für eine zielgerichtete Einwirkung auf Teile der Bevölkerung der DDR profiliert wurden,

-die Wirksamkeit dieser feindlichen Aktivitäten durch die publizistische Auswertung der Prozessergebnisse weiter zurückgedrängt wird und eine vorbeugende Wirkung durch eine umfassende Entlarvung des feindlichen Charakters und der Tätigkeit der unter irreführenden Bezeichnungen geschaffenen Feindeinrichtungen sowie der von diesen ausgehenden völkerrechtswidrigen Aktivitäten erfolgt.

Es ist vorgesehen, die Hauptverhandlung vor dem 1. Strafsenat des Bezirksgerichts Dresden unter Teilnahme von etwa 40 Personen

– Mitarbeiter der SED-Bezirksleitung Dresden, der Kreisleitung Riesa, der Partei- und Betriebsleitung des Rohrkombinates Riesa, der Organe für Innere Angelegenheiten des MdI, des Rates des Bezirks Dresden und des Rates des Kreises Riesa sowie operativer Linien und Diensteinheiten des MfS –

durchzuführen.

Über den gesamten Prozessverlauf erfolgt ein Tonbandmitschnitt. Darüber hinaus werden durch die Agitation Foto- und Film- Momentaufnahmen gefertigt.

Nach der Urteilsverkündung erfolgt die Veröffentlichung einer zentralen ADN-Meldung im Neuen Deutschland und der gesamten DDR-Tagespresse sowie über Rundfunk und Fernsehen über die Durchführung der Hauptverhandlung. Gleichzeitig wird im Anschluss daran über Rundfunk und Fernsehen sowie durch die Tagespresse ein Kommentar über die Hintergründe und Zusammenhänge der Verbrechen publiziert.

Gleichzeitig sollte eine parteiinterne Information erarbeitet werden, um allen Mitgliedern der SED die feindlichen Machenschaften im Zusammenhang mit dem Strafverfahren gegen Nitschke zur Kenntnis zu geben und sie mit offensiven Argumenten vertraut zu machen.

Unter Beachtung zu erwartender hetzerischer Angriffe durch westliche Massenmedien erfolgt die Ausbreitung weiterer Materialien, insbesondere auf Grundlage des Plädoyers des Staatsanwaltes, des gerichtlichen Urteils sowie des vorliegenden Gutachtens über die gegen die DDR gerichtete Tätigkeit mehrerer Organisationen, Einrichtungen und Gruppen in der BRD und Westberlin, um entsprechend der Zielstellung des Prozesses eine Auseinandersetzung mit den feindlichen Praktiken zu führen und die genannten Feindorganisationen zu entlarven. Erforderlichenfalls könnten für publizistische Zwecke auch Personen genutzt werden, die enttäuscht über die tatsächlichen Verhältnisse in der BRD in die DDR zurückkehrten.

Anlage

Entwurf einer zentralen ADN-Meldung"[730]

Es waren also nicht nur das Ergebnis der Beweisaufnahme und der Schuldspruch bereits vorweggenommen worden, selbst die Pressemeldung stand bereits fest und es brauchten nur noch Datum und Strafmaß ergänzt zu werden:

„Subversives Element verurteilt

Dresden (ADN). Der 1. Strafsenat des Bezirksgerichts Dresden verurteilte am ... Februar 1977 den vorbestraften Karl Heinz Nitschke aus Riesa wegen schwerwiegender gegen die DDR gerichteter krimineller Handlungen zu ... Jahren Freiheitsentzug. In der Hauptverhandlung wurde durch die Vernehmung des Angeklagten, durch Zeugenaussagen, Sachverständigengutachten und andere Beweismittel nachgewiesen, dass Nitschke Verbindung zu geheimdienstlich gelenkten feindlichen Organisationen in der BRD aufnahm, als deren Informant aktiv tätig wurde und sich der staatsfeindlichen Hetze im schweren Fall, der Verleumdung und des mehrfach versuchten ungesetzlichen Grenzübertritts schuldig machte. In sein Verbrechen zog er auftragsgemäß andere Personen intensiv ein.

Die verbrecherischen Handlungen Nitschkes waren von entspannungsfeindlichen Kräften in der BRD wie der sogenannten Gesellschaft für Menschenrechte, dem ZDF-Mitarbeiter und Geheimdienstagenten Gerhard LÖWENTHAL, der Journalisten der Springer-Presse und anderen der CDU/CSU nahestehenden Kreisen systematisch inspiriert und angeleitet worden.

730 „Vorschlag zur Durchführung eines Prozesses vor dem 1. Strafsenat des Bezirksgerichts Dresden", abgedruckt in: Landesjustizverwaltungen der Länder Berlin, Brandenburg, Mecklenburg-Vorpommern, Sachsen, Sachsen-Anhalt und Thüringen (Hrsg.), Politische Strafjustiz in der früheren DDR, S. 149 ff.

Die Organisierung und Durchführung dieser feindlichen Tätigkeit wurden zielgerichtet zur Forcierung subversiver Tätigkeit gegen die DDR, zur Diskriminierung und Verleumdung der sozialistischen Gesellschaftsordnung sowie zur groben Einmischung in die inneren Angelegenheiten der DDR ausgenutzt."[731]

Zur Eröffnung eines Hauptverfahrens ist es indes nie gekommen. Bereits wenige Tage nach der Verhaftung Nitschkes berichtete der in der DDR akkreditierte ARD-Korrespondent Lothar Loewe aus Riesa. Der Fall erhielt in den westlichen Medien eine derartige Aufmerksamkeit, dass sich die politisch Verantwortlichen entschieden, Nitschke nach West-Berlin abzuschieben.[732]

2. Die verweigerte Wahlteilnahme - Der Fall der Brigitte B.

Bei Brigitte B. handelte es sich um eine Berufsschullehrerin aus Halle. Nachdem sie 1986 die Teilnahme an der Volkskammerwahl verweigert hatte, wurde sie aus der SED und aus dem Schuldienst ausgeschlossen. Ihrer wirtschaftlichen Existenzgrundlage beraubt stellte sie einen Ausreiseantrag. Um dem Antrag Nachdruck zu verleihen, nahm sie mit dem bundesdeutschen Verein „Hilferufe von drüben e.V." Kontakt auf, der den Fall veröffentlichte. Über ein westdeutsches Ehepaar versuchte Brigitte B., weitere Unterlagen in die Bundesrepublik zu schaffen. Bei der Ausreisekontrolle des Ehepaares wurden die Unterlagen jedoch beschlagnahmt.

Es folgte die Verurteilung zu drei Jahren Haft wegen versuchter landesverräterischer Nachrichtenübermittlung gemäß § 99 StGB d. DDR am 27.12.1988 durch den 1. Strafsenat des Bezirksgerichts Halle. In den Urteilsgründen hieß es:

„Trotz gesellschaftlichen Engagements bildete sich bei der Angeklagten zunehmend eine unserer gesellschaftlichen Entwicklung entgegenstehende Einstellung heraus. Das wird deutlich in einem von ihr am 13.11.1982 an den BRD-Bürger L. gefertigten Briefentwurf. In Fortsetzung dieser Entwicklung entschloss sich die Angeklagte, an den Volkswahlen am 8.6.1986 nicht teilzunehmen. Danach wurde ihr Arbeitsverhältnis mit dem Kombinat VEB A. P. gelöst, weil sie der Forderung an einen sozialistischen Lehrer bei der bewusstseinsmäßigen Erziehung der ihr anvertrauten Lehrlinge nicht mehr gerecht wurde. Es hatten sich zunehmend Widersprüche in ihren Forderungen an die Lehrlinge und ihrem politischen Auftreten im Lehrerkollektiv und in der gesellschaftlichen Umwelt gezeigt. Die Angeklagte ist seitdem Hausfrau, da sie es ablehnt, andere Tätigkeiten aufzunehmen. Das Angebot in einem Schreiben des Rates der Gemeinde M. vom 18.1.1986, sich zum Amt für Arbeit zu begeben, damit ihr dort eine entsprechende Arbeitsstelle vermittelt wird, negierte die Angeklagte.

[...]

731 Entwurf der ADN-Meldung, abgedruckt in: Landesjustizverwaltungen der Länder Berlin, Brandenburg, Mecklenburg-Vorpommern, Sachsen, Sachsen-Anhalt und Thüringen (Hrsg.), Politische Strafjustiz in der früheren DDR, S. 153.

732 Am Rande sei bemerkt, dass der ARD-Korrespondent Lothar Loewe nach seinen kritischen Kommentaren Ende 1976 ebenfalls die DDR verlassen musste.

Am 22.7.1986 stellte sie beim Rat des Kreises Rosslau einen Antrag auf Wohnsitzänderung nach der BRD für sich und ihre beiden Söhne, weil ihr ihrer Meinung nach jede Existenzgrundlage für sich und ihre Kinder entzogen sei und sie keine Existenzgrundlage sehe. Diesen Antrag wiederholte die Angeklagte in der Folgezeit bis zum 5. Mai 1988 insgesamt fünfmal und wandte sich auch wiederholt an zentrale staatliche Organe, um zu erreichen, dass von dort auf eine schnelle, ihren Vorstellungen entsprechende Entscheidung Einfluss genommen wird.

[...]

Die der Angeklagten nachgewiesene Gesetzesverletzung richtet sich gegen unseren sozialistischen Staat, seine Souveränität und gegen die staatliche Ordnung. Mit ihren strafrechtlich relevanten Aktivitäten hat sie sich eingeordnet in die von den Feinden unserer Republik betriebenen Wühl- und Zersetzungstätigkeit, die darauf abzielt, dem Ansehen der DDR im Ausland zu schaden und das Vertrauen der Bürger zur Politik der Partei der Arbeiterklasse und der Regierung unseres Staates zu untergraben. Trotz der von ihr umfassend genutzten Möglichkeiten, in unserem Staat eine hohe Bildung und umfangreiche fachliche Qualifizierung zu erreichen, und des durch ihren Eintritt in die SED 1964 dokumentierten gesellschaftlichen Engagements für die Politik der Partei der Arbeiterklasse und des durch sie geführten Staates hat die Angeklagte eine Entwicklung genommen, durch die sie zunehmend den Forderungen, die an eine sozialistische Lehrerpersönlichkeit gestellt werden, nicht mehr gerecht wurde.
In Fortsetzung der Herausbildung und Festigung ihrer der sozialistischen Entwicklung in unserem Staat entgegenstehenden Auffassungen bildete sich bei der Angeklagten eine feindliche Einstellung zu unserer Republik heraus. Zur Durchsetzung ihrer egoistischen Interessen hat sie sich mit den Feinden unseres sozialistischen Vaterlandes verbunden und ihnen, wie sich durch die Veröffentlichung ihrer „Geschichte" in der Zeitschrift „Hilferufe von drüben" beweist, Auftrieb und Unterstützung in ihrer ideologischen Diversion gegen die DDR gegeben. Die Angeklagte war in Folge ihres Bildungsstandes, ihres politischen Wissens und ihrer Lebenserfahrung jederzeit in der Lage, die Folgen ihres Handelns als mit schwerwiegenden Auswirkungen für den Staat der DDR, insbesondere bei seinem Bemühen um Entspannung und gut nachbarliche Beziehungen zwischen der DDR und der BRD, verbunden zu erkennen."[733]

Brigitte B. befand sich fast ein Jahr lang in Haft, bevor sie durch die Bundesrepublik freigekauft wurde.

[733] Auszug des Urteils, abgedruckt in: Landesjustizverwaltungen der Länder Berlin, Brandenburg, Mecklenburg-Vorpommern, Sachsen, Sachsen-Anhalt und Thüringen (Hrsg.), Politische Strafjustiz in der früheren DDR, S. 158 f.

V. Die Botschaftsbesetzungen

In den achtziger Jahren wurden Besetzungen westlicher Botschaften in der DDR und dem sozialistischen Ausland als Druckmittel zur Bewirkung der Ausreisegenehmigung populär.[734]

Die Reaktion der DDR hing davon ab, in welchem Stadium eine solche Aktion erkannt wurde. Waren die Ausreisewilligen erst unbemerkt in die Botschaft gelangt, so konnte die Anwesenheit westlicher Medien zu internationaler Aufmerksamkeit führen und eine schnelle Ausreise bewirken. Im MfS war man jedoch bemüht, geplante Botschaftsbesetzungen rechtzeitig zu erkennen und schon im Keim zu ersticken. Nach mehreren spektakulären Botschaftsbesetzungen Anfang 1984[735] entstanden zahlreiche Vorschriften und Maßnahmepläne, die festlegten, wie in den Botschaftsfällen zu verfahren sei.[736]

Für die Aufklärung dieser Fälle wurden in der ZKG zwei Einsatzgruppen mit jeweils sieben hauptamtlichen Mitarbeitern eingerichtet, welche abwechselnd 24 Stunden am Stück Dienst schoben.[737] Die strafrechtlichen Möglichkeiten sollten voll ausgeschöpft werden. Eigens hierfür wurde im Frühjahr 1984 eine Verein-

734 Vgl. das Kapitel „Die Botschaftsbesetzungen in den achtziger Jahren", 1. Teil, B., VIII., 2.; grundlegend zu den Botschaftsbesetzungen *Wolfgang Mayer*, Flucht und Ausreise – Botschaftsbesetzungen als Form des Widerstandes gegen die politische Verfolgung in der DDR.

735 Am 20.01.1984 ersuchten 6 Ausreisewillige in der US-amerikanischen Botschaft in Ost-Berlin um Asyl. Nachdem die USA auf diese Forderung nicht eingehen wollte, folgten zweitägige Verhandlungen zwischen dem Leiter und zwei diplomatischen Vertretern der Ständigen Vertretung der Bundesrepublik und zwei Mitarbeitern des Rechtsanwaltsbüros Vogel. Am Abend des 22.01.1984 erfolgte die Ausreise nach West-Berlin. Vgl. *Wolfgang Mayer*, Flucht und Ausreise, S. 312 ff. Ebenfalls Anfang 1984 häuften sich die Fälle, in denen Ausreisewillige in die CSSR reisten, um in Prag die bundesdeutsche Botschaft zu besetzen. In den meisten Fällen hatten die Ausreisewilligen Erfolg. Bei den Verhandlungen blieb der DDR meist nichts anderes übrig, als die Ausreise schnellstmöglich in die Wege zu leiten. Durch die Bundesrepublik wurde Stillschweigen der Medien zugesichert und eingehalten. Vgl. *Wolfgang Mayer*, Flucht und Ausreise, S. 317 ff. Spektakulär war auch der zur gleichen Zeit bekannt gewordene Fall Ingrid Berg, geb. Stoph. Die Familie Berg war dabei, als eine Gruppe von 35 Ausreisewilligen vom 24. bis 26.02.1984 die Bundesdeutsche Botschaft in Prag besetzte. Bei der 29-Jährigen handelte es sich um die Nichte des DDR-Ministerpräsidenten Willi Stoph. Die Gruppe durfte im Ergebnis nach der vorläufigen Rückreise in die DDR ausreisen. Vgl. *Wolfgang Mayer*, Flucht und Ausreise, S. 323 ff.

736 Vgl. *Wolfgang Mayer*, Flucht und Ausreise, S. 313 ff.

737 Ebenda, S. 315.

barung zwischen MfS, Generalstaatsanwaltschaft und Oberstem Gericht über die anzuwendenden Strafvorschriften getroffen.[738]

Die „Botschaftsfälle" waren demnach einzustufen als:

„1. § 219 StGB d. DDR,[739] „Ungesetzliche Verbindungsaufnahme", sofern die vermittelten Informationen über die sogenannten „kleinen Personalien" und Daten (Zahl der gestellten Anträge und erfolgten Beschwerden) hinausgingen

2. § 214 StGB d. DDR, „Beeinträchtigung staatlicher oder gesellschaftlicher Tätigkeit", falls die Besetzer ihren Aufenthalt in diesen Missionen nutzten, gegenüber den staatlichen Organen der DDR Druck auszuüben, oder wenn eine solche Besetzung angedroht wurde

3. § 213 StGB d. DDR, „ungesetzlicher Grenzübertritt", wenn die Besetzung an die Erwartung geknüpft war, mit Hilfe der diplomatischen Vertretung die DDR illegal verlassen zu können

4. § 215 StGB d. DDR, „Rowdytum",[740] falls die Besetzer der Aufforderung des Missionspersonals, die Vertretung zu verlassen, nicht nachkamen oder „böswillig" Beschädigungen von Sachen verursachten

5. § 134 StGB d. DDR, „Hausfriedensbruch",[741] wenn jemand unberechtigt, das hieß, gegen den Willen des Missionspersonals in die Vertretung eindrang oder sich dort aufhielt."[742]

738 Orientierung „Zur Strafverfolgung von Aktivitäten zur Erreichung der Übersiedlung, vorrangig durch Kontakte zu ausländischen Missionen in der DDR" vom 4.2.1984, BStU, ZA, HA IX-5638, Bl. 1-6 (BStU-Zählung), zitiert nach Bernd Eisenfeld, Die Verfolgung der Antragsteller auf Ausreise, S. 133.

739 StGB d. DDR vom 19. 12. 1974, GBl. d. DDR 1975, Band I, S. 14, in der Fassung des 4. Strafrechtsänderungsgesetzes vom 18.12.1987, GBl. d. DDR 1987, Band I, S. 301.

740 § 215 Rowdytum
(1) Wer sich an einer Zusammenrottung von Personen beteiligt, die aus Missachtung der öffentlichen Ordnung oder der Regeln des sozialistischen Gemeinschaftslebens Gewalttätigkeiten, Drohungen oder grobe Belästigungen gegenüber Personen oder böswillige Beschädigungen von Sachen oder Einrichtungen begeht, wird mit Freiheitsstrafe bis zu fünf Jahren, mit Verurteilung auf Bewährung oder mit Haftstrafe bestraft.
(2) Ist die Tatbeteiligung von untergeordneter Bedeutung oder ist die Tat ohne Beteiligung an einer Zusammenrottung begangen, kann der Täter mit Freiheitsstrafe bis zu zwei Jahren oder Verurteilung auf Bewährung, mit Haftstrafe oder mit Geldstrafe bestraft werden.

741 § 134 Hausfriedensbruch
(1) Wer unberechtigt in eine Wohnung, einen Raum oder ein umschlossenes Grundstück eines Bürgers eindringt oder unbefugt darin verweilt, wird wegen einer Verfehlung von einem gesellschaftlichen Organ der Rechtspflege zur Verantwortung gezogen.
(2) Wer die Tat nach Absatz 1 oder den Hausfriedensbruch in öffentlichen Gebäuden, Grundstücken oder Verkehrsmitteln unter Anwendung von Gewalt, Drohung mit Gewalt oder mehrfach begeht, wird mit Verurteilung auf Bewährung, mit Geldstrafe, Haftstrafe oder mit Freiheitsstrafe bis zu zwei Jahren bestraft.

VI. Nichtanzeige von Ausreisevorhaben, der Fall Nowack

Auch zu präventiven Maßnahmen sollte das politische Strafrecht dienen. Gemäß § 225 StGB d. DDR war daher die „Unterlassung der Anzeige" von „Vorhaben, der Vorbereitung oder der Ausführung" einer Ausreise strafbar.

Unter anderem auf diesen Paragraphen wurde auch das Urteil im Fall der Familie Nowack aus dem Jahr 1988 gestützt.[743] Zum Sachverhalt berichtete Herr Nowack:

„Am 22.12.1986 habe ich für mich und meine Familie einen Ausreiseantrag gestellt. Die Folge war, dass meine beiden Töchter sofort ihre Studienplätze aufgeben mussten. Meine Frau bekam ein Berufsverbot. Sie war vorher Lehrerin in einer Oberschule. Meine Töchter wurden für niedrigere Arbeiten wie Reinigungsarbeiten im Krankenhaus oder Hilfe im Kindergarten verwendet. Meine Frau musste im Kindergarten arbeiten. Ihr wurde dann wieder gekündigt, und erst nach einer Eingabe beim Gericht konnte sie weiterarbeiten. Im September 1988 erhielt sie jedoch ihre endgültige Kündigung.

Aufgrund dieser Vorkommnisse haben wir verstärkt versucht, durch die Ausfertigung von Schriftstücken die Ausreise zu erlangen.

So schrieben wir z.B. an Erich Honecker und an das Ministerium für Innere Angelegenheiten in Berlin. Wir erhielten jedoch keine Antworten. Darauf schickten wir ein weiteres, verschärftes Schreiben, in dem wir ankündigten, dass wir bei Missachtung unserer Ausreisewünsche mit unserem Anliegen und dem Verhalten der Behörden an die Öffentlichkeit gehen würden.

Darauf wurden meine Frau und ich am 28.09.1988 von der Staatssicherheit festgenommen. Meine Frau wurde nach Vernehmung freigelassen, ich kam in Untersuchungshaft. Am 20.01.1989 wurden wir verurteilt. Ich bekam ein Jahr und zehn Monate Freiheitsstrafe. Meine Frau ein Jahr und zwei Monate Freiheitsstrafe. [...]"

In der Anklage hatte es geheißen:

„Den Anlageningenieur Herbert Nowack und die Erzieherin Inge Nowack klage ich an, vorsätzlich und gemeinschaftlich handelnd die ordnungsgemäße Tätigkeit staatlicher Organe beeinflusst sowie eine Straftat gegen die sozialistische Rechtspflege begangen zu haben.

(3) Wer sich an einer Zusammenrottung von Personen beteiligt, die in öffentliche Gebäude gewaltsam eindringen oder unbefugt darin verweilen, wird mit Freiheitsstrafe bis zu fünf Jahren, Haftstrafe oder mit Geldstrafe bestraft.

742 Orientierung „Zur Strafverfolgung von Aktivitäten zur Erreichung der Übersiedlung, vorrangig durch Kontakte zu ausländischen Missionen in der DDR" vom 4.2.1984, BStU, ZA, HA IX-5638, Bl. 1-6, hier 4 f. (BStU-Zählung), zitiert nach Bernd Eisenfeld, Die Verfolgung der Antragsteller auf Ausreise, S. 133.

743 Vgl. die Darstellung des Falles in: *Plumeyer, Hans Otto / Sauer, Heiner*, Der Salzgitter-Report – Die Zentrale Erfassungsstelle berichtet über Verbrechen im SED-Staat, S. 192 ff.

Die Beschuldigten erhielten im August 1988 glaubhaft Kenntnis von der bestehenden Verbindung des Ehepaares Hans und Britt Handke zur verbrecherischen Organisation „Hilferufe von drüben“ und dessen Mitarbeiter Ernst Duda und brachten dies nicht unverzüglich zur Anzeige. Darüber hinaus vervielfältigte der Beschuldigte Nowack mehrere Schreiben dieser Organisation an das Ehepaar Handke mit darin enthaltenen Aufforderungen an DDR-Bürger, die Gesetze der DDR zu missachten, und leitete diese Schreiben mindestens drei weiteren DDR-Bürgern zu.

Mit dem Ziel, die ordnungsgemäße Tätigkeit der staatlichen Organe der DDR zu beeinflussen und sie zu einer ihnen genehmen Entscheidung ihres Übersiedlungsersuchens zu veranlassen, fertigte die Beschuldigte Nowack auf Vorschlag des Beschuldigten Nowack und nach gemeinsamer Absprache mit diesem am 05.09.1988 eine Eingabe an den Staatsrat der DDR und brachte diese zum Versand, in der für den Fall der Nichtgewährung ihres Ersuchens öffentlichkeitswirksame Maßnahmen durch sie angedroht werden.

Alles strafbar gemäß § 225 Abs. 1 Ziff. 2, § 214 Abs. 1 StGB.“

Das weitere Verfahren beschrieb Herr Nowack wie folgt:

„Aufgrund des Gesundheitszustandes meiner Frau wurde ihr Haftaufschub gewährt. Ich habe meine Strafe bis zum 02.06.1989 in der Strafvollzugsanstalt Jugendhaus Halle verbüßt. [...] Wie ich jetzt letztendlich in die Bundesrepublik kam, kann ich nicht sagen. Ich wurde eines Tages aufgerufen und nach Karl-Marx-Stadt gebracht. Dort wurden wir dann zu mehreren auf den Abtransport und die Ausweisung vorbereitet. [...] Meine Frau kam dann mit meiner Tochter vier Wochen später nach. Sie hatte einen Antrag auf Familienzusammenführung gestellt.“

VII. Sonderbehandlung prominenter Antragsteller?

Schließlich ist der Blick auf die zahlreichen Fälle zu richten, in denen die Antragsteller in der DDR Personen des öffentlichen Lebens waren. Wenn Prominente ausreisen wollten, traf die Staatsführung das in besonderem Maße hart, denn sie wurden eigentlich gebraucht, um der Bevölkerung zu zeigen, wie glücklich man in der DDR war.

Tatsächlich lässt sich an vielen Beispielen belegen, dass prominente Ausreiseantragsteller anders behandelt wurden als der Durchschnitt. Oft ging die Ausreise erheblich schneller als üblich, wenn man erkannt hatte, dass der Antragsteller nicht mehr umzustimmen war.

Hinsichtlich repressiver Maßnahmen boten Prominente aber auch eine ganz andere Angriffsfläche.

1. Der Fall Manfred Krug

Der Schauspieler und Sänger Manfred Krug war ein echter „Star", als er im November 1976 als einer von insgesamt 106 Künstlern eine Protesterklärung gegen die Ausbürgerung Wolf Biermanns unterschrieb.[744]

Sein Erfolg hatte damit ein jähes Ende, wie seinem Ausreiseantrag zu entnehmen ist:[745]

„Antrag auf Ausreise aus der DDR in die BRD

Mein Name ist Manfred Krug, ich bin Schauspieler und Sänger. Infolge der Scheidung meiner Eltern bin ich als Dreizehnjähriger aus Westdeutschland in die DDR gekommen, wo ich seither lebe. Ich bin verheiratet und habe drei Kinder.

1956 lernte ich Wolf Biermann kennen, mit dem ich befreundet war und bin. 1965 erschien ein erster gegen Biermann gerichteter Artikel im NEUEN DEUTSCHLAND, gegen den ich polemisiert habe. Daraus erwuchsen mir Maßregelungen und die üblichen Nachteile. Ich gehörte nie zum »Reisekader«, durfte nie an einer der vielen in ferne Länder reisenden DEFA-Delegationen teilnehmen. Weitergehende Folgen sind mir damals jedoch nicht erwachsen.

Diesmal ist das anders: Wie bekannt, verfassten nach der Biermann-Ausweisung 12 Schriftsteller einen Protest, den auch ich unterschrieb. Nachdem ich nicht bereit war, diese Unterschrift zurückzuziehen, hat sich mein Leben schlagartig verändert.

- Das Fernsehen der DDR schloss mich von jeder Mitarbeit aus. Das war hart, weil mir dadurch zwei unwiederbringliche Rollen in Erstverfilmungen verlorengegangen sind: der Ur-»Götz« und »Michael Kohlhaas«.

- »Die großen Erfolge«, eine fertige LP, wird nicht erscheinen.

- Der DEFA-Film »Feuer unter Deck« wird nicht Beitrag der SOMMERFILMTAGE 77 sein, mit der Begründung, ich hätte in Erfurt einen Genossen niedergeschlagen.

744 Der Text lautete: „Wolf Biermann war und ist ein unbequemer Dichter – Das hat er mit vielen Dichtern der Vergangenheit gemein. Unser sozialistischer Staat, eingedenk des Wortes aus Marxens >18. Brumaire<, demzufolge die proletarische Revolution sich unablässig selbst kritisiert, müsste im Gegensatz zu anachronistischen Gesellschaftsformen eine solche Unbequemlichkeit gelassen nachdenkend ertragen können.
Wir identifizieren uns nicht mit jedem Wort und jeder Handlung Wolf Biermanns und distanzieren uns von den Versuchen, die Vorgänge um Biermann gegen die DDR zu missbrauchen. Biermann selbst hat nie, auch nicht in Köln, Zweifel darüber gelassen, für welchen der beiden deutschen Staaten er bei aller Kritik eintritt.
Wir protestieren gegen seine Ausbürgerung und bitten darum, die beschlossenen Maßnahmen zu überdenken."
SAPMO-BA-BPA IV C 2/902/586, zitiert in: „In Sachen Biermann"-Protokolle, Berichte und Briefe zu den Folgen einer Ausbürgerung, S. 70.

745 *Manfred Krug*, Abgehauen – Ein Mitschnitt und ein Tagebuch, S. 122 ff.

- Zwei Tage vor der Biermann-Ausweisung war mir durch das KOMITEE FÜR UNTERHALTUNGSKUNST DER DDR eine Tournee durch Westdeutschland angeboten worden. Diese Tournee findet nicht statt.

- Der VEB DEUTSCHE SCHALLPLATTEN hatte mir die Produktion einer Mark-Twain-Platte für das 1. Quartal '77 angeboten. Diese Produktion findet nicht statt.

- Im letzten Herbst habe ich auf eine schon genehmigte Reise nach Westdeutschland zur Hochzeit meines Bruders verzichtet, weil mich das KOMITEE FÜR UNTERHALTUNGSKUNST DER DDR gebeten hatte, statt dessen an den TAGEN DER UNTERHALTUNGSKUNST DER DDR IN DER CSSR teilzunehmen, was ich mit Erfolg tat. Das Versprechen des Kultusministeriums, die Reise später antreten zu dürfen, wurde nicht gehalten, mein Antrag nicht einmal beantwortet.

- Obwohl alle meine Jazzkonzerte in den vergangenen Jahren ausverkauft waren, gibt es keine neuen Angebote. Von 15 im Vorjahr zugesagten Konzerten sind 9 ersatzlos gestrichen worden.

Dies ist eine unvollständige Auswahl von Repressalien, von denen angekündigt worden war, dass es sie nicht geben würde.

- Neuerdings werden mich betreffende unwahre Informationen verbreitet, wie z.B. die Behauptung des Kulturministers, ich hätte Leute unter Druck gesetzt, um ihre Unterschriften unter die Petition zu erwirken.

- Falsche Geschichten werden in Umlauf gebracht. In Erfurt hat ein Mann mir gegenüber öffentlich behauptet, ich würde über ein Dollarkonto in der Schweiz verfügen. Die berufliche Tätigkeit dieses Mannes, er ist Mitarbeiter der Staatssicherheit, lässt vermuten, dass ihm nicht ein Gerücht diente, sondern eine gezielte Verleumdung.

Schmerzlich ist die durch solche Mittel erzielte Isolation. Erste Bekannte verzichten auf Besuche; bei der Auszahlung der Jahresendprämie wagten es in der DEFA unter Hundert noch fünf, mir die Hand zu geben; Eltern verbieten ihren Kindern, weiterhin mit meinen Kindern zu spielen; auf Parteiversammlungen wird gesagt, Krug spiele zwar Parteisekretäre, führe aber das Leben eines Bourgeois, man müsse sich von solchen Leuten trennen; eine Berliner Staatskundelehrerin sagt ihren Schülern, Schauspieler verkauften für Geld ihre Meinungen, insbesondere Krug sei ein Krimineller, der schon mehrmals im Gefängnis gesessen habe; einem befreundeten Bildhauer wird von Armeeoffizieren, seinen Auftraggebern, geraten, sich von mir zu distanzieren; Beamte stellen in der Nachbarschaft Recherchen darüber an, wen ich wann und wie oft besuche; auf dem Potsdamer Forum wird öffentlich geäußert, ich sei ein Staatsfeind und ein Verräter an der Arbeiterklasse.

Das war ich nie, und ich werde es nie sein.

Während meiner letzten Konzerttournee im Winter '76/'77 bin ich von Kriminalbeamten offen observiert, meine Bühnenansagen sind demonstrativ mitgeschrieben worden; Freunde unserer Konzerte beklagen sich, es habe kein freier Kartenverkauf stattgefunden; Fotografen sind mit Gewalt aus den Sälen entfernt worden; es gab sortierte Zuhörer, vor allem in den vorderen Reihen, die während des gesamten Konzerts finstere Mienen zur Schau trugen und demonstrativ keine Hand rührten; es gab verabredete Feindseligkeit aus dem Publikum, die einem Bühnenkünstler die Arbeit unmöglich macht, die ihn kaputtmacht. Ich weiß jetzt, welche Unzahl von Möglichkeiten es gibt, Menschen zu entmutigen und zu deprimieren. Dagegen waren Geschmacklosigkeiten, die ich bei der Premiere des Films »Spur der Steine« erlebt habe, vergleichsweise plump und schmerzarm.

Ich bin nach wie vor davon überzeugt, dass es verschiedene Meinungen geben muss und dass es nicht verboten sein darf, sie öffentlich auszutragen. Ich bin davon überzeugt, dass Biermann unserem Land fehlt. Nach meinen Erfahrungen sehe ich keine Chance, hier weiter zu existieren. Die Situation mag für einen Schriftsteller eine andere sein, der für seine Arbeit nur Papier und Bleistift braucht.

Nach reiflichem Bedenken beantrage ich für meine Familie und mich die Ausreise aus der DDR in die BRD, wo meine Mutter und mein Bruder leben.

Mein Haus in 111 Berlin, Wilhelm-Wolff-Str. 15, überlasse ich dem Staat. Es ist das materielle Ergebnis langjähriger fleißiger Arbeit. Ebenso überlasse ich der Gemeinde Vipperow im Kreis Röbel das Grundstück, das ich als Vergünstigung nach dem Fernsehfilm »Wege übers Land« 1968 kaufen konnte.

Ich hoffe sehr, dass meinem Antrag stattgegeben wird und bitte darum, meine Umzugsangelegenheiten ohne Verzug, aber nicht überstürzt regeln zu können.

Manfred Krug“

In diesem Fall war es umgekehrt: Nicht Kritik im Ausreiseantrag wurde Anlass für Repressionen, sondern Repressionen aufgrund öffentlich geübter Kritik machten einen Ausreiseantrag nötig, denn durch die aufgezählten Manipulationen war Krug als Künstler die Existenzgrundlage entzogen worden und es war für ihn nicht ersichtlich, dass sich dieser Zustand in absehbarer Zeit verbessern würde.

Auffallend ist, dass Krug sich auf keinerlei Rechte berief, er beantragte einfach „die Ausreise“.

Auch Krug musste den Antrag persönlich abgeben:

„19. April 1977: Heute ist Behördensprechtag, aber niemand will die Behörde sprechen, die Stühle auf den Gängen sind leer. [...] Ich komme an die Tür mit der Aufschrift ABTEILUNG INNERE ANGELEGENHEITEN – DER LEITER. [...] Ich klopfe. Das Fräulein sagt, der Leiter sei nebenan in Nummer drei. In Nummer drei ist wieder ein Fräulein [...]. Sie nimmt zögernd den Brief und lehnt es ab, die mitgebrachte Empfangsbestätigung zu unterschreiben. Sie erkennt, dass es sich um etwas Wichtiges handeln muss, und sie erkennt auch mich und sagt, ich solle im Flur warten.

[...] Endlich lassen sie mich rein. Der Leiter im Rathaus zeigt Haltung. Worum es geht, weiß er schon aus der Überschrift. Er muss die paar Seiten schon mehrmals gelesen haben, [...].

„Haben Sie dem mündlich noch etwas hinzuzufügen?“ fragt der Leiter. „Nein.“ Das Fräulein schreibt sich meine Telefonnummer auf, der Leiter gibt mir angeekelt die Hand, ich gehe.“[746]

Wieder zu Hause, stellte Krug Vermutungen an, wie es in der Behörde weitergehen würde:

„Ich lege den Finger auf das Zifferblatt der Standuhr, es ist halb elf. Wenn der Mann den Instanzenzug einhält, wird er seinen Chef im Roten Rathaus anrufen, den Leiter der Abteilung Inneres von Berlin/Hauptstadt der DDR, der wird den Brief selber lesen wollen und lässt ihn sich im Dienst-WOLGA kommen. Mein Finger rückt vor auf halb zwölf, um zwölf bestellt das Politbüro einen Dienst-TATRA, also nach der Mittagspause haben sie den Ausreiseantrag.“[747]

Krugs Ausreiseantrag erregte Aufsehen im Bekanntenkreis:

„21. April 1977: Den ganzen Tag über klingelt es. Immer stehen Freunde draußen. Es zerreißt mir das Herz, dass ich so viele Freunde habe. [...] Jedem drücke ich meinen Ausreiseantrag in die Hand, alle nehmen ihn mit größter Selbstverständlichkeit und lesen.“[748]

Auf diese Weise erfuhr er, was von offizieller Seite über ihn verbreitet wurde:

„Römer sagt: „Ich habe neue Rufmordgeschichten mitgebracht. In den Bezirken Rostock und Cottbus wird auf Bezirksleitungsebene der Partei von Manfred Krug offiziell als von einem Kriminellen gesprochen, gegen den genug Material vorliege, um jederzeit den Staatsanwalt zupacken zu lassen.“[749]

Die Klärung der Vermögensfragen nahm in den Gesprächen mit Freunden und Bekannten naturgemäß breiten Raum ein:

„[...] „Meinst Du nicht, dass Deine Möbel allesamt zu Museumsstücken erklärt werden könnten?“ „Möglich ist es.“ „Dann bleiben sie hier.“ „Das kann schon sein.“ „Gibt es da ein präzises Gesetz?“ „Das weiß ich nicht“, sage ich, „aber wenn es ein Gesetz gibt, dann ist es völlig Wurscht, ob es ein präzises ist oder ein anderes. In keiner Goldgräberstadt des Wilden Westens ist es je so Wurscht gewesen, ob es Gesetze gibt oder nicht, wie es hier Wurscht ist. Ob meine Sachen hier bleiben oder mitgehen, das entscheidet irgendwer hinter irgendeinem Schreibtisch.“[750]

„27. April 1977: Am Nachmittag kommt Walter Kaufmann. [...] „Warum schenkst Du dem Staat Dein Haus?“ „Der Staat“, sage ich, „hat ein Vorkaufsrecht vor jedem anderen Käufer. Von diesem Recht würde er im Falle meines Hauses Gebrauch machen. Der Staat bezahlt nicht annähernd den Wert des Hauses, und er zahlt kein bares Geld. 300 Mark würden monatlich auf ein Sparkonto eingehen, über das ich so lange nicht verfügen könnte, wie man mir Besuche in der DDR verweigert. Und wenn ich jemals wieder hierher darf, kann ich pro Auf-

746 Ebenda, S. 116 f.
747 Ebenda, S. 120 f.
748 Ebenda, S. 128.
749 Ebenda, S. 133.
750 Ebenda, S. 138 f.

enthaltstag eine Summe abheben, die nicht ausreichen würde, auch nur eine halbe Übernachtung davon zu bezahlen. Ein staatlicher Kauf wäre ein Diebstahl. Ich möchte nicht der Trottel sein, dem sie eine Villa gestohlen haben, sondern der Trottel, der sie verschenkt hat. Und außerdem will ich etwas demonstrieren, ich will zeigen, dass ich weg will, ohne Rücksicht auf Verlust, nur weg."[751]

Am 4. Mai 1977 fand die Aussprache mit dem Kulturminister Hoffmann statt:

„2. Mai 1977: Das Telefon klingelt um ein Uhr mittags, der Kulturminister ist dran. Der war noch nie dran, und ich war noch nie bei ihm, nicht bei Abusch, nicht bei Bentzien, nicht bei Gysi, und nun ist der Kulturminister Hoffmann dran, er selbst.[752] Schon an dem Ton, in dem er mit mir redet, kann ich erkennen, wie er mit mir reden will. Er sagt: „Wir müssen mal über alles sprechen." [...] Er schlägt übermorgen vor, das ist der Tag vor meinem Termin beim Rat des Stadtbezirks."[753]

„4. Mai 1977: Punkt neun stehe ich im Büro des Kulturministers. [...] Das Gespräch eröffnet er mit den Worten: „Wollen wir den Krieg beenden?", worauf ich keine Antwort wage. Nein geht nicht und Ja würde heißen, dass ich bisher Krieg mit ihm hatte. [...] Seine Verhandlungsroutine, die er in vielen ähnlichen Gesprächen erworben haben muss, ist erstaunlich. Er droht nicht, er erpresst nicht, er holt Vorschläge aus der Hosentasche, die er sich, wie um mein Herz zu rühren, auf einen zerknitterten Zettel geschrieben hat. Er erniedrigt sich. Jedes Angebot, das er macht, kommt mir wie ein Schlag ins Gesicht vor. Bald drei Stunden arbeitet er mit mir. Er gibt sich mannhaft, zärtlich, kämpferisch, nachgiebig, er tut mir in der Seele leid. Er sagt: „Wir machen eine Tournee durch die CSSR, durch die DDR, durch die Sowjetunion. Sagen Sie mir, wo Sie privat hin wollen, in jedes Land der Erde, Sie werden reisen." Ich sage: „Bitte sprechen Sie nicht weiter. Ich weiß jetzt, dass ich nicht hätte kommen dürfen. Ich wollte kein Geschäft machen." [...] Aber ich muss sagen, so hochherzig kommen mir seine Angebote auch nicht vor. Kein Wort vom »Götz« und vom »Kohlhaas«, nichts vom Fernsehen und vom Film. Nur recht viele Konzerte, in denen ich im Durchschnitt vielleicht 700 Menschen pro Abend erreichen kann, und die können im Ernstfall ausgesucht werden. [...]

Der Minister ist an der Stelle angekommen, wo er fast bittend die Worte sagt: „Bleiben Sie hier. Sie gehören doch zu uns."[754]

Nachdem der Kulturminister keinen Erfolg hatte, wurde Krug schließlich zum Politbüro des Zentralkomitees der SED zitiert. Am 9. Mai 1977 fand dort eine Aussprache mit Werner Lamberz[755] statt:

751 Ebenda, S. 163 f.

752 Alexander Abusch, Kulturminister der DDR von 1958-1961;
Hans Bentzien, Kulturminister der DDR von 1961-1966;
Klaus Gysi, Kulturminister der DDR von 1966-1973;
Hans-Joachim Hoffmann, Kulturminister der DDR ab 1973.

753 *Manfred Krug*, Abgehauen – Ein Mitschnitt und ein Tagebuch, S. 198.

754 Ebenda, S. 200 ff.

755 Werner Lamberz, seit 1976 Mitglied des Politbüros des ZK der SED. Lamberz galt bis zu seinem Tod im März 1978 als Nachfolger Erich Honeckers und als Verfechter einer liberaleren Politik.

„Lamberz: „Tausende von Ausreiseanträgen werden zurückgezogen. Da redet kein Mensch drüber. Du wirst Deinen auch zurückziehen." Ich: „Nein, das werde ich nicht tun. Ich habe Angst..." Lamberz: „...Das ist doch Unsinn..." Ich: „Ich habe Angst vor dem § 220 und vor dem Leben, das auf mich zukommen würde." Lamberz: „Du solltest Angst vor dem Leben haben, das da drüben auf Dich zukäme. Nein, ich werde Dich schützen, ich werde bis zum Letzten um Manfred Krug kämpfen." Ich: „Heißt das, dass Du mich mit Gewalt zu meinem Glück zwingen willst?" Lamberz: „Ja. Manchmal muss man einen zu seinem Glück zwingen."[756]

Vier Tage nach der „Aussprache" im Politbüro flattern dem Künstler neue Angebote ins Haus:

„13. Mai 1977: Heute liegen drei Telegramme mit Arbeitsangeboten auf dem Tisch. Eins von der Konzert- und Gastspieldirektion Leipzig:

„anbieten konzert 30. mai oder 27. juni kongresshalle leipzig";

eins von der Konzert- und Gastspieldirektion Karl-Marx-Stadt:

„ anbiete 3 konzerte mit guenther fischer quintett vom 27.5. bis 29.5.1977...";

und eins vom VEB Deutsche Schallplatten:

„...bitte um gespraech ueber weitere aufnahmeprojekte mit ihnen...grusz schaefer direktor fuer kuenstlerische produktion."

Derselbe Schäfer hatte mir im Februar geschrieben, dass »Die großen Erfolge« nicht herauskommen können und dass mein Vertrag, der mir eine Umsatzbeteiligung an meinen Platten zusicherte, nicht länger statthaft sei und dass ich solche Klauseln künftig beim Kulturminister beantragen und genehmigen lassen muss."

Doch Krug war von seinem Vorhaben nicht mehr abzubringen, wie aus einer letzten Unterredung im Politbüro ersichtlich wird:

„20. Mai 1977: Lamberz: „Wie steht es mit Dir?" Ich: „An meinem Entschluss hat sich nichts geändert." Das Gespräch wird nur knapp zwei Stunden dauern. Ich kenne es schon. Um ihm zu zeigen, dass ich während der sechs Monate[757] um Arbeit gekämpft habe, lese ich ihm Briefe an Regisseure und Produzenten vor, gleichlautende Briefe mit der bangen Frage, wie es mit mir als Schauspieler weitergehen soll. Ich bekam nur wenige Antworten, die alle abweisend waren. Darunter Absagen von guten Freunden. Die lese ich ihm ebenfalls vor. [...] „Ich kann all diesen Leuten nicht mehr trauen. Du selbst hast versucht, mir Unkenntnis über meinen Antrag vorzutäuschen. [...] Ich verstehe nicht, warum ihr uns erst zu klugen, denkenden Menschen erzieht, wenn ihr uns dann für dumm verkaufen wollt."

Für einen Moment habe ich das Gefühl, es gefällt ihm, dass so mit ihm gesprochen wird. Vielleicht bedauert er, keinen Freund zu haben, der so mit ihm redet. Vielleicht geht es ihm

756 *Manfred Krug*, Abgehauen – Ein Mitschnitt und ein Tagebuch, S. 224 f.
757 Gemeint ist die Zeit zwischen Unterzeichnung des Biermann-Protestes und dem Ausreiseantrag.

auf die Nerven, dass er so viel Angst verbreitet. Dass er in einer Regierung sitzt, die Angst verbreitet. [...] Er schaut leer an mir vorbei. [...] Ich sage: „Es ist alles zu spät." Lamberz: „Ist das Dein letztes Wort?" „Mein letztes." [...]"[758]

Am 21.06.1977, etwas mehr als acht Wochen nach Antragstellung, ist Manfred Krug ausgereist.

In West-Berlin äußerte sich Krug später zu den Motiven seiner Ausreise:[759]

Frage: „Kann man das harte Wort „Berufsverbot" anwenden auf diesen Fall?"

Krug: „Ja, zumindest habe ich beim Fernsehen danach[760] eine totale Arbeitssperre gehabt, und die hielt an bis zum letzten Tag. [...] Ich bin sicher, dass es nach 'ner gewissen Zeit sich langsam wieder eingepegelt hätte [...] ich wusste nur nicht, wie lange diese Zeit dauern würde, ob ein Jahr oder zwei Jahre, irgendwann wäre der „Nero'sche Daumen" schon wieder nach oben gekommen. Aber ich habe mir das sehr schwierig vorgestellt [...] würde ich auch von meiner Seite wieder das Vertrauen aufbringen können zu all den Leuten, die mich so plötzlich und so schnell und wegen so wenig in die Pfanne gehauen hatten."

Frage: „Wie war das, Manfred Krug, an jenem 17. November des vorigen Jahres? Ist Ihnen da der Kragen geplatzt, als Sie die Biermann-Resolution unterschrieben haben?

Krug: „Ich bin nicht als Opponent gegen das System aufgetreten, ich bin als Opponent gegen gewisse Erscheinungen des Systems [...] aufgetreten, immer und immer wieder. Es gab 1965 schon Querelen um Biermann, in die ich verstrickt war und nach denen es auch kleinere Repressalien gab, die nicht lange anhielten [...]. Mir ist eigentlich bis dahin immer verziehen worden, wenn ich so sagen darf, nur halt diesmal nicht. Ich nehme an, dass es dafür zwei Gründe gab.

Erstens hat in den Augen derer, die mich da zentral abgeschaltet haben, meine Unterschrift besonders viel gewogen, eben durch meinen öffentlichen Beruf in der DDR und durch meine Bekanntheit im Publikum.

Zweitens war es dadurch leichter von Seiten derer, die mir nicht gesonnen waren, dumme Gerüchte in Umlauf zu setzen, weil es eben in der DDR funktioniert. Wenn man irgendwo sagt: „Der Krug hat sein Kind gebraten!", dann wird sich dieses Gerücht leichter fortsetzen, als wenn man sagt, der Heiner Müller hat's getan.

Und schließlich gab es einige hochgestellte Persönlichkeiten, wie wir drüben sagen, die glaubten, ich sei ein Rädelsführer gewesen und hätte eine große, konspirative Gruppe aufgemacht und hätte Leute wirklich unter Druck gesetzt, um weitere Unterschriften auf die Petition zu bringen, was alles furchtbarer Quatsch ist."

758 *Manfred Krug*, Abgehauen – Ein Mitschnitt und ein Tagebuch, S. 246 ff.

759 Manfred Krug am 22. Juni 1977 im Interview mit Detlef Wolff vom RIAS, Aufnahme im Privatarchiv des Verfassers.

760 Gemeint ist nach dem Unterzeichnen der Protesterklärung gegen die Ausbürgerung Biermanns.

2. Der Fall Hans Noll

Hans Noll, Sohn des prominenten Parteischriftstellers Dieter Noll,[761] war zur Zeit seiner Antragstellung selber bereits eine bekannte Persönlichkeit in der DDR. Nach dem Studium an der Kunsthochschule in Berlin-Weißensee wurde er Meisterschüler der Akademie der Künste und freischaffender Graphiker. Noll war Parteimitglied und wurde zu einer Symbolfigur für die Abwendung der staatstragenden sozialistischen Nachwuchskader vom System ihrer Väter. Nachdem er 1980 den Wehrdienst verweigert hatte, wies man ihn 9 Monate in eine Psychiatrie ein. 1984 beantragte er gemeinsam mit seiner Frau Sabine die Ausreise aus der DDR, die noch im selben Jahr erfolgte. Schon die Antragstellung verlief anders als sonst üblich:

„27. 2. 1984: Wir hatten uns Folgendes überlegt: Es war sinnlos, rangniederen Funktionären unser Anliegen vorzutragen. Wir wussten aus Erfahrung, dass in unserem Fall das letzte Wort im ZK gesprochen würde, wahrscheinlich im Büro des ZK-Sekretärs für Kultur. Dieser Sekretär war Kurt Hager, Mitglied des Politbüros des ZK der SED. Also wandten wir uns gleich an ihn. [...]

In der Poststelle des ZK sitzen zwei Damen hinter einer gläsernen Scheibe und nehmen die Post entgegen. Sie lächeln verbindlich, wollen aber den Empfang nicht bestätigen. Was sollte ich tun? Den Brief mit der Post schicken? Dann würde man ihn öffnen, ehe er Hager erreichte und subalterne, mir unbekannte Funktionäre hätten die Hände im Spiel. Er könnte „verloren gehen“ oder wochenlang zurückgehalten werden. Ich wollte, dass der Brief sofort zu Hager gelangte [...]. Ich entschloss mich, ihn ohne Bestätigung zu übergeben, zumal mir die Damen nach einem dezenten Blick auf den Absender versicherten, alles werde „seinen Gang“ gehen. [...]

Ich [...] bereitete mich innerlich auf den nächsten Weg vor: zum Rat des Stadtbezirks Berlin-Weißensee. Wir hatten an Hager geschrieben, dass wir noch heute den regulären Ausreiseantrag bei den „zuständigen Stellen“ übergeben würden. Unter der Hand hatte ich in Erfahrung gebracht, wo diese Stellen zu finden sind. Ich war noch nie zuvor dort gewesen und suchte lange, bis mir eine barsche Pförtnerin erklärte: „Ja, hier können sie den Antrag stellen!“. Sie bat um meinen Personalausweis und brachte ihn irgendwohin – in eines der Büros hinter braun gestrichenen Türen. Nach zehn Minuten erschien aus einer dieser Türen eine blonde Dame und forderte mich auf, einzutreten. [...]

Es wurde eine peinliche halbe Stunde. Die blonde Dame holte hektographierte Formulare hervor und füllte sie aus; sie benötigte nähere Angaben über alle Verwandte ersten Grades. Die Aufzählung prominenter Namen, von Künstlern und Intelligenzberufen erschütterte den jungen Mann am Aktenschrank, er drehte sich zu mir um und musterte mich fassungslos. Die

[761] Dieter Noll, Germanist, zunächst Mitarbeit beim „Neuen Deutschland“, später freischaffender Schriftsteller in Berlin, seit 1946 Mitglied der KPD, später der SED, bekanntestes Werk: „Die Abenteuer des Werner Holt. Roman einer Jugend“. Noll war 1976 maßgeblich beteiligt an der Kampagne gegen die Unterzeichner der Protesterklärung gegen die Ausbürgerung Wolf Biermanns, welche er in einem offenen Brief an Honecker, veröffentlicht im „Neuen Deutschland“, als „kaputte Typen“ bezeichnete.

blonde Dame verzog keine Miene. Erst, als ich sie darum bat, mir den Empfang des Antrages schriftlich zu bestätigen, wurde sie unruhig. „Das ist nicht üblich“, sagte sie unsicher. „Ich könnte höchstens den Genossen Sektorenleiter fragen...“. Daraufhin verschwand der junge Mann, und als sich die Tür wieder öffnete, trat ein Herr ein, untersetzt und robust, energischen Schrittes und mit entschlossenem Gesichtsausdruck. Ich trug meine Bitte vor. Der Herr stützte sich mit den Fäusten auf die Schreibtischkante und fragte mich mit leiser Stimme: „Woher wissen Sie überhaupt, dass es erlaubt ist, einen solchen Antrag zu stellen?“[762]

Hans Noll bekam keine Bestätigung. Das Ausreiseverfahren lief trotzdem an. Zur obligatorischen Aussprache mussten Hans Noll und seine Frau Sabine allerdings nicht wieder in der Abteilung Innere Angelegenheiten beim Rat des Stadtbezirks erscheinen, stattdessen bekamen sie Besuch:

„2. 3. 1984: Um 14 Uhr erschienen in unserem Atelier zwei Besucher, der Sekretär des Berliner Künstlerverbandes und der „erste Sekretär des Bezirksvorstandes des Verbandes Bildender Künstler“, der Genosse Dr. Günter Piechotta. Wir begriffen sofort, dass der Parteisekretär und Dr. Piechotta die ersten Unterhändler waren, die im Auftrag der Zentrale mit uns sprechen, uns überreden und zum Hierbleiben bewegen sollten.

Sabine blieb hinter ihrem Schreibtisch sitzen. Ich bot den Herren Kaffee an. Mir war klar, dass dieses Gespräch die Weichen stellen würde. Unser Fall konnte wie ein Tumor als gutartig oder bösartig behandelt werden. Dieser Unterschied war entscheidend, denn er würde bestimmen, wie lange man zur Bearbeitung unseres Antrages brauchen und auf welche Art man uns ausreisen lassen würde. [...]

Der Parteisekretär schlug vor, den Fall zu vertuschen. Sollten wir den Antrag zurückziehen, seien uns Diskretion und Verständnis gewiß. Er versprach, alle Angelegenheiten so zu regeln, dass „niemand etwas davon erfährt“. Er kündigte sogar an, das drohende Parteiverfahren „zu überprüfen“. [...]

Sabine wies auf den Rückgang unserer Aufträge hin.[763] Sie zeigte Mappen mit Arbeiten, die abgelehnt worden waren, und andere, die man zwar akzeptiert und bezahlt, aber niemals veröffentlicht hatte. [...]

Warum hatte der Verlag des ZK Sabine laufend Honorare gezahlt, wenn ihre Arbeiten dort verschwanden und nicht veröffentlicht wurden? Warum erhielt sie vom Kinderbuchverlag und von anderen Verlagen, für die sie zehn Jahre lang erfolgreich gearbeitet hatte, schlagartig keinen einzigen Auftrag mehr? Warum waren unsere Arbeiten in letzter Zeit bei den Ausstellun-

762 Hans Noll, Der Abschied – Journal meiner Ausreise aus der DDR, S. 17 ff.

763 Die Verschlechterung der Situation Nolls ging auf den offenen Brief seines Vaters an Erich Honecker zurück, der 1979 im „Neuen Deutschland“ erschien und in dem Noll Senior die oppositionellen Künstler als „kaputte Typen“ bezeichnete. Die Folge war, dass sich entgegen der Absicht des Verfassers, ein Großteil der Öffentlichkeit auf die Seite der Künstler schlug. Man begrüßte Kritik am ZK der SED. Noll Senior wurde zum Symbol für die Unverbesserlichen. Sein Sohn und dessen Frau gerieten zwischen die Fronten. Da sie den gleichen Namen trugen, wurden sie von den oppositionellen Künstlern gemieden, die parteitreuen Kreise jedoch wurden misstrauisch, weil der Sohn es unterließ, für den Vater Partei zu ergreifen.

gen des Verbandes stillschweigend ausjuriert worden? Dr. Piechotta sah sich mit Dingen konfrontiert, gegen die er machtlos war, wenigstens jetzt, in diesem fortgeschrittenen Stadium. Er sprach von „Filzokratie" und von „vorübergehenden Schwierigkeiten", aber im Grunde glaubte er selbst nicht daran. Nach anderthalb Stunden einigten wir uns. Wir würden den Antrag nicht zurückziehen und er „diesen Schritt" nicht billigen, wenn er auch eingestand, dass wir Gründe angaben, „die nicht vom Tisch zu wischen sind".[764]

Es folgten bald der Ausschluss aus der Akademie der Künste und zahlreiche Gespräche mit Bekannten, die – mehr oder weniger einfühlsam – doch noch versuchten, die Nolls von ihrem Vorhaben abzubringen:

„ 5. 3. 1984: Am Abend kam überraschend der Genosse Herbert Braun. Der 72-jährige hatte die Mühe nicht gescheut, bei regnerischem Wetter die ziemlich weite Entfernung zurückzulegen [...]. Er fasste sich schnell, stiefelte durchs Zimmer und sah sich ungeniert um. Das, was er bisher geflissentlich übersehen hatte, erwies sich jetzt als bedeutungsschwer. Wir waren „bürgerlich" eingerichtet. Er fand die Worte: „Janz schön ausjestattet – det muss ick sagen! [...] Ick bin nicht gekommen, um Euch zu bitten!" Es folgten Ausführungen über den Stolz, der es ihm verbiete, Leute wie uns überhaupt um etwas zu bitten, schon gar nicht darum, nicht in den Westen zu gehen. [...] „Det hätte ick Euch nich zujetraut – in dieser Situation die Fahne zu wechseln! Schon Marx schreibt in der »Kritik am Gothaer Programm«, ooch im Sozialismus jibt et Ungerechtigkeiten. Schön. Aber deshalb wird man doch nicht zum Handlanger der Weltbourgeoisie!".[765]

Am 24. 3. 1984 gab man es von offizieller Seite her offensichtlich auf, denn:

„Das Sekretariat des Berliner Verbandes rief an und teilte mit, dass wir am 3. April endgültig aus der Partei ausgeschlossen würden."[766]

Am 28. 3., vier Wochen nach der „Eingabe" an Kurt Hager, kam die Antwort:

„28. 3. 1984: Im Briefkasten lag ein längliches Kuvert mit dem Absender: »Zentralkomitee der Sozialistische Einheitspartei Deutschlands – Büro Hager«. Als ich es öffnete, zitterten meine Hände.

Hagers persönlicher Referent, der Genosse Rätz, teilte uns in lapidaren Wendungen mit, dass unsere Angelegenheit »den zuständigen staatlichen Stellen zugeleitet« worden sei. Ich brauchte Minuten, um den Sinn dieser Floskel zu verstehen. [...] Schon, dass man uns überhaupt einer schriftlichen Antwort würdigte, war ein günstiges Zeichen. Die Angelegenheit »den zuständigen staatlichen Stellen zuzuleiten« bedeutete nichts anderes, als sie anzuweisen, unseren Antrag zu bearbeiten. Wer über Erfahrungen mit der Zentrale verfügt, weiß, dass wir den erfreulichsten Bescheid erhielten, der überhaupt möglich war. Das Büro Hager »leitete zu«, es übergab also den » zuständigen Stellen« das gesammelte Material, damit dort die Details unserer Ausreise organisiert würden. [...] Hager hat entschieden. Nun obliegt es subalternen

[764] Hans Noll, Der Abschied – Journal meiner Ausreise aus der DDR, S. 40 f.
[765] Ebenda, S. 51 f.
[766] Ebenda, S. 69.

Stellen, wie schnell die Formalitäten abgewickelt werden. Aber eines ist klar: Wir werden ausreisen."[767]

Aber auch Noll und seine Familie waren nicht vor der allgemein üblichen Bespitzelung durch das MfS verschont geblieben:

„29. 3. 1984: Eine Indiskretion gab uns heute Gewissheit: Man hatte im Büro Hager gründliche Untersuchungen angestellt. Denn dort war alles bekannt: Welche Zensuren unsere Kinder in der Schule bekamen, wieviel Alkohol wir tranken und in welchen finanziellen Verhältnissen wir uns befanden. [...] Es ist schon einige Tage her: Ich ließ abends im Atelier die Rollos herunter, zog meinen Mantel an und verließ das Haus. Auf der Straße bemerkte ich, dass ich meine Handschuhe vergessen hatte. Ich ging zurück, trat in den Hausflur und prallte dort mit zwei Herren zusammen, über die kein Zweifel möglich war. [...] Wir erschraken alle drei. Ich denke, sie hatten die Anweisung, mir nicht zu begegnen. [...] Sie klingelten bei Herrn Gunske, der die Pflichten des »Hausvertrauensmannes« versieht. [...] Gunske, die Hände in den Taschen seiner ausgebeulten Trainingshosen, lungerte die folgenden Tage im Hausflur und auf dem Hof herum, kaute an einem erloschenen Zigarrenstummel und zwinkerte mir mit seinen trüben Äuglein zu. Am dritten Tag hielt er es nicht mehr aus und sprach mich an: „Na, Herr Noll, ick ha jehert, sie wolln nachm Westen machen?" „Woher wissen Sie das? Haben es Ihnen die Herren erzählt, die neulich bei Ihnen waren?" „Nee, um Jottes Willen, bei mir war keener...Ick meine bloß so. Die ham ja ooch nich uff sie jewartet...Na, wert schafft..." Tags darauf war Herr Gunske verschwunden. In seiner Wohnung war ihm irgendetwas passiert, er war von der Leiter gestürzt oder dergleichen. Am Vormittag kam ein Krankenauto und brachte ihn weg."[768]

Am 2. April teilte man Noll am Telefon seinen Ausschluss aus der Akademie der Künste mit und forderte den Akademieausweis umgehend zurück. Die Bitte, man möge ihm ein Dokument ausstellen, mit dem er später nachweisen könne, Mitglied der Akademie der Künste gewesen zu sein, wurde abgeschlagen. Noll weigerte sich daraufhin, den Ausweis abzugeben.[769]

Das Verfahren zog sich in die Länge, bis Noll nachgab:

„17. 4. 1984: Schließlich kam heraus, dass Generaldirektor Schnabel nicht gedachte, mir ein Dokument auszuhändigen. Schnabel kalkulierte richtig: Das Fehlen dieses Dokuments bereitete mir später im Westen viele Scherereien. [...] Ich rief mir ein Taxi und fuhr in die Akademie. Die Damen in der Kaderabteilung waren instruiert und nahmen mit versteinerten Mienen den Ausweis entgegen. Im Verband übergab ich unsere Parteidokumente und unsere Verbandsausweise."[770]

Noch am selben Tag erhielten die Nolls eine Vorladung vom Rat des Stadtbezirks für den nächsten Morgen, neun Uhr, zur Klärung der letzten Formalien. In

[767] Ebenda, S. 68.
[768] Ebenda, S. 79 f.
[769] Ebenda, S. 90.
[770] Ebenda, S. 179.

den nächsten Tagen wurden nun die üblichen Laufzettel abgearbeitet und Schuldenfreierklärungen von den diversen Stellen eingeholt.

Schließlich wurden die Kinder noch befragt:

„25. 4. 1984: Am Nachmittag musste Sabine mit den Kindern die »Abteilung Inneres« aufsuchen. Eine Kommission, bestehend aus dem Sektorenleiter, der blonden Dame und dem Nussknacker, befragte die Kinder, ob sie mit uns ausreisen wollten“.[771]

Am Ende wurde die Ausreise selbst als Repressalie gestaltet:

„3. 5. 1984: Morgens klingelte es an der Tür. Als ich öffnete, war das Treppenhaus leer, nur eine graue Karte lag auf dem Fußboden. Wir wurden auf 15 Uhr in die Abteilung Inneres bestellt. [...] Punkt 15 Uhr saßen wir in einem der tristen Büros einer uns unbekannten Dame gegenüber. Sie ließ uns wissen: „Ihr Antrag wurde genehmigt. Bis übermorgen Abend 24 Uhr haben sie die DDR zu verlassen.“ [...]

Die letzten Tage unseres Lebens in der DDR verliefen in ununterbrochener, atemloser Aktivität. Wir packten, fuhren in Autos durch die Strassen der Innenstadt, besorgten Stempel und Formulare, verhandelten mit Zollbeamten und Bankangestellten, reichten unsere Bücherlisten ein...“[772]

Zweieinhalb Monate lagen im Falle Noll zwischen Antrag und Ausreise und es wäre sicher noch schneller gegangen, wenn Hans Noll seinen Akademieausweis gleich abgegeben hätte. Diese kurze Bearbeitungszeit ging mit hoher Wahrscheinlichkeit auf die Prominenz des Antragstellers bzw. seiner Familie zurück.

771 Ebenda, S. 218.
772 Ebenda, S. 260.

4. Teil: Schlussbetrachtung

Festzuhalten ist als Ergebnis zunächst, dass ein Recht auf Ausreise aus der DDR aufgrund des Art. 12 des internationalen Paktes über zivile und politische Rechte vom 16. Dezember 1966 bestand, von der DDR jedoch nie in innerstaatliches Recht umgesetzt wurde. Im Rechtsalltag der DDR herrschte vielmehr faktisch ein Ausreiseverbot mit Erlaubnisvorbehalt.

Einleitend wurde die Frage aufgeworfen, ob dieses Ausreiseverbot derart unerträgliches Unrecht darstellte, dass es nach den Grundsätzen der Radbruchschen Formel bei der heutigen Anwendung von DDR-Strafrecht im Rahmen der strafrechtlichen Bewertung der Ausreisesachverhalte zu vernachlässigen ist. Es wurde aufgezeigt, dass der BGH dies ablehnt. Nach seiner Rechtsprechung ergibt die Abwägung zwischen Menschenrechtsschutz und dem rechtsstaatlich gebotenen Vertrauensschutz im Hinblick auf das Rückwirkungsverbot aus Art. 103 Abs. 2 GG im Falle der Mauerschützenprozesse zwar die Unbeachtlichkeit des Rechtfertigungsgrundes aus § 27 Abs. 2 Satz 1 des Grenzgesetzes der DDR.[773] Das Ausreiseverbot wird in ständiger Rechtsprechung des BGH hingegen für beachtlich angesehen.[774]

Vor dem Hintergrund der in dieser Arbeit aufgezeigten Rechtswirklichkeit in der DDR erscheint das Ergebnis des BGH jedoch nicht nachvollziehbar. Zwar ist bei Anwendung der Radbruchschen Formel zu berücksichtigen, dass sie nicht jedes Unrecht pauschal für unbeachtlich erklärt, sondern dass sie lediglich eine äußerste Grenze setzt, die da verlaufen soll, wo positiv gesetztes Unrecht „unerträglich" ist.[775] Auch ist zu beachten, dass die Beantwortung der Frage, was „unerträgliches" Unrecht ist, nicht zu einer Auslegung nach rechtsstaatlichen Prinzipien und somit zu einer versteckten Rückwirkung führen darf und die Feststellung allein, dass die DDR gegen völkerrechtliche Verpflichtungen verstoßen hat, noch nicht das Vorliegen „unerträglichen" Unrechts bedeutet.[776]

Die Radbruchsche Formel gibt schließlich auch kein überpositives Recht an die Hand, nach welchem bemessen werden könnte, wann Unrecht „unerträglich"

[773] „Die Anwendung der Schusswaffe ist gerechtfertigt, um die unmittelbar bevorstehende Ausführung oder Fortsetzung einer Straftat zu verhindern, die sich den Umständen nach als ein Verbrechen darstellt."

[774] BGH NJW 1998 S. 2613 m.w.N.

[775] vgl. *Gustav Radbruch*, Gesetzliches Unrecht und übergesetzliches Recht, S. 89 ff.

[776] Vgl. zum Ganzen die ausführliche Darstellung aus rechtsphilosophischer Sicht bei *Robert Alexy*, Der Beschluss des Bundesverfassungsgerichts zu den Tötungen an der innerdeutschen Grenze vom 24. Oktober 1996, S. 8 ff.

ist.[777] Die richtige Anwendung der Radbruchschen Formel auf das Ausreiseverbot, unter Berücksichtigung der hier nachgezeichneten Rechtspraxis in der DDR, führt gleichwohl zu der Feststellung, dass die nämliche Unerträglichkeitsschwelle überschritten wurde. Denn Unrecht wird als „unerträglich" angesehen, wenn es extrem ist, wenn seine Umsetzung zu „exzessivem" Verhalten führt.[778] Diese Arbeit hat aufgezeigt, dass das Ausreiseverbot genau das bewirkt hat.

Zum positiven Recht gehört neben dem Wortlaut seiner Normen auch deren „interpretative Praxis".[779] Das Ausreiseverbot in der DDR ist daher auch nicht abstrakt, sondern im Zusammenhang mit seiner Durchsetzung und aller hier dargestellten Konsequenzen zu bewerten. Diese Arbeit hat deutlich gemacht, wie schwerwiegend das Ausreiseverbot für die DDR-Bevölkerung, namentlich für diejenigen war, die sich auf ihr Ausreiserecht beriefen. Die Willkür, mit der seitens des Staates in die verschiedensten Menschenrechte der Antragsteller eingegriffen wurde, kann gar nicht anders als „exzessiv" bezeichnet werden.

Dagegen wird auch das Argument nicht angeführt werden können, dass es sich bei den hier beschriebenen Fällen um die „krassen Fälle" handelte und der zahlenmäßige Durchschnitt der Antragsteller keine exzessive Behandlung durch die DDR-Justiz erfahren hat. Denn auf die Anzahl der Opfer kann es in der Frage nach materieller Gerechtigkeit nicht ankommen. Vielmehr zählt die Feststellung, dass jeder Antragsteller mit einer willkürlichen Behandlung rechnen musste, weil auch sein Fall im politischen Kampf zum Exempel hätte auserkoren werden können.

Die Außerachtlassung des Ausreiseverbots stellt schließlich auch keinen Verstoß gegen das Rückwirkungsverbot aus Art. 103 Abs. 2 GG dar. Das ergibt sich daraus, dass die DDR ihre Bindung an den IPBPR stets anerkannte. Die Staatsführung hat die Anerkennung dieser Bindung sogar mehrfach öffentlich betont.[780] Sie behauptete aber darüber hinaus, das Ausreiserecht würde in der DDR im Sinne des Paktes umgesetzt.

Es ist eine weitere Erkenntnis dieser Arbeit, dass diese Auffassung durch die DDR wider besseres Wissen propagiert wurde. Es behauptet heute niemand ernsthaft, dass die politische Führung der DDR je im Unklaren über den eigentlichen Sinn und Zweck der Ausreisegarantie und deren Ausnahmeregelungen im

777 Vgl. *Arthur Kaufmann*, Die Radbruchsche Formel vom gesetzlichen Unrecht und vom übergesetzlichen Recht in der Diskussion um das im Namen der DDR begangene Unrecht, NJW 1995, S. 83 f.

778 So auch der BGH an den genannten Stellen.

779 Vgl. *Robert Alexy*, Der Beschluß des Bundesverfassungsgerichts zu den Tötungen an der innerdeutschen Grenze vom 24. Oktober 1996, S. 8.

780 Vgl. das Kapitel „Die Auffassung der DDR-Regierung", 2. Teil, B., III., 4.

Pakt war. Aus Gründen des rechtsstaatlich gebotenen Vertrauensschutzes ist es daher nicht geboten, heute noch nachträglich auf Kosten der Opfer die regelwidrige Auslegung der im IPBPR statuierten Ausreisefreiheit und deren Ausnahmetatbestände durch die DDR-Regierung zu respektieren.

Auch die abweichende Auffassung von Grund- und Menschenrechten im sozialistischen Rechtsverständnis steht dem nicht entgegen. Denn auch hiernach gab es unveräußerliche Menschenrechte. Der Kommunismus sollte diese ja gerade für die Menschheit erkämpfen. Die Auffassung der DDR-„Rechtswissenschaft", dass die Ausreisefreiheit kein solches Recht, sondern ein „bürgerliches Menschenrecht" sei, kann nicht im Nachhinein dazu führen, dass die Erklärung der DDR im IPBPR als unwirksam anzusehen ist.

Danach wird deutlich, dass entgegen der Auffassung des BGH nach dessen Grundsätzen auch das in der DDR bestehende Ausreiseverbot bei der heutigen Anwendung des DDR-Strafrechts zu vernachlässigen ist.

Das Ausreiseverbot in der durch die DDR praktizierten Form ist als offensichtlicher, unerträglicher Verstoß gegen elementare Gebote der Gerechtigkeit und gegen völkerrechtlich geschützte Menschenrechte und damit als unwirksam anzusehen.

Literatur

Anmerkung:

Wurde in den Fußnoten ein Name nicht *Kursiv* hervorgehoben, so ist die betreffende Person nicht der Urheber des zitierten Textes. Einerseits wurden auf diese Weise Herausgeber von Textsammlungen kenntlich gemacht, andererseits war es in vielen Fällen nötig, auf die Veröffentlichung von Primärquellen bei anderen Autoren zurückzugreifen, weil die Quellen nicht zugänglich waren. So zum Beispiel bei Dokumenten des ehemaligen Staatssicherheitsdienstes der ehemaligen DDR. In diesen Fällen sollte der zitierte Autor von den geistigen Vätern des jeweiligen Textes unterscheidbar gemacht werden.

Bundesdeutsche Literatur:

Alexy, Robert, Walter Ulbrichts Rechtsbegriff, in: Eckert (Hrsg.), Die Babelsberger Konferenz vom 2./3. April 1958, S. 191-202, Baden-Baden 1993

Ders., Mauerschützen – Zum Verhältnis von Recht, Moral und Strafbarkeit, Hamburg 1993

Ders., Der Beschluss des Bundesverfassungsgerichts zu den Tötungen an der innerdeutschen Grenze vom 24. Oktober 1996, Hamburg 1997

Ammer, Thomas, Menschenrechtsverletzungen in der DDR, in: Deutschland-Archiv 1985, S. 949-959

Bath, Matthias, Es wird weitergeschossen - Zur Normgenese des Schießbefehls, in: Deutschland-Archiv 1985, S. 959- 971

Ders., Notwehr und Notstand bei der Flucht aus der DDR, Dissertation, Berlin 1988

Berbig, Roland (Hrsg.), In Sachen Biermann: Protokolle, Berichte und Briefe zu den Folgen einer Ausbürgerung, Berlin 1994

Blech, Klaus, Die Prinzipienerklärung der KSZE-Schlussakte, in: Europa-Archiv 1976, S. 257-274

Bleckmann, Albert, Staatsrecht II – Die Grundrechte, 4. Auflage, Köln u.a. 1997

Blumenwitz, Dieter, Zur strafrechtlichen Verfolgung Erich Honeckers – Staats- und völkerrechtliche Fragen, in: Deutschland-Archiv 1992, S. 567-579

Brunner, Georg, Einführung in das Recht der DDR, 2. Auflage, München 1979

Ders., Karl Marx und die Grundrechte in der DDR, in: Löw (Hrsg.), Karl Marx und das politische System in der DDR, S. 49-74, Asperg bei Stuttgart 1982

Ders. / Klein, Eckart, Internationale Menschenrechtsverpflichtungen der DDR, in: Brunner (Hrsg.), Menschenrechte in der DDR, S. 15-48, Baden-Baden 1989

Buchner, Silke, Die Rechtswidrigkeit der Taten von „Mauerschützen" im Lichte von Art. 103 II GG unter besonderer Berücksichtigung des Völkerrechts, Frankfurt am Main 1996

Buchs, Gaby, Die unmittelbare Anwendbarkeit völkerrechtlicher Vertragsbestimmungen, Baden-Baden 1993

Buckler, Alois, Grenzgänger – Erlebnisse aus den Jahren 1947-1961 an der innerdeutschen Grenze, Leipzig 1991

Budde, Heidrun, Voyeure im Namen des Sozialismus – Ehe Ost-West nach 1972, Berlin 1999

Bundesministerium der Justiz (Hrsg.), Im Namen des Volkes? Über die Justiz im Staat der SED – Wissenschaftlicher Begleitband zur Ausstellung des Bundesministeriums der Justiz, Leipzig 1994

Dreier, Horst, Gustav Radbruch und die Mauerschützen, in: Juristen Zeitung 1997, S. 421-434

Deutscher Bundestag (Hrsg.), Materialien der Enquete Kommission „Aufarbeitung von Geschichte und Folgen der SED-Diktatur in Deutschland, Band IV, V, VII, alle Baden-Baden 1995

Eckert, Jörn, Die Babelsberger Konferenz vom 2. und 3. April 1958 – Legende und Wirklichkeit, in: Der Staat 1994, S. 59-75

Eisenfeld, Bernd, Die Ausreisebewegung – Eine Erscheinungsform widerständigen Verhaltens in: Poppe (Hrsg.), Zwischen Selbstbehauptung und Anpassung – Formen des Widerstandes und der Opposition in der DDR, S. 192-223, Berlin 1995

Ders.,„Die Zentrale Koordinierungsgruppe – Bekämpfung von Flucht und Ausreise, in: Henke / Suckut / Vollnhals / Engelmann (Hrsg.), MfS-Handbuch des BStU, 2. Auflage, Berlin 1996

Ders., Die Verfolgung der Antragsteller auf Ausreise, in: Baumann / Kury (Hrsg.), Politisch motivierte Verfolgung – Opfer von SED-Unrecht, S. 117-135 Freiburg i. Br. 1998

Ders., Widerständiges Verhalten im Spiegel von Statistiken und Analysen des MfS, in: Henke / Engelmann (Hrsg.), Aktenlage – Die Bedeutung der Unterlagen des Staatssicherheitsdienstes für die Zeitgeschichtsforschung, S. 157-176

Erichsen, Hans-Uwe, Staatsrecht und Verfassungsgerichtsbarkeit I, 3. Auflage, München 1982

Ermacora, Felix, Menschenrechte in der sich wandelnden Welt, I. Band: Historische Entwicklung der Menschenrechte und Grundfreiheiten, Wien 1974

Fikentscher, Wolfgang / Oppermann, Thomas, Unbemerkte Anerkennung – Partielle Ausbürgerung?, in: Archiv des öffentlichen Rechts 1971, S. 423-427

Fricke, Karl Wilhelm, Politik und Justiz in der DDR – Zur Geschichte der politischen Verfolgung 1945-1968, 2. Auflage, Köln 1990

Ders., Die DDR-Staatssicherheit, 3. Auflage, Köln 1989

Fritze, Lothar, Innenansichten eines Ruins – Gedanken zum Untergang der DDR, München 1993

Fuchs, Jürgen, Unter Nutzung der Angst – Die „leise“ Form des Terrors – Zersetzungsmaßnahmen des MfS, in: BStU, Abteilung Bildung und Forschung (Hrsg.), BF informiert 2/1994

Gill, David / Schröter, Ulrich, Das Ministerium für Staatssicherheit – Anatomie des Mielke-Imperiums, Berlin 1991

Grabitz, Eberhard, Freiheit und Verfassungsrecht: Kritische Untersuchung zur Dogmatik und Theorie der Freiheitsrechte, Tübingen 1976

Gräf, Dieter, Ausreise aus der DDR – Übersiedlung in die Bundesrepublik Deutschland, Meerbusch 1987

Ders., Im Namen der SED – Rückblick auf Rechtssystem und Rechtsalltag in der DDR, Melle 1990

Grasemann, Hans-Jürgen, Fluchtgeschichten aus der zentralen Erfassungsstelle Salzgitter, in: Weisbrodt (Hrsg.), Grenzland – Beiträge zur Geschichte der deutsch-deutschen Grenze, S. 28-50, Hannover 1993

Ders., Die politische Justiz in der Ära Honecker, in: Bundesministerium der Justiz (Hrsg.), Im Namen des Volkes? Über die Justiz im Staat der SED – Wissenschaftlicher Begleitband zur Ausstellung des Bundesministeriums der Justiz, S. 197-208, Leipzig 1994

Grix, Jonathan, Erscheinungsformen widerständigen Verhaltens im Alltag der DDR, in: Timmermann (Hrsg.), Die DDR – Analysen eines aufgegebenen Staates, S. 157-163, Berlin 2001

Grundmann, Siegfried, Der DDR-Alltag im Jahre 1987 – Dargestellt auf Grundlage der soziologischen Untersuchung „Sozialstruktur und Lebensweise in den Städten und Dörfern“ aus dem Jahre 1987, in: Timmermann (Hrsg.), Die DDR – Analysen eines aufgegebenen Staates S. 131-155, Berlin 2001

Ders., Zur Un-/Zufriedenheit der DDR-Bevölkerung, in: Timmermann (Hrsg.). Die DDR – Erinnerung an einen untergegangenen Staat, S. 279-294, Berlin 1999,

Guradze, Heinz, Die Menschenrechtskonventionen der Vereinten Nationen vom 16. Dezember 1966 – Inhalt, Verfahren, Bedeutung, in: Jahrbuch für Internationales Recht 1971, S. 242-273

Hahn, Reinhardt O., Ausgedient – Ein Stasi-Major erzählt – Erinnerungen eines Majors des MfS, notiert von Reinhardt O. Hahn, Halle / Leipzig 1990

Hailbronner, Kay, Deutsche Staatsangehörigkeit und DDR-Staatsbürgerschaft, in: Juristische Schulung 1981, S. 712-718

Ders., Der Flüchtlingsbegriff der Genfer Flüchtlingskonvention und die Rechtsstellung von de-facto-Flüchtlingen, in: Zeitschrift für Ausländerrecht 1993, S. 3-11

Hartmann, Dieter-Dirk, Ausreisefreiheit, in: Jahrbuch des öffentlichen Rechts N. F. 1968, S. 437-480

Heidemeyer, Helge, Flucht und Zuwanderung aus der SBZ/DDR 1945/49-1961, Düsseldorf 1994

Herdegen, Matthias, Europarecht, 3. Auflage, München 2001

Hertle, Hermann, Der Fall der Mauer – Die unbeabsichtigte Selbstauflösung des SED-Staates, Köln 1996

Hilmer, Richard, Motive und Hintergründe von Flucht und Ausreise aus der DDR, in: Deutscher Bundestag (Hrsg.), Materialien der Enquete-Kommission „Aufarbeitung von Geschichte und Folgen der SED-Diktatur in Deutschland" Band VII 1, S. 322-330, Baden-Baden 1995

Hilse, Werner, Die Flucht- und Ausreiseproblematik als innenpolitischer Konfliktstoff in der DDR und innerhalb der DDR-Opposition, in: Deutscher Bundestag (Hrsg.), Materialien der Enquete-Kommission „Aufarbeitung von Geschichte und Folgen der SED-Diktatur in Deutschland" Band VII 1, S. 390-405, Baden-Baden 1995

Hirschmann, Albert O., Abwanderung, Widerspruch und das Schicksal der DDR, in: Leviathan 1992, Zeitschrift für soziale Wissenschaft S. 330-358

Hoerschelmann, Axel von, Die neuen Bestimmungen der DDR zu Auslandsreisen, Übersiedlungen, Eheschließungen mit Ausländern sowie zur Zusammenführung von Verwandten vom 30.11.1988, in: Recht in Ost und West 1989, S. 90-97

Hoffmann, Dierk / Schmidt, Karl-Heinz / Skyba, Peter, Die DDR vor dem Mauerbau, München 1993

Hofmann, Rainer, Kommentar zum internationalen Pakt über bürgerliche und politische Rechte, in: Das Deutsche Bundesrecht (1986) I A 10 c, S. 21-53

Ders., Die Ausreisefreiheit nach Völkerrecht und staatlichem Recht, Berlin 1988

Ders., Staatsangehörigkeit im geteilten Deutschland. Der Teso-Beschluss des Bundesverfassungsgerichts, in: Zeitschrift für ausländisches öffentliches Recht und Völkerrecht 1989, S. 257-300

Ders., Völkerrechtliche Aspekte der Übersiedlung von Bürgern der DDR über Drittländer in die BRD, in: Zeitschrift für ausländisches öffentliches Recht und Völkerrecht 1990, S. 1-38

Huber, Ernst Rudolf, Deutsche Verfassungsgeschichte seit 1789 Band I, 2. Auflage, Stuttgart 1967, Band II, 2. Auflage, Stuttgart 1968

Internationale Gesellschaft für Menschenrechte (Hrsg.), Politische Haft in der DDR – Befragung ehemaliger politischer Gefangener aus der DDR über ihre Inhaftierung in der DDR, Frankfurt am Main 1986

Dies., (Hrsg.), Menschenrechte in der DDR und in Ost-Berlin, 3. Auflage, Frankfurt am Main 1988

Ipsen, Jörn, Staatsrecht, Band 2, Grundrechte, 5. Auflage, Neuwied 2002

Ipsen, Knut, Völkerrecht, 4. Auflage, München 1999

Jeschonnek, Günter, Ausreise – Das Dilemma des ersten deutschen Arbeiter- und Bauernstaates?, in: Kroh (Hrsg.), Freiheit ist immer Freiheit... – Die Andersdenkenden in der DDR, Berlin 1989

Ders., Die Selbstorganisation von Ausreiseantragstellern in den 80er Jahren in der DDR, in: Deutscher Bundestag (Hrsg.), Materialien der Enquete-Kommission „Aufarbeitung von Geschichte und Folgen der SED-Diktatur in Deutschland" Band VII 1, S. 397-405, Baden-Baden 1995

Jesse, Eckhard, Artikulationsformen und Zielsetzungen von widerständigem Verhalten in der DDR, in: Deutscher Bundestag (Hrsg.), Materialien der Enquete-Kommission „Aufarbeitung von Geschichte und Folgen der SED-Diktatur in Deutschland" Band VII 1, S. 987-1030, Baden-Baden 1995

Jessen, Ralph, Justiz und Verwaltung im Dienste der Staatspartei, in: Matthias Judt (Hrsg.), DDR-Geschichte in Dokumenten, S. 40-43, Bonn 1998

Judt, Matthias (Hrsg.), DDR-Geschichte in Dokumenten, Bonn 1998

Kant, Immanuel, Metaphysik der Sitten, Nachdruck, Stuttgart 1990

Kaschkat, Hannes, Die sozialistischen Grundrechte in der DDR – Ihre Funktion und Entwicklung, Dissertation, Würzburg 1976

Kaufmann, Arthur, Die Radbruchsche Formel vom gesetzlichen Unrecht und vom übergesetzlichen Recht in der Diskussion um das im Namen der DDR begangene Unrecht, in: Neue Juristische Wochenschrift 1995, S. 81-86

Kelsen, Hans, The Law of the United Nations, 4. Auflage, New York 1964

Kimminich, Otto, Fluchthilfe und Flucht aus der DDR in die Bundesrepublik Deutschland, Frankfurt am Main 1974

Klein, Eckart, Die völkerrechtliche Lage, in: Unabhängige Wissenschaftlerkommission (Hrsg.), Menschenrechte in den Staaten des Warschauer Paktes, S. 15-33, Köln 1988

Klein, Johannes Kurt, Ursachen und Motive der Abwanderung aus der Sowjetzone Deutschlands, in: Aus Politik und Zeitgeschichte 1955, S. 361-383

Knabe, Hubertus, Opposition in einem halben Land – die Besonderheiten kritischer Bewegungen in der DDR im Vergleich zu anderen Staaten des ehemaligen Warschauer Paktes, in: Forschungsjournal Neue Soziale Bewegungen 1992, S. 9-15

Ders., West-Arbeit des MfS – Das Zusammenspiel von „Aufklärung" und „Abwehr", Berlin 1999

Kraut, Gerald Michael, Rechtsbeugung? Die Justiz der DDR auf dem Prüfstand des Rechtsstaates, München 1997

Kreuzer, Christine, Die unmittelbare Anwendbarkeit völkerrechtlicher Verträge, in: Juristische Ausbildung 1998, S. 731-735

Kriele, Martin, Der Streit um die Rechtslage Deutschlands und die völkerrechtliche Anerkennung der DDR, in: Zeitschrift für Rechtspolitik 1971, S. 261-267

Ders., Die Menschenrechte zwischen Ost und West, Köln 1977

Krüger, Waltraud, Ausreiseantrag, Magdeburg 1990

Krug, Manfred, Abgehauen – Ein Mitschnitt und ein Tagebuch, 12. Auflage, Düsseldorf 1997

Külz, Helmut R., Die Flüchtlinge aus der sowjetischen Besatzungszone, Frankfurt am Main 1950

Lagodny, Otto / Hesse, Dörthe, Anmerkung zum Beschluss des BGH vom 22.04.1998, in: Juristen Zeitung 1999, S. 309-316

Landesjustizverwaltungen Berlin, Brandenburg, Mecklenburg-Vorpommern, Sachsen, Sachsen-Anhalt und Thüringen (Hrsg.), Politische Strafjustiz in der früheren DDR, dargestellt an ausgewählten Einzelschicksalen Erfurt 1996

Lange, Roland J., Einbindung und Behinderung der Rechtsanwälte, in: Deutscher Bundestag (Hrsg.), Materialien der Enquete-Kommission „Aufarbeitung von Geschichte und Folgen der SED-Diktatur in Deutschland" Band IV, S. 605-653 Baden-Baden 1995

Lapp, Peter Joachim, Gefechtsdienst im Frieden – Das Grenzregime der DDR, Bonn 1999

Laskowski, Silke, Unrecht-Strafrecht-Gerechtigkeit – Die Probleme des Rechtsstaats mit dem DDR-Unrecht, in: Juristische Arbeitsblätter 1994, S. 151-166

Leipziger Bürgerkomitee zur Auflösung des MfS/AfN (Hrsg.), Stasi Intern – Macht und Banalität, Leipzig 1991

Liebernickel, Martin, Erpressung ausreisewilliger DDR-Bürger – Die strafrechtliche Bewertung staatlichen Zwangs zur Grundstücksveräußerung zur Erlangung der Ausreise aus der DDR, Baden-Baden 2000

Lieser-Triebnigg, Erika, Recht in der DDR – Einführung und Dokumentation, Köln 1985

Lochen, Hans-Herrmann / Meyer-Seitz, Christian, die geheimen Anweisungen zur Diskriminierung Ausreisewilliger – Dokumente der Stasi und des Ministeriums des Innern, Köln 1992

Lochen, Hans-Herrmann, Nachwuchskader – Zur Auswahl und Ausbildung von Juristen in der DDR, in: Bundesministerium der Justiz (Hrsg.), Im Namen des Volkes? Über die Justiz im Staat der SED – Wissenschaftlicher Begleitband zur Ausstellung des Bundesministeriums der Justiz, S. 123-136, Leipzig 1994

Ders., Das Vorgehen gegen Ausreisewillige, in: Deutscher Bundestag (Hrsg.), Materialien der Enquete-Kommission „Aufarbeitung von Geschichte und Folgen der SED-Diktatur in Deutschland“ Band IV, S. 268-292, Baden-Baden 1995

Ders., Die geheimgehaltenen Bestimmungen über das Ausreiseverfahren als Ausdruck staatlicher Willkür, in: BStU (Hrsg.), Ausreisen oder dableiben? Regulierungsstrategien der Staatssicherheit S. 19-28, Berlin 1997

Luchterhand, Otto, Der verstaatlichte Mensch – Die Grundrechte und Grundpflichten des Bürgers in der DDR, Köln 1985

Mählert, Ulrich, Geschichte der DDR, ohne Angabe von Ort und Jahr

Maercker, Andreas, Posttraumatische Belastungsstörungen – Psychologie der Extrembelastungsfolgen bei Opfern politischer Gewalt, Dresden 1998

Mahnke, Hans Heinrich, Die Prinzipienerklärung der KSZE-Schlussakte und das Völkerrecht – Völkerrechtliche Aspekte der deutschen Frage, in: Recht in Ost und West 1977, Teil I S. 45-56, Teil II S. 111-123

Ders., Menschenrechte und nationales Interesse, in: Recht in Ost und West 1978, S. 193-207

Ders., Die besonderen Beziehungen zwischen den beiden deutschen Staaten – Eine Übersicht über die im Schrifttum vertretenen Auffassungen, in: Recht in Ost und West 1979, S. 137-151

Major, Patrik, Abwanderung, Widerspruch und Loyalität: Die DDR und die offene Grenze vor dem Mauerbau, in: Timmermann (Hrsg.), Die DDR – Analysen eines aufgegebenen Staates, S. 199-209, Berlin 2001

Ders., Torschlusspanik und Mauerbau in: Ciesla / Lemke / Lindenberger (Hrsg.), Sterben für Berlin? Berliner Krisen 1948:1958, Berlin 2000

Mampel, Siegfried, Bemerkungen zum Bericht der DDR an das Menschenrechtskomitee der Vereinten Nationen, in: Recht in Ost und West 1978, S. 149-157

Ders., Die sozialistische Verfassung der Deutschen Demokratischen Republik – Kommentar, 2. Auflage, Frankfurt am Main 1982

Mangoldt, Hans von, Die kommunistische Konzeption der Bürgerrechte und die Menschenrechte des Völkerrechts, in: Unabhängige Wissenschaftlerkommission (Hrsg.), Menschenrechte in den Staaten des Warschauer Paktes, S. 15-33, Köln 1988

Ders., Die Menschenrechtskonzeption der Staaten des Warschauer Paktes im Lichte ihrer völkerrechtlichen Verpflichtungen, in: Recht in Ost und West 1989, S. 83-89

Maunz, Theodor / Dürig, Günter, Kommentar zum Grundgesetz, Band 1, 40. Ergänzungslieferung, München 2002

Mayer, Wolfgang, Dänen von Sinnen, Böblingen 1991

Ders., Die mit dem Storch zogen – Die kriminellen Dokumente zu „Dänen von Sinnen", Böblingen 1992

Ders., Flucht und Ausreise – Botschaftsbesetzungen als Form des Widerstandes gegen die politische Verfolgung in der DDR, Berlin 2002

Meessen, Karl Matthias, Verfassungsrechtliche Grenzen einer Neuregelung der Staatsangehörigkeit im geteilten Deutschland, in: Juristenzeitung 1972, S. 673-679

Ders., Das Problem der deutschen Staatsangehörigkeit nach dem Grundvertrag, in: Europa-Archiv 1973, S. 515-524

Ders., SED-Einfluss auf die Justiz in der Ära Honecker, in: Deutschland-Archiv 1995, S. 32-42

Mitter, Armin / Wolle, Stefan, Untergang auf Raten – Unbekannte Kapitel der DDR-Geschichte, München 1993

Müller, Christine / Müller, Bodo, Über die Ostsee in die Freiheit, Bielefeld 1992

Müller, Klaus-Dieter, Die medizinische Versorgung in den Haftanstalten der DDR, in: Gedenkstätte Moritzplatz Magdeburg für die Opfer politischer Gewalt u.a. (Hrsg.), Zur medizinischen, psychologischen und politischen Beurteilung von Haftfolgeschäden nach 1945 in Deutschland, S. 13-44, Magdeburg 1994

Müller-Enbergs, Helmut (Hrsg.), Inoffizielle Mitarbeiter des Ministeriums für Staatssicherheit – Teil 2: Anleitungen für die Arbeit mit Agenten, Kundschaftern und Spionen in der Bundesrepublik Deutschland, Berlin 1996

Ders., Staatsrecht Band 1, 5. Auflage, Stuttgart 1993

Ders. (Hrsg.), Dokumente des geteilten Deutschlands: Quellentexte zur Rechtslage des Deutschen Reiches, der Bundesrepublik Deutschland und der Deutschen Demokratischen Republik, Band I, 2. Auflage, Stuttgart 1976, Band II, 1. Auflage, Stuttgart 1974

Neubert, Ehrhart, Geschichte der Opposition in der DDR 1949-1989, Bonn 1997

Nissel, Reinhard, Recht im Bewusstsein der Bürger, in: Bundesministerium der Justiz (Hrsg.), Im Namen des Volkes? Über die Justiz im Staat der SED – Wissenschaftlicher Begleitband zur Ausstellung des Bundesministeriums der Justiz, S. 73-81, Leipzig 1994

Noll, Hans, Der Abschied – Journal meiner Ausreise aus der DDR, 2. Auflage, Hamburg 1985

Nowak, Manfred, UNO-Pakt über bürgerliche und politische Rechte und Fakultativprotokoll – CCPR-Kommentar, Kehl am Rhein 1989

Oleschinski, Brigitte, Schlimmer als schlimm. Strafvollzug in der DDR, in: Bundesministerium der Justiz (Hrsg.), Im Namen des Volkes? Über die Justiz im Staat der SED – Wissenschaftlicher Begleitband zur Ausstellung des Bundesministeriums der Justiz, S. 255-261 Leipzig 1994

Oppermann, Thomas, Anmerkung zum Urteil des Bundesverfassungsgerichts vom 31.7.1973, in: Juristenzeitung 1973, S. 588-597

Ott, Hermann, Die Staatspraxis an der DDR-Grenze und das Völkerrecht, zgl. Anmerkung zum Urteil des BGH vom 3.11.1992, 5 StR 370/92, in: Neue Justiz 1993, S. 337-343

Petzold, Frank, Die „Staatsgrenze Nord“ – Zur Entwicklung der Ostseeküste als Teil des DDR-Grenzregimes, in: Timmermann (Hrsg.), Die DDR – Erinnerung an einen untergegangenen Staat, S. 453 – 484, Berlin 1999

Pieroth, Bodo / Schlink, Bernhard, Staatsrecht II – Grundrechte, 14. Auflage, Heidelberg 1998

Pieroth, Bodo, Das Grundrecht der Freizügigkeit, in: Juristische Schulung 1985, S. 82-88

Plumeyer, Hans-Otto / Sauer, Heiner, Der Salzgitter-Report – Die Zentrale Erfassungsstelle berichtet über Verbrechen im SED-Staat, Frankfurt am Main 1993

Pollak, Detlef, Politischer Protest – Politisch alternative Gruppen in der DDR, Opladen 2000

Poppe, Ulrike, Der Weg ist das Ziel – Zum Selbstverständnis und der politischen Rolle oppositioneller Gruppen der achtziger Jahre, in: Poppe (Hrsg.), Zwischen Selbstbehauptung und Anpassung – Formen des Widerstandes und der Opposition in der DDR, S. 244-272, Berlin 1995

Quaritsch, Helmut, DDR-Verbrechen vor dem Bundesverfassungsgericht: Außenperspektive und Binnensicht, in: Stober (Hrsg.), Recht und Recht – Festschrift für Gerd Roellecke zum 70. Geburtstag, S. 221-244, Stuttgart 1997

Radbruch, Gustav, Gesetzliches Unrecht und übergesetzliches Recht, in: Kaufmann (Hrsg.), Gustav-Radbruch-Gesamtausgabe, Band III, S. 83-93, Frankfurt 1990

Raschka, Johannes, Einschüchterung, Ausgrenzung, Verfolgung – Zur politischen Repression in der Amtszeit Honeckers, Dresden 1998

Ders., Justizpolitik im SED-Staat, Anpassung und Wandel des Strafrechts während der Amtszeit Honeckers, Köln 2000

Ders., Zwischen Überwachung und Repression – Politische Verfolgung in der DDR 1971 bis 1989, Opladen 2001

Rehlinger, Ludwig A., Freikauf – Die Geschäfte der DDR mit politisch Verfolgten 1961-1989, Berlin 1991

Reich, Norbert / Reichel, Hans-Christian, Einführung in das sozialistische Recht – Grundlagen, Grundprobleme, System, Quellen, Rechtsbildung, Rechtsverwirklichung, München 1975

Ress, Georg, Die Rechtslage Deutschlands nach dem Grundlagenvertrag vom 21. Dezember 1972, Berlin 1978

Richter, Michael, 1961-1970: Stabilisierung des SED-Regimes, in: Informationen zur politischen Bildung 1991, S. 18-20

Rink, Dieter, Ausreiser, Kirchengruppen, Kulturopposition und Reformer – Zu Differenzen und Gemeinsamkeiten in Opposition und Widerstand in der DDR in den 70er und 80er Jahren, in: Pollak (Hrsg.), Zwischen Verweigerung und Opposition – Politischer Protest in der DDR 1970-1989, S. 54-77, Frankfurt am Main 1997

Roggemann, Herwig, Grenzübertritt und Strafrechtsanwendung zwischen beiden deutschen Staaten, in: Zeitschrift für Rechtspolitik 1976, S. 243-248

Ders., Die DDR-Verfassungen – Einführung in das Verfassungsrecht der DDR, Grundlagen und neuere Entwicklung, 4. Auflage, Berlin 1989

Roellecke, Gerd, Schwierigkeiten mit der Rechtseinheit nach der deutschen Wiedervereinigung, NJW 1991, S. 657-661

Ronge, Volker, Von drüben nach hüben – DDR-Bürger im Westen, 2. Auflage, Wuppertal 1985

Rosenau, Henning, Tödliche Schüsse im Staatlichen Auftrag – Die strafrechtliche Verantwortung von Grenzsoldaten für den Schusswaffengebrauch an der deutsch-deutschen Grenze, 2. Auflage, Bade-Baden 1998

Russell, Harold S., The Helsinki Declaration: Brobdingnag Or Lilliput?, In: The American Journal of International Law 1976, S. 242-272

Salcedo, Juan Carillo, Human Rights, universal Declaration, in: Bernhardt (Hrsg.), Encyclopaedia of Public International Law, Volume II, S. 922-926, Amsterdam 1995

Schaumann, Wilfried, Der völkerrechtliche Schutz der Menschen- und Freiheitsrechte, in: Jahrbuch für Internationales Recht 1967, S. 133-159

Scheuner, Ulrich, Die staatsrechtliche Stellung der Bundesrepublik – Zum Karlsruher Urteil über den Grundlagenvertrag, in: Die öffentliche Verwaltung 1973, S. 581-584

Schlotter, Peter, Die KSZE im Ost-West-Konflikt – Wirkung einer internationalen Institution, Frankfurt am Main 1999

Schreiber, Hans-Ludwig, Die strafrechtliche Aufarbeitung von staatlich gesteuertem Unrecht, in: Zeitschrift für die gesamte Strafrechtswissenschaft 1995, S. 157-182

Schroeder, Friedrich-Christian, Notwehr bei Flucht aus der DDR, in: Neue Juristische Wochenschrift 1978, S. 2577-2579

Ders., Die Entwicklung des politischen Strafrechts in der DDR, in: Bundesministerium der Justiz (Hrsg.), Im Namen des Volkes? Über die Justiz im Staat der SED – Wissenschaftlicher Begleitband zur Ausstellung des Bundesministeriums der Justiz, S. 107-111, Leipzig 1994

Ders., Geschichtsbewältigung durch Strafrecht?, in: Deutsche Richter Zeitung 1996, S. 81-89

Ders., Der Bundesgerichtshof und der Grundsatz „nulla poene sine lege“, in: Neue Juristische Wochenschrift 1999, S. 89-93.

Schroeder, Klaus / Arlisch, Steffen, Der SED-Staat – Partei, Staat und Gesellschaft 1949-1990, München 1998

Schröder, Hans, Die Beschränkung der Freizügigkeit für die Deutschen aus der Ostzone, in: Deutsches Verwaltungsblatt 1951, S. 10-13

Schröder, Horst, Die Stellung und die Bedeutung der Staats- und Rechtswissenschaftlichen Konferenz, in Babelsberg in der Staats- und Rechtsgeschichte der DDR, in: Eckert (Hrsg.), Die Babelsberger Konferenz vom 2./3. April 1958, Baden-Baden 1993

Schütz, Hans-Joachim, Zur Rationalität des Zielkatalogs und des Friedensinstrumentariums der Schlussakte der Konferenz für Sicherheit und Zusammenarbeit in Europa (KSZE), in: Jahrbuch für internationales Recht 1975, S. 146-203

Schultze, Helmut, Vom Flüchtlingsstrom zur Massenflucht – Die Bevölkerungsentwicklung, in: Hölder (Hrsg.), Im Trabbi durch die Zeit: 40 Jahre Leben in der DDR, S. 33-48, Wiesbaden 1992

Schumann, Karl F., Flucht und Ausreise aus der DDR insbesondere im Jahrzehnt ihres Untergangs, in: Deutscher Bundestag (Hrsg.), Materialien der Enquete-Kommission „Aufarbeitung von Geschichte und Folgen der SED-Diktatur in Deutschland“ Band V 3, S. 2359-2405, Baden-Baden 1995

Schweißfurth, Theodor, Zur Frage der Rechtsnatur, Verbindlichkeit und völkerrechtlichen Relevanz der KSZE-Schlussakte, in: Zeitschrift für ausländisches öffentliches Recht und Völkerrecht, 1977, S. 681-725

Schweitzer, Michael, Staatsrecht III – Staatsrecht, Völkerrecht, Europarecht, 7. Auflage, Heidelberg 2000

Statistisches Bundesamt (Hrsg.), Vertriebene und Deutsche aus der sowjetischen Besatzungszone und dem Sowjetsektor von Berlin am 6. Juni 1961 nach dem Jahr des Zuzugs in das Bundesgebiet, in: Wirtschaft und Statistik 1966, S. 34-37

Stern, Klaus, Das Staatsrecht der Bundesrepublik Deutschland, Band II, 2. Auflage, München 1984

Stourzh, Gerald, Die Konstitutionalisierung der Individualrechte – Zum 200. Jahrestag der „Declaration of Rights“ von Virginia vom 12. Juni 1776“, in: Juristenzeitung 1976, S. 397-402

Tantzscher, Monika, Die verlängerte Mauer – Die Zusammenarbeit der Sicherheitsdienste bei der Verhinderung von „Republikflucht“ über andere Ostblockstaaten, in: Timmermann (Hrsg.), Die DDR – Erinnerung an einen untergegangenen Staat, S.91-122, Berlin 1999

Tomuschat, Christian, Die Bundesrepublik Deutschland und die Menschenrechtspakte der Vereinten Nationen, in: Vereinte Nationen 1978, S. 1-10

Travers, Detlev Ahlhardt, Entwicklung und ideologische Hintergründe der Verfassungsarbeiten in der Sowjetischen Besatzungszone Deutschlands bis zur Gründung der „Deutschen Demokratischen Republik, Dissertation, Freiburg im Breisgau 1962

Triffterer, Otto, Die völkerrechtlichen Verbrechen und das staatliche Strafrecht – Teil I: Bemühungen um Anerkennung und Kodifikation völkerrechtlicher Verbrechen, in: Zeitschrift für Rechtsvergleichung 1989, S. 83-128

Verdross, Alfred / Simma, Bruno, Universelles Völkerrecht – Theorie und Praxis, 3. Auflage, Berlin 1984

Graf Vitzthum, Wolfgang, Völkerrecht, Berlin 1997

Wagner, Wolfgang, Die Verwirklichung der Menschenrechte im Pakt der Vereinten Nationen über bürgerliche und politische Rechte vom 16. Dezember 1966, im Grundvertrag und den ihn begleitenden Nebeninstrumenten, Frankfurt 1977

Waldock, Humphrey, General course on public international law, in: Recueil des Cours 1962 II, S. 1-251

Wassermann, Rudolf, Die strafrechtliche Aufarbeitung der SED-Vergangenheit, in: Recht und Politik 1992, S. 121-134

Weiß, Norman, Einführung in den Individualrechtsschutz nach dem Internationalen Pakt über bürgerliche und politische Rechte, in: Menschenrechtsmagazin Heft 1/Oktober 1996, S. 7-11

Wendt, Hartmut, Die deutsch-deutschen Wanderungen – Bilanz einer 40-jährigen Geschichte von Flucht und Ausreise, in: Deutschland-Archiv 1991, S. 386-395

Werkentin, Falco, Zur Dimension politischer Inhaftierungen in der DDR 1949-1989, in: Müller / Stephan (Hrsg.), Die Vergangenheit lässt uns nicht los – Haftbedingungen politischer Gefangener in der SBZ/DDR und deren gesundheitliche Folgen, S. 139-152, Berlin 1998

Ders., Recht und Justiz im SED-Staat, 2. Auflage, Bonn 2000

Widmann, Joachim, Dich kriegen wir weich – Berichte aus dem Alltag einer Diktatur, Bonn 1997

Wilke, Kay-Michael, Die Bundesrepublik Deutschland und die Deutsche Demokratische Republik – Grundlagen und ausgewählte Probleme des gegenseitigen Verhältnisses der beiden deutschen Staaten, Berlin 1976

Wolle, Stefan, Die heile Welt der Diktatur, Alltag und Herrschaft in der DDR 1971-1989, 2. Auflage, Bonn 1999

Wullweber, Helga, Die Mauerschützen-Urteile, in: Kritische Justiz 1993, S. 49-62

Zippelius, Reinhold, Kleine deutsche Verfassungsgeschichte – Vom frühen Mittelalter bis zur Gegenwart, 2. Auflage, München 1992

Zieger, Gottfried, Die Organisation der Staatsgewalt in der Verfassung der DDR von 1968 – Eine rechtsvergleichende Untersuchung, in: Archiv des öffentlichen Rechts 1969, S. 185-223

Zycha, Adolf, Die wirtschaftsliberalen Reformen: Grunderwerbsfreiheit, Gewerbe- und Vertragsfreiheit, in: Böckenförde (Hrsg.), Moderne deutsche Verfassungsgeschichte (1815-1914), S. 375-389, 2. Auflage, Köln 1981

Literatur aus der ehemaligen DDR:

Autorenkollektiv, Marxistisch-leninistische Staats- und Rechtstheorie, Lehrbuch, Berlin 1980

Autorenkollektiv, Grundrechte des Bürgers in der sozialistischen Gesellschaft, Berlin 1980

Autorenkollektiv, Strafrecht der DDR – Kommentar zum Strafgesetzbuch, 3. Auflage, Berlin 1981

Autorenkollektiv, Staatsrecht der DDR – Lehrbuch, 2. Auflage, Berlin 1984

Autorenkollektiv, Politische und persönliche Grundrechte in den Kämpfen unserer Zeit, Berlin 1984

Autorenkollektiv, Völkerrecht – Lehrbuch, Teil 1, 2. Auflage, Berlin 1988

Autorenkollektiv, Sozialistisches Recht – Lehrbuch für das Grundlagenfach, 4. Auflage, Berlin 1989

Becher, Karl, Die Umsetzung von Völkerrecht in innerstaatliches Recht, in: Neue Justiz 1985, S. 392-394

Buchholz, Erich / Wieland, Günther, Der Fall Weinhold – Eine Kette von Rechtsbrüchen in der BRD-Justiz, in: Neue Justiz 1977, S. 22-27

Büchner-Uhde, Willi / Poppe, Eberhard / Schüsseler, Rolf, Grundrechte und Grundpflichten der Bürger in der DDR – Zur staatstheoretischen und staatsrechtlichen Grundrechtsforschung, in: Staat und Recht 1966, S. 563-577

Graefrath, Bernhard, Zu internationalen Aspekten der Menschenrechtsdiskussion, in: Neue Justiz 1978, S. 329-331

Ders., Zu internationalen Aspekten der Menschenrechtsdiskussion, in: Akademie der Wissenschaften der DDR (Hrsg.), Demokratie, Freiheit und Menschenrechte in der entwickelten sozialistischen Gesellschaft, S. 26-30, Berlin 1979

Klenner, Hermann, Der Marxismus-Leninismus über das Wesen des Rechts, Berlin 1955

Ders., Menschenrechte – Klassenrechte, in: Neue Justiz 1978, S. 284-288

Marx, Karl / Engels, Friedrich, Werke, Band I, Berlin 1957

Oberländer, Helmut, Einführung in die Rechtswissenschaft, Jena 1973

Polak, Karl, Volkssouveränität und Staatsgestaltung im kommenden Deutschland, in: Neue Justiz 1948, S. 243-249

Ders., Staatsform und Verfassungsstruktur der Volksdemokratie, in: Neue Justiz 1950, S. 291-295; S. 327-329; S. 381-383

Poppe, Eberhard / Schüsseler, Rolf, Sozialistische Grundrechte und Grundpflichten der Bürger, in: Staat und Recht 1963, S. 209-228

Ders., Die DDR und die Menschenrechte, in: Deutsche Außenpolitik 1967, S. 1041-1051

Ders., Der Verfassungsentwurf und die Grundrechte und Grundpflichten der Bürger, in: Staat und Recht 1968, S. 532-542

Ders., Die Menschenrechtsdeklaration der UN in der Verfassungswirklichkeit der DDR, in: Deutsche Außenpolitik 1968, S. 397-406

Ders., Demokratie, Freiheit und Menschenrechte in der sozialistischen Gesellschaft der DDR, in: Akademie der Wissenschaften der DDR (Hrsg.), Demokratie, Freiheit und Menschenrechte in der entwickelten sozialistischen Gesellschaft, S. 7-25, Berlin 1979

Seidel, Gerd, Verhältnis von Völkerrecht und innerstaatlichem Recht, Berlin 1985

Ulbricht, Walter, Die Staatslehre des Marxismus-Leninismus und ihre Anwendung in Deutschland, Referat und Schlusswort auf der Babelsberger Konferenz, in: Protokoll der Staats- und Rechtswissenschaftlichen Konferenz in Babelsberg am 2. und 3. April 1958, S. 5-50, Berlin 1958.

Ders., Das Programm des Sozialismus und die geschichtliche Aufgabe der Sozialistischen Einheitspartei Deutschlands, VI. Parteitag der SED vom 15. bis 21. Januar 1963: Referat und Schlusswort Ulbrichts und Programm der SED, S. 275 ff., 2. Auflage, Berlin 1963

Wünsche, Kurt (Hrsg.), Grundlagen der Rechtspflege, Berlin 1983

Zeittafel

1946 Erste Einschränkungen des freien Reiseverkehrs von Ost nach West durch den „Interzonenpass“.

1949 Gründung der Bundesrepublik im Mai.

1949 Gründung der DDR im Oktober.

1952 Absperrung der Grenze; der Ministerrat der DDR beschließt, das ungenehmigte Überqueren der Grenze unter Strafe zu stellen.

1953 Tod Stalins; Verkündung des „neuen Kurses“ (Verbesserung der Lebensumstände) in der DDR; Proteste weiten sich aus zum Volksaufstand vom 17. Juni.

1955 Beitritt der Bundesrepublik zur NATO.

1956 Beitritt der DDR zum Warschauer Pakt.

1957 Neues Passgesetz der DDR stellt „Republikflucht“ unter Strafe.

1957 Einführung der politischen Straftatbestände durch das Strafrechtsänderungsgesetz der DDR.

1961 drastischer Anstieg der Flüchtlingszahlen, Mauerbau am 13. August, Grenzbefestigung, Schießbefehl.

1967 Einführung des DDR-Staatsbürgerschaftsgesetzes.

1968 Neue DDR-Verfassung ohne das bisherige Grundrecht der Ausreisefreiheit; Art. 1 statuiert den Führungsanspruch der SED.

1969 Sozialliberale Bundesregierung unter Willy Brandt beginnt „Entspannungspolitik“ und erkennt die DDR als eigenständigen Staat an.

1971 Absetzung Ulbrichts.

1972 Ratifizierung des IPBPR durch die DDR.

1972 Grundlagenvertrag zwischen Bundesrepublik und DDR.

1973 Unterzeichnung des IPBPR durch die DDR

1974 Bundesrepublik und DDR werden in die UNO aufgenommen.

1975 Unterzeichnung der KSZE-Schlussakte durch die DDR.

1976 Im MfS werden eigens für die „Bekämpfung von Flucht und Ausreise“ Bezirkskoordinierungsgruppen und eine Zentrale Koordinierungsgruppe gebildet.

1977 Beschluss des ZK der SED „Zur Unterbindung rechtswidriger Versuche von Bürgern der DDR, die Übersiedlung nach nichtsozialistischen Staaten und Westberlin zu erreichen“.

1983 Die DDR unterzeichnet das Abschlussdokument des KSZE-Folgetreffens von Madrid.

1984 Ausreisewelle.

1988 Proteste auf der Luxemburg-Liebknecht-Demonstration in Berlin.

1989 Die DDR unterzeichnet das Abschlussdokument des KSZE-Folgetreffens von Wien.

1989 Vorläufige Reiseverordnung.

1990 Deutsche Wiedervereinigung.

Fluchten aus der DDR in die Bundesrepublik bis Juni 1990

Quelle: Bundesausgleichsamt (nach Wendt, DA 1991, S. 390).

Jahr	Sperrbrecher	Anteil in %	Genehmigte Anträge	Anteil in %	Insgesamt
1949	129.245	100	-	-	129.245
1950	197.788	100	-	-	197.788
1951	165.648	100	-	-	165.648
1952	182.393	100	-	-	182.393
1953	331.390	100	-	-	331.390
1954	184.198	100	-	-	184.198
1955	252.870	100	-	-	252.870
1956	279.189	100	-	-	279.189
1957	261.622	100	-	-	261.622
1958	204.092	100	-	-	204.092
1959	143.917	100	-	-	143.917
1960	199.188	100	-	-	199.188
1961 bis 12.08.	155.402	100	-	-	155.402
1961 bis 13.08.	51.624	100	-	-	155.402
1962	16.741	78,4	4.624	21,6	21.365
1963	12.967	30,4	29665	69,6	42.632
1964	11.864	28,3	300.12	71,7	41.876
1965	11.886	40,2	17.666	59,8	29.552
1966	8.456	35,0	15.675	65,0	24.131
1967	6.385	32,6	13.188	67,4	19.573

1968	4.902	30,6	11.134	69,4	16.036
1969	5.273	31,1	11.702	68,9	16.975
1970	5.047	28,8	12.472	71,2	17.519
1971	5.843	33,6	11.565	66,4	17.408
1972	5.537	32,3	11.627	67,7	17.164
1973	6.522	42,9	8.667	57,1	15.189
1974	5.324	40,2	7.928	59,8	13.252
1975	6.011	36,9	10.274	63,1	16.285
1976	5.110	33,7	10.058	66,3	15.168
1977	4.037	33,4	8.041	66,6	12.078
1978	3.846	31,7	8.271	68,3	12.117
1979	3.512	28,1	9.003	71,9	12.515
1980	3.988	31,2	8.775	68,8	12.763
1981	4.340	28,1	11.093	71,9	15.433
1982	4.095	31,0	9.113	69,0	13.208
1983	3.614	31,9	7.729	68,1	11.343
1984	5.992	14,6	34.982	85,4	40.974
1985	6.160	24,7	18.752	75,3	24.912
1986	6.196	23,7	19.982	76,3	26.178
1987	7.499	39,6	11.459	60,4	18.958
1988	11.893	29,9	27.939	70,1	39.832
1989	241.907	70,4	101.947	29,6	343854
Bis 30.06.	-	-	-	-	238.384

Antragsteller auf dauerhafte Ausreise 1977-1989 Zusammengestellt aus den Jahresanalysen der ZKG des MfS

Ohne Rentner und „Wohnsitzänderungen“ (Zusammenführung von Eltern mit ihren minderjährigen Kindern, pflegebedürftigen Angehörigen und Ehegatten)

Jahr	Anträge	Erstanträge	Rücknahmen
1977		8.400	800
1978		5.400	700
1979		7.700	4.300
1980	21.500	9.800	4.700
1981	23.000	12.300	5.000
1982	24.900	13.500	6.500
1983	30,400	14.800	5.600
1984	50,600	57.600	17.300
1985	53.000	27.300	11.300
1986	78.600	50.600	10.800
1987	105.100	43.200	12.800
1988	113.500	42.400	11.700
1989	125.400	23.000	1.400

Quelle: „Die Zentrale Koordinierungsgruppe - Bekämpfung von Flucht und Ausreise“, in: MfS-Handbuch des BStU, S. 50.

RECHTSHISTORISCHE REIHE

Band 23 Meent W. Francksen: Staatsrat und Gesetzgebung im Großherzogtum Berg (1806-1813). 1982.

Band 24 Gerd von Sonnleithner: Bearbeitung des Handelsrechts durch Ignaz von Sonnleithner in seinem "Leitfaden über das österreichische Handels- und Wechselrecht". 1982.

Band 25 Rudolf Palme: Rechts-, Wirtschafts- und Sozialgeschichte der inneralpinen Salzwerke bis zu deren Monopolisierung. 1983.

Band 26 Helen Bosshard: Pestalozzis Staats- und Rechtsverständnis und seine Stellung in der Aufklärung. 1983.

Band 27 Jens Jessen: Die Selbstzeugnisse der deutschen Juristen. Erinnerungen, Tagebücher und Briefe. Eine Bibliographie. 1983.

Band 28 Günter Martin Jensen: Das Domanium Waldeck. Die rechtliche Zuordnung eines Fürstenvermögens. 1984.

Band 29 Johann Heinrich Kumpf: Petitionsrecht und öffentliche Meinung im Entstehungsprozeß der Paulskirchenverfassung 1848/49. 1983.

Band 30 Sabine Frey: Rechtsschutz der Juden gegen Ausweisungen im 16. Jahrhundert. 1983.

Band 31 Dietrich Joswig: Die germanische Grundstücksübertragung. 1984.

Band 32 Andreas Baryli: Konzessionssystem contra Gewerbefreiheit. Zur Diskussion der österreichischen Gewerberechtsreform 1835 bis 1860. 1984.

Band 33 Gerhard Oberkofler: Studien zur Geschichte der österreichischen Rechtswissenschaft. 1984.

Band 34 Rudolf Lauda: Kaufmännische Gewohnheit und Burgrecht bei Notker dem Deutschen. Zum Verhältnis von literarischer Tradition und zeitgenössischer Realität in der frühmittelalterlichen Rhetorik. 1984.

Band 35 Jens Jensen: Die Ehescheidung des Bischofs Hans von Lübeck von Prinzessin Julia Felicitas von Württemberg-Weiltingen AD 1648-1653. Ein Beitrag zum protestantischen Ehescheidungsrecht im Zeitalter des beginnenden Absolutismus. 1984.

Band 36 Horst Schröder: Friedrich Karl von Savigny. Geschichte und Rechtsdenken beim Übergang vom Feudalismus zum Kapitalismus in Deutschland. 1984.

Band 37 Andreas Hatzung: Dogmengeschichtliche Grundlagen und Entstehung des zivilrechtlichen Notstands. 1984.

Band 38 Matthias Klasen: Das Billwerder Landrecht. Landrecht und Landgericht in den Hamburger Elbmarschen. 1985.

Band 39 Rainer Jamin: Aufbau, Tätigkeit und Verfahren der Auseinandersetzungsbehörden bei der Durchführung der preußischen Agrarreformen. 1985.

Band 40 Henry Winter: Teilschuld, Gesamtschuld und unechte Gesamtschuld. Zur Konzeption der §§ 420 ff. BGB - Ein Beitrag zur Entstehungsgeschichte des BGB. 1985.

Band 41 Hermann Eichler: Verfassungsbewegung in Amerika und Europa. 1985.

Band 42 Dagmar Bandemer: Heinrich Albert Zachariae. Rechtsdenken zwischen Restauration und Reformation. 1985.

Band 43 Eva-Christine Frentz: Das Hamburgische Admiralitätsgericht (1623-1811). Prozeß und Rechtsprechung. 1985.

Band 44 Karl Lillig: Rechtsetzung im Herzogtum Pfalz-Zweibrücken während des 18. Jahrhunderts. Ein Beitrag zur Geschichte der territorialen Rechtsbildung. 1985.

Band 45 Walter Weber: Die Entwicklung der Sparkassen zu selbständigen Anstalten des öffentlichen Rechts. Ein Beitrag zur Entwicklung des Anstaltsbegriffs im 19. Jahrhundert. 1985.

Band 46 Bärbel Baum: Der Stabreim im Recht. Vorkommen und Bedeutung des Stabreims in Antike und Mittelalter. 1986.

Band 47 Hans Popp: Die nationalsozialistische Sicht einiger Institute des Zivilprozeß- und Gerichtsverfassungsrechts. 1986.

Band 48 John Karl-Heinz Montag: Die Lehrdarstellung des Handelsrechts von Georg Friedrich von Martens bis Meno Pöhls. Die Wissenschaft des Handelsrechts im ersten Drittel des 19. Jahrhunderts. 1986.

Band 49 Volker D. Anhäusser: Das internationale Obligationenrecht in der höchstrichterlichen Rechtsprechung des 19. Jahrhunderts. 1986.

Band 50 Udo Beer: Die Juden, das Recht und die Republik. Verbandswesen und Rechtsschutz 1919-1933. 1986.

Band 51 Herbert Grziwotz: Der moderne Verfassungsbegriff und die "Römische Verfassung" in der deutschen Forschung des 19. und 20. Jahrhunderts. 1986.

Band 52 Ralf Conradi: Karl Friedrich Eichhorn als Staatsrechtslehrer. Seine Göttinger Vorlesung über "Das Staatsrecht der deutschen Bundesstaaten" nach einer Kollegmitschrift aus dem Wintersemester 1821/22. 1987.

Band 53 Dieter Dannreuther: Der Zivilprozeß als Gegenstand der Rechtspolitik im Deutschen Reich 1871 - 1945. Ein Beitrag zur Geschichte des Zivilprozeßrechts in Deutschland. 1987.

Band 54 Stephan Felix Pauly: Organisation, Geschichte und Praxis der Gesetzesauslegung des (Königlich) Preußischen Oberverwaltungsgerichtes 1875 - 1933. 1987.

Band 55 Rüdiger Schulz: Die Entstehung des Seerechts des Allgemeinen Deutschen Handelsgesetzbuches unter besonderer Berücksichtigung der Bestimmungen über die Reederei, den Schiffer und die Schiffsmannschaft. 1987.

Band 56 Reinhold Reis: Deutsches Privatrecht in den Weistümern der Zenten Schriesheim und Kirchheim. 1987.

Band 57 Jürgen Christoph: Die politischen Reichsamnestien 1918 - 1933. 1987.

Band 58 Gerhard Oberkofler/Eduard Rabofsky: Hans Kelsen im Kriegseinsatz der k.u.k.-Wehrmacht. Eine kritische Würdigung seiner militärtheoretischen Angebote. 1988.

Band 59 Arne Wulff: Staatssekretär Prof. Dr. Dr. h.c. Franz Schlegelberger. 1876-1970. 1991.

Band 60 Gerhard Köbler (Hrsg.): Wege europäischer Rechtsgeschichte. Karl Kroeschell zum 60. Geburtstag. 1987.

Band 61 Rüdiger Hütte: Der Gemeinschaftsgedanke in den Erbrechtsreformen des Dritten Reichs. 1988.

Band 62 Markus Göldner: Politische Symbole der europäischen Integration. Fahne, Hymne, Hauptstadt, Paß, Briefmarke, Auszeichnungen. 1988.

Band 63 Wolfgang Kröner: Freiheitsstrafe und Strafvollzug in den Herzogtümern Schleswig, Holstein und Lauenburg von 1700 bis 1864. 1988.

Band 64 Werner Gaile: Die Norder Theelacht. 1988.

Band 65 Karl v. Kempis: Andreas Gaill (1526 - 1587). Zum Leben und Werk eines Juristen der frühen Neuzeit. 1988.

Band 66 Wolf-Rüdiger Osburg: Die Verwaltung Hamburgs in der Franzosenzeit. 1811-1814. 1988.

Band 67 Christian Schudnagies: Hans Frank. Aufstieg und Fall des NS-Juristen und Generalgouverneurs. 1988.

Band 68 Otmar Jung: Senatspräsident Freymuth. Richter, Sozialdemokrat und Pazifist in der Weimarer Republik. Eine politische Biographie. 1989.

Band 69 Joachim Lohner: Das landeshauptmannschaftliche Gericht in Oberösterreich zu Beginn der Neuzeit. Eine Darstellung des oberösterreichischen Prozeßrechts am obersten Territorialgericht des Landes anhand der oberösterreichischen Landtafel.1989.

Band 70 Bernd Klemann: Rudolf von Jhering und die Historische Rechtsschule. 1989.

Band 71 Adalbert Langer: Männer um die österreichische Zivilprozeßordnung 1895. Zusammenspiel / Soziales Ziel. 1990.

Band 72 Robert-Dieter Klee: Die Landessuperintendentur Lauenburg. Ursprung und Entwicklung sowie Ende der Sonderstellung des Kirchenkreises Herzogtum Lauenburg durch die nordelbische Kirchenvereinigung. 1989.

Band 73 Heinrich Herrmann: Die Gehöferschaften im Bezirk Trier. 1989.

Band 74 Wilhelm Brauneder, Franz Baltzarek (Hrsg.): Modell einer neuen Wirtschaftsordnung. Wirtschaftsverwaltung in Österreich 1914 - 1918. 1991.

Band 75 Thomas Dreyer: Die "Assecuranz- und Haverey-Ordnung" der Freien und Hansestadt Hamburg von 1731. 1990.

Band 76 Bernhard Sendler: Die Rechtssprache in den süddeutschen Stadtrechtsreformationen. 1990.

Band 77 Brigitte Lehmann: Ehevereinbarungen im 19. und 20. Jahrhundert. 1990.

Band 78 Michael Sunnus: Der NS-Rechtswahrerbund (1928-1945). Zur Geschichte der nationalsozialistischen Juristenorganisation. 1990.

Band 79 Stefan Schulz: Die historische Entwicklung des Rechts an Bienen. (§§ 961 - 964 BGB). 1990.

Band 80 Gerhard Lingelbach, Heiner Lück (Hrsg.): Deutsches Recht zwischen Sachsenspiegel und Aufklärung. Rolf Lieberwirth zum 70. Geburtstag dargebracht von Schülern, Freunden und Kollegen, herausgegeben von Gerhard Lingelbach und Heiner Lück. 1991.

Band 81 Manfred Krohn: Die deutsche Justiz im Urteil der Nationalsozialisten 1920 - 1933. 1991.

Band 82 Angelika Kühn: Privilegierung nationaler Minderheiten im Wahlrecht der Bundesrepublik Deutschland und Schleswig-Holsteins. 1991.

Band 83 Georg Brun: Leben und Werk des Rechtshistorikers Heinrich Mitteis unter besonderer Berücksichtigung seines Verhältnisses zum Nationalsozialismus. 1991.

Band 84 Wolfgang Simon: Claudius Freiherr von Schwerin. Rechtshistoriker während dreier Epochen deutscher Geschichte. 1991.

Band 85 Friedrich-Carl Wachs: Das Verordnungswerk des Reichsdemobilmachungsamtes. Stabilisierender Faktor zu Beginn der Weimarer Republik. 1991.

Band 86 Jens-Uwe Petersen: Die Vorgeschichte und die Entstehung des Mieterschutzgesetzes von 1923 nebst der Anordnung für das Verfahren vor dem Mieteinigungsamt und der Beschwerdestelle. 1991.

Band 87 Ulrike Haibach: Familienrecht in der Rechtssprache. Die historische Entwicklung zentraler Ausdrücke des geltenden Familienrechts. 1991.

Band 88 Joern Christian Nissen: Die Beratungen des Seeversicherungsausschusses der Akademie für Deutsches Recht zu einem neuen Seeversicherungsgesetz (1934-1939). Ein Beitrag zur Entwicklung der allgemeinen Lehren des Seeversicherungsrechts unter besonderer Berücksichtigung des Handelsgesetzbuchs und der Allgemeinen Deutschen Seeversicherungs-Bedingungen 1919. 1991.

Band 89 Diethard Bühler: Die Entstehung der allgemeinen Vertragsschluß-Vorschriften im Allgemeinen Deutschen Handelsgesetzbuch (ADHGB) von 1861. Ein Beitrag zur Kodifikationsgeschichte des Privatrechts im 19. Jahrhundert. 1991.

Band 90 Gerhard Oberkofler: Die Vertreter des Römischen Rechts mit deutscher Unterrichtssprache an der Karls-Universität in Prag. Vom Vormärz bis 1945. 1991.

Band 91 Ulrich Andermann: Ritterliche Gewalt und bürgerliche Selbstbehauptung. Untersuchungen zur Kriminalisierung und Bekämpfung des spätmittelalterlichen Raubrittertums am Beispiel norddeutscher Hansestädte. 1991.

Band 92 Heinz Marcus Hanke: Luftkrieg und Zivilbevölkerung. Der kriegsvölkerrechtliche Schutz der Zivilbevölkerung gegen Luftbombardements von den Anfängen bis zum Ausbruch des Zweiten Weltkrieges. 1991.

Band 93 Kirsten Kraglund: Familien- und Erbrecht. Materielles Recht und Methoden der Rechtsanwendung in der Rechtsprechung des Oberappellationsgerichts der vier Freien Städte Deutschlands zu Lübeck. 1991.

Band 94 Reinhard Lorenz: Die politische und rechtliche Stellung des Proletariats in Preußen in der Zeit zwischen den Reformen und der Revolution 1848/49. 1991.

Band 95 Eric Hilgendorf: Die Entwicklungsgeschichte der parlamentarischen Redefreiheit in Deutschland. 1991.

Band 96 Hans J. Reiter: Die Handelsgesellschaft Villeroy & Boch von der Gründung 1836 bis zum Jahr 1878. 1992.

Band 97 Martin Johannes Heller: Reform der deutschen Rechtssprache im 18. Jahrhundert. 1992.

Band 98 Michael Kotulla: Die Tragweite der Grundrechte der revidierten preußischen Verfassung vom 31.01.1850. 1992.

Band 99 Michael Siefener: Hexerei im Spiegel der Rechtstheorie. Das crimen magiae in der Literatur von 1574 bis 1608. 1992.

Band 100 Andreas Ebert-Weidenfeller: Hamburgisches Kaufmannsrecht im 17. und 18. Jahrhundert. Die Rechtsprechung des Rates und des Reichskammergerichtes. 1992.

Band 101 Enno Bommel: Die Entstehung der Verwirkungslehre in der Krise des Positivismus. 1992.

Band 102 Ralph Steppacher: Die Berücksichtigung der bäuerlichen Postulate bei der Entstehung des ZGB und der Revision des OR. Ein Beitrag zur schweizerischen Kodifikationsgeschichte (1893 - 1912). 1992.

Band 103 Martin Fleckenstein: Die Todesstrafe im Werk Carl Joseph Anton Mittermaiers (1787 - 1867). Zur Entwicklungsgeschichte eines Werkbereichs und seiner Bedeutung für Theorie- und Methodenbildung. 1992.

Band 104 Jörn Eckert: Der Kampf um die Familienfideikommisse in Deutschland. Studien zum Absterben eines Rechtsinstitutes. 1992.

Band 105 Jörg Grotkopp: Beamtentum und Staatsformwechsel. Die Auswirkungen der Staatsformwechsel von 1918, 1933 und 1945 auf das Beamtenrecht und die personelle Zusammensetzung der deutschen Beamtenschaft. 1992.

Band 106 Andreas Rohde: Die Garantiehaftung des Vermieters und ihr Verhältnis zum Unmöglichkeitsrecht in dogmengeschichtlicher und modernrechtlicher Sicht. 1992.

Band 107 Tjark Siefke Kunstreich: Gesamtvertretung. Eine historisch-systematische Darstellung. 1992.

Band 108 Jürgen Krüger: Blindheit und Königtum. Die Blindheit des Königs Georg V. von Hannover als verfassungsrechtliches Problem. 1992.

Band 109 Wolfgang Putschek: Ständische Verfassung und autoritäre Verfassungspraxis in Österreich 1933-1938 mit Dokumentenanhang. Verfassung und Verfassungswirklichkeit. Mit einem Anhang: Denkschriften von Rechtsanwalt Dr. Erich Führer 1936/37. 1993.

Band 110 Klaus Hofmann: Die Verdrängung der Juden aus öffentlichem Dienst und selbständigen Berufen in Regensburg 1933-1939. 1993.

Band 111 Franz Kilger: Die Entwicklung des Telegraphenrechts im 19. Jahrhundert mit besonderer Berücksichtigung der technischen Entwicklung. Telegraphenrecht im 19. Jahrhundert. 1993.

Band 112 Wilhelm Brauneder (Hrsg.): Heiliges Römisches Reich und moderne Staatlichkeit. 1993.

Band 113 Thomas Heinrich: Das preußische Nichtehelichenrecht: Von der Aufklärung zur Reaktion. 1993.

Band 114 Gerald Kohl: Jagd und Revolution. Das Jagdrecht in den Jahren 1848 und 1849. 1993.

Band 115 Christian Schudnagies: Der Kriegs- oder Belagerungszustand im Deutschen Reich während des Ersten Weltkrieges. Eine Studie zur Entwicklung und Handhabung des deutschen Ausnahmezustandsrechts bis 1918. 1994.

Band 116 Elisabeth Bellmann: Die Internationale Kriminalistische Vereinigung (1889-1933). 1994.

Band 117 Julia Pfannkuch: Volksrichterausbildung in Sachsen 1945-1950. 1993.

Band 118 Jörg Offen: Von der Verwaltungsgemeinschaft des BGB von 1896 zur Zugewinngemeinschaft des Gleichberechtigungsgesetzes von 1957. 1994.

Band 119 Dorothee Kohlhas-Müller: Untersuchungen zur Rechtsstellung Theoderichs des Großen. 1995.

Band 120 Monika Rose: Das Gerichtswesen des Herzogtums Pfalz-Zweibrücken im 18. Jahrhundert. Ein Beitrag zur territorialen Gerichtsbarkeit im Alten Reich. 1994.

Band 121 Jörn Eckert / Hans Hattenhauer (Hrsg.): Bibel und Recht. Rechtshistorisches Kolloquium 9. - 13. Juni 1992 an der Christian-Albrechts-Universität zu Kiel. 1994.

Band 122 Robert Martin Mizia: Der Rechtsbegriff der Autonomie und die Begründung des Privatfürstenrechts in der deutschen Rechtswissenschaft des 19. Jahrhunderts. 1995.

Band 123 Walther Graf von Plettenberg: Das Fortleben des Liber Iudiciorum in Asturien/León (8. - 13. Jh.). 1994.

Band 124 Wolfgang Schulz: Das deutsche Börsengesetz. Die Entstehungsgeschichte und wirtschaftlichen Auswirkungen des Börsengesetzes von 1896. 1994.

Band 125 Frank Hagemann: Der Untersuchungsausschuß Freiheitlicher Juristen. 1949 – 1969. 1994.

Band 126 Andreas Rethmeier: "Nürnberger Rassegesetze" und Entrechtung der Juden im Zivilrecht. 1995.

Band 127 Edith Grether: Die Poesie der Throne. Die Juristen in der Fruchtbringenden Gesellschaft. 1995.

Band 128 Anna Bartels-Ishikawa: Der Lippische Thronfolgestreit. Eine Studie zu verfassungsrechtlichen Problemen des Deutschen Kaiserreiches im Spiegel der zeitgenössischen Staats. 1995.

Band 129 Jörg Schmidt: Otto Koellreutter 1883-1972. Sein Leben, sein Werk, seine Zeit. 1995.

Band 130 Christian Hattenhauer: Wahl und Krönung Franz II. AD 1792. Das Heilige Reich krönt seinen letzten Kaiser - Das Tagebuch des Reichsquartiermeisters Hieronymus Gottfried von Müller und Anlagen. 1995.

Band 131 Jutta v. der Decken: Das Seearbeitsrecht im Hamburger Stadtrecht von 1301 bis 1603. 1995.

Band 132 Detlev Schmidt: Die Reform des Rechts der Handelsvertreter von 1953. 1995.

Band 133 Gabi Roßdeutscher: Privatautonomie im Scheidungsrecht. Scheidungsbezogene Vereinbarungen in den letzten 200 Jahren. 1995.

Band 134 Harald Kahlenberg: Leben und Werk des Rechtshistorikers Walther Merk. Ein Beispiel für das Verhältnis von Rechtsgeschichte und Nationalsozialismus. 1995.

Band 135 Michael Steitz: Adelbert Düringer am Reichsgericht (1902-1915). Seine aktienrechtlichen Entscheidungen und sein Einfluß auf das Aktienrecht in Deutschland. 1995.

Band 136 Christian Becker: Beata Justorum Translatio. Juristen in schleswig-holsteinischen Leichenpredigten. 1996.

Band 137 Christoph Seiler: Vom Allgemeinen Landrecht zum Bürgerlichen Gesetzbuch. Dargestellt am Beispiel der höchstrichterlichen Judikatur zum kaufrechtlichen Sachmängelgewährleistungsrecht. 1996.

Band 138 Bernd Mayer: Die Vertrauensmännerausschüsse auf den preußischen Steinkohlegruben an der Saar. Entstehung und Wirken. Eine rechtshistorische Untersuchung. 1996.

Band 139 Rochus Scholl: Juden und Judenrecht im Herzogtum Pfalz-Zweibrücken. Ein Beitrag zur Rechtsgeschichte eines deutschen Kleinstaates am Ende des alten Reiches. 1996.

Band 140 Meike Bursch: Judentaufe und frühneuzeitliches Strafrecht. Die Verfahren gegen Christian Treu aus Weener/Ostfriesland 1720-1728. 1996.

Band 141 Markus Hillenbrand: Fürstliche Eheverträge. Gottorfer Hausrecht 1544 - 1773. 1996.

Band 142 Ulf Häder: Das gemeinschaftliche Oberappellationsgericht thüringischer Staaten in Jena. Ein Beitrag zur Geschichte des Gerichtswesens im 19. Jahrhundert. 1996.

Band 143 Andreas Bauer: Das Gnadenbitten in der Strafrechtspflege des 15. und 16. Jahrhunderts. Dargestellt unter besonderer Berücksichtigung von Quellen der Vorarlberger Gerichtsbezirke Feldkirch und des Hinteren Bregenzerwaldes. 1996.

Band 144 Christian Wirth: Der Jurist Johann Andreas Georg Friedrich Rebmann zwischen Revolution und Restauration. 1996.

Band 145 Stefanie Müller: Die Rechtsprechung des Hanseatischen Oberlandesgerichts zum persönlichen Eherecht in Hamburgischen Gerichtsfällen von 1879 -1900. 1996.

Band 146 Jean-Nicolas Morisset: Der Frachtvertrag in der *Ordonnance de la marine* von 1681. 1996.

Band 147 Dirk Lentfer: Die Glogauer Landesprivilegien des Andreas Gryphius von 1653. 1996.

Band 148 Wencke Mull: Die Haftung für Einsturzschäden nach den §§ 836-838 BGB in der Rechtsprechung des Reichsgerichts. 1996.

Band 149 Renate Zelger: Teufelsverträge. Märchen, Sage, Schwank, Legende im Spiegel der Rechtsgeschichte. 1996.

Band 150 Guido Kraß: Das Arrestverfahren in Frankfurt am Main im Spätmittelalter. 1996.

Band 151 F. Benedict Heyn: Die Entwicklung des Eisenbahnfrachtrechts von den Anfängen bis zur Einführung des Allgemeinen Deutschen Handelsgesetzbuches (ADHGB). 1996.

Band 152 Thomas Lang: Die Staats- und Verfassungslehre Carl Salomo Zachariaes. 1996.

Band 153 Michael Hebeis: Karl Anton von Martini (1726-1800). Leben und Werk. 1996.

Band 154 Gerald Hubert: Die Diskussion um die rechtliche Natur der Bizone in den Jahren 1947-1949. 1996.

Band 155 Christof Horn: Die Rechtsprechung des Reichsgerichts in Ehescheidungssachen der Jahre 1900 bis 1905. 1996.

Band 156 Hermann Nehlsen / Georg Brun (Hrsg.): Münchener rechtshistorische Studien zum Nationalsozialismus. 1996.

Band 157 Jan Otto Clemens Kehrberg: Die Entwicklung des Elektrizitätsrechts in Deutschland. Der Weg zum Energiewirtschaftsgesetz von 1935. 1997.

Band 158 Johannes Tradt: Der Religionsprozeß gegen den Zopfschulzen (1791-1799). Ein Beitrag zur protestantischen Lehrpflicht und Lehrzucht in Brandenburg-Preußen gegen Ende des 18. Jahrhunderts. 1997.

Band 159 Dietmar Olsen: Das kaufrechtliche Sachmängelgewährleistungsrecht des Code civil in der Rechtsprechung deutscher Gerichte im 19. Jahrhundert. Ein Beitrag zur Ablösung der Partikularrechte durch das BGB. 1997.

Band 160 Ulrich Bernhardt: Die Deutsche Akademie für Staats- und Rechtswissenschaft „Walter Ulbricht" 1948-1971. 1997.

Band 161 Claudia Susan Hoppe: Die Bürgschaft im Rechtsleben Hamburgs von 1600 bis 1900. 1997.

Band 162 Franz-Rudolf Ecker: Die Entwicklung des Bergrechts im Saarbrücker Steinkohlenrevier bis zum Ende des 18. Jahrhunderts. Ein Vergleich mit dem älteren deutschen Bergrecht. 1997.

Band 163 Anne Katrin Rückert: Politik und Privatrecht in der „konservativen Revolution". 1997.

Band 164 Gisbert Laube: Der Reichskunstwart. Geschichte einer Kulturbehörde 1919-1933. 1997.

Band 165 Nicolas Lührig: Die Diskussion über die Reform der Juristenausbildung von 1945 bis 1995. 1997.

Band 166 Regula Gerber Jenni: Die Emanzipation der mehrjährigen Frauenzimmer. Frauen im bernischen Privatrecht des 19. Jahrhunderts. 1997.

Band 167 Mischa A. Färber: Das gemeinschaftliche Testament in der höchstrichterlichen Rechtsprechung zum Allgemeinen Preußischen Landrecht und zum BGB. Ein Beitrag zur Ablösung der Partikularrechte durch das BGB. 1997.

Band 168 Catherine Antoinette Gasser: Philipp Lotmar 1850-1922. Professor der Universität Bern. Sein Engagement für das Schweizerische Arbeitsrecht. 1997.

Band 169 Lars Immisch: Der sozialistische Richter in der DDR und seine Unabhängigkeit. Der Versuch eines Rechtsvergleiches zum Unabhängigkeitsbegriff in der bundesdeutschen Rechtsordnung. 1997.

Band 170 Jessica Jacobi: Besitzschutz vor dem Reichskammergericht. Die friedenssichernde Funktion der Besitzschutzklagen am Reichskammergericht im 16. Jahrhundert, dargestellt anhand von Kameralisten. 1998.

Band 171 Ewald Hügemann: Die Geschichte des öffentlichen und privaten Mietpreisrechts vom Ersten Weltkrieg bis zum Gesetz zur Regelung der Miethöhe von 1974. 1998.

Band 172 Lutz Rentzow: Die Entstehungs- und Wirkungsgeschichte der Vernewerten Landesordnung für das Königreich Böhmen von 1627. 1998.

Band 173 Sabine Stürmer: Mühlenrecht im Herzogtum Pfalz-Zweibrücken während des 18. Jahrhunderts. Ein Beitrag zum Wirtschaftsrecht eines deutschen Kleinstaates im Alten Reich. 1998.

Band 174 Mario Bogisch: *Nemo testis in re sua*. Das Problem der Zeugnisfähigkeit bei der Anwendung der deutschen Zivilprozeßordnung von 1877. 1998.

Band 175 Rainer Oßwald: Pactane sunt servanda? Freiwilligkeit, Zwang und Unverbindlichkeitserklärungen im islamischen Vertragsrecht malikitischer Schule. 1998.

Band 176 Bettina Kern: Der preußische BGB-Entwurf von 1842. 1998.

Band 177 Inken Fuhrmann: Die Diskussion über die Einführung der fakultativen Zivilehe in Deutschland und Österreich seit Mitte des 19. Jahrhunderts. 1998.

Band 178 Annette Rieck: Der Heilige Ivo von Hélory (1247-1303). Advocatus pauperum und Patron der Juristen. 1998.

Band 179 Frank Bottenberg: Die Hamburgische Strafprozeßordnung von 1869. 1998.

Band 180 Matthias Krauß: Das kursächsische Postrecht von seinen Anfängen bis zum Ende des Alten Reichs. 1998.

Band 181 Torsten Schmidt: Die Entmündigung von den Anfängen des BGB bis zu ihrer Ablösung durch das Institut der Betreuung. 1998.

Band 182 Christian Nunn: Rudolf Müller-Erzbach. 1874-1959. Von der realen Methode über die Interessenjurisprudenz zum kausalen Rechtsdenken (Leben und Werk). 1998.

Band 183 Christian Ortloff: Das staatskirchenrechtliche System Wilhelm Traugott Krugs. Glaubens- und Gewissensfreiheit – eine Forderung der Vernunft. 1998.

Band 184 Christian Hattenhauer: Schuldenregulierung nach dem Westfälischen Frieden. Der sog. § *de indaganda* und seine Umsetzung im Jüngsten Reichsabschied (AD 1648 und 1654). 1998.

Band 185 Werner Schubert: Preußen im Vormärz. Die Verhandlungen der Provinziallandtage von Brandenburg, Pommern, Posen, Sachsen und Schlesien sowie – im Anhang – von Ostpreußen, Westfalen und der Rheinprovinz (1841-1845). 1998.

Band 186 Silvia Schumacher: Das Rechtsverhältnis zwischen Eltern und Kindern in der Privatrechtsgeschichte. 1999.

Band 187 Kai Sommer: Die Strafbarkeit der Homosexualität von der Kaiserzeit bis zum Nationalsozialismus. Eine Analyse der Straftatbestände im Strafgesetzbuch und in den Reformentwürfen (1871-1945). 1998.

Band 188 Jan Erik Backhaus: Volksrichterkarrieren in der DDR. 1999.

Band 189 Ralf Ruhnau: Die Fürstlich Thurn und Taxissche Privatgerichtsbarkeit in Regensburg. Ein Kuriosum der deutschen Rechtsgeschichte. 1999.

Band 190 Antonio Grilli: Die französische Justizorganisation am linken Rheinufer 1797-1803. 1999.

Band 191 Stephanie Kammerloher-Lis: Die Entstehung des Gesetzes über die religiöse Kindererziehung vom 15. Juli 1921. 1999.

Band 192 Jan Telp: Ausmerzung und Verrat. Zur Diskussion um Strafzwecke und Verbrechensbegriffe im Dritten Reich. 1999.

Band 193 Kurt von Pannwitz: Die Entstehung der Allgemeinen Deutschen Wechselordnung. Ein Beitrag zur Geschichte der Vereinheitlichung des deutschen Zivilrechts im 19. Jahrhundert. 1999.

Band 194 Sylvia Busch: Die Entstehung der Allgemeinen Gerichtsordnung für die Preussischen Staaten von 1793/95. Ein Beitrag zur Geschichte der Kodifikationsbewegung und der Reform des Zivilprozesses in Preußen im 18. Jahrhundert. 1999.

Band 195 Dirk Bieresborn: Klage und Klageerwiderung im deutschen und englischen Zivilprozeß. Eine rechtshistorische und rechtsvergleichende Untersuchung unter besonderer Berücksichtigung der Beeinflussung durch das römisch-kanonische Verfahren. 1999.

Band 196 Andreas Thier / Guido Pfeifer / Philipp Grzimek (Hrsg.): Kontinuitäten und Zäsuren in der Europäischen Rechtsgeschichte. Europäisches Forum Junger Rechtshistorikerinnen und Rechtshistoriker München 22.-24. Juli 1998. 1999.

Band 197 Franz Smola: Die Fürstlich Liechtenstein'sche Kunstsammlung. Rechtsfragen zur Verbringung der Sammlung von Wien nach Vaduz in den Jahren 1944/45. 1999.

Band 198 Frank Martin Krauss: Das geteilte Eigentum im 19. und 20. Jahrhundert. Eine Untersuchung zum Fortbestand des Teilungsgedankens. 1999.

Band 199 Matthias Frey: Die spanische Aktiengesellschaft im 18. Jahrhundert und unter dem Código de Comercio von 1829. 1999.

Band 200 Alexandra Gilde: Die Stellung der Frau im Reichsstrafgesetzbuch von 1870/71 und in den Reformentwürfen bis 1919 im Urteil der bürgerlichen Frauenbewegung. Eine Analyse ausgewählter Straftatbestände. 1999.

Band 201 Malte Dießelhorst / Arne Duncker: Hans Kohlhase. Die Geschichte einer Fehde in Sachsen und Brandenburg zur Zeit der Reformation. 1999.

Band 202 Jörg Hillmann: Territorialrechtliche Auseinandersetzungen der Herzöge von Sachsen-Lauenburg vor dem Reichskammergericht im 16. Jahrhundert. 1999.

Band 203 Carsten Engler: Die Kommanditgesellschaft (KG) und die stille Gesellschaft im Allgemeinen Deutschen Handelsgesetzbuch (ADHGB) von 1861. 1999.

Band 204 Vesta Hoffmann-Steudner: Die Rechtsprechung des Reichsgerichts zu dem Scheidungsgrund des § 49 EheG (EheG 1938) in den Jahren 1938-1945. 1999.

Band 205 Michaela Thiele: Die Auflösung von Arbeitsverhältnissen aufgrund Anfechtung und außerordentlicher Kündigung nach der Rechtsprechung des Reichsarbeitsgerichts (1927-1945). 2000.

Band 206 Peter Landau / Hermann Nehlsen / Mathias Schmoeckel (Hrsg.): Karl von Amira zum Gedächtnis. 1999.

Band 207 Marcus Flinder: Die Entstehungsgeschichte des Zivilgesetzbuches der DDR. 1999.

Band 208 Boris Franz Leo Bromm: Die Entstehungsgeschichte des Berufs des Handelsvertreters. Unter besonderer Berücksichtigung der Sozialgesetzgebung in den Jahren von 1871-1933. 2000.

Band 209 Winfried C. J. Eberstein: Das Tierschutzrecht in Deutschland bis zum Erlaß des Reichs-Tierschutzgesetzes vom 24. November 1933. Unter Berücksichtigung der Entwicklung in England. 1999.

Band 210 Patrick Deller: Der „nach dem Vertrage" vorausgesetzte Gebrauch (§ 459 Absatz 1 Satz 1 BGB). Eine kaufrechtliche Untersuchung unter Berücksichtigung rechtshistorischer wie rechtsvergleichender Grundlagen. 2000.

Band 211 Eckard Freiherr von Bodenhausen: Haftung des Geschäftsherrn für Verrichtungsgehilfen im Straßen- und Schienenverkehr. Eine Analyse der Entscheidungen des Reichsgerichts zu § 831 BGB (1900-1945). 2000.

Band 212 Birte Gast: Der Allgemeine Teil und das Schuldrecht des Bürgerlichen Gesetzbuchs im Urteil von Raymond Saleilles (1855-1912). 2000.

Band 213 Hansjörg Michael Huber: Koloniale Selbstverwaltung in Deutsch-Südwestafrika. Entstehung, Kodifizierung und Umsetzung. 2000.

Band 214 Ulf Björner: Die Verfassungsgerichtsbarkeit im Norddeutschen Bund und Deutschen Reich (1867-1918). Eine rechtshistorische Untersuchung über Gerichtsbarkeit im Spannungsfeld von Politik und Recht innerhalb der von Bismarck geschaffenen deutschen Bundesstaaten. 2000.

Band 215 Mathias Freiherr von Rosenberg: Friedrich Carl von Savigny (1779-1861) im Urteil seiner Zeit. 2000.

Band 216 Reinhard Binder-Kriegistein: Österreichisches Adelsrecht 1868-1918/19. Von der Ausgestaltung des Adelsrechts der cisleithanischen Reichshälfte bis zum Adelsaufhebungsgesetz der Republik unter besonderer Berücksichtigung des adeligen Namensrechts. 2000.

Band 217 Claudia-Regine Nerius: Johannes Lehmann-Hohenberg (1851-1925). Eine Studie zur völkischen Rechts- und Justizkritik im Deutschen Kaiserreich. 2000.

Band 218 Ludger Meuten: Die Erbfolgeordnung des Sachsenspiegels und des Magdeburger Rechts. Ein Beitrag zur Geschichte des sächsisch-magdeburgischen Rechts. 2000.

Band 219 Christoph Alexander von Wilcken: Die Reformbestrebungen zum Genossenschaftsgesetz in der Frühzeit der Bundesrepublik. Die Beratungen der Sachverständigenkommission zur Überprüfung des Genossenschaftsrechts 1954 bis 1958 und der Referentenentwurf von 1962. 2000.

Band 220 Verein Junger RechtshistorikerInnen Zürich (Hrsg.): ¿Rechtsgeschichte(n)? ¿Histoire(s) du droit? ¿Storia/storie del diritto? ¿Legal Histori(es)? Europäisches Forum Junger Rechtshistorikerinnen und Rechtshistoriker Zürich 28.-30. Mai 1999. 2000.

Band 221 Hans Christian Schüler: Die Entstehungsgeschichte der Bundesnotarordnung vom 24. Februar 1961. 2000.

Band 222 Nils-Eberhard Schramm: Die Vereinigung demokratischer Juristen (1949-1999). 2000.

Band 223 Silke Anke Torp: Das Rechtsverhältnis zwischen den Eltern und ihren Kindern. Dienstleistungspflicht, Aussteuer und Ausstattung. Eine Analyse der Rechtsprechung des Reichsgerichts und des Reichsarbeitsgerichts zu den Vorschriften der §§ 1616 bis 1625 des Bürgerlichen Gesetzbuches in der Zeit von 1900 bis 1945. 2000.

Band 224 Martin Jürgen Maaß: Die Geschichte des Eigentumsvorbehalts, insbesondere im 18. und 19. Jahrhundert. 2000.

Band 225 Stefanie Langer: Rechtswissenschaftliche Itinerarien. Lebenswege namhafter europäischer Juristen vom 11. bis zum 18. Jahrhundert. 2000.

Band 226 Ulrich Schmitz: Der Unterhaltsanspruch des nichtehelichen Kindes gegen seinen Erzeuger. Die rechtsgeschichtliche und dogmatische Entwicklung im deutschen Recht. 2000.

Band 227 Sebastian Günther: Friedrich Carl von Savigny als Grundherr. 2000.

Band 228 Henning Ibs: Hermann J. Held (1890-1963). Ein Kieler Gelehrtenleben in den Fängen der Zeitläufe. 2000.

Band 229 Matthias Rücker: Wirtschaftswerbung unter dem Nationalsozialismus. Rechtliche Ausgestaltung der Werbung und Tätigkeit des Werberats der deutschen Wirtschaft. 2000.

Band 230 Hendrik Sandmann: Die Entwicklung von Begriff und Inhalt des Wirtschaftchsrechts durch die Rechtswissenschaft in der Weimarer Republik. 2000.

Band 231 Sibylle Müller: Gibt es Menschenrechte bei Samuel Pufendorf? 2000.

Band 232 Karin Olechowski-Hrdlicka: Die gemeinsamen Angelegenheiten der Österreichisch-Ungarischen Monarchie. Vorgeschichte – Ausgleich 1867 – Staatsrechtliche Kontroversen. 2001.

Band 233 Johannes Mierau: Die juristischen Abschluß- und Diplomprüfungen in der SBZ/DDR. Ein Einblick in die Juristenausbildung im Sozialismus. 2001.

Band 234 Jörg Wolff (Hrsg.): Stillstand, Erneuerung und Kontinuität. Einsprüche zur Preußenforschung. 2001.

Band 235 Friedo Schröder: Die anwaltliche Tätigkeit während der nationalsozialistischen Herrschaft. Eine Analyse der anwaltlichen Argumentation in Zivilprozessen anhand der vorhandenen Prozeßakten der Landgerichte Frankenthal, Wiesbaden, Limburg und Frankfurt und der Handakten der *jüdischen Konsulenten* des OLG-Bezirks Frankfurt. 2001.

Band 236 Der Code pénal des Königreichs Westphalen von 1813 mit dem Code pénal von 1810 im Original und in deutscher Übersetzung. Herausgegeben und mit einer Einleitung versehen von Werner Schubert. 2001.

Band 237 Klaus Richter: Deutsches Kolonialrecht in Ostafrika 1885-1891. 2001.

Band 238 Kai von Lewinski: Deutschrechtliche Systembildung im 19. Jahrhundert. 2001.

Band 239 Alexander Herzog: Sittenwidrige Rechtsgeschäfte in der höchstrichterlichen Rechtsprechung aus den Jahren 1948-1965. 2001.

Band 240 Claudia Rönnau: Die Beratungen des Wasserrechtsausschusses der Akademie für Deutsches Recht zu einem Reichswassergesetz (1934-1941). Ein Beitrag zur Dogmatik der Begriffe *Gemeingebrauch* und *Sondergebrauch* in der Zeit des Nationalsozialismus. 2001.

Band 241 Momme Rohlack: Kriegsgesellschaften (1914-1918). Arten, Rechtsformen und Funktionen in der Kriegswirtschaft des Ersten Weltkrieges. 2001.

Band 242 Rolf Geyer: Der Gedanke des Verbraucherschutzes im Reichsrecht des Kaiserreichs und der Weimarer Republik (1871-1933). Eine Studie zur Geschichte des Verbraucherrechts in Deutschland. 2001.

Band 243 Felix Lorenz Benjamin Lehmann: Der Rote Adlerorden. Entstehung und rechtliche Grundlagen (1705-1918). 2002.

Band 244 Marc Ludwig: Der Pfändungsschutz für Lohneinkommen. Die Entstehungs- und Entwicklungsgeschichte der Vorschriften zum Schutz vor Lohnpfändung in Deutschland. 2001.

Band 245 Alexander Wachter: Dorfschule zwischen Pastor und Schulmeister. Zur Säkularisierung des niederhessischen Schulwesens im 19. Jahrhundert. 2001.

Band 246 Richard Scholz: Analyse der Entstehungsbedingungen der reichsgerichtlichen Aufwertungsrechtsprechung. Untersuchung unter besonderer Berücksichtigung der konservativen Geldpolitik der Reichsbank und der Inflationspolitik der Reichsregierung. 2001.

Band 247 Judith Laeverenz: Märchen und Recht. Eine Darstellung verschiedener Ansätze zur Erfassung des rechtlichen Gehalts der Märchen. 2001.

Band 248 Christina Schenk: Bestrebungen zur einheitlichen Regelung des Strafvollzugs in Deutschland von 1870 bis 1923. 2001.

Band 249 Nils Werner: Die Prozesse gegen die Landvolkbewegung in Schleswig-Holstein 1929/32. Ein Beitrag zur Justizkritik in der späten Weimarer Republik. 2001.

Band 250 Wolfgang Walter: Das Duell in Bayern. Ein Beitrag zur bayerischen Strafrechtsgeschichte. 2002.

Band 251 Jörn Eckert / Kjell Å. Modéer (Hrsg.): Geschichte und Perspektiven des Rechts im Ostseeraum. Erster Rechtshistorikertag im Ostseeraum 8.–12. März 2000. 2001.

Band 252 Jan Könighaus: Die Inauguration der Christian-Albrechts-Universität zu Kiel 1665. Symbolgehalt und rechtliche Bedeutung des Universitätszeremoniells. 2002.

Band 253 Andreas Görgen: Rechtssprache in der Frühen Neuzeit. Eine vergleichende Untersuchung der Fremdwortverwendung in Gesetzen des 16. und 17. Jahrhunderts. 2002.

Band 254 Ralf Schäfer: Die Rechtsstellung der Haigerlocher Juden im Fürstentum Hohenzollern-Sigmaringen von 1634-1850. Eine rechtsgeschichtliche Untersuchung. 2002.

Band 255 Regine Schmalhorst: Die Tierhalterhaftung im BGB von 1896. Die Entstehung und Änderung des § 833 BGB sowie eine Analyse der Rechtsprechung des Reichsgerichts bis 1908. 2002.

Band 256 Thomas Hense: Konrad Beyerle. Sein Wirken für Wissenschaft und Politik in Kaiserreich und Weimarer Republik. 2002.

Band 257 Christian Mahlmann: Die Strafrechtswissenschaft der DDR. Klassenkampftheorie und Verbrechenslehre. 2002.

Band 258 Henning Kahmann: Die Bankiers von Jacquier & Securius 1933–1945. Eine rechtshistorische Fallstudie zur "Arisierung" eines Berliner Bankhauses. Mit einem Geleitwort von John Kornblum. 2002.

Band 259 Volker Friedrich Drecktrah: Die Gerichtsbarkeit in den Herzogtümern Bremen und Verden und in der preußischen Landdrostei Stade von 1715 bis 1879. 2002.

Band 260 Andreas Klass: Standes- oder Leistungselite? Eine Untersuchung der Karrieren der Wetzlarer Anwälte des Reichskammergerichts (1693-1806). 2002.

Band 261 Wolfgang Eder: Das italienische Tribunale Speciale per la Difesa dello Stato und der deutsche Volksgerichtshof. Ein Vergleich zwischen zwei politischen Gerichtshöfen. 2002.

Band 262 Albrecht Cordes / Bernd Kannowski (Hrsg.): Rechtsbegriffe im Mittelalter. 2002.

Band 263 Thomas Hildebrandt: Die Brandenburgischen Provinziallandtage von 1841, 1843, und 1845 anhand ausgewählter Verhandlungsgegenstände. 2002.

Band 264 Jan Finzel: Georg Adam Struve (1619–1692) als Zivilrechtler. 2003.

Band 265 Björn Carsten Frenzel: Das Selbstverständis der Justiz nach 1945. Analyse der Rolle der Justiz unter Berücksichtigung der Reden zur *Wiedereröffnung* der Bundes- und Oberlandesgerichte. 2003.

Band 266 Nils Reichhelm: Die marxistisch-leninistische Staats- und Rechtstheorie Karl Polaks. 2003.

Band 267 Raik Schneider: Altrechtliche Personenzusammenschlüsse. Ihre Entwicklung unter besonderer Berücksichtigung des Rechts des Großherzogtums Sachsen-Weimar-Eisenach sowie der Herzogtümer Sachsen-Meiningen und Sachsen-Gotha. 2003.

Band 268 Anke Meier: Die Geschichte des deutschen Konkursrechts, insbesondere die Entstehung der Reichskonkursordnung von 1877. 2003.

Band 269 Stefan Jens Jordan: Leben und Werk des Tübinger Rechtsprofessors Wilhelm Gottlieb Tafinger 1760–1813. 2003.

Band 270 Stefanie Hubig: Die historische Entwicklung des § 23 ZPO. Zum Ursprung und Fortleben des Vermögensgerichtsstandes im deutschen Prozeßrecht des 19. Jahrhunderts. 2003.

Band 271 Michael G. Perband: Der Grundsatz der freien Beweiswürdigung im Zivilprozeß (§ 286 ZPO) in der Rechtsprechung des Reichsgerichts. 2003.

Band 272 Mathias Bouveret: Die Stellung des Staatsoberhauptes in der parlamentarischen Diskussion und Staatsrechtslehre von 1848 bis 1918. 2003.

Band 273 Barbara Széchényi: Rechtliche Grundlagen bayerischer Zensur im 19. Jahrhundert. 2003.

Band 274 Sylvia Scharfenberg: Die Entstehungsgeschichte des Beurkundungsgesetzes vom 28. August 1969. 2003.

Band 275 Urte Nesemann: Die schwedische Familiengesetzgebung von 1734 bis zu den Reformgesetzen von 1915 bis 1920 und deren Einfluss auf die Gesetzgebungsprojekte der Weimarer Republik. Unter besonderer Berücksichtigung der Rechtsstellung der Frau und des unehelichen Kindes. 2003.

Band 276 Alexandra Brück: Die Polizeiordnung Herzog Christians von Braunschweig-Lüneburg vom 6. Oktober 1618. 2003.

Band 277 Torsten Landwehr: Das Kommissionsgeschäft in Rechtswissenschaft, Gesetzgebung und Rechtspraxis vom 16. bis zum Ende des 18. Jahrhunderts. 2003.

Band 278 Tassilo Wilhelm Maria Englert: Deutsche und italienische Zivilrechtsgesetzgebung von 1933–1945. Parallelen in der Rechtsetzung und gegenseitige Beeinflussung unter besonderer Berücksichtigung des Familien- und Erbrechts. 2003.

Band 279 Tobias Prang: Der Schutz der Versicherungsnehmer bei der Auslegung von Versicherungsbedingungen durch das Reichsgericht. 2003.

Band 280 Thorsten Lieb: Privileg und Verwaltungsakt. Handlungsformen der öffentlichen Gewalt im 18. und 19. Jahrhundert. 2004.

Band 281 Michael Rühling: Das Ladenschlussgesetz vom 28. November 1956. Vorgeschichte, Entstehung des Gesetzes und weitere Entwicklung. 2004.

Band 282 Kathrin Nawotki: Die schleswigsche Deichstavengerechtigkeit. Vom 17. Jahrundert bis in die Gegenwart. Eine gewohnheitsrechtliche Superfizies an nordfriesischen Deichgrundstücken und ihre Entwicklung. 2004.

Band 283 Erik Nils Voigt: Die Gesetzgebungsgeschichte der militärischen Ehrenstrafen und der Offizierehrengerichtsbarkeit im preußischen und deutschen Heer von 1806 bis 1918. 2004.

Band 284 Dorothea Riedi Hunold: Die Einführung der allgemeinen Wechselfähigkeit in der Schweiz in der zweiten Hälfte des 19. Jahrhunderts. Unter besonderer Berücksichtigung der politischen, wirtschaftlichen und sozialen Verhältnisse. 2004.

Band 285 Thomas Gergen: Pratique juridique de la paix et trêve de Dieu à partir du concile de Charroux (989–1250). Juristische Praxis der Pax und Treuga Dei ausgehend vom Konzil von Charroux (989–1250). 2004.

Band 286 Kathrin Bethkenhagen: Die Entwicklung des Luftrechts bis zum Luftverkehrsgesetz von 1922. 2004.

Band 287 Heiko Lüpkes: Die Verbrechen der Diener des Staats im Allgemeinen Landrecht für die Preußischen Staaten von 1794 und ihre Entwicklung zu den Vergehen und Verbrechen im Amte im Strafgesetzbuch für die Preußischen Staaten von 1851. 2004.

Band 288 Mirco Peter Hirsch: Von der Erbbescheinigung des Preußischen Rechts zum Erbschein des Bürgerlichen Gesetzbuchs. 2004.

Band 289 Bettina Günther: Die Behandlung der Sittlichkeitsdelikte in den Policeyordnungen und der Spruchpraxis der Reichsstädte Frankfurt am Main und Nürnberg im 15. bis 17. Jahrhundert. 2004.

Band 290 Seunghyeon Seong: Der Begriff der *nicht gehörigen Erfüllung* aus dogmengeschichtlicher und rechtsvergleichender Sicht. 2004.

Band 291 Steffen-Werner Meyer: Bemühungen um ein Reichsgesetz gegen den Büchernachdruck. Anläßlich der Wahlkapitulation Leopolds II. aus dem Jahre 1790. 2004.

Band 292 Ulrich Löffler: Instrumentalisierte Vergangenheit? Die nationalsozialistische Vergangenheit als Argumentationsfigur in der Rechtsprechung des Bundesverfassungsgerichts. 2004.

Band 293 Norbert Koch: Die Entwicklung des deutschen privaten Immissionsschutzrechts seit Beginn der Industrialisierung. Unter besonderer Berücksichtigung des Einflusses der höchstrichterlichen Rechtsprechung. 2004.

Band 294 Julius Ludwig Pfeiffer: Das Tierschutzgesetz vom 24. Juli 1972. Die Geschichte des deutschen Tierschutzrechts von 1950 bis 1972. 2004.

Band 295 Bert-Hagen Strodthoff: Die richterliche Frage- und Erörterungspflicht im deutschen Zivilprozeß in historischer Perspektive. 2004.

Band 296 Tim Kannewurf: Die Höfeordnung vom 24. April 1947. Entstehungsgeschichte und Einordnung in die Entwicklung des Anerbenrechts. 2004.

Band 297 Steffi Heine: Die Methodendiskussion nach Inkrafttreten des Bürgerlichen Gesetzbuches und die Gründung des Vereins *Recht und Wirtschaft*. 2004.

Band 298 Anne Marlene Simon-Holtorf: Geschichte des Familienwahlrechts in Frankreich (1871 bis 1945). 2004.

Band 299 Jürgen Busch: Das Germanenbild der deutschen Rechtsgeschichte. Zwischen Wissenschaft und Ideologie. Mit einem Vorwort von Herwig Wolfram. 2004.

Band 300 Jan Kohlmann: Der Marsch zu den Gräbern von Karl und Rosa. Geschichte eines Gedenktages. 2004.

Band 301 Christian Rainer Schlicht: Die kumulative Schuldübernahme in der Rechtsprechung des Reichsgerichts und in der zeitgenössischen Literatur. 2004.

Band 302 Hans Peter Glöckner: Positive Vertragsverletzung. Die Geburt eines Rechtsinstituts. 2006.

Band 303 João Manuel Azevedo Alexandrino Fernandes: Die Theorie der Interpretation des Gesetzes bei Francisco Suárez. 2005.

Band 304 René Funk: Die Wahlprüfung der volksgewählten Abgeordneten der Volksvertretungen im Frühkonstitutionalismus. Eine Untersuchung der Wahlprüfung in den Kammern der Abgeordneten des Großherzogtums Baden, des Königreichs Württemberg und des Großherzogtums Hessen. 2005.

Band 305 Carolin O'Sullivan. Die Ahndung von Rechtsbrüchen der Seeleute im mittelalterlichen hamburgischen und hansischen Seerecht (1301–1482). 2005.

Band 306 Martin Jürgens: Staat und Reich bei Ernst Rudolf Huber. Sein Leben und Werk bis 1945 aus rechtsgeschichtlicher Sicht. 2005.

Band 307 Florian G. Dürselen: Franz Beyerle (1885–1977). Leben, Ära und Werk eines Rechtshistorikers. 2005.

Band 308 Kai Bandilla: Urheberrecht im Kaiserreich. Der Weg zum Gesetz betreffend das Urheberrecht an Werken der Literatur und Tonkunst vom 19. Juni 1901. 2005.

Band 309 Stefan Mieth: Die Entwicklung des Denkmalrechts in Preußen 1701–1947. 2005.

Band 310 Catharina Lodemann: Die Geschichte des französischen *acte de gouvernement*. 2005.

Band 311 Christina Wicke: Kodifikationsbestrebungen und Wissenschaft in Hessen-Darmstadt im vorkonstitutionellen Zeitalter. Zu der Beteiligung der Gießener Rechtsprofessoren an den Gesetzgebungsarbeiten in Hessen-Darmstadt in der Zeit zwischen 1769 und 1820. 2005.

Band 312 Christiane Chlosta: Nur dem Gesetz unterworfen? Eine rechtsgeschichtliche Untersuchung zu Idee und Wirklichkeit richterlicher Gesetzestreue unter besonderer Berücksichtigung der Aufwertungsrechtsprechung und des richterlichen Prüfungsrechts. 2005.

Band 313 Kathrin Dirr: Hoheitsrechtliche Streitigkeiten zwischen den Kölner Erzbischöfen und der Stadt Köln auf Grundlage reichskammergerichtlicher Verfahren des 16. und 17. Jahrhunderts. 2005.

Band 314 Michael Racky: Die Diskussion über Gewaltenteilung und Gewaltentrennung im Vormärz. 2005.

Band 315 Petra Thiemrodt: Die Entstehung des Staatshaftungsgesetzes der DDR. Eine Untersuchung auf der Grundlage von Materialien der DDR-Gesetzgebungsorgane mit zeitgeschichtlichen Bezügen. 2005.

Band 316 Julius F. Reiter: Entstehung und staatsrechtliche Theorie der italienischen *Carta del Lavoro*. 2005.

Band 317 André Book: Die Justizreform in der Frühzeit der Bundesrepublik. Die Beratungen der Kommission zur Vorbereitung einer Reform der Zivilgerichtsbarkeit in den Jahren 1955 bis 1961. 2005.

Band 318 Frank Zentz: Das amerikanische Strafverfahren als Element der Besatzungspolitik in Deutschland. Erziehung zur Demokratie durch den *Court of Appeals* 1948–1955. 2005.

Band 319 Friederike Quaisser: Mietrecht im 19. Jahrhundert. Ein Vergleich der mietrechtlichen Konzeptionen im Allgemeinen Landrecht für die Preußischen Staaten von 1794 und dem gemeinen Recht. 2005.

Band 320 Stefan Burghard: Professor Dr. Wilhelm Kahl – Leben zwischen Wissenschaft und Politik. 2005.

Band 321 Günter Baranowski: Die *Russkaja Pravda* – ein mittelalterliches Rechtsdenkmal. 2005.

Band 322 Christina Schneider: Die SS und „das Recht". Eine Untersuchung anhand ausgewählter Beispiele. 2005.

Band 323 Werner Schubert (Hrsg.): Zivilprozessreform in der Weimarer Zeit. Quellen zur Emminger-Zivilprozessverordnung vom 13.2.1924 und zu den Arbeiten der Zivilprozesskommission des Reichsjustizministeriums (1922–1930). Eingeleitet und herausgegeben von Werner Schubert. 2005.

Band 324 Felix Gaul: Der Jurist Rudolf Isay (1886–1956). Ein verantwortungsbewusster Vermittler im Spannungsfeld zwischen dynamischer Rechtsschöpfung, ökonomischem Wandel und technischem Fortschritt. 2005.

Band 325 Konstanze Braun: Dr. Otto Georg Thierack (1889–1946). 2005.

Band 326 Eckart Klein / Stefan Chr. Saar / Carola Schulze (Hrsg.): Zwischen Rechtsstaat und Diktatur. Deutsche Juristen im 20. Jahrhundert. 2006.

Band 327 Stefan Botor: Das *Berliner Sühneverfahren* – Die letzte Phase der Entnazifizierung. 2006.

Band 328 Andreas Köhler: Die Sorgerechtsregelungen bei Ehescheidung seit 1945. Scheidungsstrafe und verordnete Gemeinsamkeit. 2006.

Band 329 Lars Düwel: Die Nichtigkeit und Anfechtbarkeit der Ehe in der Rechtsprechung des Reichsgerichts zwischen 1900 und 1945. 2006.

Band 330 Katalin Polgar: Das Oberappellationsgericht der vier freien Städte Deutschlands (1820–1879) und seine Richterpersönlichkeiten. 2007.

Band 331 Julia Schweitzer: Schiffer und Schiffsmann in den Rôles d'Oléron und im Llibre del Consolat de Mar. Ein Vergleich zweier mittelalterlicher Seerechtsquellen. 2007.

Band 332 Diana-Catharina Kurtz: Das Institut der Adoption im preußischen Allgemeinen Landrecht und im französischen Code civil zwischen Rezeption römisch-rechtlicher Prinzipien und verändertem Familienverständnis. 2006.

Band 333 Dino Joakim Duderstadt: Spiel, Wette und Differenzgeschäft (§§ 762–764 BGB) in der Rechtsprechung des Reichsgerichts und in der zeitgenössischen Literatur. 2007.

Band 334 Ronald Hoffmann: Die Domänenfrage in Thüringen. Über die vermögensrechtlichen Auseinandersetzungen mit den ehemaligen Landesherren in Thüringen nach dem Ersten Weltkrieg. 2006.

Band 335 Joachim Windmüller: *Ohne Zwang kann der Humanismus nicht existieren...* – „Asoziale" in der DDR. 2006.

Band 336 Sven Christian Gläser: Die Mediatisierung der Grafschaft Wertheim. Der juristische Kampf eines kleinen Reichsstandes gegen den Verlust der Landesherrschaft und seine Folgen. 2006.

Band 337 Benjamin Schleyer: Friedrich Wilhelm Bornemann (1798–1864). Eine Juristenkarriere im Preußen des 19. Jahrhunderts. 2006.

Band 338 Die Reform des Ehescheidungsrechts von 1976. Quellen zum Ersten Gesetz vom 14.6.1976 zur Reform des Ehe- und Familienrechts (Parlamentarische Ausschussprotokolle – Anglikanische Denkschrift von 1966 zur Scheidungsrechtsreform – Schlussabstimmung 1969 in der Eherechtskommission des Bundesministeriums der Justiz). Eingeleitet und herausgegeben von Werner Schubert. 2006.

Band 339 Andreas Feld: Das Bayerische Gesetz zum Schutz des Eigentums an Erzeugnissen der Literatur und Kunst gegen Nachdruck vom 15.04.1840. Vorgeschichte und Zustandekommen. 2007.

Band 340 Bernd Wörner: Adelbert Düringers Einfluß als Richter am Reichsgericht in Leipzig auf dem Gebiet des Personengesellschaftsrechts. 2007.

Band 341 Jan Jelle Kähler: Französisches Zivilrecht und französische Justizverfassung in den Hansestädten Hamburg, Lübeck und Bremen (1806–1815). 2007.

Band 342 Jörn Eckert / Pia Letto-Vanamo / Kjell Å. Modéer (Hrsg.): Juristen im Ostseeraum. Dritter Rechtshistorikertag im Ostseeraum 20.–22. Mai 2004. 2007.

Band 343 Ferdinand von Weyhe: A.E. Wassermann. Eine rechtshistorische Fallstudie zur „Arisierung“ zweier Privatbanken. 2007.

Band 344 Martin Klaus Römermann: Kündigungen und Kündigungsschutz im Franquismus. 2007.

Band 345 Thomas Hoffmann: Der Landrechtsentwurf David Hilchens von 1599. Ein livländisches Rechtszeugnis polnischer Herrschaft. 2007.

Band 346 Ingo Ullmann: Die rechtliche Behandlung holsteinischer Leibeigener um die Mitte des 18. Jahrhunderts. Dargestellt unter besonderer Berücksichtigung der Schmoeler Leibeigenschaftsprozesse von 1738 bis 1743 sowie von 1767 bis 1777. 2007.

Band 347 Petra Fischer-Langosch: Die Entstehungsgeschichte des Familiengesetzbuches der DDR von 1965. 2007.

Band 348 Lasse O. Johannsen: Die rechtliche Behandlung ausreisewilliger Staatsbürger in der DDR. 2007.

www.peterlang.de